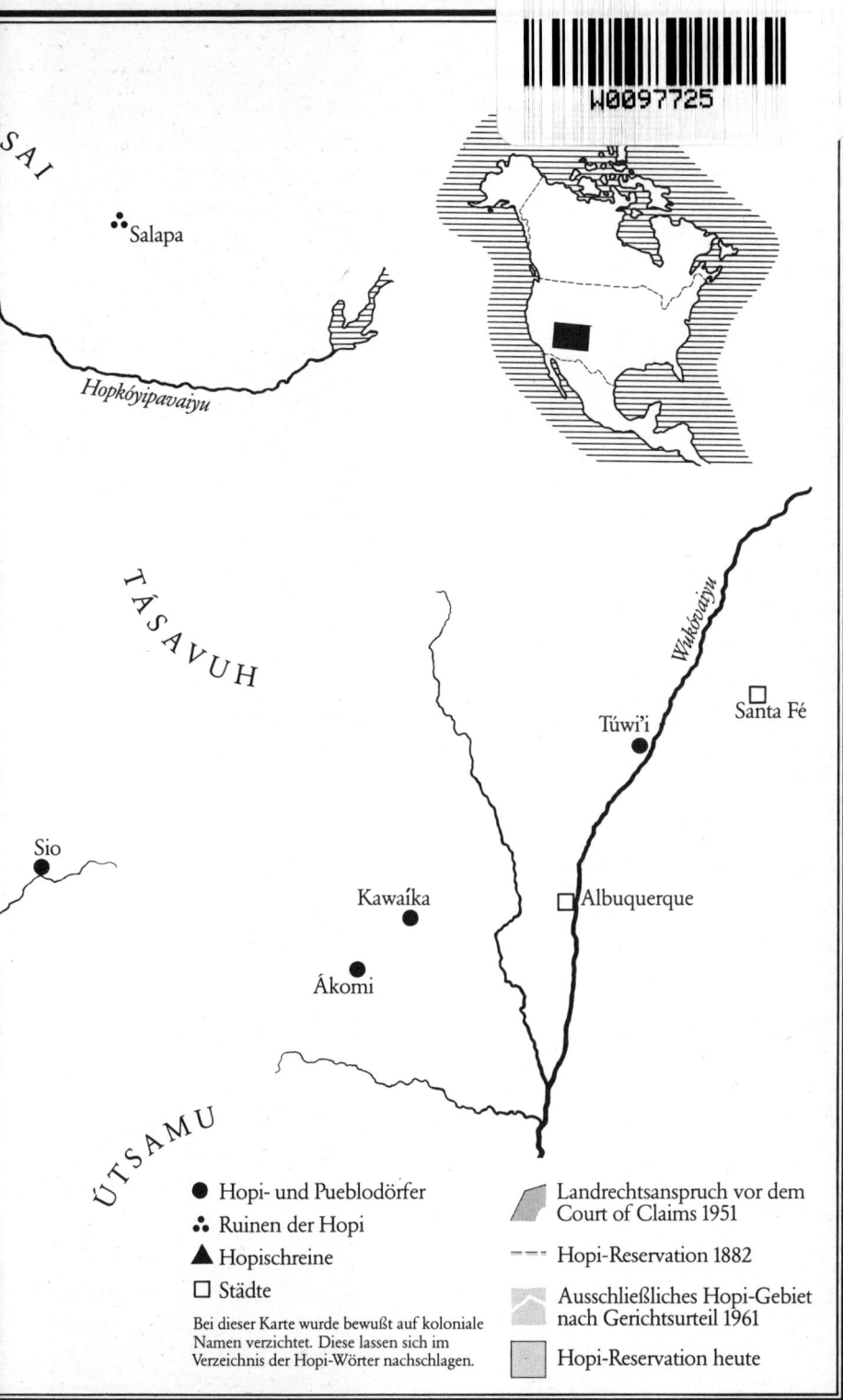

HOPI
Stimmen eines Volkes

Herausgegeben
von Harold Courlander
und Stephan Dömpke

Eugen Diederichs Verlag

Aus dem Amerikanischen zusammengestellt und übersetzt von
Stephan Dömpke. Redaktion: Klaus Diederichs

Mit 46 Abbildungen im Text und 2 Karten. Das Frontispitz zeigt die
Oberseite einer Schmetterlingsvase aus Sikyátki. Die Insekten weisen
in die 6 Zeremonialrichtungen. Der nicht geschlossene Innenring
symbolisiert den Lebenskreis der Hopi. Auf dem Schutzumschlag ist
ein bestickter Hopi-Umhang abgebildet.

CIP-Kurztitelaufnahme der Deutschen Bibliothek
Hopi, Stimmen eines Volkes
hrsg. von Harold Courlander u. Stephan Dömpke.
1. Aufl. – Köln: Diederichs, 1986.
    Einheitssacht.: Hopi voices ‹dt.›
    ISBN 3-424-00831-1
NE: Courlander, Harold [Hrsg.]; EST

Erste Auflage 1986
© für die Texte aus *Hopi Voices*, 1982 by Harold Courlander, The University of New
Mexico, Albuquerque
© für alle anderen Texte und für die deutsche Ausgabe 1986 beim Eugen Diederichs
Verlag, GmbH & Co. KG, Köln
Umschlaggestaltung: Eberhart May, Bergisch Gladbach
Satz: Fotosatz Froitzheim, Bonn
Druck und Bindung: Clausen & Bosse, Leck
ISBN 3-424-00831-1

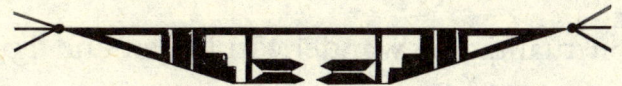

INHALT

Einführung	11

I. Mythische Geschichte

Die vier Welten und der Aufstieg	45
Der Aufstieg als Kindergeschichte	52
Die Verfehlung des Bogenklanführers und die Aufgaben seiner Söhne	53
Die Wanderungen der Hopi	56
Das Treffen mit Másaw und die Gründung von Oraibi	58
Angestammte Grenzen	63
Wie der Coyoteklan nach Oraibi kam	64
Wie die Bewohner von Húkovi vertrieben wurden	66
Die Zerstörung von Pivánhonkapi	71
Das Dorf bei Kwöngóv'ovi	76
Das Dorf bei Laméhva – Wie der Schilfklan nach Walpi kam	78
Die Ankunft des Schilfklans in Walpi	88
Die Gründung von Sichómovi	89
Der Ahöli und die anderen Kachinas von Walpi	90
Laguna-Traditionen in Walpi	95
Über das Dorf Tewa	95

II. Spiritualität im Wandel von Leben und Tod

Über die Gottheit Másaw 99
Dr. Fewkes und Másaw 101
Religiöse Überzeugungen 103
Das Land der Toten 106
Eine Reise zum Ort der Totengeister 108
Das Begräbnis in Oraibi 114
Das Begräbnis auf der Ersten Mesa 115
Der Ursprung der Yáyatu-Gesellschaft 116
Die Yáya-Bruderschaft 123
Die Yáyaponcha 125
Yáponcha, der Windgott 125
Der Ursprung des Schlangenklans 127
Das Einbringen von Adlern 134

III. Streiche und Heldentaten der Kriegerbrüder

Wie die Pöqángs den Unhold Só'yoko
und seine Frau vernichteten 141
Wie Pöqánghoya eine Braut errang 144
Pöqánghoya und sein Bruder als Diebe 152
Die Pöqángs und das menschenfressende Ungeheuer 155
Wie das Antilopenmädchen versöhnt wurde 157
Die Pöqángs und die Wasserschlange 160

IV. Von Menschen, Tieren und Geistwesen

Der Junge und der Adler 167
Der Junge, der das große Wasser überquerte 172
Der Antilopenjunge 193
Honwaíma und die Bärenleute 199
Der Junge und das Dämonenmädchen 205
Das Mädchen Weißer Maiskolben und die Zauberer 209
Der Junge und das Mädchen, die um ihr Leben Versteck
spielten 216
Wie das Mädchen Gelber Maiskolben in eine Schlange
verwandelt wurde 223

Die beiden Pueblo-Mädchen, die den Geist der Nacht
heirateten 228
Wie Hiyónatitiwa den Plan seiner Feinde vereitelte 232
Das Kind, das sich in eine Eule verwandelte 235
Die Krähe als Geist des Bösen 237
Das Mädchen und der Coyote 239

V. Geschichten vom Coyoten

Coyote und die Sterne 245
Wer ruft die Sonne zum Aufgehen? 245
Coyote beneidet den Truthahn um seine Punkte 246
Der weinende Gesang der Schildkröte 248
Coyote und die tanzenden Vögel 249
Coyote hält die Klippe 250
Wie der Coyote vom Zaunkönig überlistet wurde 251
Der Coyote, der Dachs und das Kóhonino-Mädchen 253
Der Coyote und der Adler 256
Wie die Coyoten einen Kachina-Tanz aufführten 257

VI. Tiere im Hopiland

Die Spottdrossel vergibt die Vogelrufe 261
Die Tiere spielen das Schuhspiel 262
Die Wühlnatter und der Zaunkönig 263
Die Schlangen und die Heuschrecken 265
Der Dachs und die kleinen grauen Mäuse 268
Die Mäuse, die Eule und der Habicht 272
Das Lied des Rotadlers 273
Wie die Käfer Regen machten 274
Warum die Ameisen so dünn sind 275

VII. Unter der Herrschaft der Pahána

Bemerkungen zu H. R. Voth 279
Die Religion der Hopi und die Missionare 280
Landnutzung bei den Hopi 284
Oraibi vor der Spaltung 286
Der Niedergang der Rituale in Oraibi 288
Die Steintafel des Feuerklans 290

Wasser von der Regierung in Móenkopi 291
Hippies in Shongópovi 293
Ein Besuch in Washington 297

Techqua Ikachi – Land und Leben aus traditioneller Sicht

Techqua Ikachi stellt sich vor 301
Warum lehnen traditionelle Dörfer moderne Annehmlichkeiten ab? 301
Kélmuya 303
Kámuya 304
Die heiligste Jahreszeit 306
Pámuya 309
Pámuya und Powámuya 311
Das Steinrennen 315
Frühjahrszeremonien 317
Frühlings- und Sommeraktivitäten 319
Die Niman-Zeremonie 321
Erntezeit 322
Erntedankfest im Hopiland 324
Eine alte Geschichte, die heute noch wahr ist 327
Yukíoma, der ›feindselige‹ Hopi 331
Wer kann uns sagen, wer wir sind? 336
Warum gibt es einen Landdisput 339
Zwei Arten von Recht 343
Wohnungsbauprojekt bedroht Lebensweise der Hopi 345
Mormonenkirche beantragt Landstück 353
Der Ausverkauf unserer Erdmutter 355
Eindringende Elemente 358
Wahre Geschichten 360
Ein kurzer Einblick in das Muster des Spiralkorbes 361
Koyaanísqatsi 362
Das Land aus Eis 364
Prophezeiungen 366
An Regierung – Umweltschützer – Menschenfreunde – und alle Menschen 368
Gebet um Frieden 369

Anhang

Anmerkungen	372
Eine kleine Hopi-Ikonographie	395
Zur Schreibweise und Aussprache des Hopi	396
Verzeichnis der wichtigsten Hopi-Wörter	398
Bibliographie	403
Quellenverzeichnis der Abbildungen	407

Gebet an Másaw, den Großen Geist

Hier bin ich, ich bitte Dich...
Du, der Du die Welt besitzest...
Es gibt zwei von Dir.
Du mit der einfachen Lebensweise bist es,
der ewig ist,
dem wir folgen.
Dein ist das ganze Universum.
Wir folgen nicht dem materialistischen Gott.
Wir bitten Dich, mit Deiner Kraft
durch uns zu sprechen.
Mit den Gebeten aller Menschen hier
werden wir das Land wieder für Dich einfordern.

Aus *Techqua Ikachi*, Zeitschrift der traditionellen Hopi von Hótevilla, Ausgabe Nr. 25, Spätherbst 1983

EINFÜHRUNG

Die Hopi bewohnen elf meist auf hohen Tafelbergen (Mesas) gelegene Dörfer im Zentrum des Colorado Plateaus, einer kargen Hochfläche im Südwesten des nordamerikanischen Kontinents. Obwohl sie nur ein kleines Volk sind, verfügen sie doch über einen außerordentlich bemerkenswerten Schatz spiritueller und historischer Überlieferungen, die nicht nur sie selbst, sondern auch andere Indianervölker und Wissenschaftler für die ältesten in Amerika überhaupt halten. Aus diesem Grunde haben die Hopi bei amerikanischen Wissenschaftlern seit langem großes Interesse gefunden, und in den letzten Jahren hat auch in Deutschland die Beschäftigung mit ihrer Kultur stark zugenommen. Während etablierte Ethnologen jedoch ein mehr akademisches Interesse – besonders an den Kachina-Gestalten – zeigen, richtet sich die Aufmerksamkeit der politisch-ökologisch interessierten Öffentlichkeit vor allem auf das Problem des schleichenden Ethnozids (kulturellen Völkermords), dem sich die Hopi heute unter dem Druck einer rücksichtslosen Industrialisierung (Abbau von Bodenschätzen) des amerikanischen Westens nahezu wehrlos ausgesetzt sehen. Das Interesse an den Hopi ist auch deshalb gewachsen, weil diese selbst seit den 70er Jahren die internationale Öffentlichkeit gesucht haben, um auf ihre verzweifelte Lage aufmerksam zu machen. Gestützt auf ihre Überlieferungen und Prophezeiungen, wenden sie sich dabei sowohl an die Vereinten Nationen als auch besonders an den deutschsprachigen Kulturraum. Wiederholte Besuche ihrer traditionellen Sprecher in Österreich und der Bundesrepublik führten in letzter Zeit zu Gesprächen auf hoher politischer Ebene sowie zu einer Anfrage im Deutschen Bundestag.

Zur Unterstützung der traditionellen Hopi fühlen sich viele Menschen hierzulande motiviert, weil sie bei diesen ihre eigene Kritik an den immer lebensfeindlicher werdenden Bedingungen in Mitteleuropa gleichsam durch die »Weisheit der Jahrtausende« bestätigt sehen, die die Hopi wie kaum ein anderes Volk bewahren und glaubwürdig verkörpern. An anderer Stelle (Dömpke 1982) wurde auf die bemerkenswerte Übereinstimmung neuester wissenschaftlicher Forschungen und ältester Hopi-Überlieferungen in der Beurteilung der zu erwartenden näheren Zukunft der Menschheit hingewiesen. Dieser Zusammenhang und die Suche nach einem neuen wissenschaftlichen Paradigma – einer Weltsicht, die es erlaubt, in einem Zustand des Friedens und der Einheit mit der Natur, mit den anderen Menschen und sich selbst zu leben – geben dem Studium auch vieler traditioneller und zum Teil überwunden geglaubter Aspekte indianischer Kulturen einen völlig neuen Stellenwert.

Deutschsprachige Literatur über die Hopi gibt es in nennenswerter Zahl erst seit Ende der 70er Jahre. Seitdem sind immerhin sechs Titel erschienen, wohl mehr als über irgendeinen anderen Indianerstamm Nordamerikas. Vier dieser Bücher (Blumrich 1979, Waters 1982, Dömpke 1982, Buschenreiter 1983) sind insofern bemerkenswert, als sie nicht auf der vorhandenen ethnologischen Literatur über die Hopi aufbauen und dadurch überkommene, ihnen oft nicht gerecht werdende analytische Konzepte und Begriffe vermeiden. Sie greifen Themen auf, die die Hopi selbst für wichtig erachten, und sind außerdem unter erheblicher Mitwirkung von Hopi entstanden oder enthalten umfangreiche Abschnitte, in denen einzelne Hopi selbst zu Wort kommen, so daß sie mehr oder weniger als Selbstzeugnisse angesehen werden können. Nach meiner Auffassung ist diese Form der ethnologischen Darstellung heute eigentlich die einzig noch vertretbare, und ihr ist auch das hier vorgelegte Buch zuzurechnen.

In dem 1963 in Amerika erschienenen *Buch der Hopi* hatten Frank Waters und der Hopi Kacha Hónaw (Weißer Bär) auf der Basis mündlicher Zeugnisse von nahezu dreißig Hopi-Ältesten erstmalig die

religiöse Geschichte der Hopi, ihr Klansystem und den rituellen Jahreskreis, also ihr gesamtes Universum in Raum und Zeit beschrieben und einer größeren Öffentlichkeit zugänglich gemacht.
Waters und Weißer Bär konnten jedoch selbst in ihrer umfassenden Darstellung der Weltbeschreibung der Hopi nur einen Teil ihrer Überlieferungen berücksichtigen, um gleichsam den großen Rahmen darzustellen, in dem sich die Hopi bewegen. Darüber hinaus existiert eine schier unerschöpfliche Fülle von Mythen, Sagen und Legenden, von Märchen und Fabeln, Klangeschichten und historischen Episoden, Volkstraditionen also, die nicht einem kleinen Kreis von priesterlichen Amtsträgern vorbehalten sind, wie die über Leben und Tod entscheidenden rituellen Überlieferungen, aufgrund derer die großen Mächte der Natur im Gleichgewicht gehalten werden.
In diesen Volkstraditionen spielen verschiedene, allen Hopi vertraute Geistwesen, die auch in ihrem täglichen Leben einen großen Platz einnehmen, die Hauptrollen. Am bekanntesten von ihnen sind die Kachinas und neben ihnen Másaw, der zum Großen Geist dieser Welt gewordene Herr der Toten, sowie Großmutter Spinne, die Urmutter und Erdgöttin mit ihren beiden Enkeln, den Kriegerbrüdern, aber auch die Helden und Zauberer, und nicht zuletzt die Tiere, die im Mittelpunkt vieler Überlieferungen stehen.
Die Texte handeln von den allgegenwärtigen Geistern, die die Hopi seit Beginn ihres Weges auf der Erde geleitet und beschützt haben, und sie erzählen in archetypischen Bildern von ihrem ständigen Kampf mit dem Bösen, der harten Arbeit in einem kargen Land, den Reisen in andere Länder und Welten sowie vom Zusammenleben mit den Tieren. Zugleich vermitteln sie aber auch Einblicke in den Alltag der Hopi; ihre Speisen und Spiele werden ebenso vorgestellt wie das Familienleben und das Verhältnis der Geschlechter zueinander. So eingebettet, erscheinen auch esoterische Bräuche nicht als jenseitig und weltabgewandt, da sie ja bei den Hopi auch integraler Bestandteil des täglichen Lebens sind.
Diese Traditionen bilden zugleich die Grundlage für das Verständnis ihrer Erinnerungen und Kommentare zu historischen Ereignissen und zeitgenössischen Episoden.
Anstelle eines abschließenden Essays zur politischen Situation der Hopi wurde in das Buch eine Auswahl von Artikeln aus der von traditionellen Hopi aus Hótevilla herausgegebenen Zeitschrift *Techqua*

Ikachi aufgenommen. In diesen einzigartigen zeitgeschichtlichen Dokumenten werden viele Aspekte des heutigen Lebens der Hopi, das immer mehr zu einem Kampf ums Überleben wird, aus traditioneller Sicht dargestellt und erläutert.

Neben dem universalen Entwurf im *Buch der Hopi* präsentiert der vorliegende Band also eine facettenreiche Sammlung von Texten, die zum ersten Mal in deutscher Sprache einen größeren Überblick über ihre Volkstraditionen in Selbstzeugnissen gibt.

Die Hopi

Die materielle und geistige Kultur der Hopi in ihren Grundzügen kurzgefaßt darzustellen, ist angesichts der ungeheueren Komplexität des Themas und der vielen nur ungesicherten Kenntnisse über sie ein geradezu sträfliches Unterfangen. Für diejenigen Leser jedoch, die sich hier zum ersten Mal mit den Hopi befassen, erscheint es unabdingbar, zumindest die wichtigsten Elemente der Hopi-Kultur zu erklären. Eine ausführlichere Darstellung in deutscher Sprache gibt – neben dem bereits erwähnten Frank Waters – auch die Arbeit von Horst Hartmann (1980). Im übrigen wurde jeder Versuch unterlassen, einzelne Kulturelemente der Hopi abstrakten Begriffen, Systemen oder Ismen zuzuordnen, da solche Zuordnungen sie in indianischen Augen häufig mit einem entwertenden Stempel versehen.

Geschichte

Über Herkunft und Geschichte der Hopi gibt es keine übereinstimmenden Auffassungen. Die meisten Wissenschaftler halten die Hopi – zusammen mit den Pueblos im Tal des Rio Grande – für direkte Nachkommen eines Volkes, das von den aus Norden eindringenden Navaho *Anasazi*, d. h. »die Alten« genannt wurde. Die Anasazi bewohnten das Tal des San Juan River, bis sie im 13. Jahrhundert durch eine langanhaltende Dürre zur Abwanderung gezwungen wurden. Offen ist allerdings, aus welcher Volksgruppe die Anasazi ihrerseits vor der Ausbildung ihrer Kultur in den ersten Jahrhunderten unserer Zeitrechnung hervorgegangen sein sollen, und ebenso unge-

klärt ist, ob sie tatsächlich die ersten Bewohner des heutigen Hopilandes gewesen sind.
Die Hopi dagegen betrachten die Anasazi nur als *eine* Gruppe ihrer Vorfahren. Ihren eigenen Überlieferungen zufolge waren sie die ersten Menschen auf dem amerikanischen Kontinent. Von einem gemeinsamen Ursprungsort weit im Süden ihres jetzigen Siedlungsgebietes begaben sich die verschiedenen Klane oder Klangruppen (Phratrien, von griech. φρατία, »Sippe«) der Hopi auf jahrelange Wanderungen durch den gesamten Kontinent, bevor sie von allen Richtungen her in jenem Land wieder zusammenkamen, das sie noch heute bewohnen.
Als erste Hopi-Niederlassung im Gebiet der drei Mesas gilt allgemein das Dorf Shongópovi. Anderen Überlieferungen zufolge soll damals aber schon das Dorf Awátovi auf der Antilopenmesa bestanden haben. Awátovi wurde ebenso wie die Pueblos Zuñi und Laguna von Angehörigen des Bogenklans bewohnt, und die Zuñi machen den Hopi den Ruf streitig, als erste ihren Fuß auf amerikanischen Boden gesetzt zu haben. Dafür spricht, daß die Hopi die Überlieferungen des Bogenklans, die auch bei ihnen als die ältesten gelten, offenbar in der Laguna-Sprache aus Awátovi übernommen haben.
Bestätigt wird die eigene Geschichte der Hopi durch die zahlreichen kulturellen Parallelen zu altmexikanischen Völkern, vor allem aber durch die Tatsache, daß die Sprache der Hopi zur Familie der utoaztekischen Sprachen gehört, deren Verbreitungsgebiet sich bis in den Süden Mexikos erstreckt. Außerdem finden sich bei den Hopi unterschiedliche und zum Teil durchaus gegensätzliche Traditionen sowohl in der materiellen als auch in der geistigen Kultur. So unterscheiden sich z. B. auf den einzelnen Mesas die Techniken der Korbflechterei, während die Anasazi-Kultur gerade durch ihre einheitliche Flechtkunst definiert ist. Auch die Zählsysteme, einige Bestattungsformen und selbst Schöpfungsgeschichten variieren. Eine solche kulturelle Heterogenität kann sich aber nur im Laufe einer langen Trennungsperiode, wie sie während der Wanderungen bestanden hätte, gebildet haben.

Dörfliche Organisation

Die Eigenständigkeit der Klane auf ihren Wanderungen und ihre Bedeutung als vorrangige gesellschaftliche Einheit ist nach dem Seßhaftwerden der Hopi in der Struktur ihrer Dörfer erhalten geblieben.

Südlicher Durchgang in Walpi

Traditionell übernimmt jeweils derjenige Klan die Führung eines Dorfes, der es gegründet hat. Stirbt er aus oder versagt er, geht die Führerschaft an den nächsthöheren Klan über. Der führende Klan trägt für alle Vorgänge im Dorf die oberste Verantwortung und stellt den Kíkmongwi oder Dorfhäuptling, dessen Autorität – die allein geistig-moralischer Natur ist – wiederum auf seiner Klanzugehörigkeit beruht. So wie das erwähnte Awátovi ein Dorf des Bogenklans war, wurden Shongópovi und Oraibi vom Bärenklan gegründet, der als höchster der Hopi-Klane gilt. Jeder weitere Klan, der ins Dorf aufgenommen wurde, hatte bestimmte Verpflichtungen zum Wohle des Dorfes zu übernehmen; sei es die Aufsicht über die Ländereien, die medizinische Versorgung oder die Verteidigung.

Die religiösen Pflichten werden noch heute im wesentlichen von Zeremonialgesellschaften (auch Bruderschaften oder Bünde genannt) wahrgenommen. Diese haben jeweils das Wissen von bestimmten Zeremonien oder Teilen von ihnen und sind für ihre Durchführung verantwortlich. Die vier bedeutendsten Bünde sind der *Al-*(Zweihorn)-, *Kwakwan-*(Einhorn oder Agaven)-, *Wuwuchim-*(Keimung erflehen)- und *Tátaokyam-*(Sänger oder Flöten)-Bund. Der Klan, der mit seiner Aufnahme in das Dorf zugleich eine bestimmte Zeremonie eingebracht hat, führt meist auch die für sie hauptverantwortliche Gesellschaft an. Jedoch können auch Angehörige anderer, weniger bedeutender Klane eine Führungsposition in einem Bund und somit beträchtliche Autorität im Dorf erwerben.

Wichtige Ämter im Dorf wie das des Ausruferhäuptlings (Chákmongwi), des Kriegshäuptlings (Qaletáqmongwi) oder der Beobachter der Himmelskörper werden ebenfalls von bestimmten Klanen besetzt. So ergibt sich ein vielschichtiges und fein ausgewogenes politisch-religiöses System, das die Anhäufung von Macht ausschließt und der exekutiven Gewalt entbehren kann.

Soziale Konflikte werden entweder innerhalb des Klans oder, wenn das ganze Dorf davon betroffen ist, von einem Rat der wichtigsten Klan- und Zeremonialführer (Priester) beigelegt. Ist eine Lösung nicht möglich, so werden Gewalttätigkeiten vermieden, indem man dem Prinzip der Trennung oder Spaltung folgt: Eine der streitenden Parteien – sie wird oft durch einen Wettkampf ermittelt – muß mit ihrem ganzen Klan das Dorf verlassen. Zuweilen wurden früher auch einzelne Dörfer aufgegeben, die Einwohner schlossen sich dann anderen Dörfern an oder gründeten neue.

Verwandtschaft

Neben ihrer Bedeutung im politischen und zeremonialen System haben die Klane eine zweite, vielleicht noch grundlegendere Funktion, nämlich als Verwandtschaftsgruppe und gemeinschaftlicher Besitzer von Ländereien. Während im ersten Bereich die Führungspositionen fast ausschließlich von Männern eingenommen werden, ist der zweite, die Familie, das Haus und die Felder betreffende Bereich, gänzlich die Domäne der Frauen.

An ihnen orientiert sich zunächst die Bestimmung der Verwandtschaft: Einem Klan zugehörig und daher miteinander verwandt sind jeweils alle Personen, die ihre Abstammung über die mütterliche Linie auf einen gemeinsamen Ahnen zurückführen können. Dieser Ahne ist gewöhnlich der Geist eines Tieres, einer Pflanze oder einer anderen Naturerscheinung.

Die eigentliche Führerschaft des Klans liegt bei dessen ältester Frau, der »Großmutter«. Sie hütet das Klan-Haus, in welchem das típoni aufbewahrt wird, eine figürliche Darstellung des Klan-Schutzgeistes,

(wu'ya), der die Lebenskraft des ganzen Klans in sich birgt. So liegen Gedeih und Verderb des Klans in den Händen der »Großmutter«.
Klane, die sich z. B. aufgrund gemeinsamer Wanderungen als einander verwandt betrachten, bilden eine Phratrie, wie etwa die Gruppe der vom Bärenklan angeführten Klane, die ihre Namen von einem toten Bären ableiten, auf den sie bei ihren Wanderungen stießen. Doch können die anderen Klane der Phratrie die Aufgaben des Bärenklans nicht übernehmen, so daß den Phratrien keine politische Bedeutung zukommt. Ihre Funktion besteht lediglich in der Beschränkung der Heiratsmöglichkeiten, denn Ehen dürfen nur mit Partnern einer anderen Phratrie geschlossen werden.
Da die Frauen die Eigentümerinnen der Häuser sind (obwohl die Männer sie bauen), zieht der Mann bei der Heirat ins Haus seiner Frau. Dort ist er wenig mehr als ein Gast, denn seine Hauptpflichten bestehen gegenüber seinem eigenen Klan. Auch ist er von der Erziehung seiner Kinder weitgehend ausgeschlossen, denn diese wird von einem Bruder seiner Frau übernommen.

Landnutzung und Wirtschaftsweise

Bei der Regelung der Landnutzung spielen wiederum die Klane eine zentrale Rolle, denn die von den Hopi bebauten Ländereien werden im Namen der Klane zugeteilt. Jeder Klan einigt sich dann über die Verteilung der Felder unter den einzelnen Familien, genauer deren ältesten Frauen, die sie wiederum an ihre Töchter weitervererben (obwohl die Männer sie bestellen).
Die Felder der Hopi befinden sich unterhalb der Mesas auf Talflächen, die in der Nähe von ausgetrockneten Bächen liegen und in denen die wenigen im Sommer nach einem Platzregen von den Mesas herabstürzenden Wasserläufe versickern. Daneben werden auch Sandflächen bepflanzt, die über Lehmschichten liegen und daher die von Regen oder Schnee gespendete Feuchtigkeit sehr lange halten können.
Die wichtigsten, seit alters her von den Hopi angebauten Pflanzen sind Mais, Kürbis, Bohnen, Tabak und Baumwolle; später kamen von den Europäern eingeführte Gemüsearten sowie der Obstanbau hinzu.
Das mit Abstand bedeutendste Nahrungsmittel der Hopi war der Mais, der, in mehreren Sorten angebaut, in jedem Haushalt in großen Mengen gelagert und zu einer Fülle unterschiedlicher Speisen verwen-

det wurde. Bis zum Einbruch von Geldwirtschaft und Supermärkten im Hopiland war Mais von so überragender Bedeutung, daß er für die Hopi Leben, Fruchtbarkeit und Wachstum schlechthin symbolisiert. So erhält jedes neugeborene Kind, aber auch Jünglinge, die in einen Zeremonialbund eingeführt werden, einen vollkommenen Maiskolben als »Mutter«. Darüber hinaus wird in beinahe jeder Zeremonialhandlung Maismehl als Segnung für gutes Gelingen benutzt. Die sechs Farben rot, weiß, blau, gelb, schwarz und bunt gesprenkelt, in denen der Mais bei den Hopi wächst, werden den vier Himmelsrichtungen sowie dem Zenith und dem Nadir zugeordnet.

Angesichts des gänzlich fehlenden Oberflächenwassers, viel zu geringer Niederschläge und der Unfruchtbarkeit des Bodens haben die landwirtschaftlichen Erfolge der Hopi die Wissenschaft vor bisher ungelöste Rätsel gestellt. Die Hopi selbst versichern, daß ihre Gebete und die anderen religiösen Verrichtungen, mit denen sie jede Phase ihrer Arbeit auf dem Feld begleiten, das Gedeihen ihrer Feldfrüchte bewirken. In der Tat können andere plausible Erklärungen dafür nicht angeboten werden.

Nun scheint die Religion der Hopi auch fast ausschließlich auf das Erflehen von Regen und Wachstum ausgerichtet zu sein, und zweifellos sind das Gebet und die Ernten die Hauptinhalte ihres Lebens. Die religiösen Bemühungen der Hopi sollen aber nicht nur den Regen und das Wachstum der Feldpflanzen herbeiführen, sondern auch das Gedeihen allen Lebens auf der Erde fördern und das Gleichgewicht der gesamten Natur erhalten. Daher umfassen die religiösen Überlieferungen ausführliche Lehren von der Entstehung und Entfaltung des ganzen Kosmos sowie der ihm innewohnenden Kräfte. All diese Kräfte werden in die religiösen Handlungen einbezogen, um sie günstig zu beeinflussen.

Kosmologie und Zeremonialismus

Die Weltsicht der Hopi beruht auf der grundlegenden Überzeugung, daß alle Dinge neben ihrer körperlichen auch eine geistige Existenz besitzen. Diese geistige Existenz oder Wesenheit ist gegenüber der körperlichen autonom, d. h. sie ist nicht an sie gebunden und kann auch ohne sie bestehen. Man könnte von ihr auch als von einer potentiellen Existenz sprechen, im Gegensatz zur manifesten Existenz des Körperlichen. Beide Formen oder Aspekte der Existenz werden als in gleicher Weise real und einander beeinflussend angesehen. Für den Bereich der Potentialität wird im allgemeinen der Ausdruck »Unterwelt« verwendet, doch hat die damit verbundene räumliche Vorstellung wohl nur symbolische Bedeutung.

Das religiöse Handeln der Hopi ist nun darauf gerichtet, jeweils bestimmte geistige Kräfte oder Wesenheiten aus ihrer potentiellen Existenz in die für das Leben auf der Erde notwendige körperliche Form zu führen. Die Hopi sind der Ansicht, daß dies vor allem durch »gute Gedanken« bewirkt werde, – außerdem durch die in guter Absicht gesprochenen Gebete, die fast jede wichtigere Handlung begleitenden Riten und besonders die großen Zeremonien des Jahreskreises, welche die Förderung allen Lebens auf der Erde zum Ziel haben.

Die religiösen Überzeugungen und Absichten der Hopi finden ihren Ausdruck in einem umfassenden und hochentwickelten System größerer und kleinerer Zeremonien, die sie an vielen Tagen im Jahr ausführen. Zu den wichtigsten, beinahe unentbehrlichen Kulthandlungen gehören – neben dem erwähnten segnenden Verstreuen von Maismehl – das Rauchen der Pfeife als Zeichen der Verbundenheit mit der geistigen Welt sowie das Opfern von eigens hierzu angefertigten Gebetsstäben (páhos) und -federn (nakwákwosis). Neben den Gebeten gibt es zu vielen Zeremonien Gesänge und Tänze; ihnen wird eine schöpferische Kraft zugeschrieben.

Die Kachinas

Die geistigen Kräfte werden als absichtsvolle Wesenheiten angesehen, die selbstbestimmt wirken, aber auch von Menschen beeinflußt werden können, da diesen selbst ein geistiges Wesen innewohnt. Die allermeisten der Geistwesen werden als Kachina bezeichnet. Das Wort stammt nach Waters (S. 177) von *ka*, »Ehrfurcht«, und *china*, »Geist«; diese Bedeutung ist aber umstritten. Kachinas werden auch in Menschengestalt mit jeweils symbolischem Äußeren veranschaulicht. Sie wohnen in den vier heiligen Bergen oder Wolkenhäusern an den Enden des Hopilandes, doch während des Wachstumshalbjahres verkörpern sie sich für die Dauer der Zeremonien unter den Hopi, um deren Wirken zu unterstützen.

Kachinas sind keine Götter; mit den Worten Haberlands (1978, S. 144) »könnte man sagen, daß die Kachina die Geistwesen (spirits) von Menschen, Tieren, Pflanzen und Naturerscheinungen sind, die Götter dagegen die Herrscher über diese Dinge, auch über die Kachina. Sie sind die eigentlichen Schöpfer und Erhalter. Sie sind es, die Wachstum und Wohlergehen gewähren, die Kachina aber sind es, die sie dazu aufgrund der Gebete der Menschen veranlassen.« (Siehe dazu auch S. 90.)

Kachinas sind so vielgestaltig wie das Leben selbst, ihre Zahl ist daher potentiell unbegrenzt. Im Leben der Hopi spielen sie eine bedeutende Rolle. Oft werden sie als Figuren geschnitzt und Kindern zum Spielen gegeben, damit diese sich schon frühzeitig mit den vielen Kachinas vertraut machen können.

Ahöla-Kachina

Die Schaffung des Universums

Taíowa ist der geistige Aspekt des primordialen Zustands vor Zeit und Raum, in dem der Kosmos nur potentiell existierte. Ihm wohnte ein schöpferischer Impuls inne, durch den er aus sich das Universum in physischer Form manifestierte. Mit dem Universum entstand Sótuknang als seine ordnende Macht, der es nach dem durch Taiowas Schöpfungsakt sich ergebenden gesetzmäßigen Ablauf oder »Plan« durchwirkt und entfaltet.

Ausdruck des Wirkens Sótuknangs auf der Erde ist Spinnenfrau (Kókyang Wuti), auch Großmutter Spine (Kókyang Sowuti) genannt. Als Geistmutter der Erde verfügt sie über die göttlichen Kräfte, die unbegrenzte Weisheit und das allumfassende Wissen Sótuknangs. Mit Hilfe ihrer Geschöpfe Pöqánghoya und Palöngahoya gab sie der Erde Ordnung und Bewegung. Pöqánghoya, der ältere der beiden Brüder (manchmal auch als Zwillinge bezeichnet), verfestigte die Erde und formte die Berge, Palöngahoya brachte durch seinen Ruf oder Schall die Erde und das ganze Universum in Gleichklang (Schwingung). *Pöqáng* bedeutet »eine Person mit großer Macht«, *palönga* »ein Echo ertönte«, und *-hoya* bezeichnet eine Verkleinerungsform. Die beiden wurden an die Pole der Erdachse gesetzt, von wo aus sie die Erde in einer stabilen Form und in gleichmäßiger Drehung halten. Sie sitzen dort jeder auf einer riesigen Wasserschlange, die sie von Zeit zu Zeit ein wenig loslassen. Dadurch entstehen auf der Erde Fluten und Erdbeben, die die Menschen ermahnen sollen, den Weg des Großen Geistes nicht zu verlassen.

Nach Pöqánghoya und Palöngahoya brachte Großmutter Spinne alle Lebensformen auf der Erde hervor. Zum Schluß erschuf sie vier Menschen aus der Erde der Farben gelb, rot, weiß und schwarz nach dem Ebenbild Sótuknangs, und vier weitere nach ihrer eigenen Gestalt. Ihr Vater war Táwa, die Sonne; von Sótuknang erhielten sie die Gabe der Sprache, das Gefühl der Ehrfurcht und Liebe für die Schöpfung, sowie die Fähigkeit, sich fortzupflanzen und zu vermehren.

Die Menschen durchlebten drei Welten oder Erdzeitalter; doch fanden alle durch große Katastrophen ein Ende, als die Menschen böse wurden und sich von ihrem Schöpfer abwandten. Nur wenige überlebten und gelangten unter Führung von Großmutter Spinne in eine Neue Welt, die heutige Vierte Welt.

Másaw, der Hüter der Vierten Welt

Másaw war schon in der Dritten Welt als Geist des Feuers der Schutzgeist des Feuerklans gewesen. Sein furchterregendes Aussehen soll daher rühren, daß er als Verwalter der Dritten Welt Verfehlungen beging und daraufhin vom Schöpfer in einen Feuerschlund der Totenwelt geworfen wurde. Er überlebte jedoch und war fortan nicht nur Herr des Feuers, sondern auch des Todes. Um ihm noch eine Bewährungsprobe zu geben, wurde er zum Herrn der Vierten Welt eingesetzt, und aus diesem Grunde mußten die Hopi bei ihrer Ankunft dort feststellen, daß es in ihr außer dem Leben auch den Tod gibt. Als Herr der Vierten Welt ist Másaw der Große Geist des ganzen Landes und allen Lebens auf der Erde, und daher unterliegt auf ihr alles dem Wandel von Leben und Tod.

Für die Hopi hat Másaw weitere Bedeutung dadurch erlangt, daß er der eigentliche Begründer ihrer Kultur ist, der ihren ›Lebensplan‹ entwarf und in die heiligen Steintafeln einritzte, die er ihnen als Zeichen des Bundes übergab. So ist er »der große Wächter, der ihr Leben und ihr Schicksal bestimmt. Sie wissen, daß sie nur Besucher auf der Erde sind, die diesem Gott gehört, und daß er eines Tages dieses Land wieder als das seine einfordern wird«, Malotki (1978), S. 205.

Als die Menschen nach dem Aufstieg in die Vierte Welt erstmals auf Másaw stießen und ihn baten, dort bleiben zu dürfen, sagte er zu ihnen: »Nun, seht mich an. Ich bin ein armer Mann. Ich habe nur meinen Grabstock, meine Maiskörner und einen Krug Wasser. Ich führe ein einfaches Leben. Wenn ihr so leben wollt wie ich, müßt ihr viele Dinge opfern. Wenn ihr mich als euren Führer, euren Häuptling wollt, müßt ihr beweisen, daß ihr ein solches Leben führen könnt.« Als sie einwilligten, legte er ihnen den Lebensplan für die Vierte Welt aus.

Großmutter Spinne

Auch Großmutter Spinne ist mit der Geschichte und Kultur der Hopi auf vielfältige Weise verknüpft. Einer Überlieferung zufolge war sie eine junge und schöne Frau, als sie mehrere Klane dazu überredete, ihre magischen Kräfte zu mißbrauchen, um die ›Hintertür‹ aus Eis im Norden des Kontinents aufzuschmelzen. Daraufhin ließ Sótuknang sie zu einer alten Frau werden. Da ihre großmütterliche Zuneigung

sowohl ihren beiden ›Enkeln‹, den Kriegergöttern, als auch den Hopi gilt, ist sie das Urbild der Guten Mutter. Sie verkörpert die innere Kraft der Dinge, Güte und Gerechtigkeit, und besiegt böse Kräfte, die durch Zauberei, Hexen, Ungeheuer und böse Gedanken hervorgerufen wurden.
In Form einer Spinne stellt sie zugleich ›lebende Medizin‹ dar, d. h. von ihrer körperlichen Gestalt gehen wohltuende Wirkungen für den Menschen aus.
»Als gewöhnliche Spinne kann sie jederzeit eingreifen, helfen, beraten, leiten und retten. Während sie durch ihre Verpflichtung zum Schutz und Wohlergehen von in Not geratenen Menschen zu einer Schutzgottheit wird, gibt ihr die Verbindung mit der Erde, in der sie lebt, den Charakter einer Erdgöttin.« (Malotki 1978, S. 208)

Die beiden Kriegerbrüder

Pöqánghoya und Palöngahoya leben in der Vierten Welt als kleine, ständig zu Abenteuern und ausgelassenen Streichen aufgelegte Halbgötter. Sie wohnen in der Kiva ihrer Großmutter Spinne, gehen für sie auf die Jagd, sammeln Holz und verrichten andere häusliche Arbeiten, doch verbringen sie auch viele Stunden mit dem alten Hopi-Spiel *nahoýtatatsia,* einer Art Feldhockey, bei dem sie einen mit Hirschfell ausgestopften Lederball vor sich herschlagen. In ihrer kindlichen Personifikation sind sie meist Unruhestifter und Possenreißer, necken die Großmutter und bereiten ihr auch Angst und Schrecken. Doch in den Überlieferungen der Hopi erscheinen sie vor allem als kulturelle Heroen oder als Krieger, die den Hopi gegen ihre Feinde zur Seite stehen und auf ihr Bitten auch gegen gefährliche Geister und Ungeheuer kämpfen. Ihre Waffen sind Schwirrholz (Donner) und Blitzpfeil oder -rahmen (Blitz). Sie sind die Schutzgottheiten des Schilfklans und der Kriegergesellschaft in Walpi und des Sonnenklans in Oraibi. In dieser Rolle erinnern sie an die Kriegerzwillinge oder -brüder anderer indianischer Kulturen (so z. B. an Hun-Apu und Xbalanque bei den Maya).
Da Großmutter Spinne und die Kriegerbrüder stets anwesend und hilfsbereit sind, genießen sie besonders bei den einfachen Hopi, die keine spirituellen Ämter innehaben, große Zuneigung und werden von ihnen gern angerufen.

Die Zeremonialgesellschaften und die Kiva

Die Entfaltung der Welt, der Weg des Lebens auf der Erde, das Zusammenspiel der Naturkräfte und die Geschichte der Hopi werden jedes Jahr in einem Zyklus von neun großen Zeremonien dramatisch vergegenwärtigt und neu aktiviert. Die Lehren von der Bedeutung und Ausführung der Rituale sowie das Wissen um die spirituelle Beeinflussung der Naturkräfte werden von den Zeremonialgesellschaften bewahrt. Da an allen Zeremonien mehrere Gesellschaften beteiligt sind, ist keine der Gruppen im alleinigen oder vollständigen Besitz des esoterischen Wissens, so daß Machtanhäufung und Abhängigkeit vermieden werden.

Jede Gesellschaft hat eine Zeremonialkammer (Kiva), in der sie ihre Versammlungen abhält, die Zeremonien vorbereitet und ausführt. Die Kiva liegt zum Teil unter der Erdoberfläche, denn sie stellt den Raum dar, aus dem die Geschehnisse der Unterwelt oder Vorwelt (dem Bereich der potentiellen Realität) in den Bereich der Oberwelt (der manifesten Realität) treten. Im Hopi bedeutet das Suffix -*va* »werden, auftauchen, erscheinen«, und so ist die Kiva der Ort, an dem die Dinge durch spirituelle Handlungen zur Erscheinung gebracht werden. Dementsprechend beginnt jede Zeremonie mit einem den initiierten Mitgliedern der Gesellschaften vorbehaltenen, geheimen Teil (wiwi) in der Kiva. Später steigen die Teilnehmer über eine Leiter an die Erd-

Kiva in Shipaúlovi

oberfläche, und es folgt dann der öffentliche Teil der Zeremonie (tiihu), der meist als »Tanz« bezeichnet wird. Der Ort der Manifestation wird durch ein kleines Loch im Boden der Kiva symbolisiert, das *sipápuni* genannt wird, was so viel wie »weg vom Nabel« oder »Nabelschnur« bedeutet. Das sipápuni findet nach oben hin seine Entsprechung in der Dachöffnung der Kiva, durch die die Teilnehmer der Zeremonie auf der Leiter die Welt der Gestaltungen betreten.

Der Jahreskreis der Zeremonien

Das Zeremonialjahr beginnt im späten November mit dem *Wúwuchim*, dem rituellen Entzünden des neuen Feuers und dem Erwecken der Keimkraft des Lebens. Darauf folgt zur Wintersonnenwende der *Soyál*, der dem neuen Leben Wärme und Kraft geben soll und den Lebensplan für das kommende Jahr auslegt.
Im *Soyál* erscheinen zum ersten Mal die Kachinas, die Geistkräfte aller natürlichen Erscheinungen, um das Wachstum zu erwirken und den Hopi zu helfen, es zur Blüte und Fülle zu bringen. Im Winterhalbjahr ziehen sich die Kachinas dann aus ihrer körperlichen Form zurück und ruhen auf den vier heiligen hohen Bergen oder »Wolkenhäusern«, die das Hopiland umgeben. Wenn die Kachinas bei Beginn des neuen Wachstumshalbjahres wieder zu den Menschen zurückkehren, verkörpern sie sich während der Zeremonien in denjenigen Hopi, die sich ihnen öffnen; die Ausführenden legen in dieser Zeit ihre persönliche Identität als Hopi ab.
Während der *Powámu*-Zeremonie im Februar, in der die ganze Welt gereinigt wird und das erste pflanzliche Leben erscheint, werden die Kinder einer bestimmten Altersgruppe in eine Kachina-Gesellschaft initiiert. Im Frühjahr folgt dann eine Reihe von Kachina-Tänzen, durch die Regen erbeten und die Vegetation angeregt werden soll.
Wenn die Kachinas zur Sommersonnenwende ihre Aufgaben erfüllt haben, werden sie im *Niman-Kachina* auf zeremonielle Weise verabschiedet. Darauf schließt sich im Hochsommer jährlich abwechselnd die *Flöten*- oder die *Schlangenzeremonie* an; es sind Zeremonien, die den wichtigen sommerlichen Regen herbeiführen, aber auch tiefe esoterische Bedeutung haben.
Beendet wird das Ritualjahr durch drei von Frauenbünden durchgeführte Zeremonien: *Lakón*, *Márawu* und *Owaqlt*. Sie symbolisieren

Reife und Erfüllung, aber auch den Empfang des neuen Samens, dessen Keimung dann im *Wúwuchim* angeregt wird, und sie überbrücken die Zeit zwischen dem sich schließenden und dem nun folgenden neuen Kreis.

Zur Textauswahl

Seit den Anfängen ethnologischer Arbeit bei den Hopi sind ihre Erzählungen aufgezeichnet worden. Oftmals aber sind sie nur in wissenschaftlichen Publikationen zu anderen Themen erschienen oder stehen – das gilt vor allem für Europa – nur in wenigen Exemplaren zur Verfügung. Ein Motiv für die Herausgabe der vorliegenden Texte war es daher auch, sie einem größeren nichtakademischen Leserkreis zu erschließen.

Dem Buch liegen Aufzeichnungen aus mehreren Quellen zugrunde, die in verschiedenen Zeiträumen zusammengetragen wurden. Das älteste Material wurde in den Jahren 1903 und 1904 von dem deutschen Mennonitenmissionar Heinrich R. Voth aufgezeichnet und 1905 unter dem Titel *The Traditions of the Hopi* veröffentlicht. Die *Traditions* stellen bis heute die umfangreichste Sammlung mündlicher Überlieferungen der Hopi dar, doch sind die Texte, ebenso wie die Person Voths selbst, nicht unumstritten.

Sicher ist, daß Voth sich gegenüber den religiösen Gefühlen der Hopi aggressiv und rücksichtslos verhalten hat. Viele Hopi, die seine Schriften kennen, behaupten, daß kein Hopi einem solchen Menschen, der noch dazu Missionar war, sich also aktiv an der Zerstörung der Hopi-Kultur beteiligte, zutreffende oder detaillierte Informationen gegeben hätte. Außerdem habe er schlechte Informanten gehabt, und seine Kenntnisse der Hopisprache seien sehr bruchstückhaft gewesen (vgl. »Bemerkungen zu Voth« S. 279).

Andererseits weiß man, daß einige der Informanten Voths zum Mennonitentum übergetreten waren und vermutlich kein Interesse mehr daran hatten, die Hopi-Religion zu schützen und ihm Unwahrheiten zu erzählen.

Bei der Zusammenstellung des Buches zeigte sich, daß die Texte aus den *Traditions* recht genau mit Variationen aus anderen Quellen übereinstimmen. Um Klarheit zu schaffen, habe ich die für diesen Band vorgesehenen Texte aus den *Traditions* James Kootshongsie vom Wasserklan aus Hótevilla, einem bei der Beratung von Buch- und Filmprojekten erfahrenen Traditionalisten, zur Beurteilung vorgelegt und ihn gebeten, diejenigen Texte auszusondern, die ihm nicht akzeptabel erschienen.

Aus den dreißiger Jahren dieses Jahrhunderts stammen die Beiträge von Edmund Nequátewa, einem Einhorn-Priester aus Shongópovi, der sich schon damals darum bemühte, wichtige Überlieferungen seines Volkes vor dem Vergessenwerden zu bewahren. Nequátewa war wohl der erste Hopi, der sich zu diesem Zweck des Mittels der schriftlichen Veröffentlichung bediente. Seine Erzählungen erschienen zwischen 1932 und 1938 sowie 1948 und 1955 in verschiedenen Publikationen des Museum of Northern Arizona. Sein Hauptwerk bildete 1936 das kleine Buch *Truth of a Hopi*, das 1976 in leicht erweiterter Form neu aufgelegt wurde.

Die zweite Hauptquelle des vorliegenden Buches stellen die von Harold Courlander in den Jahren 1968–76 und 1981 aufgezeichneten Zeugnisse dar, die er in *Hopi Voices* (1982) und zum geringen Teil auch im Anhang von *The Fourth World of the Hopis* (1971) veröffentlichte. Während Voth das Erzählte selbst aus dem Hopi ins Englische übertrug und niederschrieb, nahm Courlander bereits englisch gesprochene Texte auf Tonband auf, die er bis auf einzelne, geringfügige Veränderungen wörtlich wiedergab. Voth erhielt also noch einen – wie immer begrenzten – Einblick in die ursprüngliche Gedankenwelt der Hopi; die Formulierung der Texte stammt jedoch letztlich von ihm. Im Gegensatz dazu mußte Courlander mit bereits der Ursprache entrissenen Erzählungen vorliebnehmen, die er dafür unverändert präsentieren konnte.

Dem heutigen Leser erlauben die beiden Textquellen interessante Vergleiche der Erzählweise. Der Stil scheint zu Voths Zeiten – vielleicht durch die Hopisprache bedingt – präziser und detaillierter, aber auch langatmiger gewesen zu sein, Courlanders Texte dagegen wirken lebendiger und humorvoller. Beide Zeugnisse spiegeln auf unterschiedliche Weise indianische Mentalität; jedes ist Ausdruck seiner Zeit und daher auf eigene Weise original.

Daß bei Übersetzungen ›immer etwas verlorengeht‹, muß an dieser

Stelle nicht erneut ausgeführt werden, und die Verluste sind bei Übertragungen von mündlicher in schriftliche Form besonders schmerzlich. Letztere bleibt immer ein Ersatz, denn ihr fehlt manches, was eine Erzählung erst vollständig macht: Die Veränderung in der Stimme des Erzählers, seine Gestik und Mimik kann ein Schriftstück nicht wiedergeben.

Im Gegensatz zu den sakralen Überlieferungen – sie müssen unverändert weitergegeben werden – schwindet bei den Texten, die man unter dem Begriff Folklore zusammenfassen könnte, mit der schriftlichen Fixierung zum Teil auch ihre ursprüngliche Lebendigkeit, die in immer anderen Variationen, situationsbezogenen Anspielungen und Einschüben sowie im persönlichen Stil des Erzählers ihren Ausdruck findet.

Ich habe mich um eine möglichst wortgetreue Textübertragung bemüht, um sprachliche Eigenheiten zu erhalten, aber auch versucht, den Ansprüchen an die Lesbarkeit Rechnung zu tragen. Dort, wo eine nennenswerte Bearbeitung oder Ergänzung vorgenommen wurde, erscheint sie – wie bei Courlander – in [eckigen] Klammern (runde Klammern gehören zum Text).

Die Texte aus Malotkis *Hopitutuwutsi – Hopi Tales* (1978) und Dan Katchongvas *Botschaft* (1972) dürften auf die gleiche Weise entstanden sein wie die Texte Courlanders. Diejenigen aus *Techqua Ikachi* dagegen wurden bereits im Original schriftlich verfaßt. Die Zeitschrift *Techqua Ikachi* hebt sich natürlich in ihrer ganzen Konzeption und Funktion (auch im vorliegenden Buch) von den anderen Texten ab. Deshalb werden die ihr entnommenen Artikel vor dem Anhang geschlossen dokumentiert.

Geschichte und Geschichtenerzählen

Die Überlieferungen der Hopi lassen sich verschiedenen Kategorien zuordnen. Dabei erscheinen mir die bei uns eingeführten Begriffe wie Mythos, Märchen, Legende usw. wenig hilfreich, da sie unterschiedlich definiert werden, nicht genau gegeneinander abgrenzbar sind und schließlich nach anderen Prinzipien voneinander geschieden werden als die Kategorien, die die Hopi selbst bilden. Zum Beispiel ist die Frage der Historizität von Mythen oder Sagen bei uns durchaus umstritten, vielleicht auch nicht so sehr von Belang. Bei den Hopi dagegen bildet sie dasjenige Kriterium, nach dem eine grundsätzliche Unterscheidung zwischen einer Geschichte aus einem festen, für wahr gehaltenen Kanon von Überlieferungen, die wortwörtlich wiedergegeben werden müssen, und einer aus dem Bereich der Folklore getroffen wird, welche dem Erzähler größeren Spielraum läßt. Der Sprachwissenschaftler Malotki (1978) schreibt dazu:
»Das Hopi-Wort für das Genre der Folklore... ist *tuuwutsi*. Um den Aufbau des Wortes zu erhellen, wird der Linguist damit beginnen, das Adjektiv *wutsi* auszugliedern, welches ›falsch‹ im Sinne von ›vorgeblich‹ oder ›nicht wirklich‹ bedeutet. Es ist hier mit der Vorsilbe *tuu-* verbunden, die den Gedanken ›unbestimmte, nicht-menschliche Objekte‹ vermittelt. Insgesamt beschreibt das Wort *tuuwutsi* also etwa ›viele falsche oder vorgebliche Dinge‹. Diese Vorstellung entspricht natürlich genau unserem intuitiven Verständnis von *tale*, ›Erzählung‹ oder ›Geschichte‹.
Einen guten Geschichtenerzähler wird man als *tuwutsmoki*, wörtlich ›Geschichtenbeutel‹ beschreiben, was zum Ausdruck bringt, daß er eine ›Schatzkammer mündlicher Überlieferung‹ ist. Er wird seiner Zuhörerschaft immer deutlich machen, ob eine bestimmte Geschichte nur eine Erdichtung ist, oder ob sie eine tatsächliche Begebenheit aus der Geschichte der Hopi, wie etwa eine Klanwanderung, den Untergang eines ehemaligen Hopi-Dorfes, u. ä. wiedergibt. ›*I'hapi pas qa yaw'i, pas antsa* (Das ist kein Hörensagen, das ist wirklich wahr)‹, werden dann seine Schlußworte sein...« (S. xiii).
In folkloristischen Überlieferungen sind viele Motive und Handlungen, aber auch viele Einschränkungen weltweit verbreitet. Diese Ein-

schränkungen beziehen sich vorwiegend auf die Tages- und Jahreszeit, während der das Geschichtenerzählen erlaubt ist.
Die Bräuche der Hopi bilden da keine Ausnahme. Während es ein besonderes Tagestabu und eine Beschränkung des Geschichtenerzählens auf die Nachtzeit nicht gibt, besteht die Tradition der Hopi unnachgiebig auf ihrem Sommertabu. ›*Hakiy taala' tuutuwutsqw hakiy tsuu'a kuukingwu*‹, ist eine ausdrückliche Warnung: ›Wer in der Sommerzeit eine Geschichte erzählt, wird von einer Klapperschlange gebissen werden.‹ Wenn man nach der geeigneten Zeit zum Geschichtenerzählen fragt, werden manche Hopi erklären, daß ein Geschichtenerzähler während der kalten Jahreszeit, solange der Boden gefroren ist, sicher sein kann. Andere führen den Monat *Kyaamuya* [Kámuya, Dezember] als die Zeit zum Geschichtenerzählen par excellence an und bezeichnen diesen Monat in der Tat auch als *tuwutsmuyaw* oder ›Monat des Geschichtenerzählens‹ [siehe dazu auch S. 304]...
Früher wurden während des *Kyaamuya* nahezu jeden Abend Geschichten erzählt. Ganze Haushalte kamen zu diesem Anlaß zusammen, und alle, von den kleinen Kindern bis zu den Urgroßeltern, waren dabei. Gelegentlich trug jeder Erwachsene unter den Zuhörern eine eigene Geschichte vor, eine Sitte, für die es in der Hopisprache einen besonderen Ausdruck gibt – *tuwutsqöniwma* –, was bedeutet, ›die Geschichte macht die Runde‹. Heute nähert sich die Tradition der Folklore bei den Hopi angesichts des fortschreitenden Auflösens der Familienbande und des Eindringens von Farbfernsehen, Comics und anderen Massenunterhaltungsmitteln ihrem Ende. Mit dem Dahinscheiden der alten Geschichtenerzähler erleidet sie jedes Jahr unersetzliche Verluste.« (S. xiv f.)
Über die andere, sakral-historische Art von Überlieferungen schreibt Courlander (1982, S. xxiii f.):
»... Je stärker die Erzählungen die Mysterien der Kivas oder die religiösen Aspekte des Klanlebens berühren, mit desto mehr Verboten werden sie belegt. Diese gelten nicht nur für das Erzählen von Geschichten an Außenstehende, sondern auch innerhalb des Dorfes. Gewisse Geschichten oder Berichte sind geradezu Eigentum bestimmter Klane oder Bruderschaften. Nach Einzelheiten des Ursprungs seines Klans gefragt, wird ein Hopi etwa erwidern, daß er gewarnt wurde, niemals über Dinge dieser Art zu sprechen, oder daß er sich zuerst mit seinem ›Onkel‹ (einem Klanältesten oder Bürgen einer

Zeremonie) besprechen müsse, der ihn beraten würde, ob er irgend etwas sagen könne. Bei einer Gelegenheit deutete ein Hopi an, daß eine bestimmte Geschichte einem anderen Klan gehöre und er kein Recht habe, sie zu erzählen. Zum Teil entspringt diese Zurückhaltung oder Versagung einem Gefühl von Anstand wie auch einem Bewußtsein dafür, daß die genauen Tatsachen einer bestimmten Überlieferung nur den autorisierten Hütern dieser Tradition bekannt sind. Es wäre z. B. für ein Mitglied des Tabakklans vermessen, wenn es versuchen wollte, Bedeutung und Symbolik eines Rituals des Schlangenklans zu erklären. Um etwas über den Wasserklan zu erfahren, muß man zum Wasserklan gehen, und wenn man etwas über den Bärenklan wissen will, muß man den Bärenklan aufsuchen. So wird jedem Klan Achtung gezollt, und sein Wissen und seine Stellung werden ebenso definiert wie seine Rechte.

Während viele Geschichten nur zur Unterhaltung dienen, bilden andere Bestandteile von Klanchroniken oder -lehren und werden, obwohl wir ihren Inhalt gewöhnlich als Mythos oder Legende bezeichnen, als Historie verstanden. Und da diese ›Geschichte‹ nicht geschrieben, sondern durch Erzählungen, Gesänge und rituelle Dramen mündlich bewahrt wird, muß ihrer Genauigkeit größte Beachtung geschenkt werden. Daher ist die Autorität des Klans (oder der Kiva-Gesellschaft) von großer Bedeutung. Eine verantwortungsvolle Person wird es nicht wagen, Tatsachen zu verändern. Und wenn sie Bescheid weiß, wird sie zur wortgetreuen Erzählung einer Geschichte neigen. Sie wird darauf achten, welcher Baum an einer bestimmten Stelle wuchs oder was für eine Art Gebetsfeder hergestellt wurde, nicht weil das für den Ausgang der Geschichte bedeutsam ist, sondern weil es ihr so erzählt worden ist, so, wie sich die Geschichte wirklich zugetragen hat.

Eine Geschichte in dieser Sammlung, ›Das Dorf bei Laméhva‹, wurde erst erzählt, nachdem der zuständige Klanhäuptling seine Erlaubnis dazu gegeben hatte...

Noch immer ist es allgemein anerkannt, daß einzelne Klane die Autorität bezüglich bestimmter Aspekte eines Ereignisses haben können. Während so zum Beispiel der Schilfklan von Walpi die Autorität hinsichtlich des Angriffs auf Awátovi sein kann, mag der Tabakklan, der zu dieser Zeit in Awátovi lebte, anderes über dieses Ereignis wissen.«

Eine klare Trennung von sakral-historischen und folkloristischen

Überlieferungen in diesem Buch wäre wünschenswert gewesen, ist aber von einem Außenstehenden nur schwer zu treffen. Ich habe daher eine Unterteilung nach den Hauptinhalten der Texte vorgenommen. Sakral-historische Überlieferungen finden sich vor allem in den Kapiteln I und II, während folkloristische eher in den Kapiteln III–VI enthalten sind. Jedoch lassen sich z. B. der Text »Der Junge, der das große Wasser überquerte«, aber auch Tiergeschichten, wie »Coyote und die Sterne« oder »Die Schlangen und die Heuschrecken« thematisch ebensogut dem ersten oder zweiten Kapitel zuordnen.

Die Texte zu diesem Buch stammen von Einwohnern aller Hopi-Siedlungen (mit Ausnahme von Sichómovi), jedoch überwiegen bei weitem jene von der Dritten Mesa, zumal dann, wenn man die Aufzeichnungen aus Móenkopi dazurechnet, das ein Ableger von Oraibi ist. Während Courlanders Informanten über alle drei Mesas verteilt sind, sammelte Voth seine Geschichten vorwiegend in Oraibi, dem Ort seiner Tätigkeit. Die nicht-traditionellen Dörfer Polacca und Bákavi sind jeweils mit nur einem Beitrag vertreten, während das moderne, am Fuße der Dritten Mesa gelegene Kiqótsmovi, in dem sich viele Bewohner Oraibis nach der Spaltung im Jahre 1906 niedergelassen haben, häufiger repräsentiert ist.

Drei Erzähler, Albert Yava, Ned Zeena und Homer Cooyama, haben mit einer Ausnahme ausschließlich Texte beigesteuert, die in die drei eher religiösen und historischen Kapitel I, II und VII aufgenommen wurden, welche sich – in Anbetracht der an Voth vorgebrachten Kritik – zum größeren Teil auf die Sammlung Courlanders stützen. Weitere Erzähler, vor allem die mit den Pseudonymen »Uwaíkwiota« und »Tsakáptamana« angeführten Personen, sind mit ihren Texten hauptsächlich – und dies gilt auch für Voths Informanten – in den Kapiteln III–VI zu finden. Im Falle »Tsakáptamanas« hängt dies wohl auch damit zusammen, daß sie sich als Frau hüten würde, über sakral-historische Überlieferungen zu sprechen.

Obwohl auch Vertreter der ›fortschrittlichen‹, eine Anpassung an den ›american way of life‹ anstrebenden Hopi mit Texten vertreten sind, geben die politisch-weltanschaulichen Beiträge meist traditionelle Standpunkte wieder. Dies gilt besonders für die Artikel aus *Techqua Ikachi*. Sie wird von streng traditionellen Hopi herausgegeben, die sich dem Erbe Yukíomas verpflichtet fühlen. Damit ist eine bewußte Parteinahme für diejenigen Hopi verbunden, die den Fortbestand und die Integrität ihrer Kultur durch das Bewahren der spirituellen Bünde und ihrer Zeremonien sowie der auf dem Klansystem beruhenden gesellschaftlichen Ordnung zu sichern suchen. In einem Buch über die traditionelle Hopi-Kultur erscheint es überdies als selbstverständlich, wenn nicht nur ihre Darstellung, sondern auch die der sie betreffenden politischen Angelegenheiten jenen überlassen bleibt, welche diese traditionelle Kultur vertreten.

»Es sollte hinzugefügt werden, daß viele Hopi heute besonders zurückhaltend mit dem Weitererzählen von Geschichten sind, vor allem, wenn sie das Zeremonialleben oder religiöse Angelegenheiten betreffen. Zu Beginn des Jahrhunderts sprachen Hopi viel offener zu Erforschern ihrer Kultur als in der heutigen Zeit. Die gegenwärtigen Einstellungen spiegeln die Erregung darüber wider, daß Forscher in der Vergangenheit skrupellos Geheimnisse aus den Kivas in Büchern, auf Photographien und in Museumsausstellungen gezeigt und damit sowohl das in sie gesetzte Vertrauen gebrochen als auch die Kraft beeinträchtigt haben, die aus der Geheimhaltung erwächst. Eine bestimmte Zeremonie oder Geschichte kann als Eigentum angesehen werden. So beklagten sich einige Hopi, daß die Navaho ihnen nicht nur Land und Vieh, sondern ›auch unsere Zeremonien gestohlen haben‹. Imitation empfinden sie nicht als Auszeichnung. Die Überlieferungen gehören in gleicher Weise zu den Gemeinschaften wie die Dörfer selbst. Weiße Besucher sind zu Kachina-Tänzen willkommen, doch ist es ihnen verboten, Kameras und Tonbandgeräte in die Dörfer zu bringen.

Es gibt einige Hopi, denen dieser strenge Sinn für den Besitz von Überlieferungen und Erzählungen fehlt, die aber trotzdem der Gedanke hemmt, daß die Weißen aufgrund ihrer generellen Unkenntnis der Hopi-Kultur solche Dinge unmöglich verstehen können...« (Courlander 1982, S. xxv).

Bei der Interpretation der Texte habe ich mich nach Möglichkeit zurückgehalten. Die Texte gewinnen ihre Kraft und Eindrücklichkeit gerade dadurch, daß sie auf historischer, psychologischer, esoterischer und naturwissenschaftlicher Ebene *zugleich* aussagekräftig sind. Die Bedeutung mag sich auch für jeden Leser im Laufe der Zeit verändern. Quellenangaben, Verweise sowie Erläuterungen, die für das unmittelbare Verständnis der Texte von Belang sind, finden sich als Anmerkungen im Anhang. Die im Text verwendeten Hopi-Wörter ließen sich bei

Voth in der Regel dem Originaltext entnehmen, bei Courlander stellen sie fast durchweg eigene Ergänzungen dar. Die beiden Wörter *Kachina* und *Kiva* sowie Namen und Titel sind, dem allgemeinen Brauch folgend, großgeschrieben, alle anderen klein. Die Klanzugehörigkeit der Erzähler wird, soweit sie sich von mir ermitteln ließ, mit angegeben.

Wiederkehrende Themen und Motive

Die vorliegende Textsammlung umfaßt ein weites Spektrum von Themen, die im Überlieferungsschatz der Hopi ebenso durchgängig anzutreffen sind, wie in den Traditionen verschiedener indianischer und nichtindianischer Völker auf der ganzen Welt.
So ist die Vier die heilige Zahl der Hopi und auch der anderen Indianervölker. Im vierten Erdzeitalter richtet sich alles nach dieser Zahl aus (vier Jahreszeiten, vier Dimensionen, vier Elemente, vier Himmelsrichtungen usw.). Die Vierte Welt heißt »Vollständige Welt« (Túwakachi); in ihr bilden die Dinge ein Ganzes, da sie aus vier Teilen bestehen oder vier Aspekte besitzen. Ebenso durchläuft ein Prozeß vier Stadien, bevor er abgeschlossen ist (z. B. Kindheit, Jugend, Reife und Alter). Da alle Bereiche des Hopi-Lebens von esoterischem Sinn erfüllt sind, taucht die Zahl Vier in nahezu jedem Lebenszusammenhang auf.

Gewalt und Tod

Das Wort *Hopi* (Plural: *Hopituh*) bedeutet »gemäß dem göttlichen Gesetz, friedfertig leben«. Bezeichnenderweise haben die Hopi nie ihre Waffen als erste gegen andere Völker erhoben; Gewaltlosigkeit ist eines ihrer höchsten Ideale. Daher wird es den Leser vielleicht verwundern, daß ihre Überlieferungen oft Tötungen und andere Gewaltakte zum Inhalt haben. Leider wissen wir nicht, welche realen Verhältnisse unter den Hopi vor dem Eintreffen der Weißen geherrscht haben, denn alle wissenschaftlichen Forschungen, die zu einem späteren Zeitpunkt angestellt worden sind, haben eine durch die Bedrohung von außen

vermutlich gerade in diesem Bereich schon deutlich veränderte Kultur vorgefunden.
Meines Erachtens kann aus den Erzählungen nicht auf das häufige Auftreten tatsächlicher Gewalt geschlossen werden, im Gegenteil: Sie halten vor allem außergewöhnliche und die Gesellschaft bedrohende Vorkommnisse als Mahnung in Erinnerung. Zwar wird aus ihnen deutlich, daß destruktive Verhaltensweisen bei den Hopi nie unbekannt gewesen sind, doch ebensowenig kann es Zweifel daran geben, daß dies ihren kulturellen Idealen bis zum heutigen Tage in jeder Beziehung zuwiderlief. Da ihre Kultur außerdem vielerlei Möglichkeiten zur Sublimierung aggressiver Regungen bot, sie z. B. im Kriegertum institutionalisierte und damit in kulturell regulierende Bahnen lenkte, kann man davon ausgehen, daß destruktive Formen eines sozial abweichenden Verhaltens recht selten gewesen sind.
Man sollte aber diese Erzählungen auch im Zusammenhang mit den Einstellungen und Erfahrungen der Hopi hinsichtlich des Todes sehen. Die Hopi sind davon überzeugt, daß der Geist oder die Bewußtseinsgrundlage des Menschen seinen Tod überdauert und erneut eine körperliche Gestalt annimmt. Daher hat der Tod für sie nicht die gleiche angstbesetzte Bedeutung des völligen Existenzverlustes wie bei uns. Diese Einstellung gründet auf der realen und erfahrbaren Möglichkeit, sich in andere Lebewesen zu verwandeln oder sogar Tote zum Leben zu erwecken, wie es in mehreren Überlieferungen zum Ausdruck kommt. Das Verweilen des Geistes in einem menschlichen Körper war und ist für die Hopi daher nur eine von mehreren gleichwertigen Lebensformen.

Zauberei und der Kampf mit dem Bösen

Ebenso wie der Tod gehört auch das Böse zu den Grundbedingungen des Lebens in der heutigen Vierten Welt, und die Auseinandersetzung mit ihm findet kein Ende. Es äußert sich als Haß, Neid, Gier, Böswilligkeit und in anderen antisozialen Verhaltensweisen. Menschen, die vom Bösen beherrscht sind, bedienen sich häufig der Zauberei, um ihre Absichten zu erreichen. Die Zauberei hat als gesellschaftliche Erscheinung offenbar schon immer das soziale Leben der Hopi belastet. Zauberer bildeten geheime Bünde; auch sind bestehende Bünde der Zauberei anheimgefallen. Die heutige Zauberei, von der viele Hopi beklagen, daß sie immer mehr um sich greift und einen schädigenden Einfluß auf die Gemeinschaft ausübt, soll vor allem auf Praktiken des Yáya-Bundes beruhen, der offiziell aufgelöst worden ist. Die Hopi und auch viele andere eingeborene Völker ordnen die Begriffe ›evil‹ (böse), ›sorcery‹ (Zauberei), ›knowledge‹ (Wissen) und ›medicine‹ (Medizin) ein und demselben Bereich von Phänomenen zu, nämlich dem Wissen und der Macht über die Natur(kräfte). Diese Macht allein ist nicht von vornherein gut oder böse; ob sie Heil oder Unheil bewirkt, hängt von den Absichten desjenigen ab, der sich ihrer bedient. Von den guten Magiern unterscheiden die Hopi klar die *popwáktu* (»die mit zwei Herzen«, Sing.: powáqa), die übelwollenden Zauberer oder Hexer. Zu diesem Begriff schreibt Malotki (1978, S. 209):

»*Powáqa* ist ein geschlechtsunspezifischer Ausdruck, der auf jede Person unabhängig von ihrem Alter oder Geschlecht angewendet werden kann.

Aus der Sicht der Hopi ist ein Zauberer jemand, der seine großen Kräfte vom Herzen eines Schutztieres bezieht, mit dem er sich während seiner Initiation in die Reihen der Schwarzmagier verbunden hat. Eine solche Person wird daher als *löq unangway'taqa* bezeichnet, jemand, der zwei Herzen besitzt, ein menschliches und ein tierisches...

Die Furcht vor Hexerei ist weit verbreitet und spiegelt sich auch in vielen Verboten wider. So soll man z. B. nicht im Haus eines anderen schlafen, weil eine böswillige Person den unbewußten Zustand ausnutzen und jemanden in die Reihen der Zauberer überführen könnte. Deshalb läßt man seine Kinder nicht unbehütet schlafen. Wenn man jedoch keine andere Wahl hat, muß wenigstens ein neben das Kind gelegter Hopibesen die Mutter ersetzen und das Kind bewachen.« (S. a. Waters 1980, S. 258)

In der Magie spielen verkleinerte Abbilder und Zauberkreise eine wichtige Rolle. Diese Abbilder dienen dazu, Geister der eigentlichen Gegenstände festzuhalten, oder sie beziehen als Teil das Ganze in Beeinflussungen ein. Dazu Courlander (1982, S. xxxv):

»In zahlreichen Erzählungen der Hopi haben kleine Objekte die Kraft und die Macht ihres größeren Gegenstückes. Ein Kiesel wiegt soviel wie ein Findling, eine kleine Feder besitzt die Wärme einer Decke oder die Stärke eines Astes, ein Funke ist so heiß wie ein Feuer, ein Tropfen

Wasser stillt den Durst, ein einziges Maiskorn beseitigt den Hunger, und ein Mensch ist imstande, die schmale Öffnung bei einer Erdspinne zu passieren.«

Zauberkreise werden benutzt, um die Geister (der Opfer) darin zu fangen: auf diese Weise will man über andere Gewalt erlangen. In einigen Geschichten wird auch ein Zauberreifen eingesetzt. Springt ein Mensch durch ihn hindurch, so verwandelt er sich dabei in ein Tier.

Heirat und Sexualität

In den Erzählungen gibt es das häufig wiederkehrende Motiv eines Mädchens, das nicht heiraten will, oder auch eines Jungen, der sich nicht für Mädchen interessiert, wodurch ihnen immer große Schwierigkeiten entstehen.

Kulturelle Norm in der traditionellen Hopi-Gesellschaft war es, möglichst früh und nur einmal im Leben zu heiraten; die Mädchen sollten außerdem bis zur Ehe jungfräulich bleiben. Dies mag uns heute als Unfreiheit erscheinen, aber vielleicht haben die frühe Eheschließung und die mit der pubertären Initiation einsetzende spirituelle Lebensführung dazu beigetragen, daß diese Gebote in der Regel eingehalten wurden.

Allgemein scheint bei den Hopi immer eine offene und unverkrampfte Haltung zur Sexualität bestanden zu haben. Dies drückt sich – wie Malotki (1978, S. xvi f.) bemerkt – nicht zuletzt in ihrer Sprache aus, in der die Dinge beim Namen genannt werden, ohne daß es aber Wörter gibt, die unseren Vulgärausdrücken auch nur nahe kommen.

Ob Ehebruch verbreitet war, läßt sich nur noch schwer ermitteln. Manches deutet darauf hin, daß die Hopi es im Zweifelsfall für wichtiger hielten, sexuell ausgefüllt zu sein, als eine Institution aufrechtzuerhalten, die bei ihnen praktisch keine wichtige soziale Funktion hatte. Zu beachten ist in diesem Zusammenhang die starke Stellung der Frau: Da sie Besitzerin von Haus und Feldern war und die Kinder von einem ihrer Brüder erzogen wurden, konnte sie sich ohne Nachteile kurzerhand von ihrem Mann trennen, indem sie ihm einfach seine Sachen vor die Haustür setzte.

Auf zuweilen auftretende sexuelle Not – allerdings nicht wegen sexualfeindlicher Verhältnisse, sondern aufgrund eines Frauenmangels – deutet das Thema Frauenraub hin, der offenbar auch zwischen den einzelnen Hopi-Dörfern vorkam, eine bemerkenswerte Erscheinung angesichts der erwähnten starken Stellung der Frau bei den Hopi.

Spiele und Wettkämpfe

Der Hang zum Glücksspiel ist eine auch bei den Hopi nur zu bekannte mächtige Neigung, die häufig von bösen Menschen oder Geistern ausgenutzt wird, um Menschen ins Unglück und Dörfer ins soziale Chaos zu stürzen.
Spiele können ebenso wie körperliches Kräftemessen als Wettkämpfe stattfinden, und in dieser Funktion dienen beide nicht nur der Unterhaltung, sie können vielmehr auch weitreichende Folgen haben. Bei besonderen Anlässen werden auch ernsthafte Streitfragen mit ihnen entschieden, wobei manchmal Leben oder Freiheit eines oder mehrerer Menschen auf dem Spiel stehen. Die Wettkämpfe gewinnen dann den Charakter eines Gottesurteils, und beide Parteien bedienen sich der Medizin und der Zauberei, um das Schicksal auf ihre Seite zu bringen. Auch ohne Zauberei können sie über die Auflösung ganzer Dörfer entscheiden. Das bekannteste Beispiel dafür ist die Auseinandersetzung zwischen den ›Freundschaftlichen‹ und den ›Feindseligen‹ um das Wohnrecht in Oraibi (1906), die entschieden wurde, indem die ›Freundschaftlichen‹ die anderen über eine auf dem Boden gezogene Linie drückten.

Tiere

Die Hopi betrachten Tiere als geistbegabte Wesen, die eigene Gemeinschaften bilden und auch aus diesem Bewußtsein handeln. Die Tiere haben die Erde eingerichtet und lange Zeit auf ihr gelebt, bevor der Mensch sie als letztes und schwächstes Geschöpf betrat. Daher ist der Mensch auf die Hilfe der Tiere angewiesen und nur Erster unter Gleichen, denn ohne die Tiere kann er weder das Leben fristen noch seiner obersten Verantwortung gegenüber dem Großen Geist nachkommen und umfassend für Land und Leben auf der Erde sorgen. Die Hopi sind sich – wie alle Indianer – dieser Erkenntnis stets bewußt und bemühen sich, ihrer Verantwortung zum Schutz der Tiere nachzukommen.
In dem komplexen Zusammenspiel der Naturkräfte haben die Tiere

festgelegte Aufgaben zu erfüllen, für die ihnen besondere Kräfte zur Verfügung stehen. Mit diesen Kräften stellen sie sich auch in den Dienst des Menschen. So hat ein Tier die Hopi von der Dritten in die Vierte Welt geführt. Tiere sind Boten, Gehilfen, Lehrer und Wächter für den Menschen, und nicht zuletzt geben sie ihm auch ihren Körper zum Leben.

Die Trennlinie zwischen Mensch und Tier ist durchlässig und zeigt sich im Grunde nur in der unterschiedlichen körperlichen Gestalt mit den ihr innewohnenden Möglichkeiten und Aufgaben. Spirituell stehen die Tiere mit den Menschen durchaus auf einer Stufe; Verwandlungen vom Tier zum Menschen oder umgekehrt sind jederzeit möglich. Tiere werden als »Leute« bezeichnet, und in manchen Erzählungen läßt sich schwer ausmachen, ob sie gerade in Tier- oder Menschengestalt vorgestellt werden.

Ein Mensch kann die Kenntnisse und Fähigkeiten eines Tieres erlernen und dessen Gestalt annehmen, wenn er als von seinen Eltern vernachlässigtes Kind von Tiereltern aufgezogen oder von einem Tier in seine Kiva geführt wird. Dort sind die Ahnengeister der ihn unterrichtenden Tiergattung zu Hause, und von dorther nehmen sie ihre körperliche Gestalt an.

Humor

Wer Indianer unter ihresgleichen kennengelernt und erlebt hat, kann bestätigen, welch große Rolle Humor und Witz in ihrem Leben spielen, und dies kommt auch in ihren Erzählungen zum Ausdruck. Indianischer Humor ist hintergründig-schalkhaft, auch sarkastisch und makaber; und zumindest eine kleine witzige Anspielung fehlt in kaum einer Erzählung, wenn auch die Domäne des Humors hauptsächlich die Tiergeschichten – besonders die vom Coyoten – sind. Er ist ein Lebenselixier, das den Indianern auf ihrem langen Leidensweg vielleicht ebensoviel Kraft gegeben hat wie ihre Religiosität. Auch sie bleibt von ironischen Bemerkungen nicht verschont, und dies ist, so meine ich, die Essenz und das untrügliche Zeichen einer wahrhaft spirituellen Geisteshaltung.

Danksagung

Dem Eugen Diederichs Verlag und insbesondere Klaus Diederichs bin ich zu Dank verpflichtet, nicht nur, weil sie sich für die Idee gewinnen ließen, dieses Buch herauszubringen, sondern vor allem für die geduldige und engagierte Zusammenarbeit bei seiner Erstellung. Das Field Museum of Natural History in Chicago erlaubte uns freundlicherweise den Abdruck der von H. R. Voth gesammelten Texte; auch hierfür herzlichen Dank. Claus Biegert hat uns stets bereitwillig und kenntnisreich beraten, und Katrina Hartje half bei der Suche nach einem Umschlagmotiv. Elke Paßmann danke ich für ihre Unterstützung, die es möglich machte, das Buch in Ruhe vorzubereiten. Eva Kübel stand mir jederzeit liebevoll zur Seite und hat damit einen nicht geringen Beitrag zum Entstehen des Buches geleistet.

James Kootshongsie, der die Texte kundig begutachtete, und allen anderen Hopi, die das Wissen und die Weisheit ihres Volkes bewahrt und mit uns geteilt haben, gebührt fortdauernder Dank, denn mit ihren Überlieferungen erwecken sie in uns Bilder innerer Schönheit und das Verständnis für ihre Welt und bereichern so unsere eigene. Ihnen ist dieses Buch gewidmet im Bewußtsein der Verpflichtung, das Unsere zu tun, um ihr unschätzbares kulturelles Erbe zu verteidigen.

Stephan Dömpke
Berlin, Mai 1985

I.
MYTHISCHE GESCHICHTE

Das erste Kapitel dieses Buches enthält – mit Ausnahme einiger kurzer Erläuterungen – Texte, die zu dem Korpus festgelegter, gleichsam ›kanonischer‹ Überlieferungen über die Geschichte der Hopi in der Vierten Welt gehören.

Zu Beginn finden sich Geschichten vom Aufstieg der Hopi aus der Dritten und von den anfänglichen Begebenheiten in der heutigen Vierten Welt. Von besonderer Bedeutung war ihre Begegnung mit Másaw, dem Großen Geist, denn er legte für sie einen ›Lebensplan‹ fest, nach dem sie auch heute noch ihr Leben ausrichten.

In dem Maße, wie sich die Vierte Welt ihrem Ende nähert (die Hopi sind der Auffassung, daß es dicht bevorsteht), gewinnen die Überlieferungen von den Anfängen wieder an Gewicht, denn diese Anfänge stellen den Ausgangspunkt eines Kreises dar, an den die Hopi zurückkehren, wenn sich mit dem Ende der Vierten Welt der Kreis schließt. Für diesen Zeitpunkt hat Másaw sein erneutes Erscheinen angekündigt, um zu prüfen, ob die Hopi ihrem Lebensplan gefolgt sind und den Bund mit ihm eingehalten haben.

Wie in der Einführung bereits erwähnt, hat jeder Klan die alleinige Autorität über seine Geschichte, und diese kann zu der anderer Klane im Widerspruch stehen. Da zudem viele Klanüberlieferungen bis heute geheimgehalten worden sind, war es bisher nicht möglich, die sehr komplexe Geschichte der Hopi vollständig zu rekonstruieren.

Um die verschiedenen Traditionslinien auf ihren historischen Gehalt zu prüfen und in einem umfassenden Geschichtswerk darzustellen, wäre noch eine großangelegte Forschungsarbeit erforderlich – die aber nur auf Wunsch und unter Beteiligung der Hopi durchgeführt werden könnte. Die traditionellen Dorfführer haben sich jedoch einer solchen ›Historisierung‹ bislang verwehrt.

Die Überlieferungen in der zweiten Hälfte des folgenden Kapitels schildern vor allem die Gründung einzelner Dörfer und ergänzen somit das ›Buch der Hopi‹, das in erster Linie über die vorausgegangenen Wanderungen der Klane berichtet. Außergewöhnlich erscheint die Überlieferung von dem Dorfe bei Laméhva, derzufolge die Dorfbewohner nicht aus der Dritten Welt kamen, sondern von Großmutter Spinne und den Kriegerbrüdern im Hopiland erschaffen wurden.

Die vier Welten und der Aufstieg[1]

Nach dem, was ich von den Alten über die Unterwelt (átkya) und über den Aufstieg der Menschen in diese letzte Welt erfahren habe, gab es in der Ersten Welt keine Menschen. Sie waren etwas, das man einfach Kreaturen, Käfer nennen könnte. Schließlich verwandelte sie ein guter Geist in verschiedene Gestalten. Sagte: »Ihr könnt nicht hier unten als Käfer und dergleichen leben. Geht in die nächste Welt, sobald ich euch in etwas anderes verwandelt habe.« So verwandelte er sie in andere Gestalten, die aber auch noch keine wirklichen Menschen waren, und führte sie in die Zweite Welt. Sie waren wie Tiere, wie Wildkatzen oder Berglöwen, und hatten Schwänze. Aber diejenigen, die später Menschen werden sollten, besaßen ganz kurze Schwänze. Andere wiederum, die Tiere sein würden, hatten längere Schwänze.
Und als dort unten [in der Zweiten Welt] schlimme Zeiten kamen, begannen sie, einander aufzufressen. Der gute Geist sagte: »Das geht nicht. Ich werde euch in eine andere Welt, die Dritte Welt bringen.« So stiegen sie von dieser Tier-Welt in die Dritte Welt auf, wo sie wirklich wie Menschen wurden. Aber sie hatten keine Sprache und verständigten sich mit Lauten, so wie die Tiere. Sie lebten dort eine lange Zeit, dann wurde es wieder schlimmer. »Also, ich glaube, ich bringe euch in die nächste Welt«, sagte wieder der gute Geist. »Aber dort lebt jemand. Ihr werdet um Erlaubnis fragen müssen. Wenn er euch aufnimmt, könnt ihr gehen. Ich weiß [, wie ich euch in] die Zweite, Dritte und Vierte Welt [bringe]. Aber wenn ihr dort hinaufwollt, müßt ihr um Erlaubnis bitten.«
So wie es die Alten erzählen, befand sich die Dritte Welt unter der Vierten, tief in der Erde, und die Zweite unter der Dritten, und die Erste unter der Zweiten. Aber ich würde nicht sagen, das bedeutet im Zentrum der Erde, sondern es ist nur eine Art, eine Existenzweise zu beschreiben. Dieser gute Geist, der sie von einem Ort zum anderen heraufbrachte, nannte sich Mutter Spinne. Sie war es, die es tat, nach der Hopi-Überlieferung. Als sie im Begriff waren, in die letzte Welt zu kommen, sagte sie: »Dieser Geist dort oben ist ein reiner Geist. Ihr werdet jetzt in das Stadium kommen, wo ihr Gutes von Schlechtem

unterscheiden könnt. Um aufgenommen zu werden, müßt ihr eure schlechte Medizin zurücklassen, tut sie weg. Ich sehe, daß eine Menge von euch hier Schlimmes tun. Wollt ihr aufgenommen werden, dann laßt eure böse Medizin hier, sobald ihr in die andere Welt hinaufgeht, in der ihr später leben werdet, wenn ihr aufgenommen worden seid.« Der Geist, von dem sie sprach, war Másaw. Der Feuerklan (Kókopnyam) war derjenige, der ihm den Namen gab. Der Feuerklan wurde zum Feuerklan, als er sich mit Másaw identifizierte, aber wie sie zusammenkamen, erzählen sie uns nicht. Als sie in die Vierte Welt aufstiegen, erklärte der Feuerklan, mit Másaw verwandt zu sein. Aber Másaw nahm sie nicht wirklich an.[2]

Die Menschen, die aus der Dritten Welt entfliehen wollten, beschlossen, einen Späher hinaufzuschicken, um zu sehen, wie es dort oben wäre, und um Verbindung mit Másaw aufzunehmen. Sie wählten einen schnellen Vogel, die Schwalbe (pavówkaya). Aber sie wurde müde, bevor sie den Himmel erreichte, und mußte umkehren. Danach schickten sie zuerst eine Taube (hé'awi) und dann einen Habicht (kísha). Dieser fand eine kleine Öffnung und gelangte hindurch, kam aber zurück, ohne Másaw gesehen zu haben. Schließlich sandten sie eine Katzendrossel (móchni) los, und sie war es, die Másaw fand.[3] Dieser fragte sie: »Warum bist du hier?«, und die Katzendrossel antwortete: »Die Untere Welt ist vom Bösen beherrscht, und die Menschen wollen heraufkommen, um hier zu leben. Sie möchten hier ihre Häuser bauen und ihren Mais anpflanzen.« – »Gut, du siehst, wie diese Welt beschaffen ist«, erwiderte Másaw. »Es gibt kein Licht hier, nur Düsternis. Ich muß Feuer verwenden, um meine Feldfrüchte zu wärmen und sie zum Wachsen zu bringen. Aber ich habe Verwandte unten in der Dritten Welt, denen ich das Geheimnis des Feuers gegeben habe. Laß sie die Menschen hierherführen, und ich werde ihnen Land und einen Ort zum Siedeln geben. Laß sie kommen.«

Nachdem die Katzendrossel in die Dritte Welt zurückgekehrt war und berichtet hatte, daß Másaw sie empfangen würde, fragten die Menschen: »Nun, wie werden wir da jemals hinaufkommen?« Da forderte Alte Spinnenfrau den Chipmunk (kúna)[4] auf, einen Samen der Sonnenblume (ákawu) zu säen. Die Blume begann zu wachsen, stieg hoch und erreichte fast den Himmel, aber das Gewicht der Blüte ließ den Stengel sich neigen. Darauf bat Alte Spinnenfrau den Chipmunk, eine Fichte (salávi) zu pflanzen, aber als sie aufhörte zu wachsen, war sie noch

nicht hoch genug. Der Chipmunk pflanzte nun eine Kiefer (lööqo), aber auch sie war zu kurz. Als viertes pflanzte der Chipmunk einen Bambus (pákavi). Er wuchs höher und höher und durchstieß den Himmel.[5]
Alte Spinnenfrau sprach zu den Menschen: »Meine Kinder, jetzt haben wir eine Straße in die Obere Welt. Wenn wir dort ankommen, wird unser Leben anders sein. Dort oben werdet ihr Böses (kalóloma) von Gutem (lóloma) unterscheiden können. Zauberer dürfen nicht mit uns kommen, denn sie würden die Vierte Welt verunreinigen. Also seid vorsichtig. Wenn ihr einen bösen Menschen hinaufgehen seht, schickt ihn zurück.«
Dann begannen die Menschen, im Innern des Bambusrohrs hinaufzuklettern. Die Spottdrossel (yálpa) übernahm die Führung. Sie ging vor den Menschen her, und jedesmal wenn sie zu einem Knoten im Bambus kam, rief sie: »Pashumayani! Pashumayani! Pashumayani! Pash! Pash! Pash! – Seid vorsichtig! Seid vorsichtig!« Wie sie durch die Knoten des Bambus hindurchgekommen sind, weiß ich nicht, weil es in den Geschichten nie erklärt wurde, aber die Menschen liefen weiter. Sie reisten in Gruppen. Unten suchten sie sich die Leute aus, mit denen sie reisen wollten, und als sie zu einem bestimmten Knoten im Bambus kamen, sah die Spottdrossel hinab und fragte: »Sind alle auf dem Weg?« – »Nicht alle. Sie kommen noch«, rief es von unten. »Gut, wir sind ungefähr in der Mitte«, gab die Spottdrossel zurück. »Sind alle zum Aufstieg vorbereitet?« – »Nein, es sind noch einige unten, die warten auf andere, die mit hochkommen wollen.« Die Spottdrossel stieg zum nächsten Knoten und sagte: »Wir beeilen uns besser. Ich frage gleich noch einmal: Sind alle zum Aufstieg vorbereitet?« – »Es ist nur noch eine Handvoll übrig«, ertönte es von unten.
Die Spottdrossel mahnte noch einmal: »Geht sicher, daß ihr die Bösen unten laßt.« – »Wer sind die Bösen?« – »Oh, ihr wißt alle, wer sie sind. Wir hatten genug Böses dort unten. Wir wollen es nicht hier oben in dieser Welt.« Die Menschen fragten wieder: »Wer sind die Bösen?« und die Spottdrossel sagte: »Ihr wißt, welche es sind.« – »Wir wissen es nicht. Wie können wir denn sehen, ob wir die Bösen zurücklassen?« wollten sie wissen. Spottdrossel antwortete: »Gut, er wird mit dabei sein. Wenn ihr das Zeichen auf seinem Gesicht seht, das ist der Böse.« – »Was für ein Zeichen?« – »Oh, er hat eine lange Nase, und die Spitze seiner Nase ist immer dunkel«, erklärte die Spottdrossel. Sie sahen

einander an und sagten: »Nun, wer von allen mag der Böse sein?« Aber sie konnten es nicht herausfinden. »Also, wir haben niemanden mit einer solchen Nase gesehen. Alle haben die gleiche Nase wie wir.« Sie konnten nicht feststellen, wer der Böse war.
Also stiegen sie weiter. Nun hatten sie nur noch einen Knoten vor sich. »Sind jetzt alle auf dem Weg nach oben?« fragte die Spottdrossel. »Ja!« – »Wer als Letzter [aus dem Bambus] kommt, soll ihn verschließen«, sagte die Spottdrossel. Sie kam als erste hervor, setzte sich neben die Öffnung und rief: »Pashumayani! Pashumayani! Laßt euch Zeit und strengt euch nicht an!« Dann, als etwa die Hälfte der Leute oben war, begann sie, allen zu sagen, wo sie sitzen sollten: »Ihr geht auf die linke Seite des Schilfrohrs [Bambus], und die folgende Gruppe auf die rechte; die nächsten jetzt hier drüben und ihr dort drüben.«[6] Noch immer kamen Leute. »Wie viele sind es jetzt noch?« fragte sie. »Wir sind die letzten.« – »In Ordnung«, sagte sie, »schließt [das Ende des Bambus] zu. Hier, nehmt die Baumwolle, die ich mitgebracht habe.« Sie verstopften das Ende des Bambus mit Baumwolle. »Gut, haben wir den Bösen da unten gelassen?«
Sie sahen einander an. Da lachte dieser Kerl, der das Böse repräsentierte. »Ha! Ihr kommt nicht ohne den Bösen aus. Er muß in dieser Welt eine Rolle spielen. Ihr müßt die Guten und die Bösen haben, und daher bin ich mit heraufgekommen.« – »So bist du also hier?« fragten sie. »Ja.« – »Wir wollen dich hier aber nicht.« – »Warum?« – »Weil du immerzu etwas Böses tust, das wir nicht mögen«, sagten sie. »Ja, ich weiß das«, erwiderte er. »Aber irgend jemand muß euch frühmorgens Bescheid geben, wenn der Tag anbricht.«[7]
»Wie willst du uns das ankündigen?« wollten sie wissen. »Sobald ihr den weißen Streifen an der Stelle seht, wo das Licht herkommen wird, werde ich für euch einen Ruf ausstoßen, daß der Tag da ist.« – »Was für ein Tag?« – »Wir befinden uns jetzt in einer Art [Halb]schatten, aber es wird Tageslicht kommen. Es gibt viele weise Männer (posiwiwaimkum) hier. Laßt uns erst den alten Himmel fertigmachen. Hat einer ein altes Hirschleder ohne Löcher?« Jemand sagte: »Hier ist es.« – »Wie kamst du an ein Hirschleder ohne Löcher?« fragte der Böse. »Ich brauchte diesen Hirsch nicht zu schießen«, erwiderte der andere, »ich habe ihn im Laufen zur Strecke gebracht.« – »Gut, breite es aus, breite es aus.« – »Was sollen wir jetzt tun?« fragten die Leute. »Die weisen Männer werden das wissen«, antwortete er. »Ich bin ja der

Böse. Ihr wollt mich nicht bei euch haben, und doch bin ich derjenige, der euch zeigt, wie ihr es anfangen müßt.«
Er fuhr fort: »Nun, ihr sprecht vom Licht. Werfen wir das Hirschleder auf diese Seite des Himmels, und ein zweites dort drüben auf die andere Seite. Es wird zwei Phasen auf dieser Welt geben, hell und dunkel. Im Moment können wir nur wenig sehen, aber das neue Licht wird wunderschön sein. Es wird ein Licht für den Tag und ein anderes für die Nacht geben.« Darauf bedeckten sie ein Hirschleder mit gelbem Pollen, und das andere mit halb und halb gemischtem Pollen. »Diese beiden werden unsere wichtigsten Lichtquellen sein und die größte Rolle spielen. Eine heißt táwa, die Sonne, die andere heißt múyao, der Mond«, erklärte der Böse.[8]
»Wir brauchen auch noch ein paar andere Dinge«, fuhr er fort, »Dinge, die am Nachthimmel leuchten. Wer hat etwas Graphit (yeláha)?« Einer sprach: »Oh, ich habe welchen.« – »Laß mal sehen. Ach, der ist zu dunkel. Ich habe welchen, der ist weiß.« Er nahm seinen Graphit heraus und begann Dinge herzurichten, die Sterne werden sollten. Mit den Worten: »Oh, ihr seid weise Leute, aber nicht weise genug«, nahm er seinen Beutel Graphit und verstreute den Inhalt [über den Himmel]. Sofort begannen die Sterne zu scheinen und zu funkeln. »So soll es in Zukunft sein«, sagte er. Die Menschen hatten Angst; sie senkten ihre Köpfe und sagten: »Du Böser, du Böser!« Doch er entgegnete: »Oh, das ist nicht böse. Ich will den ganzen Himmel bei Nacht erleuchtet haben, damit ihr von diesen Lichtern geführt werdet, wo immer ihr auch seid. Am Tage wird die Sonne euch Licht spenden. Mit dem Mond und den Sternen in der Nacht werdet ihr reisen können.« – »Gut«, sagte ein weiser Mann. »So bist du dem Bösen gewogen?« warf jemand ein, und der weise Mann antwortete: »Nun, das Böse hat etwas Gutes an sich. Ich denke, er hat das Richtige getan.« Der Böse sagte: »So wird es von nun an sein. Also laßt uns einen Gesang anstimmen.« Und sie begannen zu singen.
Etwa beim vierten Gesang wurde ein Streifen, ein Lichtstreifen [am Horizont] sichtbar.[9] »Noch einen Gesang«, sagte der Böse. »Haltet nur durch. Niemand darf einschlafen, jeder bleibe wach! Jetzt kommt es!« Alle schauten nach Osten, sahen die Sonnenstrahlen emporschießen. Heh! Sie begannen, alles zu sehen. Sie hatten nicht gewußt, daß sie in einer so schönen Welt waren. Sie sahen sich um. Es gab eine Menge Bäume, überall Gras, viele Blumen. Der Böse sagte: »Ihr seht

jetzt die schöne Welt, in die ihr gebracht worden seid. Der andere, der Mond, wird des Nachts kommen. Aber jetzt müssen wir uns zusammentun und sehen, wie wir leben wollen. Die Spottdrossel soll uns sagen, wer uns führen wird.« Die Spottdrossel erklärte: »Es liegt bei euch Weisen, darüber zu entscheiden. Würde der Feuerklan die Führung übernehmen?« Aber der Mann, der das Oberhaupt des Feuerklans war, sagte nichts und schüttelte nur den Kopf. Da stand ein großer, stämmiger Mann auf und sagte: »Also, wenn ihr Feuerklanleute die Führung nicht wollt, übernehme ich sie.« In Ordnung. Sie besaßen bereits ein Emblem aus Federn, Türkis und anderen Steinen. Der zukünftige Anführer sollte es als Zeichen seiner Legitimation verwenden. Sie hatten es aus der Unterwelt mitgebracht. Der Mann, der das Emblem nahm, sagte: »Als erstes laßt uns verschiedene Klane bilden, so wie wir es dort unten schon in früheren Zeiten getan haben, als wir uns der einen oder anderen Gruppe anschlossen. Jetzt in dieser erleuchteten Welt wollen wir voneinander wissen, welcher Gruppe wir angehören. Ich wähle wiederum den Bären für meinen Klan.[10] Ich übernehme die Verantwortung, die Menschen zu führen, da der Anführer des Feuerklans dies nicht will. Er kam zuerst in diese Welt und er ist derjenige, der die Führung in den Händen haben sollte. Mir ist unklar, warum er die Verantwortung nicht übernehmen will.« – »Es ist eine zu große Aufgabe für mich, die Menschen zu leiten«, verteidigte sich der Anführer des Feuerklans. »Gut«, sagte der Mann vom Bärenklan (Hónnyam), »dann werde ich es tun.«

Die Spottdrossel hatte viel zu tun. Als die Menschen in Gruppen heraufkamen, sagte sie ihnen, wo sie sich um das Sipápuni[11] herum aufstellen sollten und welche Sprache sie von nun an sprechen würden. Sie befahl den Männern, sich in einem großen Kreis hinzusetzen, und in die Mitte legte sie viele verschiedene Sorten Mais (qöa). Weißen Mais, gelben Mais, gesprenkelten Mais, rotgesprenkelten, blauge-

sprenkelten, graugesprenkelten, alle Maissorten. Und unter all diesem Mais befand sich ein kurzer, stummeliger blauer Kolben. Die Spottdrossel sagte: »Nun, all diese verschiedenen Sorten Mais haben eine Bedeutung. Dieser gelbe Mais bedeutet, alles im Leben zu genießen. Wer diesen Mais hat, wird wohlhabend sein, aber ein kurzes Leben führen. Dieser kurze blaue Kolben bedeutet dagegen ein ausgefülltes, ein langes Leben. Die Menschen werden nicht jung sterben, sondern alt werden. Aber sie müssen hart arbeiten. Es wird ein rauhes Leben für sie sein.« Die Spottdrossel beschrieb jede einzelne Sorte, gab ihre Bedeutung an und befahl den Stämmen, sich einen Kolben auszusuchen. Die Männer des Rates dachten nach, welchen sie auswählen sollten. Unter ihnen saß ein großer, schlanker Mann, der Navaho. Er ergriff den gelben Kolben, der ein kurzes, aber genußreiches Leben versprach, und sagte: »Ich weiß gar nicht, warum ihr so lange braucht, euch zu entscheiden. Ich nehme diesen gelben hier. Selbst wenn mein Leben nicht lang ist, so wird es doch vergnüglich sein. Ich werde die Frauen genießen, ich werde Reichtümer genießen, ich werde alles genießen.« (Es scheint wahr zu sein, daß die Navaho nicht sehr alt werden. Sie sterben früher als die Hopi.) Gut, nun begannen auch die anderen nach den Maiskolben zu greifen. Die Comanche bekamen den roten Mais, die Sioux den weißen. Die Ute nahmen den Feuersteinmais mit den harten Körnern. (All diese Stämme benutzen noch heute den gleichen Mais.) Jeder Stamm erhielt eine besondere Maisart. Aber der Anführer der Gruppe der zukünftigen Hopi, der war langsam. Er saß immerzu da und überlegte, welcher Mais der beste für ihn sei. Der Mais verschwand ziemlich schnell, bis schließlich nur noch ein Kolben übrig war: der kurze, stummelige blaue Kolben. So nahm er schließlich diesen. Er sagte: »So soll es sein. Ich werde hart arbeiten müssen, aber ich werde ein langes Leben haben.«
Die Menschen waren bereits im Begriff, aufzubrechen und sich auf ihre Wanderungen zu begeben, als sie feststellten, daß ein Kind gestorben war, der Sohn[12] eines der Häuptlinge. Alle trauerten und fragten sich, warum das Kind wohl gestorben sei. Der Böse beschwichtigte sie: »Sagt mal, weint doch nicht deswegen. Kommt mal her und schaut [durch das Sipápuni] hinunter.« Das taten sie; sie blickten in die Dritte Welt hinab und sahen den Jungen da unten laufen und umhergehen. »Seht ihr, er ist am Leben«, sagte der Böse. »Wenn er noch lebt, warum mußten wir ihn dorthin zurückschicken?« wollten die Men-

schen wissen. Der Böse antwortete: »Es wäre nicht gut, die [Geister der] Toten unter euch Lebenden zu lassen. Wenn eure Stiele [d. h. Körper] alt und nicht mehr zu gebrauchen sind, werdet ihr dort unten weiterleben. Euer Stiel wird hierbleiben, aber euer Atem (íksi)[13] wird nach unten gehen und weiterleben.«

Danach begannen die Leute mit ihren Wanderungen, und sie sagten, daß sie eines Tages alle wieder zusammenkommen würden.[14]

Albert Yava (Nuvayoiyava), Wasserklan
Tewa, August 1969

Der Aufstieg als Kindergeschichte[15]

Ich bin mit dieser Kindergeschichte vertraut. Sie wollen die wirkliche Geschichte von den Kindern fernhalten, bis sie in die [Kiva]-Bünde initiiert sind, deshalb erzählen sie solange diese Geschichte. Sie erzählen davon, wie die Menschen in der Unterwelt waren, und als sie heraufkamen, stellten sie fest, daß Másaw hier war. Sie sagen, es gab da ein junges Mädchen [das mit ihnen heraufkam]. Die Leute dachten, daß es ein gutes Mädchen sei, aber später stellten sie fest, daß sie eine Hexe war, eine Zauberin. Der Grund für ihr gemeinsames Heraufkommen war, daß sie den schlimmen Dingen da unten aus dem Weg gehen wollten. Das war der Grund, warum sie auszogen. Aber das ist eine Kindergeschichte.

Die anderen Geschichten erzählen sie, nachdem man initiiert und neugeboren worden ist. Sie taufen dich[16] und geben dir »die Mutter«, einen makellosen Maiskolben, beste Züchtung, gute Körner. Das ist unsere Hauptnahrung, das ist der Grund, weshalb sie ihn als ihre »Mutter« verwenden. Und wenn du unterrichtet wirst, dann wirst du wiedergeboren, und du bekommst deinen neuen Namen.[17] Dann wirst du gewarnt, den Kindern nichts über die geheimen Dinge zu erzählen. Das ist wie bei einigen Logen [der Weißen], sie sagen dir nichts. Wir haben also zwei Arten von [Ursprungs]geschichten, die Kindergeschichte und die Männergeschichte. Die meisten der Geschichten, die sie Voth[18] erzählt haben, waren nicht die wahren, geheimen Geschichten der Religion. Ich habe ein paar von den Geschichten Voths gelesen, welche die Smithsonian Institution über die Hopi besaß. An manchen Stellen irrte er vollkommen.

Wenn in den alten Zeiten jemand eine Kindergeschichte zusammenstellen wollte, um sie zwischen den ernsten Teilen eines Rituals oder einer Zeremonie einzuarbeiten, ging er zum Kíkmongwi[19] und bat ihn um Erlaubnis. Sie rauchten, und dann fragte ihn der Häuptling: »Nun, was möchtest du?« »Also, ich mache eine Geschichte. Wenn es zulässig ist, will ich sie erzählen gehen.« – »Welchen Charakter legst du der Geschichte zugrunde?« Er sagte es ihm. Dann fragte der Kíkmongwi den Chákmongwi, den Dorfausrufer, ob es recht sei, wenn der Mann diese Geschichte erzählen würde. Der Chákmongwi sagte: »Also, das ist in Ordnung. Fang an.« Der Grund dafür war, man wollte nicht die Geschichten entstellen, die irgendeinem Klan gehörten.[20]

Homer Cooyama (Qöyáwaima), Coyoteklan
Kiqötsmovi, Juli 1970

Die Verfehlung des Bogenklanführers und die Aufgaben seiner Söhne[21]

Viele Jahre lang sind wir an alle Enden dieses Kontinents gewandert und haben durch Kennzeichen unseren Anspruch auf das Land begründet, wie es die Markierungen bis zum heutigen Tag deutlich beweisen. Auf unserem Weg pausierten wir in der Nähe des großen Flusses, der heute Colorado (Pisísvaiyu) heißt. Wir waren weit gereist und hatten viele Kenntnisse erworben, ohne unsere Unterweisungen zu vergessen. Die Führung der Gruppe hatte ein großer, mit Weisheit begabter Häuptling des Bogenklans (Awátnyam). Doch hier geschah es, daß dieser große Häuptling in der dunklen Nacht verschwand. Nachdem er seine Familie zu Bett geschickt hatte, machte er sich auf, um den Mittelpunkt der Erde zu suchen, wo schlaue, erfindungsreiche Leute aus allen Nationen sich treffen, um die Zukunft zu planen.[22] Auf irgendeine Weise fand er diese Stelle und wurde dort mit Achtung empfangen. Es war ein schöner Ort, wo es gute Dinge aller Art gab.

Feinste Speisen wurden ihm von wunderschönen Mädchen gebracht. Alles war sehr verlockend.
Bis heute kannten wir die Bedeutung dieser Begebenheit nicht. Sie hatte mit der Zukunft zu tun. Sein Tun bewirkte eine Änderung im Lebensplan am Ende des Zyklus dieser Welt, dergestalt, daß viele von uns dann die materialistische Welt und den Genuß all ihrer guten Dinge suchen werden, bevor sie sich selbst zerstören. Diejenigen, die das Wissen der heiligen Unterweisungen als Geschenk erhalten haben, werden dann sehr bedachtsam leben, denn sie werden sich an diese Vorschriften erinnern und ihnen vertrauen, und auf ihren Schultern wird das Schicksal der Welt ruhen. Die anderen werden die Gebote mißachten und genau solche Lebensumstände herbeiführen wie die, vor denen wir aus der Unterwelt geflohen sind. Der heilige Körper der Frau wird nicht länger verhüllt sein, weil der Schutzschild hochgehoben wird; auch wird man an sexueller Zügellosigkeit Vergnügen finden. Die meisten von uns werden in der Verwirrung verlorengehen. Das Bewußtsein, daß etwas Außerordentliches vor sich geht, wird sich bei den meisten Menschen entwickeln, denn sogar ihre Führer werden verwirrt und verdorben sein. Es wird schwierig sein, zu entscheiden, wem man folgen soll.
Die Hopi wußten, daß dies so geschehen würde. Denn alle Aspekte des heutigen Lebensplans sind vorausbestimmt. Daher müssen wir jetzt standhaft in diesem Glauben bleiben, um zu überleben. Es gibt nur einen Weg: den Unterweisungen des Großen Geistes selbst zu folgen.
Jener Bogenklanhäuptling hatte zwei erwachsene Söhne. Als sie von der Missetat ihres Vaters erfuhren, waren sie sehr niedergeschlagen. Sie hatten aber von ihm das Wissen über die Lehren ordnungsgemäß erhalten. Nun mußten sie ihr Volk alleine führen, denn ihr Vater starb am nächsten Tag.
Sie baten ihre Mutter um die Erlaubnis, das auszuführen, was die Unterweisungen für ein Ereignis solcher Art gebieten. Sie erwiderte, es sei ihnen überlassen, denn sie seien im Besitz des vollständigen Wissens. So kamen sie überein, daß der jüngere Bruder die Suche nach Másaw fortsetzen und sich an der Stelle niederlassen sollte, wo er ihn fände. Dort würde er die Rückkehr seines älteren Bruders erwarten, der ostwärts der aufgehenden Sonne entgegenreisen und an dem Ort kurz rasten sollte. Während dieser Rast müßte er auf den Ruf seines jüngeren Bruders achten, der auf seine Hilfe rechne, da eine Verände-

rung im Lebensplan die Lebensweise seines Volkes zerrütten würde. Käme er nicht, so würden sie unter dem Druck eines neuen Herrschers mit Sicherheit vom Antlitz der Erde gelöscht. Daher halten wir noch heute beharrlich an den Unterweisungen des Großen Geistes fest. Wir werden weiterhin nach Osten ausschauen und für die baldige Rückkehr des Bruders beten.
Der jüngere Bruder wies den älteren vorausahnend darauf hin, daß das Land und seine Menschen sich ändern würden. »Aber dein Herz sei unbesorgt«, sagte er, »denn du wirst uns finden. Viele werden sich vom Lebensplan Másaws abwenden, aber einige wenige von uns, die seinen Lehren treu sind, werden in ihren Wohnungen bleiben. Das traditionelle Aussehen unseres Hauptes, die Form unserer Häuser, die Anordnung unserer Dörfer und der Charakter des Landes, auf dem unser Dorf steht, sowie unsere Lebensweise – alles wird in Ordnung sein. Daran wirst du uns erkennen.«
Bevor die ersten Völker mit ihren Wanderungen begannen, hatte das Volk mit dem Namen Hopi einen Satz Steintafeln erhalten. Auf diese Tafeln schrieb der Große Geist die Gesetze, nach denen die Hopi reisen und ihr Leben auf die gute, friedfertige Weise führen sollten. Sie enthalten auch eine Warnung, die zur Vorsicht mahnt: Mit der Zeit würden bösartige Menschen die Hopi beeinflussen, Másaws Lebensplan zu verlassen.
Es wäre dann schwer, standhaft zu bleiben, denn eine Menge schöner Dinge würde viele Menschen in Versuchung bringen, diese Gesetze aufzugeben. Die Hopi würden in eine äußerst schwierige Lage geraten, aber die Steintafeln enthalten Anweisungen, die in solch einem Fall zu befolgen sind.
Der ältere Bruder, von dem wir sagen, daß er ein Weißer Bruder[23] ist, sollte eine der Steintafeln zur aufgehenden Sonne mitnehmen und sie wieder zurückbringen, sobald er den verzweifelten Hilferuf hört. Sein Bruder würde sich dann in einem Zustand der Hoffnungslosigkeit und Verzweiflung befinden. Sein Volk könnte sich von den Lehren abgewandt haben, die Alten nicht mehr achten und sich sogar gegen sie auflehnen, um ihre Lebensweise zu zerstören. Die Steintafeln werden dann die endgültige Bestätigung ihrer wahren Identität und Bruderschaft sein.[24] Ihre Mutter ist vom Sonnenklan (Tawányam). Sie sind die Kinder der Sonne.
Es muß ein Hopi sein, der von hier zur aufgehenden Sonne gereist ist

und irgendwo wartet. Daher sind es nur die Hopi, die diese Welt in der rechten Drehung halten, und es ist der Hopi, der geläutert werden muß, wenn diese Welt gerettet werden soll. Nirgendwo und von niemanden sonst kann dies vollbracht werden.

Dan Kachongva (Qöchhóngva), Sonnenklan[25]
Hótevilla, 1972

Die Wanderungen der Hopi[26]

Der ältere Bruder und seine Gruppe zogen zuerst los, und auf ihrem Weg nach Osten wurden sie die Weißen (Pahána). Als nächster brach der Häuptling mit seinen Anhängern auf, und beide Gruppen nahmen eine südliche Route. Als sie fort waren, folgte ihnen das Mädchen, das als Zauberin (powáqa) überführt und an der Öffnung zurückgelassen worden war.

Danach bildeten die Leute noch weitere Gruppen, von denen sich jede einem Häuptling anschloß, und alle zogen nach Osten. Gewöhnlich unterbrachen sie ihre Reise an bestimmten Orten für kürzere oder längere Zeit und wanderten dann weiter. Aus diesem Grund gibt es überall im Land so viele Ruinen. Auch die Pueblo-Indianer zogen ungefähr hier durch, wo die Hopi jetzt leben. Die Weißen waren geschickter als die anderen und kamen besser zurecht. Spinnenfrau, die sie begleitete, erschuf Pferde und Esel für sie, auf denen sie reisten, wenn sie müde waren, und daher kamen sie sehr viel schneller voran. Die Gruppe, die das Zauberermädchen (powáqmana) bei sich hatte, ließ sich in Palátkwapi nieder, wo sie eine Zeitlang lebte. Sie trug keinen besonderen Klannamen.[27]

Die anderen Gruppen nahmen verschiedene Routen und verstreuten sich über das Land, wobei jede Gruppe ihren eigenen Häuptling hatte. Manchmal blieben sie ein, zwei, drei, vier Jahre an einem Ort, wo sie gerade gute Felder oder Quellen fanden. Dort bauten sie Feldfrüchte an, damit sie genügend Vorräte hatten, wenn sie ihre Reise fortsetzten, und dann zogen sie weiter. Hatten sie einmal gute Felder, aber kein Wasser, so erschufen sie Quellen mit einem pá'uypi. Das ist ein kleines, durchlöchertes Gefäß, in das sie bestimmte Gräser, verschiedene Steine und Muscheln, eine kleine Wasserschlange (pálölökang), páhos[28] usw. legten und das sie vergruben. Nach einem Jahr entsprang an der Stelle, wo es vergraben war, eine Quelle aus dem Boden. Zuerst verwendeten sie Regenwasser – bis die Quelle fertig war, denn sie verstanden sich darauf, Regen zu machen. Wenn sie dann erneut aufbrachen, gruben sie gewöhnlich das pá'uypi wieder aus und nahmen es mit sich.

Noch bevor eine der Gruppen den Ort erreicht hatte, an dem die Hopi heute leben, begannen sie, sich zum Schlechten hin zu entwickeln. Streitigkeiten kamen zwischen den Gruppen auf, und sie fingen an, Kriege gegeneinander zu führen. Immer wenn eine Gruppe etwas besaß, griff eine andere Gruppe sie an und tötete sie um dieses Besitzes willen. Aus diesem Grund erbauten einige von ihnen ihre Dörfer auf den Gipfeln von Steilfelsen und Tafelbergen, denn sie fürchteten sich vor den anderen Gruppen. Schließlich kamen einige von ihnen bei Móenkopi[29] an. Dies waren der Bärenklan (Hónnyam), der Spinnenklan (Kókyangnyam), der Lederriemenklan (Piqösnyam), der Blauvogelklan (Chósnyam) und der Fetthöhlenklan (Wikursnyam). Sie alle hatten ihre Namen von einem toten Bären, auf den die einzelnen Gruppen getroffen waren, als sie sich auf ihren Wanderungen befanden.[30]

Während diese Gruppen eine Zeitlang in der Nähe von Móenkopi lebten, war eine andere den Little Colorado River entlanggezogen, war an der Gegend vorbeigekommen, der heute Große Seen genannt wird, und hatte Shongópovi erreicht. Dort errichteten sie ein Dorf an der Stelle, wo sich die Ruinen des alten Shongópovi befinden, östlich des heutigen Dorfes. Diese Leute nannten sich ebenfalls Bärenklan, aber sie waren von den Bärenleuten, die zu jener Zeit in Móenkopi lebten, verschieden. Shongópovi war das erste Dorf, das erbaut wurde. Als diese Bärenleute dort ankamen, lebte Másaw an dem Ort, wo heute Oraibi liegt. Dort hatte er immer gewohnt. Die Klane, die nordöstlich von Móenkopi ihre Wanderung unterbrochen hatten, zogen nach einiger Zeit zu der Stelle, wo Móenkopi heute liegt, blieben dort aber nicht lange. Der Bärenklan, der Lederriemenklan und der Blauvogelklan wanderten bald nach Oraibi weiter. Als der Spinnenklan in Móenkopi ankam, ritzte er Zeichen oder Inschriften auf einen bestimmten Felsen östlich von Móenkopi, die bekunden sollten, daß dieser Ort immer den Hopi gehören und niemand ihn ihnen wegnehmen sollte, weil es dort so viel Wasser gab. Hier sollten immer die Hopi ihre Felder anlegen.[31]

Bald nachdem auch der Spinnenklan in Richtung Oraibi weitergezogen war, kam der Schlangenklan (Chú'nyam) an diese Stelle. Als die Schlangenleute die Inschriften auf dem Felsen sahen, sagten sie: »Jemand hat hier geschrieben, daß ihnen dies gehören soll. Schreiben wir doch dazu, daß auch wir Anspruch darauf erheben.« Also ritzten sie dieselbe Inschrift auf den Felsen. Nachdem sie den Ort verlassen hatten, kam der Kanincheneulenklan an und schrieb noch einmal dasselbe auf den Felsen. Aber sie alle hatten gehört, daß Másaw an der Stelle lebte, wo jetzt Oraibi liegt, und daher reisten sie alle in diese Richtung weiter.

Als die Leute vom Bärenklan Nátuwanpikya, einen Ort in geringer Entfernung westlich von Kuiwánva, erreichten, kam Másaw herbei, um sie dort zu treffen.

Yukíoma, Feuerklan
Hótevilla

Das Treffen mit Másaw und die Gründung von Oraibi[32]

Während die Menschen sich auf ihren Wanderungen befanden, wartete Másaw auf diejenigen, die zuerst ankommen würden. Damals machte er gewöhnlich Spaziergänge in der Nähe des Ortes, an dem er lebte, wobei er einen Strauß violetter Blumen (tukyamsi) an seinem Gürtel trug. Eines Tages verlor er sie auf dem Weg. Als er sie suchen ging, stellte er fest, daß die Krötenechsenfrau (máchakwuti)[33] sie aufgelesen hatte. Als er sie bat, die Blumen zurückzugeben, weigerte sie sich, gab ihm aber dafür das Versprechen, ihm in Notzeiten zu helfen. »Denn auch ich habe einen Metallhelm«, sagte sie (was vielleicht bedeutet, daß gewisse Leute mit Metallhelmen den Hopi helfen werden, wenn sie in Schwierigkeiten geraten).

Másaw ging oft von seinem tupacha (einer Art provisorischem Haus) eine halbe Meile nach Norden zu einer Stelle, wo ein langer Felsen ein

natürliches Schutzdach bildete und die er als den Ort ausgesucht haben muß, an dem er und das erste Volk einander treffen würden. Während er dort wartete, unterhielt er sich durch ein Geschicklichkeitsspiel, nátuwonpikya,[34] das später noch eine große Rolle im Leben der Hopi einnahm, denn an dieser Stelle sollten das Wissen und die Weisheit des ersten Volkes geprüft werden. Bis vor kurzer Zeit spielten die Kinder dort immer ein ähnliches Spiel, etwa so wie Verstecken: Eines versteckte sich und gab dann ein Zeichen, indem es an den Felsen schlug. Dieser übertrug das Geräusch auf so merkwürdige Weise, daß die anderen nicht genau sagen konnten, von wo es kam. (Der Felsen wurde vor einigen Jahren von Straßenbautrupps der US-Regierung zerstört.) Hier fanden sie den wartenden Másaw. Vor den Wanderungen hatte er sie wissen lassen, wohl nicht durch direkte Unterweisungen, daß derjenige, der ihn zuerst finden würde, dort Führer sein werde. Später wurde klar, daß dies ein Verfahren war, um ihren wahren Charakter zu bestimmen.
Als sie ihn fanden, kamen die Leute zusammen und setzten sich nieder, um mit ihm zu sprechen. Als erstes wollten sie wissen, wo er lebte. Er antwortete, daß er genau südlich an einem Ort lebe, der Oraibi heiße. Aus einem bestimmten Grund nannte er nicht den vollen Namen. Dieser lautet Sip-Oraibi, das bedeutet »etwas, das verfestigt worden ist«, was sich auf die Tatsache bezieht, daß an dieser Stelle die Erde verfestigt wurde. Sie baten ihn, zusammen mit ihm dort leben zu dürfen. Er antwortete nicht sofort, denn er sah auch Böses in ihnen. »Es liegt an euch«, sagte er. »Ich habe nichts hier. Ich lebe einfach. Alles, was ich habe, sind mein Grabstock und mein Mais. Wenn ihr dennoch so leben wollt wie ich und meinen Anweisungen, dem Plan des Weges, den ich euch geben werde, Folge leisten wollt, dann dürft ihr hier leben und für das Land sorgen, und ihr werdet ein langes, glückliches und fruchtbares Leben führen.«
Nun fragten sie ihn, ob er ihr Anführer sein wolle, weil sie dachten, daß ihnen dies ein friedliches Leben sichern würde. »Nein«, antwortete er, »der, der euch hierhergeführt hat, wird der Anführer sein, bis ihr euren Lebensplan erfüllt habt.« Er sah nämlich in ihre Herzen und wußte, daß sie noch viele selbstsüchtige Wünsche hegten. »Erst danach werde ich der Anführer sein, denn ich bin der erste und ich werde der letzte sein.« Nachdem er ihnen alle Unterweisungen gegeben hatte, verschwand er.[35]

Oraibi wurde in Übereinstimmung mit den Anweisungen des Großen Geistes begründet und erbaut. Der Häuptling des Bogenklans war der Vater der zeremoniellen Ordnung. Sie blieben einige Zeit unter der Führung des Bogenklans, vielleicht bis [durch ihn] verderbliche Einflüsse einsetzten. Wie ihr euch erinnert, hatte der Bogenklanhäuptling in der Vergangenheit seine Stellung mißbraucht, indem er sich an der Änderung des Lebensplans beteiligte. Später übernahm der Bärenklan die Führung, vielleicht deshalb, weil der Bär stark und mächtig ist. Außerdem gibt es eine Prophezeiung, die von einem Bären berichtet, der in Nordeuropa schläft und der zum nördlichen Teil dieses Landes herüberkommen und dort warten wird, wenn eine bestimmte Zeit anbricht. Diese Gruppe heißt Bärenklan, weil sie an dem Ort, wo das Schildzeichen[36] eingraviert ist, auf einen toten Bären stieß. Die meisten der wichtigen Klane behaupten, zur Bärenklangruppe zu gehören, so auch der Blauvogel- und der Spinnenklan.

Das Gelübde, das wir dem Großen Geist gegenüber abgelegt hatten, verpflichtete uns, seiner Lebensweise zu folgen. Er gab uns das Land, um es zu nutzen und um durch unsere zeremoniellen Pflichten für es zu sorgen. Er unterwies uns und zeigte uns den Plan des Weges, nach dem wir unser Leben ausrichten sollten und den wir auf einen Felsen schrieben, damit wir immer daran erinnert würden, auf dem geraden Weg zu bleiben. Die Hopi dürfen nicht von diesem Weg abweichen, sonst wird er das Land von uns nehmen. Das ist die Warnung, die Másaw uns gegeben hat.

Oraibi war gegründet worden. Wandernde Gruppen sammelten sich nun dort und baten, in das Dorf aufgenommen zu werden. Der Kíkmongwi und die höchsten Priester berieten jedesmal über ihren Wunsch, und ihr Urteil hing von Charakter und Weisheit der Bittsteller ab. Diejenigen, die Anzeichen von Überheblichkeit zeigten, wurden abgewiesen, und man sagte ihnen, sie sollten nach Süden ziehen, wo Menschen von ihrer Art lebten. Nur gute Leute, demütig und ernsthaft in ihren Gebeten, wurden zugelassen.

Eine dieser Gruppen war der Coyoteklan (Ísnyam), der von Sikyátki in der Nähe von Walpi ausgewandert war.[37] Aus bestimmten Gründen hielt man sie für schlechte, aber dennoch sehr schlaue Leute. Zuerst wurde ihnen nicht erlaubt, dem Dorf beizutreten, aber nach alter Sitte wurden sie auf ihren vierten Antrag hin zugelassen, mit der Vereinbarung, daß sie das Dorf schützen und zu gegebener Zeit für seinen

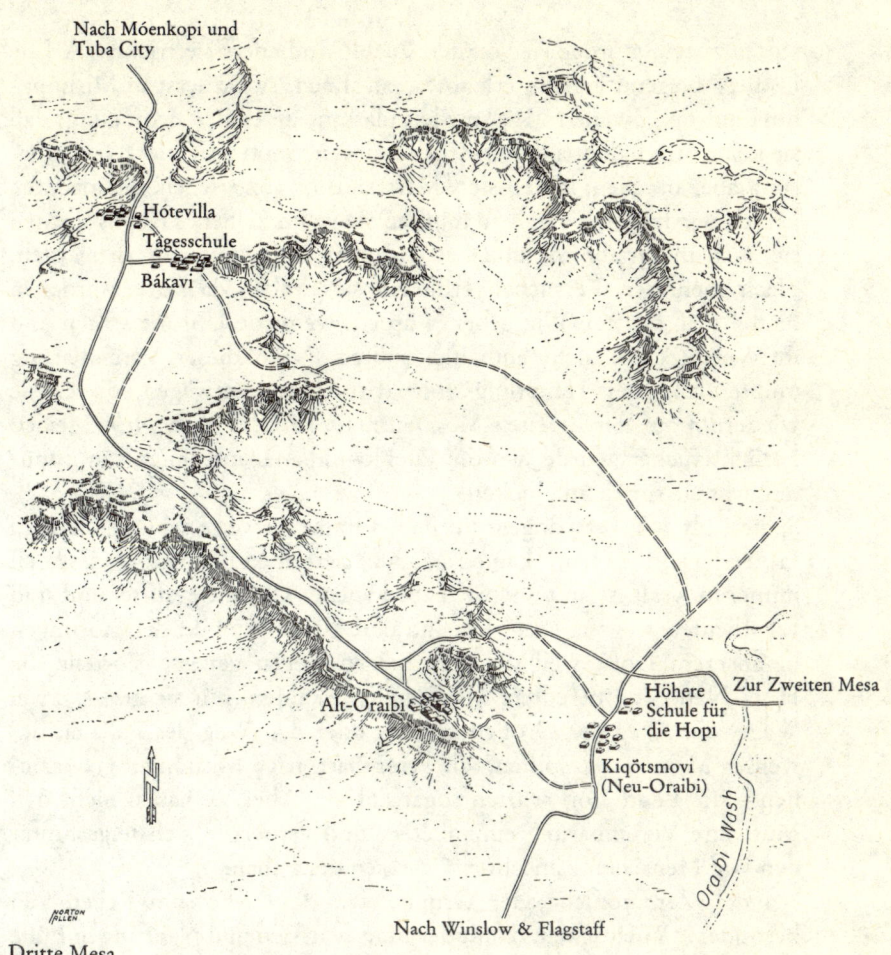

Dritte Mesa

Häuptling sprechen sollten, falls Schwierigkeiten auftauchten. Aber man riet ihnen dringend zur Vorsicht, auch wenn einige Getreue vielleicht bis zuletzt standhaft bleiben würden. So ist es mit allen Klanen, denn im Laufe des Weges werden die meisten ihre Anführer um des Ruhmes willen betrügen, was uns dazu bringt, unseren Weg zu verunreinigen und unseren Glauben zu erschüttern.

Die letzte Gruppe, die nach Oraibi einziehen durfte, war der Grauadlerklan. Als sie ihre Wanderungen beendet hatten, ließen sie sich zuerst im heutigen New Mexico nieder. Da sie kriegerisch und auch Unruhestifter waren, wurden sie von den Pueblo-Indianern vertrieben. Als sie in diese Gegend kamen, erlaubte man ihnen, sich zuerst in Mishóngnovi auf der Zweiten Mesa niederzulassen, unter der Bedingung, daß sie keine Streitigkeiten verursachen würden. Sollten sie diese Vereinbarung aber brechen, hätten sie widerstandslos abzuziehen. Sie machten jedoch wieder Ärger, und so mußten sie weiterziehen. Dabei sprachen sie auch in Oraibi vor und baten darum, aufgenommen zu werden. Nach mehreren Versuchen erhielten sie Einlaß, da sie versprochen hatten, daß sie freiwillig gehen würden, wenn sie Unruhe stiften und ihr Versprechen nicht einhalten sollten. Nach dieser Vereinbarung müßte dann der Häuptling von Mishóngnovi erwägen, ob er sie wiederum auf der Zweiten Mesa aufnehmen oder nach New Mexico zurückschicken würde, wo die Pueblo-Indianer mit ihnen tun könnten, was sie für richtig hielten.

Später, als wir gezwungen wurden, Oraibi zu verlassen, und uns in Hótevilla ansiedelten,[38] kamen sie unter derselben Bedingung, die noch immer in Kraft ist, mit uns. Sie haben wieder Unruhe gestiftet und sind verpflichtet, wegzuziehen. Sie sind der Ausgangspunkt der Störungen in unserem Dorf, weil sie dazu neigen, gegen gewisse Vorteile die Hopi-Nation an beredtere Mächte zu verkaufen. Für sie gibt es zwei Wege, den Weg des Großen Geistes oder den Weg des Pahána, des weißen Mannes. Sie sollten, wie vereinbart, nach Mishóngnovi ausziehen – die Leute dort warten sogar auf sie. Aber sie haben nicht den Mut, ihre Vereinbarung einzuhalten, und verbergen sich feige hinter den von Menschen gemachten Gesetzen der Pahána.

Bei den Zeremonien jeder Gruppe war das Gebet um Regen von besonderer Wichtigkeit, damit der Mais wachsen und Nahrung in Fülle hervorbringen konnte. Davon hing der Lebensunterhalt der Menschen ab. Überhebliche Menschen wurden nicht zugelassen, um die Gebete nicht zu verunreinigen. In Oraibi hatte nun alles seinen festen Platz gefunden. Zyklus um Zyklus erwiesen wir mit unseren Zeremonien der Mutter Erde, dem Vater Sonne, dem Großen Geist und allen Dingen unsere Ehrfurcht. Wir waren glücklich, denn wir waren eine Einheit.

Dan Kachongva (Qöchhóngva), Sonnenklan
Hótevilla, 1972

Angestammte Grenzen[39]

Als es für die wandernden Klane an der Zeit war, zum Volk der Hopi zu werden, gab es bestimmte Durchgangsgebiete, von denen aus sie auf die drei Mesas kamen. Dies waren die letzten Durchgangspunkte in einer langen Folge von Wanderungen. Einige dieser Orte sind an ihren Hopi-Namen zu erkennen, wie Kawéstima, diese Ruinen drüben bei Betatakin, nördlich von Kayénta. Und Tokónavi, Navaho Mountain. Wupátki, nahe Flagstaff, ist ein weiterer. Und Chevelon Cliffs, südlich von Winslow. Ein anderer liegt bei Lupton Point. Er besteht hauptsächlich aus einem Schrein mit einer Menge Steinzeichnungen. Von dort aus nördlich geht es nach White House beim Canyon de Chelly, dann zurück nach Loloma Point und hinüber zum Navaho Mountain. Diese Punkte markieren die Grenze dessen, was die Hopi als ihr angestammtes Land betrachten.

Eugene Sekaquáptewa
Kiqötsmovi, Juni 1981

Hopi-Schrein

Es gibt acht größere Hopi-Schreine, die den Umfang unseres traditionellen Hopilandes [Hopitutskwa] markieren. Einer liegt am Tokónavi, dem Schwarzen Berg (die Weißen nennen ihn Navaho Mountain) im Norden. Ein anderer liegt auf dem Supai Trail westlich des Dorfes Grand Canyon. Einer befindet sich bei Kawéstima, diesen Ruinen nördlich von Kayénta, und ein weiterer in der Nähe von Williams [Arizona]. Er wird Tesáktumo genannt, das bedeutet Grashügel. Ein anderer ist auf den San Francisco Peaks [Nuvátuky'ovi], und einer auf dem Woodruff Mountain südlich von Holbrook. Ein weiterer liegt an einem Ort namens Namitéika, nahe Lupton, und einer auf dem Apache Trail auf dem Mogollon Rim [Nuvákweotaqa]. Ich bin an all diesen Schreinen außer einem gewesen. Sie markieren das Land, das wir immer als unser eigenes beansprucht haben. Das ganze Land zwischen den Schreinen gehörte uns.[40]

Bert Puhueyestewa[41]
Mishóngnovi, Juni 1981

Wie der Coyoteklan nach Oraibi kam[42]

Als die Sikyátkier ihr Dorf verließen, gab es dort zwei Hauptklane, Coyote und Fuchs. Aber der Coyoteklan wurde damals noch nicht so genannt, sondern Laángnyam.[43]
Sie zogen von Sikyátki los und dann südlich um Castle Butte herum. An einer bestimmten Stelle machten sie Halt, und nach einem Jahr zogen sie weiter. Während sie sich auf dieser Reise befanden, gingen die Leute manchmal nach Sikyátki zurück und holten sich Sachen, die sie brauchten, Gefäße und Nahrungsmittel. Sie nahmen natürlich eine Abkürzung, denn sie bewegten sich in einer Art Kreis. Diese Gruppe hatte ihre Wanderungen [zu den vier Enden des Kontinents] schon beendet und entfernte sich daher nicht weit von ihrem Standort. Die Leute hörten, daß Oraibi sehr groß wurde, und hatten vor, sich diesem Dorf anzuschließen.
So reisten sie ihres Weges. Unter ihnen befand sich ein junges Paar mit kleinen Kindern. Eines von ihnen war ein kleines Mädchen, das die ganze Zeit weinte. Sie versuchten, es mit Hopi-Puppen zu beruhigen,

aber es ging nicht. Sie konnten das Kind nicht dazu bringen, damit aufzuhören. Auf ihrer Reise hörten sie oft die Coyoten. Eines Morgens ging ein Mann hinaus, um Feuerholz zu holen, als er ein Loch entdeckte, in dem drei kleine, gerade geborene Coyoten lagen. Er nahm einen, der ein schönes Fell hatte, und trug ihn ins Lager. »Seht mal, was ich gefunden habe!« Alle waren begeistert. Das kleine Mädchen, das immer weinte, sah ihn und lief hin. Sie gewann ihn lieb, war glücklich, daß sie den kleinen Coyoten zum Spielen hatte, und weinte nun nicht mehr.

Von dort zogen die Leute in Richtung Oraibi weiter. Sie lagerten vier Nächte und vier Tage unterhalb des Dorfes. Am vierten Tag gingen sie hinauf und fragten die Oraibier, ob sie in dem Dorf leben dürften, ob man sie dort aufnehmen könne. Die Oraibier wollten wissen, was für Fähigkeiten sie hatten und wer sie waren. Sie erzählten ihnen, daß sie der Fuchsklan und der Laángnyam seien. Diese Pflanze, die ihnen den Namen gab, sei eine nützliche Nahrung, und das Stroh davon sei gut zum Kehren. Dann erklärten sie, daß sie, die Laángnyam, den Namen Coyote für ihren Klan annehmen würden, da ein Coyote (ísaw) das kleine Mädchen glücklich gemacht habe. »Wir wissen, daß der Coyote sehr tapfer ist«, sagten sie, »und wir glauben, daß auch wir tapfer sein sollten.« Nun, den bisherigen Einwohnern von Oraibi fehlte etwas, das Tapferkeit repräsentierte; etwas in der Art der beiden Kriegerbrüder.[44] Die Fuchs- und Coyoteleute erklärten, auf welche Weise sie den Oraibiern helfen könnten, und schließlich nahmen die Oraibier sie auf. So kam der Coyoteklan nach Oraibi. Seitdem stellen die Coyoten in den Zeremonien die Tapferen dar, die riskante Dinge tun. Und man fing an, Fuchsschwänze für die Kachina-Kleider zu verwenden.

Später zogen einige Coyoteklanleute von dort weg und lebten in anderen Dörfern.

Homer Cooyama (Qöyáwaima), Coyoteklan
Kiqötsmovi, Juli 1970

Wie die Bewohner von Húkovi vertrieben wurden[45]

In Pivánhonkapi wohnte ein gutaussehender junger Mann. Zwei Meilen entfernt an der Windspitze lebten im Dorf Húkovi zwei Mädchen. Beide wollten den schönen Jüngling heiraten; er aber sah keine von ihnen an. Das machte sie wütend.
Sie wußten, daß er in einem ›Leitertanz‹,[46] der im März in Pivánhonkapi stattfand, die Rolle eines Kachina übernehmen sollte, und sie dachten sich, daß sich dabei eine gute Möglichkeit bieten würde, ihn umzubringen.
Der Tanz wurde angekündigt, und acht Tage lang übten die Tänzer in der Kiva ihre Lieder. Vier Tage vor der Zeremonie wurden zwei Jünglinge ausgewählt, die zu den San Francisco Peaks – die Hopi nennen sie Nuvátuky'ovi – laufen sollten, um zwei Tannen zu holen. Einer von den beiden war der hübsche junge Mann.
Auf dem Weg zu den Bergen folgten sie einem Pfad, und da sie müde waren, hielten sie an und machten eine Rast. Der hübsche Jüngling ging ein paar Schritte seitwärts vom Wege ab und traf dort auf die Spinnenfrau. Sie sagte: »Ich habe Mitgefühl mit dir, denn ich weiß, was dir geschehen wird. Tausche deine mitgebrachten páhos aus, denn diese taugen nichts. Wirf sie irgendwohin, nimm statt dessen meine und lege sie in den Schrein. Wenn du das nicht tust, werden dich bestimmt die Zauberer in ihre Gewalt bekommen. Halte auf dem Heimweg wieder hier an und besuche mich.«
Er kehrte nun zu seinem Gefährten zurück. Beide stiegen auf den Gipfel und legten die páhos in den Schrein. Dort oben wählten sie auch zwei etwa 60 cm hohe Tannenbäume aus.
Auf dem Rückweg erinnerte sich der hübsche Jüngling daran, anzuhalten und die Spinnenfrau zu besuchen. Er ließ seinen Gefährten am Pfad zurück und entdeckte wieder die alte Frau. Sie sagte: »Nimm die Pfeife deines Vaters und mache Rauch, damit die Wolken unseren Blick vor den Zauberern verbergen.« Also entzündete er seine Pfeife, und sie brachte ihn in ihre Kiva. Er stellte die Bäumchen ab und setzte sich auf eine Tierhaut. »Mein lieber Enkel«, sagte die alte Frau, »tu was ich dir sage, oder der Tag der Zeremonie wird dein letzter sein.« Sie überreichte ihm etwas Medizin und fuhr fort: »Die weisen Männer werden

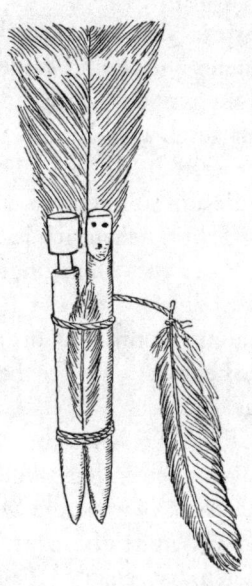

Páho

singen, und der Baum wird zu schnell wachsen. Kau diese Medizin und spucke sie auf den Baum, dann wird er biegsam werden und kann nicht brechen.« Darauf gab sie ihm noch eine kleine, leichte weiße Feder von einem Adler und legte sie ihm unters Herz, damit sie ihn leichter machte.

Inzwischen hatte sich der Himmel mit Wolken bedeckt, und der junge Mann schloß sich wieder seinem Gefährten an. Er sagte nicht viel, denn er machte sich Sorgen. Am Abend kamen sie zu Hause an und betraten mit ihren beiden Tannen die Kiva. Alle Männer rauchten, und als sie damit fertig waren, wurden die beiden gefragt, welche Fruchtbarkeitszeichen sie auf dem Weg gesehen hätten. Sie berichteten, sie hätten reichlich fließendes Wasser gesehen, und so wußten die Männer, daß es einen guten Sommer geben würde.

Während sich dies ereignete, schickte die alte Spinnenfrau (sie war eine große alte Frau) eine Nachricht zu den anderen Spinnenfrauen, die in der Nähe von Pivánhonkapi lebten (sie sandte die Botschaft durch Träume), daß sie ihre beiden kleinen Kriegergötter, Pöqánghoya und Palöngahoya – ihre Enkel –, ausschicken sollten, um den Standort, an dem der Baum [des gutaussehenden Jünglings] aufgestellt werden sollte, zu überprüfen. Da die Jungen klein waren, mischten sie sich unter die Kinder des Dorfes. Niemand bemerkte sie, und während sie mit ihnen spielten, schauten sie nach und entdeckten, daß die Mädchen aus Húkovi in den Felsen um das Loch, in das der Baum gestellt werden sollte, einen Spalt geschlagen hatten. Sie eilten zu ihrer Großmutter zurück und berichteten ihr davon.

»Wenn das so ist«, sagte die alte Spinnenfrau, »dann muß ich wohl dort hingehen und nach dem Rechten sehen. Ich habe nichts, womit ich den Felsen ausbessern kann. Einer von euch Jungen gehe einmal und hole einen Kolben gerösteten Süßmais.« Als der Junge ihn gebracht hatte, mahlte sie ihn, so fein sie nur konnte. Dann mischte sie das Mehl zu Teig – er war wie feinster Lehm. Als sie den Teig angerichtet hatte, war der Tag der Zeremonie gekommen.

Die Kachinas legten am Fuße der Mesa ihre Kleidung an, da sie von den San Francisco Peaks kommen sollten. Alle sammelten sich auf den Hausdächern und beobachteten, wie sie die Mesa heraufstiegen. Während dies ihre ganze Aufmerksamkeit beanspruchte, versuchten die alte Spinnenfrau und die beiden Jungen, den Felsspalt mit dem Teig zu kitten. Als das geschehen war, gab sie den Jungen eine Medizin. Sie zerkauten sie, spuckten sie auf den Spalt und bliesen dann darüber. Kaum waren sie damit fertig, als auch schon die Kachinas das Dorf betraten und viermal die beiden Kivas umschritten. Bei dieser Zeremonie, das muß man wissen, hat der führende Kachina, obwohl er ein Mann ist, die Rolle einer Kachínmana (eines Kachina-Mädchens). Der Anführer des Tanzes war ein notorischer Zauberer, der von den Mädchen aus Húkovi dafür bezahlt worden war, üble Dinge zu tun.

Nachdem sie ihre Runde um die Kivas gemacht hatten, schritten die Kachinas zu der Stelle am Rand der Klippe, wo die Bäume aufgestellt werden sollten. Die Kachínmana trug die beiden kleinen Bäume. Als die Mana dem hübschen Jungen den falschen und dem anderen Jungen den richtigen Baum überreichte, wußte er, daß der Zauberer ihn in seine Gewalt bringen wollte. Beide Jungen legten ihre Bäume auf dem Felsen nieder. Da sagte jemand etwas, worauf der Anführer und alle anderen sich umsahen, und die Jungen tauschten schnell die Bäume aus. Er wußte, welcher sein Baum war, denn an einem der Zweige war eine Feder befestigt.

Nun wurden die Bäume in die vorbereiteten Löcher gesetzt. Die Kachinas hatten sich in einer Reihe aufgestellt und fingen an zu singen und zu tanzen. Langsam begannen die Bäume zu wachsen. Sie wuchsen und wuchsen, bis sie ungefähr 7,5 bis 10 m in die Höhe ragten. Die beiden Kachinas, die sie besteigen sollten – einer von ihnen war der hübsche Junge –, standen neben den Bäumen. Der Jüngling vertraute der alten Spinnenfrau. Er kaute die Medizin, spuckte sie auf den Baum und kletterte langsam empor. Als er den Wipfel erreicht hatte, schwang der Baum hin und her. Alle Leute auf den Hausdächern dachten, der Baum würde brechen und mit ihm über die Klippe hinunterstürzen. Doch er kam wieder herab, tanzte und stieg dann ein zweites Mal hinauf. Nachdem er wiederum heruntergekommen war und getanzt hatte, bestieg er den Baum ein drittes Mal und schwang vor und zurück.

Die Mädchen aus Húkovi standen bei den Einwohnern des Dorfes auf den Hausdächern. Sie fragten sich verwundert, woran es lag, daß der Fels nicht brach. Bevor der Jüngling das vierte Mal hochstieg, sagte der Anführer ihm, er solle nun schneller klettern und stärker schwingen, richtig gut und weit, mit aller Kraft. Doch der Baum hielt dem Druck ein weiteres Mal stand, und der Felsen brach nicht. Als der Junge wieder unten war, forderte ihn der Anführer erneut auf, hochzuklettern, aber jemand hatte mitgezählt und so entschied der Häuptling, es sei genug, denn sie waren gemäß der Zeremonie viermal hinaufgeklettert. Nun nahmen die beiden jungen Männer die Opfergaben und machten sich wieder auf den Weg zu den San Francisco Peaks, um sie in das Heiligtum zu legen. Die übrigen Kachinas begaben sich mit den Männern des Dorfes in die Kiva, und alle rauchten.

Bevor die Männer in die Kiva gegangen waren, hatten die Mädchen aus Húkovi einen Zauberer beauftragt, die Balken im hinteren Teil der Kiva durchzusägen. Sie waren wütend auf den Führer der Kachinas, die Kachínmana, und den Jungen. Aber sie wußten nicht, daß er sich bereits auf dem Weg zu den Bergen befand.

Während das zeremonielle Rauchen noch andauerte, brach plötzlich das Dach der Kiva ein. Alle wurden getötet, bis auf einen alten Mann ganz hinten in einer Ecke, der keine hohe Stellung innehatte, sondern ein einfacher Mann war und sich niemals nach vorne gedrängt hatte. Dieser alte Mann grub sich nach außen frei.

Das Dorf war in Aufruhr, denn von allen Männern waren nur noch die beiden Jünglinge und der alte Mann am Leben. Also, man kann sich denken, daß natürlich viele Tage lang getrauert wurde. Der alte Mann wußte das, und er dachte sich, daß er etwas tun müßte. So ging er alleine fort und übte unter den Klippen einen Tanz. Während er noch übte, fand ihn ein Mädchen, und er bat sie, mit ihm zu tanzen. Sie willigte ein, und so machte er sich an die Arbeit und fertigte ihr eine Maske, damit niemand sie erkennen würde. Er nahm etwas Mais, kochte ihn gut, eines späten Nachmittags. Er legte dem Mädchen und sich eine Kachina-Kleidung an und ermahnte sie, unter allen Umständen auszuhalten. Als sie zum Dorfplatz gingen, sahen die Leute sie kommen. Alle begannen zu weinen, aber bald ging es ihnen wieder besser. Dann tanzten der alte Mann und das Mädchen, und sie verschenkten Mais.

An diesem Abend hielt sich der gutaussehende Jüngling außerhalb des Dorfes auf, dort, wo er jeden Abend hinging. Er hörte etwas und legte sich ganz still hin. Er horchte und vernahm ein Geräusch, das immer näher kam. Schließlich war es ganz nahe und zog vorbei. Es war ein Gespenst, das ganz in Weiß gekleidet war. Er erschrak und verlor das Bewußtsein. Nach einer Weile kam er wieder zu sich und folgte dem Gespenst ins Dorf. Als er den Dorfplatz erreichte, saß es dort auf dem Schrein. Es war ein weibliches Gespenst. Er lief hinzu und fragte sie, warum sie da sei und woher sie komme. Sie antwortete: »Ich komme vom Colorado River und bin hier, weil ich Mitleid mit den Leuten von Pivánhonkapi habe. Ich habe nichts für dich, aber wenn du es den Mädchen von Húkovi heimzahlen willst, will ich dir helfen. Ich hätte gerne von jedem im Dorf ein páho, und ich bitte dich, sie noch in dieser Nacht anfertigen zu lassen. Du darfst aber nicht sagen, warum sie gemacht werden müssen.«

Also ging der Jüngling von Haus zu Haus, und jede Frau machte ein páho. Der Junge sammelte sie ein und gab sie dem Gespenst mit den Worten: »Wir haben getan, worum du uns gebeten hast.« Das Gespenst nahm die Opfergaben und dankte ihm. Sie sagte: »Ich will dir nun jeden Wunsch erfüllen. Also, was soll ich tun? Ich kann sie nach Osten treiben, und ich kann sie nach Westen treiben. Ich kann sie sogar über die Klippe treiben.« Der Junge antwortete: »Treibe sie westwärts.«

Darauf ging das Gespenst nach Húkovi hinüber und machte ein Geräusch, so als ob sie sterben würde. Sie wälzte sich auf dem Boden und stöhnte. Das machte den Leuten Angst. Ein paar Jungen sagten, sie fürchteten sich nicht, und erboten sich, das alte Gespenst zu töten. Am nächsten Abend legten sie sich auf die Lauer, doch als sie zu stöhnen begann, bekamen sie es mit der Angst zu tun und rannten davon. Alle bekamen Angst. Das Gespenst kam an sechs oder sieben Abenden wieder. Die Leute konnten wegen ihres Stöhnens nicht schlafen, und so beschlossen sie, das Dorf zu verlassen. Sie packten ihre Habe und zogen fort. Das Gespenst trieb sie nach Westen. In der Nacht lagerten sie am Dinnebito Wash bei der Bergschafklippe (Pángwu'vi). Wieder kam das alte Gespenst und hielt sie wach. Aber wegen der Kinder konnten sie in der Nacht nicht weiterziehen.

Am nächsten Tag zogen sie in die Nähe der Stelle, wo heute der Dinnebito-Laden ist, und lagerten dort. Das Gespenst kam diesmal schon früh und hielt sie bis zum Tagesanbruch wach. Wieder machten sie sich auf den Weg, und am dritten Abend lagerten sie am Little Colorado River. Das Gespenst kam gleich nach Sonnenuntergang, denn ihr Haus lag in der Nähe, und sie hielt sie bis zur Dämmerung wach.

Sobald es Tag war, brachen sie wieder auf und lagerten in den Cinder Hills. Noch immer kam das Gespenst ihnen nach. Am fünften Abend lagerten sie am Mormonenberg. Das Gespenst folgte ihnen auch hier. Sie zogen weiter und weiter, schließlich überquerten sie den großen Colorado nach Kalifornien. Es heißt, daß ihre Nachfahren dort heute die Mission-Indianer in Kalifornien sind.[47]

Edmund Nequátewa, Stirnklan
Shongópovi, 1932

Die Zerstörung von Piványhonkapi[48]

Vor langer Zeit lebten die Menschen im Norden von Oraibi etwas nördlich von der Stelle, wo heute die Oraibier ihre Pfirsiche trocknen. Sie hießen Yáyaponchatu. Sie bewohnten nur ein Dorf, wahrscheinlich ein sehr kleines. Die Dörfer Piványhonkapi, ungefähr vier Meilen im Nordwesten von Oraibi, und Húkovi, etwa zwei Meilen nordwestlich von Oraibi, die nun schon seit langem in Trümmern liegen, waren damals auch noch bewohnt. Die Leute in Piványhonkapi waren anscheinend sehr herabgesunken. Dies bekümmerte den Häuptling dieses Dorfes sehr, besonders, daß auch die Frauen des Dorfes in den Kivas an Glücksspielen teilnahmen, vor allem am totólospi.[49] Selbst die Frau des Häuptlings machte keine Ausnahme. Es wird berichtet, daß sie sogar ihre Kinder vernachlässigte, wenn sie sich in den Kivas am Glücksspiel beteiligte. Um sie aus der Kiva zu bringen, sagte er oftmals zu ihr, sie solle ihr Kind versorgen, das draußen weine. Schließlich war der Häuptling so besorgt und verärgert über den Stand der Dinge, daß er schwerwiegende Maßnahmen zu ergreifen beschloß. Er ging also zum Dorf der Yáyaponchatu, die für ihre besondere Macht über Sturm und Feuer bekannt waren, und von denen man glaubte, daß sie mit übernatürlichen Mächten im Bunde seien.[50] »Ich bin zu euch gekommen«, sagte er. »Zu welchem Zweck?« fragten sie ihn. »Meine Leute sind dunkel in ihren Herzen; sie sind schlecht. Sie hören nicht mehr auf mich. Die Frauen sind dem Spiel in solch einem Ausmaß verfallen, daß sie ihre Pflichten und ihre Kinder vernachlässigen. Ich möchte, daß ihr mein Volk bestraft.« Sie stellten ihm die Wahl, mit welchem Element sie die Bestrafung vornehmen sollten, mit Feuer oder Sturm. Er wählte das Feuer, und bevor er wegging, teilte er ihnen mit, daß es in vier Tagen in seinem Dorf einen Tanz geben werde, und lud sie zu dieser Feier ein. Auf seinem Heimweg hielt er im Dorf Húkovi an und bat seinen Freund, den dortigen Dorfhäuptling, am Abend zu ihm zu kommen und seinen Freund, seinen Helfer, dessen Name aber nicht überliefert ist, mitzubringen. Als sie nun am Abend im Haus des Häuptlings von Pivánhonkapi zusammensaßen, schüttete der sein Herz aus und berichtete auch, daß in vier Tagen in seinem Dorf ein Tanz stattfinde. Er lud seine beiden Freunde ein, zu kommen und daran teilzunehmen, und sie versprachen es. So waren also diese drei die einzigen, die von dem Geheimnis wußten.[51] Am vierten Tag gab es eine Reihe von Tänzen. Tagsüber vollführten die verschiedenen Kachinas ihre Tänze und verließen nach Beendigung ihrer Darbietungen das Dorf. Die Yáyaponchatu tanzten als letzte. Sie trugen Masken wie die Hóhe-Kachinas heute, am Körper aber den Schmuck wie heutzutage bestimmte Opferboten der Soyál-Zeremonie,[52] die von der Kiva, in der die Zeremonien stattfinden, bestimmte Gebetsopfer zu einer großen Quelle westlich des Dorfes tragen und dort niederlegen. Die Yáyaponchatu wurden mit Maismehl bestreut, genau wie alle anderen Kachinas, worauf sie ihren Tanz ausführten und dazu folgenden unheilverkündenden Gesang anstimmten, der sich auf das Strafgericht bezog, das über das Dorf hereinbrechen sollte.

Ahaha, Ihihi	
Hiayiayiayhaaa	
Hiayiayiayhaa	
Pai núvupi yepée.	Nun, schließlich hier
Uni uh kiyu	ihr, eure Häuser
Palaomawuy akwa	mit roter Wolke
Nöömiltiqöö	wenn eingehüllt
Hakami yang	irgendwo dort drüben
Pamösi sonako	durch den Dunst
Naiikwilmuyionihüi	einer den anderen tragend
Kiihkiihki nawitaha	von Dorf zu Dorf.
Ahaha, Ihihi.	

Manche der Zuschauer, die den Tänzen von den Hausdächern aus zusahen, bekamen es mit der Angst zu tun, als sie das Lied hörten, und sie wurden nachdenklich und sprachen darüber. Natürlich konnte niemand die Bedeutung des Gesanges vollkommen verstehen, noch überhaupt die Anwesenheit dieser seltsamen Nachbarn. Vier der Yáyaponchatu-Tänzer trugen bestimmte Gebetsopfer, von gleichem Aussehen wie die, die heutzutage während der Soyál-Zeremonie von den erwähnten Boten niedergelegt werden. Diese Gebetsgaben bestehen aus geweihtem Maisschrot, der auf kleinen Flechttellern (pota) aufgehäuft liegt. Auf diese Teller werden Päckchen von Maishüllblättern gelegt, die normalerweise geweihten, mit Honig vermischten Maisschrot enthalten. Diese kleinen Päckchen sind an nakwákwosis[53] gebunden. Aber die Gebetsopfer, die in diesem Fall von den vier Tänzern getragen wurden, hatten außerdem über jedem Päckchen einen kleinen Feuerfunken.[54] Beim Abschluß des Tanzes wurde eines von ihnen dem Dorfhäuptling von Pivánhonkapi überreicht, das zweite dem Dorfhäuptling von Húkovi, das dritte an dessen Helfer und Freund, und das vierte behielt der Leiter dieser Tanzgruppe.
Spät am Abend kamen der Häuptling von Húkovi und sein Freund

zum Häuptling von Pivánhonkapi, und alle drei rauchten über den Gebetsgaben, die sie von den Yáyaponchatu erhalten hatten. Dann sandte der Häuptling von Húkovi seinen Freund mit einer davon zu den San Francisco Peaks, die ungefähr neunzig Meilen nach Südwesten liegen, um sie dort zwischen Bäumen und hohem Gras niederzulegen. Die zwei Häuptlinge behielten die anderen beiden Gaben und jeder versteckte die seine in einem der unteren Räume seines Hauses.
Es ist nicht überliefert, was der Häuptling der Yáyaponchatu mit seiner Gebetsgabe machte, nur daß er sie mit nach Hause nahm. Das geschah also in der Nacht nach dem Tanz. In der folgenden Nacht versammelten sich wieder die Frauen und einige Männer zu Glücksspielen in den Kivas. Einige Männer jedoch nahmen nicht daran teil. Diese bemerkten plötzlich ein Licht in den San Francisco Peaks, sprachen darüber und erwähnten es auch gegenüber den Leuten in der Kiva. Aber die lachten sie nur aus und nahmen keine Notiz davon. Dasselbe wiederholte sich in der nächsten Nacht, nur daß das Feuer auf den Bergen nun größer erschien. Diejenigen, die nicht in der Kiva waren, sondern nur zuschauten und von draußen das Spiel beobachteten, teilten den anderen das Gesehene mit, aber die glaubten es auch diesmal nicht. Zwar sahen auch sie während des Tages dort Rauch aufsteigen, ohne jedoch besonders davon beeindruckt zu sein. In der dritten Nacht wurde das Feuer noch größer, und die, die es beobachteten, waren einigermaßen erschrocken, aber ihre Warnungen trafen nur auf taube Ohren. Am folgenden Tag erschien der Rauch, der von den San Francisco Peaks aufstieg, nun wirklich bedrohlich und die wenigen von besserer Art waren darüber sehr bestürzt. In der vierten Nacht setzten die Leute ihr Spiel und ihr schlechtes Treiben fort, die draußen aber beobachteten mit großem Schrecken das Feuer auf den San Francisco Peaks, wie es sich nun in Richtung der Hopidörfer weiter ausbreitete. Sie teilten das auch den Leuten in der Kiva mit und forderten sie auf, herauszukommen und sich selbst zu überzeugen. Doch die da unten lachten bloß wieder über sie und sagten: »Ihr wollt uns nur vom Spielen abhalten. Wir glauben das nicht, was ihr uns sagt.« Immer wieder und immer dringender warnte man sie vor dem herannahenden Feuer, aber ohne Erfolg.
Schließlich kam doch einer der Spieler aus der Kiva, um sich selbst zu überzeugen, und als er sah, daß die Luft voller Rauch war und das Feuer auf die Dörfer zurollte, schrie er voller Verzweiflung denen in

der Kiva zu, daß die Warnungen über das nahende Unheil nur zu wahr seien. Nun sahen auch die anderen den Rauch über der Kiva, stürmten heraus und zu ihren Häusern und versuchten, einige Habseligkeiten zusammenzupacken, bevor sie flüchteten. Aber schon ergriff sie das Feuer, und die meisten von denen, die gezögert hatten, erstickten oder verbrannten. Nur ganz wenige aus den zwei Dörfern entkamen. Diese, so sagt man, haben jene Gegend verlassen. Sie lebten eine Weile an bestimmten Orten und wanderten dann weiter. Es heißt, daß einige der kleineren Ruinen in der Umgegend den Standort der Häuser bezeichnen, in denen die früheren Einwohner von Pivánhonkapi und Húkovi zeitweilig gelebt haben.[55]

Als der Dorfhäuptling von Oraibi die nahende Gefahr bemerkte, war er sehr bestürzt. »Meine Kinder sind mir lieb«, sagte er, »und ich will nicht, daß sie vernichtet werden.« Er ging also rasch zum Haus von Spinnenfrau, das südlich des Dorfes liegt, halbwegs die Mesa hinab. Sie riet ihm, unverzüglich zwei Pfeile[56] anzufertigen, mit Blauvogel-(chóso)- und Rotflügelspecht-(wurinyawuu)-Federn[57] an den Schäften. Das tat er. Als er sie fertig hatte, schickte er einen Boten mit dem einen Pfeil fort und trug ihm auf, ihn westlich des Dorfes am Fuße der Mesa in den Boden zu stecken. Den anderen nahm er mit zu dem Schrein von Achámali im Norden des Dorfes und setzte ihn vor dem Schrein in den Boden. Darauf wob Spinnenfrau ein Netz zwischen den zwei Pfeilen und befeuchtete es mit Wasser. Als das Feuer dieses schützende Netzwerk von feuchten Spinnenfäden erreichte, wurde seine Kraft gebrochen, und das Dorf Oraibi war vor der Zerstörung gerettet.

Qoyáwaima
Oraibi

Das Dorf bei Kwöngóv'ovi[58]

Ja! Diese Geschichte erzählt vom Beginn Mishóngnovis und Shipaúlovis.
Meiner Großmutter, meinem Großvater, meinem Vater und vor allem meinem Onkel zufolge erzählten die alten Leute vor vielen Jahren eine Geschichte über Kwöngóv'ovi, das bedeutet »Runder Felsen auf der Spitze«, runde Steine auf der Spitze der kleinen Mesa. Diese Mesa gehörte dem Schneeklan (Nuvángnyam), den Schneeklanleuten. Sie besaßen diese Mesa. Nun, auf der Spitze gab es keine Gebäude außer einem Haus. Das war, bevor die Leute von Mishóngnovi drüben weiter unten auf der Westseite der Mesa lebten. Dort [bei Kwöngóv'ovi] lebten sie viele Jahre lang.
Und es gab da einen Vogel, der tökchi genannt wurde, ein bösartiger Vogel. Die Leute erzählten, er sei nur gegen Mittag herausgekommen, ungefähr ein Uhr in Hopi-Zeit. Er kam dann heraus und flog umher. Er war größer als ein Adler; seine Flügel breiteten sich aus, als ob sie aus Plastik wären. Er flog den ganzen Tag oder auch nur zwei oder drei Stunden, dann kehrte er zurück. Aber irgendwie muß er niemals Beute nach Hause gebracht haben, und daher suchte er sich die Leute aus, die auf der Westseite von Kwöngóv'ovi lebten. Wenn draußen Kinder spielten, kam er, ergriff eins von ihnen und trug es in seinen Klauen hinweg, und seine Flügel trugen ihn über das Dorf nach Hause. Das ging so einige Zeit, und daher kamen die Führer dort in Kwöngóv'ovi alle zusammen, um zu entscheiden, was sie dagegen tun sollten. Sie hätten den Vogel wohl getötet, aber es bot sich ihnen keine Möglichkeit dazu, weil er nie herauskam. Seine Wohnung lag drüben beim Maisfelsen (Kaiótaqvi), aber nicht so hoch wie dieser. Unten am Fuße gab es eine große Höhle, tief unten, wo eine Quelle sprudelte, und überall in dem Loch war es schlammig. Das war seine Wohnung. Sie waren schon mit Speeren und Pfeil und Bogen da hineingegangen, aber nie wieder herausgekommen. Er wußte, was er tat. Er wollte nicht getötet werden.
Also entschieden sie sich, von dem Ort wegzuziehen, und kamen hierher nach Alt-Shongópovi, nicht in das heutige Dorf. Damals lag es unten am Fuße der Mesa auf diesem kleinen Hügel. Die Klanältesten von ihnen fragten den Dorfhäuptling in Shongópovi, ob sie dort

hinziehen könnten, und baten ihn, sich ein, zwei, drei, vier Tage Zeit zu nehmen, um sich zu überlegen, ob er sie aufnehmen wolle oder nicht. Also kamen sie am vierten Tag wieder, und der Häuptling in Shongópovi sagte: »Nein, ihr könnt nicht hierherkommen, wenn ihr nicht irgend etwas im Besitz [d. h. eine Fähigkeit oder Magie] habt, was für uns hilfreich ist.«
Sie antworteten, daß sie nichts hätten. »Nun gut. Meine vier höheren Männer[59] und ich haben uns über die Sache unterhalten. In letzter Zeit sind häufig unsere Feinde gekommen und haben uns die Früchte vom Feld gestohlen, wenn der Mais reif war. Zur Erntezeit sind die Apache zu Pferd mit Säcken eingefallen, haben Ausschau gehalten und bis abends gewartet, wenn die Besitzer der Felder nach Hause gehen. Dann kommen sie an, füllen ihre Säcke und ziehen wieder ab. Sie pflanzen nie selbst etwas an, nur Raubzüge auf andere machen sie. Zuerst haben sie nur Mais gestohlen, aber später haben sie angefangen, Frauen und Mädchen zu verschleppen, sie haben sie entführt. Das ist schon viermal geschehen. Unsere maßgebenden Männer haben eingewilligt, euch aufzunehmen, wenn ihr uns schützen wollt. Sie sagen, ihr könnt eure Häuser direkt dort in der Nähe des Maisfelsens [unterhalb des heutigen Mishóngnovi] errichten und Ausschau halten, ob irgend-

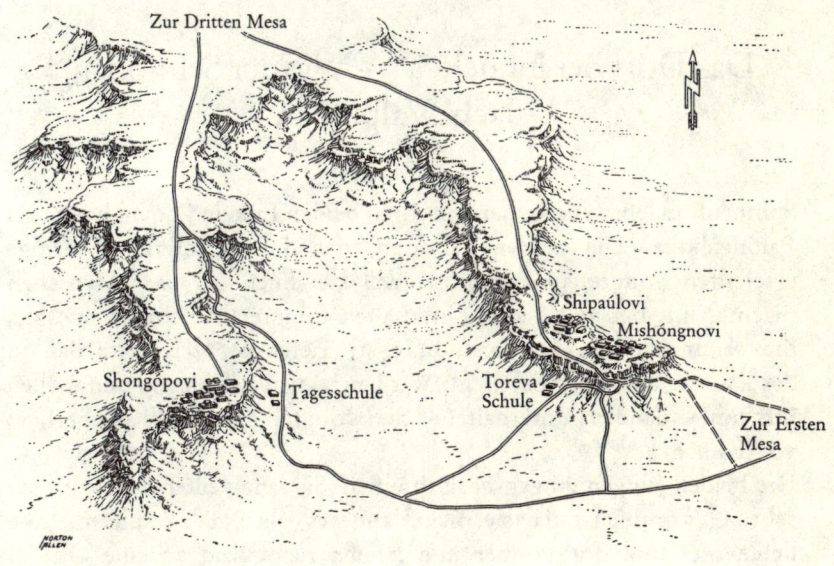

Zweite Mesa

welche Feinde heranziehen. Wenn welche kommen, seid ihr diejenigen, die für uns kämpfen. Das soll eure Arbeit sein.[60] Dort drüben könnt ihr siedeln, all dieses Land gehört zu Shongópovi.«
Die Leute waren froh und begannen herüberzuziehen. Aber es kamen nicht alle. Ein paar von ihnen blieben schon bei der kleinen Kuppe namens Changaíöteyika. Wir nennen diese Stelle Changaíöteyika, Sieben-Häuser-Spitze, weil es dort nur sieben Häuser gab. Einige von denen, die dort blieben, waren mit Leuten aus Shongópovi verwandt, daher ließen sie sie dort wohnen. Sie kamen nicht hinunter nach Shongópovi, sondern zogen später nach Shipaúlovi hinüber, gleich bei Mishóngnovi. Die Shipaúlovier sind also zum Teil Shongópovier, und die ganzen Jahre hindurch haben sie ihre Initiationen unten in Alt-Shongópovi abgehalten.
Als die Spanier kamen, zogen die Hopi von Alt-Shongópovi hier auf die Spitze der Mesa, und Alt-Shongópovi verfiel. Die Leute zogen hier herauf, damit sie den Feind schon von weitem sehen konnten.

Porter Timeche (Lomáhongva), Bärenklan
Shongópovi, Juni 1981

Das Dorf bei Laméhva[61] – Wie der Schilfklan[62] nach Walpi kam

Spinnenfrau lebte zusammen mit ihren beiden Enkeln Pöqánghoya und Palöngahoya. Die beiden erfuhren, daß ihre Großmutter Dinge erschaffen konnte, und wollten, daß sie ihnen ein paar Menschen machte, mit denen sie sich unterhalten könnten. Großmutter sagte, dies sei unmöglich. »Du lügst, du lügst!« riefen sie. »Ich wette, daß du das kannst, aber du willst nicht. Wir langweilen uns hier so und wollen uns mit jemandem unterhalten.« Sie wohnten zwei Meilen oberhalb von Laméhva.[63]
Die beiden Jungen gingen nach draußen. Sie langweilten sich wirklich sehr. Gewöhnlich taten sie nichts anderes, als Ball zu spielen.[64] Sie liefen hier und dort umher und kamen recht bald an eine Quelle, wußten aber auch dort nicht, was sie anfangen sollten, und suchten nur

nach jemandem, mit dem sie reden konnten. Aus Langeweile begannen sie schließlich, mit Schlamm zu spielen und machten kleine Häuser, dann auch Menschen. Damit beschäftigten sie sich den ganzen Tag über und gingen dann zu ihrer Großmutter zurück. »Ach, wir haben nach jemandem gesucht, mit dem wir uns unterhalten können, aber es war niemand zu finden.« Großmutter erwiderte: »Ich habe euch doch gesagt, daß es dort niemanden gibt.« – »Also sind wir zum Brunnen hinuntergegangen, haben da herumgesessen und mit Schlamm gespielt. Wir haben Häuser gebaut und auch ein paar Menschen gemacht, die in den Häusern wohnen. Das haben wir alles gebaut, und danach war es Zeit heimzukommen, und jetzt sind wir wieder hier.«
Da lachte die Großmutter und sagte: »Also, ihr bleibt am besten vier Tage hier und geht nirgendwohin, weil ihr doch niemanden finden werdet. Spielt in der anderen Richtung.« Mit Verwunderung befolgten sie ihre Anordnung. »Warum will sie nicht, daß wir da unten hingehen?« fragten sie sich. Dennoch spielten sie drei Tage lang drüben auf der anderen Seite. Am vierten Morgen sagte die Großmutter zu ihnen: »Steht jetzt mal auf, ihr beiden. Erinnert euch daran, daß ihr da unten etwas gebaut habt. Steht auf und seht mal nach, was da jetzt los ist.« Also standen sie auf, frühstückten und machten sich dann auf den Weg in die Nähe von Laméhva, wo sie die Häuser gebaut hatten. Unterwegs spielten sie Ball. Als sie schließlich noch ungefähr 50 Meter von der Stelle entfernt waren, hörten sie Menschen miteinander reden, viele Menschen. Sie versteckten sich hinter einem Felsen und beobachteten, was da vor sich ging. Sie sahen einige Menschen dort unten, schauten ihnen eine Weile zu, und sagten zueinander: »Laß uns mal da hinuntergehen. Hey, vielleicht sind das die Leute, die wir gemacht haben! Es sind dieselben Häuser, die wir gebaut hatten. Großmutter muß das getan haben, sie hat alles hier zum Leben erweckt! Laß uns hinuntergehen und mit ihnen zusammentreffen.«
Also liefen sie hinunter. Bald rief der Oberhäuptling (Kíkmongwi), der auf einem Hausdach saß, aus: »Da kommt jemand, es kommt Besuch! Kiávakovi, es kommt jemand! Heißt sie willkommen!« Da kamen einige Leute und begrüßten die beiden Jungen. »Bietet ihnen etwas zu essen an! Kommt hier herein und setzt euch. Wir haben hier in der Gegend noch nie jemanden gesehen. Ihr seid die ersten, die kommen. Setzt euch und fühlt euch wie zu Hause.« Die Leute gaben ihnen píki[65] und andere Hopi-Speisen. Dann gingen die Jungen weiter und wurden

auch dort begrüßt. So kamen sie durch alle Häuser, die sie gebaut hatten, ohne ein einziges auszulassen, und überall, wo sie hingingen, gaben die Leute ihnen píki. Die beiden Jungen waren glücklich und unterhielten sich mit allen. Nachdem sie das letzte Haus verlassen hatten, begaben sie sich auf den Heimweg, und als sie bei ihrer Großmutter ankamen, gaben sie ihr das píki, das sie mitbekommen hatten. Auf die Frage, wo sie das herhätten, antworteten sie: »Großmutter, erinnerst du dich an die Häuser, die wir da unten gebaut haben? Jetzt stehen da welche, die genauso aussehen wie die, die wir gemacht haben. Es leben Menschen darin, und sie haben uns dieses Essen gegeben, damit wir es dir bringen.« Großmutter nahm es an und war glücklich. Sie lachte. »Na, schließlich habt ihr ja doch noch jemanden gefunden, mit dem ihr euch unterhalten könnt.« – »Ja, wir freuen uns sehr darüber.« – »Es sind die Menschen und die Häuser, die ihr gemacht habt«, sagte die Großmutter. »Diese Menschen sind jetzt eure Kinder, also benehmt euch und achtet sie. Behandelt sie gut und tut nie etwas, das schlecht für sie ist.« Von nun an gingen die beiden Jungen immer hinaus und besuchten ihr Volk.

Nach ungefähr ein oder zwei Jahren zogen andere Leute zu dem Maisfelsen (Kaiótaqvi) hinauf, und genau wie die Leute von Laméhva gingen sie in der Umgebung auf Jagd. Aber die Leute von oben erlegten gewöhnlich mehr Tiere als die von Laméhva, weil sie eine Katze hatten, die ihnen auf der Jagd half. Daher wollte der Sohn des Kíkmongwi ausziehen und einen Jagdhelfer finden, das schneller wäre als eine Katze: ein Tier, das Wild wittern, Kaninchen fangen und ähnliches vollbringen könnte. Der Name des Jungen war Sikyákokuh. Er fragte seinen Vater, wo es Hunde (póko)[66] gebe, aber der antwortete ihm, daß dieser Ort sehr weit weg sei. Doch der Junge wollte auf jeden Fall dorthin. »Wenn wir einen Hund haben, können wir vielleicht besser jagen als die Kaiótaqvier und mehr Fleisch beschaffen.« – »Gut«, sagte der Kíkmongwi, »wann willst du gehen?« – »So schnell wie möglich«, erwiderte der Junge. Der Kíkmongwi brachte also seine Häuptlingskollegen zusammen, und sie machten sich daran, zusammen páhos herzustellen. Als sie fertig waren, setzten sie sich, rauchten und führten die ganze Nacht Gespräche. Die Schwester des Jungen macht píki für sie.

Am nächsten Morgen wickelte der Junge alles in ein Bündel und machte sich auf. Lief los. Er kam da vorbei, wo jetzt Polacca liegt –

damals gab es Polacca noch nicht –, und ging nach Osten. Und schließlich begegnete er draußen in der Wildnis der Spinnenfrau. Sie sagte ihm, daß sie auf ihn gewartet habe, und daß sie diejenige sei, die es ihm in den Kopf gesetzt habe, hier zu ihr herauszukommen, so daß sie mit ihm gehen werde. »Du bist auf dem Weg zu einem gefährlichen Ort, wo es viele Wächter gibt, und daher muß ich mit dir gehen. Ich werde einfach in Gestalt einer Spinne auf dein Ohr klettern und mich dort hinsetzen.«

Er begab sich auf die Reise, und an einer bestimmten Stelle trafen sie auf eine Schlange (chú'a). Die war sehr ärgerlich und klapperte mit ihrer Rassel. Spinnenfrau flüsterte dem Jungen ins Ohr, daß er die Schlange beschwichtigen solle, und er sagte zu ihr, sie solle sich beruhigen. »Ich habe hier etwas für dich«, sagte er, nahm eines der páhos heraus und gab es der Schlange, die sich daraufhin beruhigte. Sie war sehr froh, das páho zu bekommen, denn ihr eigenes war alt, und sie freute sich darüber, ein neues zu haben. Also ließ sie die beiden vorbei, und sie gingen weiter. Darauf begegneten sie einem Bären (hónaw). Dasselbe – der Bär war zornig, und der Junge beruhigte ihn mit einem páho. Der Bär war zufrieden, und sie zogen weiter. Und als sie unter den Kiefern einherliefen, begegnete der Junge einem Hirsch (suwíngwa).[67] Auch er war zornig. Wegen all dieser Wächter konnte niemand dorthin gelangen, wo der Junge hinwollte. Er gab auch dem Hirsch einen Gebetsstab und sagte ihm dann, daß er sein Geweih haben wollte. (Spinnenfrau hatte dem Jungen aufgetragen, darum zu bitten.) Der Hirsch willigte ein, es abzugeben, und sagte dem Jungen, er solle es festhalten und abdrehen. »Aber wenn du von dem Ort wieder herunterkommst, laß es unbedingt hier auf den Wipfeln der Bäume«, sagte er. Der Junge drehte das Geweih ab und lief weiter. Dann sahen sie einen großen Berg.

Diesen Berg mußten sie besteigen. Er war glatt wie Eis oder Glas, und deshalb hatte Spinnenfrau dem Jungen gesagt, er solle um die Hörner bitten. Er benutzte sie wie Steigeisen, sie bewahrten ihn vor dem Abrutschen. Als er beinahe oben angekommen war, hörte er einen Hund bellen. Er sagte: »Was ist das?« Und Großmutter Spinne erklärte ihm, das sei ein Hund, seinetwegen wären sie gekommen. Der Junge war ganz aufgeregt. Er kletterte weiter, bis er den Gipfel des Berges erreichte, und ganz oben befand sich eine große Wasserlache. Ein kleiner Hund lief darum herum, und eine Leiter ragte aus der Mitte

des Wassers hervor. Als der Hund die beiden sah, rannte er los, lief die Leiter hinab und meldete unten, daß jemand kommen würde. Er sagte seinem Onkel (táha)[68] Bescheid, und dieser ließ ausrichten, daß alle den Jungen willkommen heißen sollten. Der kleine Hund kehrte zurück, und der Junge streichelte ihn. Alle Hunde wußten, daß er kam. Der Hund nahm ihn mit zu seinem Onkel hinunter, und sie stiegen die Leiter hinab. Einer dieser Hunde tat etwas, womit er das Wasser zum Verschwinden brachte. So ging der Junge in die Kiva hinunter.
Der Onkel der Hunde begrüßte ihn und sagte: »Junge, du bist ein tapferer Mann, daß du hierhergekommen bist. Niemand hat das je vorher getan. Von wo kommst du?« – »Also ich komme von weit draußen im Westen«, antwortete der Junge. »Ich habe von euch gehört und wollte auf jeden Fall einen von euch haben. Daher habe ich euch dies hier mitgebracht«, sagte er und gab ihm all die Gebetsstäbe. Der Onkel nahm sie an. »Dankeschön, danke, die kann ich gut gebrauchen. Ich weiß es sehr zu schätzen, daß du sie mir gebracht hast.« Der Onkel begann, Tabak in seine Pfeife zu stopfen. Dann setzte er sich und gab dem Jungen die Pfeife, damit er anfange zu rauchen. Ich habe vergessen zu erzählen, daß sie auch einem Maulwurf (múyi) begegnet waren, als sie auf den Berg hinaufkamen; er war einer der Wächter, und sie gaben auch ihm einen Gebetsstab. Der Maulwurf kam nicht mit ihnen mit, sondern blieb in seinem eigenen Haus und fing an zu graben. Er grub ein Loch in die Erde bis unter die Kiva der Hundeleute, direkt unter die Stelle, wo der Junge saß. Der Onkel der Hundeleute glaubte nicht, daß der Junge den starken Tabak vertragen würde, den er ihm gab. Es war eine Art Prüfung. Aber der Junge rauchte immer weiter. Der Maulwurf hatte direkt unter dem Jungen eine Öffnung in den Boden gemacht, zog den Rauch aus [seinem Hintern] und ließ ihn irgendwo heraus. Als der Onkel den Jungen immerfort rauchen sah, ohne daß es ihm weh tat oder ihn benommen machte, war er beeindruckt. Schließlich fragte er den Jungen, was er für ihn tun könne.
»Nun«, sagte der Junge, »wir gehen Kaninchen jagen, damit wir Fleisch haben. Die Leute, die in dem Dorf über uns leben, besitzen ein Jagdtier, das sie Katze nennen, und sie fangen eine Menge Wild. Ich hörte über euch hier, daß ihr schneller und erfahrener seid als die Katze. Ich habe meinem Vater gesagt, ich will hierhergehen und euch aufsuchen.« Der Onkel erwiderte: »Ja, davon wissen wir schon«, und sagte, daß er sich eine Weile ausruhen solle. Er rief die Frauen – sie

waren in den hinteren Räumen –, damit sie dem Besucher etwas zu essen brächten. Da kamen sie aus verschiedenen Richtungen herbei und trugen píki, Mais, Melonen und Pfirsiche auf, alles, was sie anpflanzten. So aß der Junge, und nachdem er fertig war, deckten sie ab. Und der Mann sagte zu seinem kleinen Hund: »Am besten, du gehst jetzt deinen Onkel holen, wir wollen hören, was er sagt. Wenn er meint, es sei Ordnung, dann kann der Junge einen von euch mitnehmen.«

Also lief der kleine Hund los und bellte, er war eine Art Botenhund. Nach kurzer Zeit kam der Kerl. Spinnenfrau flüsterte dem Jungen ins Ohr, daß es ein Böser sei. »Sobald er hereinkommt, gib ihm diese Gebetsfeder und mach die Pfeife fertig.« Der Onkel kam herein und sagte: »Was machst du hier? Du mußt ein tapferer Junge sein, daß du hierherkommst.« Er redete hinterhältig. Doch der Junge entgegnete: »Wir haben dies für dich«, und gab ihm ein páho. Daraufhin beruhigte sich der Kerl und bot dem Jungen an, zu rauchen. Der erste Onkel erklärte dem zweiten, daß der Junge wegen eines Hundes gekommen sei, damit er Kaninchen und anderes jagen könne, am liebsten sei ihm ein Wachhund. Der Junge wiederholte, was er schon vorher erzählt hatte, daß das andere Dorf eine Katze habe.

Der Onkel war zufrieden. Er sagte: »Nun, da du mir dieses páho mitgebracht hast, denke ich, kannst du einen von unseren Hunden mitnehmen, irgendeinen nach deiner Wahl. Aber ich kann nicht mehr bleiben, ich gehe wieder hinauf, ich habe zu tun.« Damit ging er wieder fort. Der andere Onkel schickte den Botenhund in das Hinterzimmer und ließ allen Hunden ausrichten, daß sie sich mit ihren Fellen bekleiden sollten. Also legten sie ihre Hundepelze an, gefleckte und alle Sorten. Dann kamen sie in den Hauptteil der Kiva und führten einen Tanz auf. Sie hatten ein Lied, das sie sangen. Die Worte waren aber keine menschlichen Worte, sondern Hundeworte, nur gebellt.

So tanzten sie die ganze Nacht bis zum Morgen. Dann sagte der Onkel: »Jetzt setzt euch hin. Ich weiß nicht, welchen er sich aussuchen wird, der mit ihm gehen und ihm helfen soll. Benehmt euch.« Sie setzten sich. Dann sagte Spinnenfrau dem Jungen, daß er den gefleckten nehmen solle. Er bewegte sich kaum, er war der letzte. Der Junge sagte dem Onkel, daß er den gefleckten nehme. »Ich glaube, ich nehme ihn, er ist der schnellste.« Er war noch ein Welpe, der schwanzwedelnd umherlief. Der Onkel sagte: »Junge, du kannst gut raten. Das ist ein guter Hund. Da du ihn ausgewählt hast, nimm ihn mit.« Spinnenfrau sagte dem Jungen: »Nimm ihn auf und gib ihm zu fressen.« Der Junge ging hinzu und nahm ihn auf, legte ihn auf seinen Schoß und streichelte ihn. Die folgende Nacht schlief er an der Seite des Hundes.

Am nächsten Morgen, als er sich zum Aufbruch fertigmachte, schärfte der Onkel dem Hund ein, daß er ein guter Hund sein und sich benehmen solle, ein guter Wachhund sein und alles für die Menschen tun solle. »Hilf diesen Menschen aus. Tu nichts Falsches. Beiß keine Leute. Wenn dir irgend etwas geschieht, wenn sie dich töten, komm sofort zu uns nach Hause.« Dann erklärte er dem Jungen, wenn irgend jemand dem Hund etwas antun oder ihn töten würde, dann würden dem Täter die Knie verkrüppeln. »Wenn der Hund sterben sollte, begrabe ihn angemessen und mache ein paar páhos für ihn. Nach vier Tagen geh und sieh nach dem Grab. Er wird nicht mehr da sein, denn er wird sofort hierher zurückkommen.« Der Junge willigte ein. Und an diesem Morgen brach er auf und trug den kleinen Hund mit sich.

Sie liefen [den Berg] hinunter und trafen wieder auf den Maulwurf. Was glaubt ihr, wie der verräuchert war! Aber er zeigte sich froh, begrüßte den Jungen und schickte ihn seines Weges. Und da, wo sie dem Hirsch begegnet waren, legten sie das Geweih auf den Baum, wie er sie geheißen hatte. Sie gingen weiter und trafen auch den Bären wieder. Der Bär freute sich, daß der Junge den Hund bekommen hatte. Weiter zogen sie bis zu der Stelle, wo der Junge der Spinnenfrau begegnet war, und er ließ sie dort zurück. Als er wieder in Laméhva eintraf, warteten seine Schwestern schon auf ihn. Sie hatten jeden Tag Ausschau gehalten und sahen ihn kommen. »Da kommt Sikyákokuh! Er hat etwas hinter sich herlaufen!« Sie riefen die Nachricht ihrer Mutter zu, und jeder gab das Wort weiter, daß er kommen würde und daß etwas bei ihm sei. Sie hatten noch nie zuvor einen Hund gesehen. Der Vater kam herbei, alle liefen zusammen. Und die beiden Mädchen

rannten hinaus, um ihn zu empfangen. Sie nahmen den kleinen Hund auf. War der niedlich! Sie trugen ihn nach Hause. Diese Nacht rauchten die Häuptlinge (mongwi), rauchten. Alle Leute waren glücklich. Jeder wollte den kleinen Hund sehen und behandelte ihn wie ein Baby. Sie wuschen ihm das Fell und gaben ihm einen Namen.[69] Sie nannten ihn Pintopákoqötsi, Hinten Gefleckt. Der Hund tollte umher, und die beiden Mädchen hatten ihn sehr gern.
Der Junge nahm jetzt den Hund überall mit auf die Jagd. Manchmal lief er auch alleine los, denn er wurde schnell größer und größer. Schließlich war er ausgewachsen. Junge, wenn er ein Kaninchen sah, brauchte er nicht lange, bis er es hatte. Sie kamen mit Unmengen von Kaninchen ins Dorf zurück. Dann veranstaltete der Junge eine Gemeinschaftsjagd für die Laméhvaner; die Männer gingen gemeinsam auf die Jagd. Oh, dieser Hund erlegte wirklich Kaninchen links und rechts, tötete Kaninchen für alle. Dann kamen sie nach Hause. Sie hatten soviel Fleisch, wie sie wollten, und waren glücklich, und sie waren wirklich nett zu dem Hund.
Ich glaube, diese Leute fern in der Hundekiva wußten, was passieren würde. Der Hund, Pintopákoqötsi, lief zum oberen Dorf, Kaiótaqvi, hinauf. Die Leute da oben waren neidisch; sie hatten gehört, was der Hund für das untere Dorf tat. Aber da oben bekamen sie nicht genug Fleisch für sich zusammen. Sie wurden neidisch und überlegten sich, was sie tun sollten. Mehrere Male versuchten sie, den Hund zu töten. Schließlich hatten diese Leute da oben einmal etwas Fleisch auf einem Dach liegen, und zufällig kam der Hund daher. Er suchte herum und fand das Fleisch, aß es und lief nach Hause. Jemand hatte das beobachtet und gesehen, daß es der Hund war, der das getan hatte. Er lief hinunter und sagte den Leuten in Laméhva, daß der Hund das Fleisch gestohlen hätte. Der Junge erwiderte: »Dieser Hund ist nirgendwo hingelaufen, es muß ein anderer Hund gewesen sein.« Er wußte nicht, daß der Hund weggewesen war, denn er hatte es getan, als die Leute schliefen.
Von da an lief der Hund jede Nacht ins obere Dorf hinauf. Schließlich entschlossen sich die Leute, ihm einen Köder auszulegen. Das taten sie, und sie hielten des Nachts nach ihm Ausschau, und dann ergriffen sie ihn, schlugen mit Keulen auf ihn ein und töteten ihn. Darauf warfen sie ihn die Klippe hinunter. Der Junge ging seinen Hund suchen. Er wußte nicht, wohin er gelaufen war. Schließlich fand er ihn, tot. Er

fing an zu weinen und trug ihn nach Hause. Seine Schwestern und alle in Laméhva weinten ebenfalls und wußten nicht, was sie nun tun sollten.

Der Junge sagte zu seinem Vater: »Wir müssen páhos machen. Die Leute, die das getan haben, werden lahm werden. Das haben sie mir dort oben gesagt. Sie haben mir aufgetragen, daß ich Gebetsfedern machen und weit hinausgehen und den Hund begraben soll, und dann soll ich wiederkommen, um zu sehen, ob etwas das Grab gestört hat.« Also machte der Vater Gebetsfedern für den Hund, und der Junge nahm ihn und ging los. Und drüben wo die Kirche ist, auf derselben Seite der Mesa, dort war ein großer Felsen, und darunter begrub er ihn. Er legte Steine um das Grab und steckte Federn hinein, und all die Speisen, die seine Schwestern bereitet hatten, legte er darauf ab. Dann ging er zurück. Die Leute waren alle so traurig, daß sie nur herumsaßen und nichts taten. Sie vermißten den Hund.

Nach vier Tagen ging der Junge dann wieder zum Grab. Er sah hinein. Es war nichts mehr da. Ich denke, der Hund ist frühmorgens aufgewacht – sein Geist oder so etwas. Es waren Spuren da, und der Junge folgte ihnen eine ganze Weile. Er konnte nicht glauben, daß der Hund nach Hause gelaufen war, dorthin, wo er herkam. Schließlich kehrte er um und berichtete im Dorf, daß der Hund schon nach Hause zurückgelaufen sei. Genau das werde geschehen, habe der Onkel gesagt. Da waren die Leute von Laméhva traurig, und es gab Streit mit den Leuten da oben [in Kaiótaqvi].

So entschlossen sie sich, den Ort zu verlassen. Sie begannen, Pläne über Pläne zu machen. Schließlich kleideten sie sich alle an und bildeten eine Reihe. Im Nebel des frühen Morgens verließen die beiden Mädchen, die Schwestern, und auch einige Brüder den Ort.[70] Der Nebel kam hernieder und bedeckte sie. So gingen sie fort, im Dunst, denselben Weg, den der Hund genommen hatte. Und sie reisten hier herüber, wo wir jetzt sind, zu dem alten Dorf unterhalb von Walpi, Qöchapteka [Qöchaptevela]. Dort ließen sie sich nieder. Jetzt sind das alles Ruinen. Von dort kamen die Leute [später] nach Walpi, dahin, wo das höchste Haus liegt. Nach den Worten der Alten haben wir [d. h. der Schilfklan aus Laméhva] dort gewohnt. Und sie erzählten uns, wenn es Schwierigkeiten [im Dorf] gebe und man anfangen würde, Leute wegzujagen, würden diese Leute sich in bestimmte Richtungen verstreuen und wieder ihre Siedlungen aufsuchen. Das ist noch nicht

Platz der Kachina-Tänze in Walpi

geschehen. Aber sie haben uns Schilfklanleuten gesagt, daß wir von hier nicht wegziehen werden, da wir schon von Laméhva hergezogen sind. Sie sagten uns, daß wir kein Essen und nichts hatten, als wir hierherkamen. Die anderen Klane können überall hingehen, wo sie wollen, aber wir vom Schilfklan gehen nirgendwo mehr hin.[71] Bleiben genau da, wo wir jetzt sind. Bleiben dort.
Wegen dieses Hundes sind wir hier. Seinetwegen wurden wir gewissermaßen aus dem anderen Ort vertrieben. Einer dieser Hunde, die heute leben, ist unserer, sind wir. Das ist die Hundeart, die wir in Laméhva hatten.[72] Das ist die Geschichte meines Volkes, des Schilfklans, und wir leben jetzt genau dort oben in Walpi. Wir sind mit dem Sonnen- und dem Adlerklan verwandt. Der Berg, zu dem der Junge wegen des Hundes gegangen ist, heißt Sucháptěq'vi. Man sagt, er liegt irgendwo in New Mexico, vielleicht genau in der Umgebung von Albuquerque.

»Kilaoka« (Pseudonym), Schilfklan
Walpi, August 1969

Die Ankunft des Schilfklans in Walpi[73]

Mein Klan war der erste auf Walpi. Wir haben das erste Haus da oben gebaut. Unser Volk kam von der Zweiten Mesa, wo die Kirche steht, unten auf dieser Seite. Das ist meine Ruine. Die Pöqángs[74] haben uns gemacht, als sie kleine Kinder waren. Haben uns aus Lehm oder Ziegelmasse geformt, alle möglichen Arten von uns. »Dies wird ein Vater sein, dies eine Mutter, dies werden Onkel und Bruder sein.« Die Pöqánghoyas haben das gemacht. Dort nahm es mit uns vom Schilfklan seinen Anfang. Dann zogen wir hier herauf. Wir wohnten hier bei einem alten Mann, einem Másaw. Er schlief hier bei dem Schlangenfelsen.[75] Ein paar von diesen Leuten in der Gegend der Zweiten Mesa taten Falsches, einige waren gemein, verhext. Deswegen sind wir

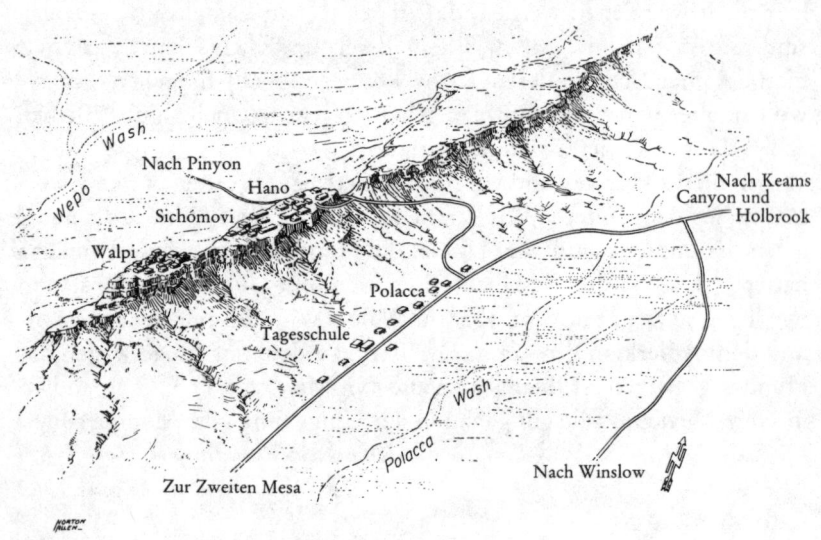

Erste Mesa

hierher gekommen. Die Pöqánghoyas haben uns viele Tage gesucht, überall unsere Spuren verfolgt, und nicht einmal sie haben uns gefunden. Wessen Dorf war dies also? Wir waren die ersten.
Später kamen andere Leute und baten um die Erlaubnis, dazubleiben. Der Schlangenhäuptling kam mit seinem Klan und durfte hereinkommen. Er unterstand dem Schilfklan. Wenn dieser Schlangenhäuptling nicht auf uns hörte und widersprach, ging man zu ihm hin, nahm sein Ohr und schüttelte es. Heute ist der Häuptling von Walpi aus dem Schlangenklan.[76] Er untersteht uns. Ich habe ihm oft gesagt: »Ned, ich bin die Autorität, und wenn du Unrechtes tust, nehme ich dein Ohr und schüttele es.« Er sagt nichts. Er weiß, wir waren die ersten.
Stuart Tuvengyámtiwa, Schilfklan
Polacca, Juli 1970

Die Gründung von Sichómovi[77]

Sichómovi ist eine Abspaltung von Walpi. Der Wasserklan (Pátkinyam) hat dieses Dorf gegründet. Und heute ist eine Frau mit Namen Matilda Siwonka sozusagen die Mutter des Dorfes. Sie gehört zum Wasserklan. Der Wasserklan war immer größer geworden, und da Walpi so klein war, fragten sie: »Warum können wir uns nicht zu einem in der Mitte gelegenen Dorf[78] abzweigen?« – »Ihr könnt, aber wenn ihr dieses Dorf gründet, müßt ihr diejenigen sein, die an seiner Spitze stehen, und für alles, was geschieht, werdet ihr Wasserklanleute verantwortlich sein, auch für die Zeremonien, die in Sichómovi abgehalten werden.« Der Wasserklan nahm an und begann, sich nach Sichómovi abzuzweigen. Danach stießen weitere Gruppen dazu, wie der Dachsklan aus Oraibi, der Coyoteklan wegen der Sache in Sikyátki; einige von ihnen wanderten von Oraibi auf die Erste Mesa zurück und ließen sich in Sichómovi nieder. So wohnt der Coyoteklan jetzt auf der Ostseite des Dorfes. Der Dachsklan sitzt in der Ecke. Dann kam später der Senfklan (Ásnyam) während des Pueblo-Aufstandes aus der Gegend von Poyay. Sie sind diejenigen, die wirklich Hano oder T'hano genannt werden sollten. Tewas sind keine T'hanos.[79]
Albert Yava (Nuvayoíyava), Wasserklan
Tewa, 1970

Der Ahöli und die anderen Kachinas von Walpi[80]

Alíksai![81]
In Walpi und Sichómovi lebten sie, aber nicht an den Orten, wo diese Dörfer jetzt liegen, sondern dort, wo sie früher waren. In Walpi lebte ein alter Mann, der Ahöli-Kachina.[82] Bei sich hatte er ein kleines Mädchen, das seine Schwester war, die Kachínmana. Da er sehr alt und schwach war, wurde er immer von diesem Mädchen geführt. In dem anderen Dorf, Sichómovi, lebte ein Junge mit seiner alten Großmutter, und da auch sie sehr schwach war, sorgte er für sie und führte sie. Einmal gingen der Ahöli und das kleine Mädchen auf ihr Feld südlich von Walpi, wo sie pflanzen wollten. Sie trugen kleine Beutel mit sich, die die Samen enthielten. Auf ihrem Feld befand sich ein Páho-Schrein (páhoki), und als sie dort ankamen, legte der Kachina sogleich einige Opfergaben an dem Schrein nieder, zuerst etwas Maismehl und dann auch einige nakwákwosis, die er aus seinem Maismehlbeutel zog, den er um den Hals gebunden hatte.
In dem Schrein lebten Múi'ingwa und seine Schwester Nayángap Wúti.[83] »Seid ihr gekommen?« fragte Múi'ingwa. »Ja, wir sind da«, antworteten sie. »Danke«, sagte Nayángap Wúti, »danke, daß ihr gekommen seid. Ihr habt euch an uns erinnert. Seit langer Zeit hat niemand mehr an uns gedacht und uns ein paar Gaben hierhergebracht, aber ihr habt an uns gedacht.« Und sie begann zu weinen. Darauf gab Ahöli beiden einen Stock, an dem einige nakwákwosis an einer Schnur festgebunden waren, und auch etwas Maismehl. Da weinte Nayángap Wuti noch mehr. »Ja, wir sind hierhergekommen«, sagte der Kachina, »wir haben Mitleid mit unserem Volk, denn sie haben seit langer Zeit keine Feldfrüchte mehr gehabt, und jetzt haben wir an euch hier gedacht und haben diese Opfergaben hergebracht. Und nun habt Mitleid und laßt es regnen, denn wenn es regnet, wachsen die Feldfrüchte wieder, und die Leute werden etwas zu essen haben. Das wird sie stärken und wiederbeleben, denn sie sind nur noch ein klein wenig am Leben.«
Darauf nahm er seine kleinen Bündel mit Samen heraus und gab der Göttin eine kleine Menge von dem gelben, blauen, roten und weißen Mais als Opfergabe. Er legte sie vor ihr auf die Erde hin. Da erhoben sich die beiden Gottheiten. Múi'ingwa hatte in seiner linken Hand

seinen Häuptlingsstab (móngkoho), seinen heiligen Wasserkrug (móngwikuru) und einen vollkommenen Maiskolben (chóchmingwuu). Mit diesen wies er aufwärts zum Himmel. Die weibliche Gottheit hielt in ihren Händen einen Kürbis, der mit Samen aller Art gefüllt war, und als Múi'ingwa die Gegenstände zum Himmel emporhielt, hob sie den Kürbis mit beiden Händen hoch und warf ihn dann kräftig auf die am Boden liegenden Samen, die Ahöli dort ausgelegt hatte. »Da«, sagte sie, »auf diese Weise habe ich jetzt für dein ganzes Volk diese Samen gepflanzt, und sie werden nun Früchte tragen.« Hierauf händigte Múi'ingwa die Gegenstände, die er in der Hand hielt, dem Kachina aus und sagte: »Nimm dies mit dir und bringe damit Regen und Feldfrüchte für deine Kinder, die Bewohner von Walpi hervor.«

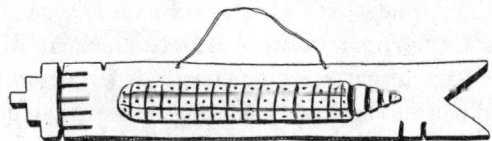

Häuptlingsstab mit abgebildetem Maiskolben

So kehrten Ahöli und die Kachínmana um, sie gingen aber zuerst noch zu ihrer Hütte oder ihrem Schutzdach (kísi), das sich in der Nähe auf dem Feld befand, und verzehrten dort die Mahlzeit, die sie mitgebracht hatten. »Danke«, sagte der Ahöli, »danke, daß unser Vater hilfsbereit war. Jetzt kommen wir nicht erfolglos ins Dorf zurück.« – »Ja, danke«, sagte auch die mana. Darauf kehrten sie zum Dorf zurück. Es war jetzt spät am Nachmittag. Als sie an der Spitze der Mesa vorbeikamen, auf der jetzt Walpi liegt, hörten sie oben auf der Felsklippe jemanden singen. Sie gingen aber weiter, und als sie in ihrer Kiva ankamen, setzten sie sich nördlich der Feuerstelle nieder und rauchten über den Gegenständen, die sie mitgebracht hatten. »Danke, daß wir wieder da sind«, sagte der Ahöli, »und daß wir für unser Volk nicht zu spät gekommen sind. Wir werden Macht über die Leute gewinnen. [Sie werden unsere Schützlinge sein.]« Und während sie so rauchten und sprachen, kam jemand und betrat das Haus. Es war der Junge, der mit seiner alten Großmutter in Sichómovi lebte. Er trat ein. »Danke, daß ihr gekommen seid«, sagte er, »danke, daß ihr hergekommen seid und unser Volk mit etwas versorgt habt.« Darauf schüttelte er ihnen die

Hand. »Setz dich«, sagte Ahöli, »und rauche mit.« Also füllte der Junge seine Pfeife mit Tabak, den er mitgebracht hatte, und rauchte ebenfalls über den Gegenständen. Er gab sich besondere Mühe, den Rauch in Ringen über die Gegenstände zu blasen. Nachdem er das viermal getan und auch zu den Gegenständen gebetet hatte, wurden sie feucht, und es begann Wasser von ihnen zu fließen. Daraus ging hervor, daß ihre Bemühungen erfolgreich gewesen waren. Diese Gegenstände würden Regen hervorbringen, was durch diese Feuchtigkeit angezeigt wurde.

Danach wollte sich der Junge wieder auf den Heimweg begeben, aber der Ahöli hielt ihn zurück und sagte: »Nun, morgen wenn die Sonne aufgeht, werden wir ein Gebetsopfer darbringen, und du mußt dasselbe tun, denn als wir kamen, hörten wir irgendwo weit oben jemanden singen.« Also legten sie sich früh am nächsten Morgen ihre Kleidung an; der Kachina war mit einem túihi, einem Rock, und seiner Maske bekleidet und hatte auch seinen Körper schön bemalt. In der rechten Hand trug er einen Stab (natŏngpi), an dem in der Mitte Perlen und ein Bündel páhos festgebunden waren. In der linken Hand trug er die Gegenstände, die er am vorigen Tage erhalten hatte. Die mana war genauso gekleidet, wie die Kachínmanas noch heute gekleidet sind. Im linken Arm trug sie eine Schale (póta), die Samen verschiedenster Art enthielt. Sie begaben sich zu einem Páho-Schrein westlich des heutigen Walpi, auf halber Höhe der Mesa. Hier verstreuten sie etwas Maismehl zur Sonne hin und auf den Schrein; ein kleiner Ritus, der »Begrüßung der Sonne« (kúivato) genannt wird. Als sie diesen Ritus vollzogen, hörten sie wieder dieselbe Stimme auf der Spitze der Mesa singen, die sie bereits zuvor vernommen hatten.

Damals gab es ganz oben auf der Mesa keine Dörfer, aber der Schrein des Taláwtoika befand sich bereits dort, und bei diesem Schrein sang jemand. Als sie hinaufschauten, sahen sie, daß es der Großhorn-(Wupákal)-Kachina[84] war. Sie kehrten nach Hause zurück, machten sich aber sofort wieder auf den Weg, um den zu treffen, den sie singen gehört hatten. So stiegen sie zur Spitze der Mesa hinauf, die sie etwas westlich des Páho-Schreins erreichten. Hier bemerkten sie einen Mann, der eine weiße Maske mit sehr kleinen Öffnungen für Mund und Augen trug. Sein Körper war ebenfalls weiß, und er trug eine dünne Schärpe aus blauem Garn über der Schulter. Eine Knochenrassel langsam auf- und niederschüttelnd, stand er an der Seite des Schreins.

Nachdem er die Rassel viermal geschüttelt hatte, wandte er sich zum Gehen. »Warte«, sagte der Ahöli-Kachina, »warte! Wir haben hier oben jemanden singen hören und wollen sehen, wer es ist.« – »Ja, antwortete der andere Kachina, der der Éototo[85] war, »ja, ich singe nicht, aber wir sind zu zweit hier, und der andere hat gesungen.« Mittlerweile kam der Großhorn-Kachina vom Westende der Mesa, mit einem Bogen in der linken Hand und einem Köcher über der Schulter. Er trug eine grüne Maske mit einem Ohr auf der rechten und einem großen Horn auf der linken Seite und dazu einen schönen Rock und schöne Fesselbänder, und auch sein Körper war schön bemalt. Als er bei dem Schrein ankam, fragte er den Éototo: »Warum bist du noch hier?« – »Ja«, antwortete der Éototo, »diese hier halten mich auf.« – »Warum?« fragte der Großhorn-Kachina. »Wir haben hier jemanden singen hören«, erwiderte der Ahöli, »und sind heraufgekommen, um zu sehen, wer es ist, und du bist es also. Nun, was meint ihr«, fuhr er dann fort, »laßt uns alle zusammen hinuntergehen, dann werden wir Macht über die Leute gewinnen.« Und er berichtete den Kachinas, was sie erhalten hatten und was sie tun wollten. So willigten die beiden Kachinas ein und machten sich bereit, hinabzusteigen.

Éototo

Der Éototo ging voran, ihm folgten der Ahöli-Kachina und die mana; der Großhorn-Kachina kam als Letzter. So gingen sie einen Teil des Weges bis zu einer Stelle westlich des heutigen Dorfes Hano. Dort errichteten sie einen Páho-Schrein, indem sie einige Steine als Markierung zwischen den Dörfern Hano und Sichómovi aufeinanderschichteten. Diesen Schrein gibt es immer noch. Dann gingen sie weiter abwärts zu dem Spalt nördlich von Hano, wo sich der große Schrein mit dem gedrehten Stein befindet, der noch immer dort steht. Hier trafen sie auf jemanden, der aus diesem Schrein herauskam und davor auf und ab ging. Es war eine gefährliche Gestalt (núkpana) mit großen, hervorstehenden Augen und einem großen Mund in seiner Maske. Er hatte viele Rasseln an seinem Körper und auch vorne an seinen Beinen. Seine Arme waren weiß, der Körper rot bemalt. Um die Schultern trug er eine kleine Decke aus Kaninchenfell, und an den Füßen schwarze, zerrissene Mokassins. In der rechten Hand hielt er ein langes Messer und in der linken einen Haken, an dem eine Anzahl mósililis[86] befestigt waren. Es war der Só'yoko, der dort immer die Kinder tötete und fraß.[87] Als die Kachinas ihn sahen, sagten sie zu ihm: »Mach uns keine Schwierigkeiten, wir werden Macht über die Leute hier gewinnen. Wir gehen jetzt nach Hause. Du kannst die Bösen vernichten, da du ohnehin böse bist, aber laß uns in Ruhe.«

Darauf stiegen sie hinab und gingen heim. Als sie beim Haus des Ahöli ankamen, das sehr schön war, sagte dieser: »Nun, wir sind da, und ihr bleibt jetzt bei uns. Es ist nicht gut hier unten, es regnet nicht; dort oben, wo ihr seid, ist es besser. Wenn es hier regnet, könnt ihr zurück, aber zuerst helft ihr uns. Morgen früh werden wir also auf die Felder gehen und für die Leute pflanzen.« In der Nacht schliefen sie nicht, sondern sangen die ganze Zeit ihre Masken an, die in einer Reihe am Nordende des Raumes standen. Als die gelbe Morgendämmerung (sikyángwunuptu) vor Sonnenaufgang erschien, begann es zu regnen, und es regnete heftig. Gegen Mittag kleideten sich die Kachinas an, setzten ihre Masken auf und gingen hinaus. Sie überquerten die Mesa, kamen zu den Feldern südlich von ihr und erblickten dort große Maisfelder und mit Melonen, Wassermelonen und Kürbissen übersäte Landflecken. Alles wuchs wunderschön. Nachdem sie sich eine Weile umgesehen hatten, kehrten sie um und nahmen eine Wassermelone, einen jungen Maiskolben und eine Melone mit. Es regnete noch immer, so daß sie mit den Füßen tief im Boden versanken.

Als sie kurz vor der Mesa waren, begegnete ihnen jemand. Es war Großer Másaw (Wúkomásaw), dem die Erde und die Felder gehören. Er lebte etwa auf halber Höhe der Mesa nahe der Spitze, und er sagte den Kachinas, daß sie auf die Mesa gehen, dort ein Haus bauen, wohnen, und von diesem Ort aus auch ihre Riten ausführen sollten. Also stiegen sie auf den Gipfel, und seitdem wohnen sie dort.
Bald danach begannen auch die Bewohner von Walpi, auf die Mesa zu ziehen und das neue Dorf zu bauen, wo es noch heute liegt.

Kúhkuima
Shipaúlovi

Laguna-Traditionen in Walpi[88]

Moesíptanga und Kawaíka, das waren Leute aus Laguna.[89] Nun, all die Zweihorn- und Wúwuchim-Gesänge, die wir auf der ersten Mesa haben, sind in der Laguna-Sprache.[90] Wie haben wir die gelernt? Wir haben hier keine Lagunas wohnen. Wir haben diese Dinge aus Awátovi, und Awátovi hatte sie von den Lagunas, die dort und in den anderen Dörfern, Moesíptanga und Kawaíka lebten. Die Lagunas und Ácomas waren da in Awátovi. Die wichtigen Initiationsgesänge, die wir in Walpi haben, kommen alle von dort drüben.

Albert Yava (Nuvayoíyava), Wasserklan
Tewa

Über das Dorf Tewa[91]

Es heißt Tewa, nicht Hano. Das »Hano« kommt von den Hopi. Das Wort heißt richtig »T'hano«, aber die Hopi können T'hano nicht aussprechen. Sie sagen Hano... Die Tewa betrachten sich noch immer als von den Hopi unterschieden. Sie sprechen noch ihre Sprache. Sie haben ihre eigenen Zeremonien. Die Zeremonien sind unterschiedlich, aber die Kachina-Tänze sind mehr oder weniger eine gemeinsame Angelegenheit bei den Hopi und Tewa. Die meisten Kachina-Tänze, die sie in Tewa haben, sind bei den Hopi entstanden. Aber die Zeremonien sind anders. Und du wirst die Tewa sich auf Tewa unterhalten hören. Du kannst keinen Hopi finden, der Tewa spricht. Aber die Navaho, die können es lernen. Wir haben ein paar Navaho, die [vom Stamm] adoptiert wurden. Du kannst mit ihnen Tewa reden, sie sprechen es fließend. Ein Hopi versteht es vielleicht, aber er kann nicht auf Tewa zu dir sprechen... Wir Tewa haben jetzt manchmal bei den Hopi eingeheiratet, sogar in andere Dörfer. Es gibt eine große Anzahl Halb-Tewas in Shongópovi. Sie spielen eine bedeutende Rolle in diesem Dorf und nennen sich noch immer Tewa.

Albert Yava (Nuvayoíyava), Wasserklan
Tewa

II.
SPIRITUALITÄT IM WANDEL VON LEBEN UND TOD

Im Mittelpunkt des folgenden Kapitels stehen Texte, die religiöse Überzeugungen der Hopi von den Wandlungen des Menschen zu anderen Formen der Existenz zum Inhalt haben.
Sie bezeugen die bisher in der Literatur wenig beachtete Tatsache, daß die Weltsicht der Hopi auch wesentliche schamanistische Elemente enthält. Danach besitzen alle ursprünglichen Lebewesen gleichartige geistige Kräfte, und sofern sie über diese bewußt verfügen können, ist es ihnen möglich, mit anderen geistigen Kräften zu kommunizieren, unabhängig davon, ob oder mit welcher körperlichen Gestalt diese gerade verbunden sind. Ihnen zufolge können sich die Hopi mit Hilfe bestimmter Riten vom Körper trennen und auch mit einer anderen körperlichen Gestalt verbinden. In einzelnen Geschichten verwandeln sie sich in Tiere oder Pflanzen, entziehen ihrem Körper zeitweise das Bewußtsein und unternehmen weite Reisen durch Raum und Zeit.
»Alles, was die Hopi in dieser Welt fanden, war der Tod«, heißt es, denn Másaw, der als einziger vor den Hopi seinen Fuß auf die Vierte Welt gesetzt hatte, ist der Herr der Totengeister und des Totenreichs. Erfahrungen der Hopi, die sich auf Másaw und das Land der Toten beziehen, geben die ersten Texte dieses Kapitels wieder.
Von Tod und der Wiedererweckung zum Leben handelt auch die Yáya-Zeremonie. Daneben verleiht sie vor allem Macht über das Feuer und Gewalt über die materielle Welt. Diese Macht erhielten die Menschen aus dem Tierreich. Mit der Zeit erlagen ihre Träger der Versuchung, sie für selbstsüchtige und böse Zwecke zu mißbrauchen, so daß die Yáya-Zeremonie verboten werden mußte. Ihre Praktiken werden aber noch heute im Verborgenen weitergeführt.
Ein anderer Text berichtet vom Ursprung des Schlangenklans und der Schenkung der Schlangenzeremonie. Das Hervorgehen des Schlangenklans aus der Heirat eines Menschen mit einer Schlange sowie die Tatsache, daß auch diese Zeremonie von einer Tiergattung geschenkt wurde, machen die spirituelle Einheit von Mensch und Tier besonders deutlich. Wiederum ist die von den Tieren erhaltene Macht mit Opfern und Verpflichtungen ihnen gegenüber verbunden. Umgekehrt sind im Falle des spirituell am höchsten stehenden Tierwesens, des Adlers, die Tiere aus Menschen hervorgegangen und opfern sich für sie.

Über die Gottheit Másaw[1]

Másaw ist der Allerhöchste im Universum, aber er ist ein böser Allerhöchster.[2] Er ist in der Atmosphäre. Er ist im Geist. Aber er ist nicht gut. Es gibt Leute, die zum Másaw- oder [Toten]Geistklan gehören und die sagen, daß er direkt hier bei uns lebt, unsichtbar. Aber er kann einem leibhaft erscheinen und dann wieder entschwinden. Er kann sich durch sein loderndes Feuer oder in unterschiedlichen Gestalten zeigen. Die Hopi wissen das. Als ich meine doppelte Lungenentzündung bekam, sah meine Frau kurz zuvor weit da oben das Feuer, es loderte dreimal auf. Sie betete inständig, daß nichts passieren möge. Und nach etwa vier Tagen bekam ich sie. Ich war beinah so weit, diese Welt zu verlassen. Aber sie betete ständig, und das rettete mich.

Und dann, als ich 1914 in Riverside auf der Schule war, sah ich dort auch selbst dreimal ein Feuer. Erst war es da, dann brannte es herunter, dann flammte es wieder auf. Ein großes Feuer, so hoch. Man konnte es deutlich sehen, aber ich war der einzige, der es erblickte. Ich war der Hauptmann der Kompanie E und sah gerade zu, wie wir die Flagge niederholten. Es war im Winter, und da sah ich dieses Feuer. In derselben Nacht erhielt ich einen Brief, daß die Mutter meines Vetters gestorben war. Dieser Bursche[3] [verließ die Schule und] ging nach Hause.

Ein anderes Mal, hier bei uns, sollte oben in Alt-Oraibi ein Schmetterlingstanz stattfinden, und wir jungen Männer gingen in der Nacht zu einer Probe für den Tanz da hinauf. Wir besaßen eine kleine Behelfslaterne, die wir uns gemacht hatten, eine Dose mit einem kleinen Draht [als Griff] daran und mit Pech gefüllt. Diese kleine Dose nahmen wir mit. Noch bevor wir die Hälfte des Weges nach Oraibi hinter uns hatten, sahen wir ein Feuer kommen, das sich bewegte. Und wir wußten, daß es Másaw war. Er bewegte sich. Bevor wir zur Spitze der Klippe kamen, machten wir uns aus dem Staub, warfen alles weg. Wir wissen also, daß dieser böse Geist hier umgeht.

Einmal sollte ein Korbtanz sein, und zwei von uns saßen abends draußen, ich selbst und der Mann, der den Tanz veranstaltete. Wir sahen ein Feuer von einer bestimmten Stelle herunterkommen, und es ging in die Kiva hinab. Sobald es unten war, stieg dieser Mann, der Veranstalter des Tanzes, mit einer Laterne hinterher. Nach einer

kurzen Weile kam das Feuer wieder heraus und lief den Hügel hinauf. Und das waren ebenfalls schlimme Vorzeichen. Dinge wie diese lassen die Hopi glauben, daß Másaw stets boshaft ist. Sie müssen diesem Másaw Ehrfurcht erweisen; sie beten zu ihm und machen alles.
Der [Schöpfungs- oder Aufstiegs-]Geschichte zufolge war Másaw schon hier oben, als die Menschen kamen. Aber sie wissen, daß Másaw bereits von irgendeinem Geist verstoßen worden war, wie Satan in der Bibel, hinausgeworfen und versengt. Er wurde an einen Ort geworfen, wo Sachen verbrannt wurden, aber er blieb am Leben. Deshalb hat diese Gestalt keine Haare, so stellen sie ihn dar. Keine Haare und voller Blut, nur Augen und Nase, er sieht schrecklich aus. Richtig verwahrlost, hat nie ein Bad genommen. So sieht er aus, wenn sie ihn darstellen. Ich habe das zuletzt gesehen, als der [Toten]Geistklan ihn darstellte. Sie gehen hinaus, jagen Kaninchen und sammeln das Blut, und sie begießen ihn von oben bis unten damit. Er trägt eine Kappe aus Kaninchenfell, das Fell nach innen und das Leder nach außen. Er sieht grimmig aus. Diese Dinge – was sie mit ihm machen – wissen die Leute [im allgemeinen] nicht, aber ich weiß es, denn ich bin vom Coyoteklan, und wir sind mit dem [Toten]Geistklan in der Feuerklangruppe verwandt. So stellen sie ihn sich vor. Er hat auch eine Maske, in der er aussieht wie ein Krieger.
Sie haben einen mit Asche gefüllten Kürbis in der Másaw-Zeremonie. Das ist eine Prophezeiung. Es ist Másaws Kürbis. Heute glaube ich, daß er die Atombombe darstellt, denn Asche steht für »verbrannt«. Ich werde es dir veranschaulichen: Einmal legte ich einen Kürbis (patánga) in den Ofen. Ich hatte kein Loch hineingemacht [damit der Dampf entweichen konnte]. Ich habe ihn einfach so gelassen. Und ganz plötzlich explodierte das Ding und warf alles zu Boden. Siehst du, wie mächtig es ist! Das ist eine Weissagung der Atombombe.

Homer Cooyama (Qöyáwaima), Coyoteklan
Kiqötsmovi, Juli 1970

Dr. Fewkes und Másaw[4]

Eine der wichtigsten Winterzeremonien der Hopi ist die Wúwuchim-Zeremonie, die im November stattfindet. Zu einer genau festgelegten Zeit halten die Einhorn- und die Zweihornbünde dann in einem bestimmten Teil des Dorfes einen geheimen Ritus ab, und alle Leute, die an diesem Dorfplatz wohnen, müssen fortgehen und ihre Häuser verschließen. Niemand darf Zeuge dieser Zeremonie sein, denn Másaw, der Erdgott, weilt dort unter den Einhorn-Priestern, die seine Gebote in der Unterwelt ausführen, und auch die Geister der Toten sind da, und man sagt, daß jeder, der sie erblickt, vor Furcht erstarrt und erlahmt oder so wird wie die Toten.

Másaw gehört die ganze Welt der Hopi, die Erdoberfläche und die darunterliegende Unterwelt. Er ist ein mächtiges und schreckliches Wesen, denn sein Kopf ist mit einer kahlen und blutigen Maske bedeckt. Er ist wie der Tod; er kleidet sich in rohe Tierhäute, und Menschen können den Anblick seines Gesichtes nicht ertragen. Die Hopi sagen, er sei in Wirklichkeit ein sehr gutaussehender, stattlicher Mann von dunkler Hautfarbe mit schönen, langen schwarzen Haaren, und er sei tatsächlich ein großer Riese. Als die Hopi aus der Unterwelt hervorkamen und sich furchtsam umschauten, waren die großen Fußabdrücke von Másaw das erste Zeichen für ein dort lebendes Wesen in menschlicher Gestalt. Heutzutage geht Másaw nur noch nachts umher, und er trägt dann eine brennende Fackel. Das Feuer ist sein, und ihm gehören die Feuergruben. Jede Nacht nimmt Másaw seine Fackel und begibt sich auf seine Runde, denn er läuft jede Nacht einmal rund um den Rand der Welt.

Dr. Fewkes war schon den ganzen Tag in der Kiva gewesen und hatte Aufzeichnungen über die Vorgänge gemacht, die er gesehen hatte. Schließlich sagten ihm die Männer, daß er sich jetzt entfernen und in seinem Haus bleiben müsse, denn Másaw käme nun heran, und dieser Teil der Zeremonie sei äußerst heilig, und niemals sei es einem Außenstehenden erlaubt worden, diese Vorgänge mitanzusehen. Sie sagten ihm, er solle in sein Haus gehen und die Tür verschließen und nicht versuchen, irgend etwas zu sehen, ganz gleich, was auch geschehe; sonst würde er herausgezerrt werden und zu Tode erfrieren. Also ging er in sein Haus und verschloß die Tür, genau wie man es ihm

aufgetragen hatte, und er setzte sich hin und begann, seine Beobachtungen niederzuschreiben. Plötzlich hatte er ein sonderbares Gefühl, denn er spürte, daß jemand im Raum war, und er schaute auf und sah einen großen Mann vor sich stehen, doch konnte er sein Gesicht nicht erkennen, da das Licht zu schwach war. Er war sehr überrascht, denn er wußte, daß er die Tür zuvor verschlossen hatte.
»Was willst du? Wie bist du hier hereingekommen?« fragte er, und der Mann antwortete: »Ich bin gekommen, um dich zu unterhalten.« Dr. Fewkes sagte: »Geh weg, ich bin beschäftigt und möchte jetzt nicht unterhalten werden.« Und als er jetzt zu dem Mann hinschaute, war der plötzlich nicht mehr da. Dann sprach eine Stimme: »Dreh deinen Kopf einen Augenblick zur Seite«, und als der Doktor erneut hinsah, stand die Gestalt wieder vor ihm, diesmal aber war ihr Kopf seltsam und schaurig anzusehen. Und der Doktor fragte ein weiteres Mal: »Wie bist du hereingekommen?« Der Mann antwortete und sagte: »Ich gehe, wohin es mir gefällt, geschlossene Türen können mich nicht abhalten! Schau, ich will dir zeigen, wie ich hereingekommen bin.« Und unter den Augen von Dr. Fewkes schrumpfte er zusammen, wurde so klein wie eine einzige Strähne aus einem Hopi-Haarbüschel und entschwand durch das Schlüsselloch.
Jetzt wurde Dr. Fewkes von großer Furcht ergriffen, und während er noch überlegte, was zu tun sei, war der Mann wieder da. So fragte er ihn erneut: »Was willst du?«, und die Gestalt gab die gleiche Antwort wie zuvor und sagte: »Ich bin gekommen, um dich zu unterhalten.« Also bot der Doktor ihm eine Zigarette an und hielt ihm ein Streichholz hin, aber der Mann lachte nur und sagte: »Behalte dein Streichholz, ich brauche es nicht.« Er hielt sich die Zigarette vor sein schreckenerregendes Gesicht und blies aus seinem Mund einen Feuerstrahl, der die Zigarette entzündete. Da fürchtete sich Dr. Fewkes sehr, denn jetzt wußte er, wer dieser Mann war.
Nun redete das Wesen und sprach zu ihm, und schließlich »gab sich der Doktor geschlagen« und sagte, er werde ein Hopi werden und wie sie sein und an Másaw glauben. Másaw unterwarf ihn seinem Zauber, und beide spielten wie kleine Kinder, spielten die ganze Nacht lang umher, denn Másaw gönnte dem Doktor keine Pause.
Bald darauf ging Dr. Fewkes fort, aber das war nicht wegen der Pocken, wie du jetzt weißt.

Edmund Nequátewa, Stirnklan
Shongópovi, 1938

Religiöse Überzeugungen[5]

Insgesamt sind die Hopi ein friedliches Volk. Das hat mit ihrer Religion zu tun. Wenn ein Mensch keine Religion hat, ist er nur wie ein wildes Tier, bereit, dich aufzufressen. Egal von welchem Klan jemand kommt, er ist immer ein Hopi und praktiziert die Religion der Hopi. Es ist eine Religion, die mit den verschiedenen [Kiva]-Bünden verbunden ist. Das ist es, was die Hopi auszeichnet. Wegen all der verschiedenen Bünde haben sie verschiedene Kivas, die nach diesen Bünden benannt sind. Sie hatten vierzehn Kivas da oben [in Oraibi]. Manchmal gehört eine Kiva drei verschiedenen Klanen, eine andere zweien. Es gibt kaum einen Klan, der eine Kiva für sich hat, da sie immer von mehreren Klanen benutzt wird. Wenn also jemand eine Geschichte erzählen will, teilt er es diesen verbündeten Klanen mit. Sie lassen einander wissen, daß sie es ernst nehmen; so können sie miteinander auskommen. Sie alle haben ihren eigenen Bund geschlossen, kann man sagen, um gut zurechtzukommen; denn die Hopi sind friedfertig, sie wollen selbst in dieser einen Kiva keinen Streit. Außenstehende wissen nicht, was »Hopi« bedeutet, sie können es nicht übersetzen, aber wir selbst wissen, daß es in unserer Sprache »friedfertig« bedeutet.

Als die Spanier einst hier ankamen und die Sieben Städte von Cibola suchten, fanden sie auch Oraibi, und zufällig begegneten sie einer Gruppe Kinder, denn Kinder neigen dazu, zu dir hinzulaufen; sie sind neugierig. Damals hatten die Kinder laufende Nasen, und deshalb nannten die Spanier sie Moqui, Laufende Nasen.[6] Aber in der Hopi-Sprache bedeutet moqui »tot«.[7] Den Hopi machte es nichts aus, »tot« genannt zu werden, denn das bedeutete für sie, daß sie sich alle auf einer gleichen spirituellen Stufe befänden; aber als sie hörten, daß es »laufende Nasen« bedeutet, mochten sie das gar nicht. Die Weißen nannten die Indianer Wilde, aber die Indianer hätten sich selbst niemals Wilde genannt, denn sie waren zivilisiert. Obwohl sie nie eine Schulbildung besaßen, hatten sie Geist genug, um Gut von Böse zu unterscheiden.

Was nun die Herkunft der Menschen hier in der Gegend anbetrifft, so bemerkst du manchmal dieses Zeichen: ⌇⊙. Das bedeutet Wasser. Und manchmal siehst du es so: ⌇. Sie kamen über das Wasser,[8] beschrieben eine Spirale und wandten sich dann wieder anders herum. Mehrere Jahre lang nahmen sie das Land im Besitz. Die Überlieferung spricht von zwei Gipfeln. Der Bogenklan berichtete von einem Ort, an dem sie siedelten, der zwei Gipfel hatte, was zwei Zeugen bedeutet. Sie sagten, daß sie zwischen zwei Gipfeln ankamen, die eine von der Flut nicht zerstörte Insel bildeten. Die Flut ging von diesem Ort zurück, damit sie dort bleiben konnten. Von den beiden Gipfeln wird gesagt, daß sie eine Erinnerung an das sind, was geschah. Sie sind zwei Zeugen dessen, was sich hier abgespielt hat. Sie bezeugen die Wahrheit darüber. Von diesem Ort aus zogen sie die ganze Küste entlang und kamen schließlich in den Süden. Aber vorher lag noch ein Gewässer dazwischen, das von irgendwoher kam. Die Hopi glauben immer noch, daß es etwas jenseits davon gibt. Es muß eine andere Welt geben, in die man gelangt. Alles, was die Hopi tun, drückt diesen Glauben aus. Das Herstellen von páhos und die Rituale, alles bezieht sich auf ihren Glauben, daß sie irgendwo hingehen, wenn sie diese Welt verlassen. Es gab ein gelobtes Land, und alle haben immer nach diesem Ort gesucht. Damals, als der Dachsklan ankam und nach Alt-Oraibi hineinwollte, lagerten die Leute vier Jahre lang unterhalb des Dorfes. Den Oraibiern fiel auf, daß die Stelle, an der sich der Dachsklan aufhielt, immer ganz mit Blumen bedeckt war, sogar im Winter. Aus diesem Grunde ging der Kíkmongwi hinunter und sagte, daß es ihnen recht sei, wenn sie hereinkämen. Als sie dann ins Dorf einzogen, mitten im Winter, kamen sie in einer Bohnenprozession, wobei sie frisch gezogene Bohnenpflanzen mit sich führten. Das war es, wonach sie suchten: ein Paradies oder einen Ort, wo sie immer reichlich zu essen haben würden.

Die Menschen, die hierherkamen, waren durch die Flut zum größten Teil vernichtet worden, so daß nur wenige am Leben geblieben waren. Sie waren die Überreste von etwas Großem. So geht es immer, daß einige am Leben bleiben; die anderen werden vernichtet, damit man sich nicht mehr an sie erinnert. Aber die Hopi wissen, daß sie über den Ozean gekommen und hierhergewandert sind. Und sie haben niemals ihre Religion vergessen.

Diese Geschichte, daß die Hopi aus der Unterwelt kommen, das erzählen wir unseren Kindern. Als die Weißen herkamen, haben wir ihnen auch nichts von der Reise über das Wasser erzählt, das ist in gewisser Weise geheim. Diejenigen, die nach der Überquerung des

Wassers hier ankamen, gingen nicht weit, nur im Kreis herum und nie über den Mississippi, so sagen sie jedenfalls. Alle Hopi haben dieselbe Religion und suchen nach diesem gelobten Land. Sie alle bewahren die Erinnerung und halten zusammen, obwohl manches von dem, was sie tun und sagen, aus ihrer eigenen Vorstellung kommt, wie z. B. Altäre und ähnliche Dinge.

Was die Unterwelt betrifft, sagen sie, daß die Erde vor langen Jahren flach war. Und es fiel ihnen auf, daß die Flüsse flossen, ohne sich zu füllen. Wo floß all das Wasser hin? Sie kamen zu dem Schluß, daß es vielleicht weiter unten ein Land gebe und das Wasser dorthin fließe, in die Unterwelt. Das ist es, was wir in der Kiva erörtert haben. Einige sagten: »Also, wo kommt die Sonne her? Ist es nur *eine* Sonne, die untergeht und wiederkommt? Es muß so sein, daß die Sonne einen Kreis beschreibt, so daß sie den Menschen immer Licht gibt.« Solche Dinge haben sie in der Kiva besprochen. Wir Kinder hörten den Diskussionen zu, und es schien uns, daß auch in der nächsten [unteren] Welt Menschen leben mußten. Als dann da unten die Zerstörung kam, habe der Böse[9] das ausgenutzt, behaupten sie. Dieser Böse verkörperte sich in Menschengestalt. Daher wurde er bestraft. Über die Bestrafung herrscht keine Klarheit, ich weiß. Aber sie erörtern das in den Kivas des Einhorn- und des Zweihornbundes.[10]

Der Einhornbund ist der, der die Autorität und das Vorrecht hat, den Häuptling zu salben. Der Zweihornbund ist nach ihrer Aussage derjenige, der Erfahrung hat, der um Nachsicht bittet, wenn Leute sich in Böses verstricken; sie wollen sie nicht bestrafen. Sie sagen: »Gut, du bist ein armer Kerl«, und so weiter. Der Zweihörnige ist der Erfahrene. Irgendwann ist er einmal gegen den Einhörnigen geprallt, wofür er nicht stark genug war, und sein Horn spaltete sich. Er hatte vorher nur ein Horn gehabt, aber seitdem besaß er zwei Hörner, eins, das entzweigespalten ist. Also diese beiden, der Einhörnige und der Zweihörnige, sind diejenigen, die am letzten Tag des Gerichts da sein werden, wenn man diese Welt verläßt. Je nach den Taten einer Person in dieser Welt geht ihr Geist nach dem Tod auf verschiedene Weise nach Westen. Wenn man Gutes getan hat, reist man viel schneller. Man wird an einen Punkt gestellt, und nach einem Jahr zieht man weiter. Und die Menschen, die Schlechtes getan haben, bleiben vielleicht zwei, drei, vier Jahre dort. Man sieht sie an beiden Seiten des Weges. Menschen, die Gutes getan haben, sagen dann: »Oh, ihr seid immer noch hier.« Wenn sie zum letzten Gericht kommen, wird der Zweihörnige sagen: »Gut, dieser Mann hat Schlechtes getan, aber er hat sich mit seinem Volk versöhnt. Er sagt: ›Mein Volk, ich habe falsch gehandelt.‹« So kämpfen der Einhörnige und der Zweihörnige um diesen Mann.

Homer Cooyama (Qöyáwaima), Coyoteklan
Kiqötsmovi, Juli 1970

Das Land der Toten[11]

Über das Land, in dem die Toten leben, hören wir hier in Walpi nicht so viel. Die Oraibier behaupten, daß es ihre Geschichte ist. Dorthin sollen die Geister der Toten hinabsteigen. Sie haben ihr eigenes Dorf, genauso wie die im Hopiland, aber es besteht nicht aus hartem Material wie Felsen, sondern man könnte vielleicht sagen aus Nebel, so etwas. Nach dem, was ich gehört habe, ist alles umgekehrt, genau das Gegenteil. Diese Leute – nicht richtige Leute, sondern der Atem von Leuten – essen keine feste Nahrung, sondern nur den Teil, den man riechen kann. Sie kochen Fleisch und essen nur den Geruch; dann werfen sie das Fleisch weg. So habe ich es gehört. Die Jugendlichen gehen auf Kaninchenjagd, genau wie hier, aber sie jagen keine Kaninchen, sondern nur Heuschrecken und Grillen. Sie sagen dort unten, daß die Totengeister leben und wir Menschen hier oben tot sind. So habe ich es von meinem Onkel gehört, aber er sagte mir, es sei eine Geschichte aus Oraibi.
Der Ort, an dem sich die Toten befinden, wird Máski genannt. Das Wort *mas* bedeutet »tot«. Es ist die Stadt der Toten. Másaw, das ist der Name des Hüters der Unterwelt, dem das ganze Land hier im Umkreis gehört hat. Bevor wir Hopi ankamen, lebte er dort oben, wo der Schlangenfelsen ist, genau am Ende des Dorfplatzes in Walpi. Dort schlief er. Man sagt, er sei unten in Máski ins Feuer geworfen worden, aber nicht gestorben, sondern wieder herausgeklettert. Er war ziemlich schlimm verbrannt, die Haut am ganzen Körper und all seine Haare waren abgebrannt. Er sah ganz schön schrecklich aus, mit rotem Kopf und Blut am ganzen Körper. Die Oraibier sagen, daß das große Feuer

unten in Máski noch brennt und auf die schlechten Menschen wartet, die dort hineingeworfen werden. Wenn ein Mensch stirbt, geht sein Geist oder seine Seele hinunter – sie sieht genauso aus wie der Mensch, als er noch lebte – und zwei Leute warten auf ihn an einer Gabelung, ein Einhornpriester und ein Zweihornpriester. Sie richten über ihn, ob er in seinem Leben ein guter oder schlechter Mensch gewesen ist, und wenn er schlecht gewesen ist, werfen sie ihn in die Feuergrube.

So wie es die Oraibier erzählen, geht man im Tode nach Westen zum Grand Canyon, drüben, wo die Oraibier ihr Salz holen. Irgendwo dort in der Gegend. Sie behaupten, daß da auch das sipápuni ist, die Stelle, an der wir Hopi alle aus der Unterwelt kamen. Irgendwo dort ist die Straße nach Máski. Dorthin gehen die Totengeister. Und es gibt alle möglichen Strafen für die Bösen...

Ned Zeena (Pautiwa), Tabakklan
Walpi, August 1969

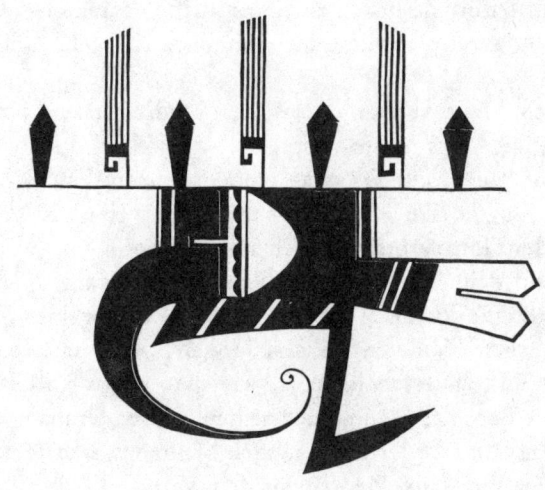

Eine Reise zum Ort der Totengeister[12]

Halíksai!
Die Leute lebten früher in Shongópovi, und dort pflegte ein junger Mann oft am Rande des Dorfes zu sitzen, auf die Gräber zu blicken und sich zu fragen, was wohl aus den Toten würde, ob es wahr sei, daß sie irgendwo weiterlebten. Er sprach seinen Vater darauf an, doch dieser konnte ihm nicht viel dazu sagen. »Wir wissen nicht viel darüber«, sagte er. »Das ist es also, worüber du nachgrübelst.« Sein Vater war der Dorfhäuptling. Er versprach seinem Sohn, mit den anderen Häuptlingen und mit seinen Helfern zu reden, und das tat er. Er wandte sich vor allem an den Dorfausrufer, erklärte ihnen, worüber sein Sohn nachgrübelte, und fragte, ob sie irgend etwas darüber wüßten. »Ja«, sagten sie, »der Alte Mann Dachs (Honán Wútaqa) hat dafür eine Medizin und weiß etwas darüber. Wir wollen ihm Bescheid geben.« So riefen sie Alten Mann Dachs. Er kam und fragte sie, was sie von ihm wollten. »Ja«, sagten sie, »dieser junge Mann macht sich Gedanken über die Toten, ob sie irgendwo leben. Du weißt davon, du hast Medizin dafür, deshalb haben wir dich gerufen.« – »Gut«, antwortete er, »das also wolltet ihr von mir. Ich gehe und hole die Medizin.«[13]
Er ging in sein Haus, suchte unter seinen Medizinen und fand schließlich die richtige. »Das ist sie«, sagte er, nahm sie und kehrte ins Dorf zurück. »Nun gut«, sagte er, »wann möchte er seine Suche beginnen?« – »Morgen«, sagten sie. »Gut, habt ihr einen weißen Kilt[14]?« – »Ja«, antwortete der Dorfhäuptling. »Den soll dein Sohn morgen anziehen«, sagte er, »und dann schwärze sein Kinn mit schwarzer Farbe (tóho) und befestige eine kleine Adlerfeder (píphü) über seiner Stirn.« Am nächsten Morgen kleideten sie den jungen Mann nach diesen Vorschriften an und statteten ihn aus, wie man einen Toten ausstattet. Dann breitete der Alte Mann Dachs einen weißen Umhang (óva)[15] auf dem Boden aus und forderte den jungen Mann auf, sich daraufzulegen. Nun schob er ihm eine Medizin in den Mund, die der junge Mann essen sollte. Er steckte ihm auch Medizin in die Ohren und legte ihm welche aufs Herz. Darauf wickelte er ihn in ein Gewand. Der junge Mann bewegte sich noch ein wenig, dann ›starb‹ er. »Das ist die Medizin«, sagte Alter Mann Dachs, »wenn man sie gegessen hat, geht

man weit fort und kehrt dann wieder zurück. Er wollte etwas Bestimmtes sehen und herausfinden, mit dieser Medizin wird es ihm gelingen.«

Nachdem der junge Mann in Schlaf gefallen war, erblickte er einen Pfad, der nach Westen führte. Es war der Weg zur Stätte der Totengeister. Er folgte diesem Weg, und nach einer Weile sah er jemanden am Wegrand sitzen. Der fragte den jungen Mann: »Wozu bist du gekommen?« – »Also«, antwortete er, »ich bin gekommen, um etwas über euer Leben hier zu erfahren.« – »Ach«, entgegnete der andere, »ich habe nicht den geraden Lebensweg beschritten, ich wollte nicht hören und muß nun hier warten. Nach einer bestimmten Anzahl von Tagen darf ich ein wenig weitergehen, aber es wird lange dauern, bis ich zur Stätte der Totengeister gelange.« Er lebte nur innerhalb einer Einfriedung aus Stöcken. Das war alles, was er an Behausung und Schutz hatte.

Von hier aus ging der junge Mann weiter nach Westen. Der Pfad führte durch hohe Kakteen und Agavepflanzen, so daß er oft schwer zu erkennen war. Endlich erreichte er den Rand eines steilen Felsabsturzes.[16] Dort saß jemand. Der fragte den jungen Mann, warum er gekommen sei und der sagte es ihm. »Gut«, sagte der Häuptling,[17] »dort drüben ist der Ort, zu dem du gehen willst«. Weil aber in der Ferne viel Rauch aufstieg, konnte der junge Mann ihn nicht sehen. Doch der Häuptling legte nun den Rock des jungen Mannes auf den Boden, setzte ihn darauf, hob ihn auf, hielt ihn über den Abgrund und warf ihn hinaus, woraufhin der Junge auf dem Rock langsam hinunterschwebte, als ob er Flügel hätte. Nachdem er unterhalb der Felswand auf dem Boden angekommen war, legte er seinen Rock wieder an und ging weiter. In der Ferne sah er eine Rauchsäule sich vom Boden erheben. In einiger Entfernung traf er beim Weitergehen auf die Totengeistfrau (Más Wúti)[18] und fragte sie, was das für ein Rauch sei. »Nun«, antwortete sie, »einige von denen, die böse gewesen sind, als sie im Dorfe lebten, werden dort hineingeworfen. Da gibt es einen Häuptling, der sie in diesen Weg einweist und sie dort hineinwirft. Diejenigen, die man dort hineinwirft, werden vernichtet, sie existieren dann nicht mehr. Gehe da nicht hin«, fügte sie hinzu, »sondern bleibe auf diesem Pfad und laufe geradeaus zum Ort der Totengeister.« Als er schließlich ankam, konnte er anfangs nichts erkennen außer ein paar spielenden Kindern. »Oh«, riefen sie, »da kommt ein Totengeist!« Ein

großes Dorf lag dort.[19] Da ging er also hinein, und nun wurden auch die Leute oder Geister, die dort lebten, seiner gewahr. Sie umringten ihn von allen Seiten und schauten ihn an. »Wer bist du?« fragten sie ihn. »Ich bin der Sohn des Dorfhäuptlings. Ich komme aus Shongópovi.«
Sie schickten ihn zum Bärenklan und sagten: »Das sind die Leute, die du besuchen willst. Das sind deine Leute.« Es lebten nämlich viele verschiedene Klane dort. Sie schlafen da während des Tages. Nun nahmen die Geister ihn mit zu dem Haus, wo sein Klan wohnte. »Hier sind deine Ahnen«, belehrten sie ihn und zeigten ihm die Leiter, die zum Haus hinaufführte. Die Sprossen der Leiter aber bestanden aus den Stielen von Sonnenblumen. Er versuchte hinaufzusteigen, aber die erste Sprosse brach, sowie er sie betrat. Doch wenn die Geister die Leiter hinauf- und hinabstiegen, brachen die Sprossen nicht entzwei. Nun überlegte er, wie er hinaufgelangen könne. »Ich werde hier unten bleiben«, sprach er, »ich werde nicht hinaufsteigen. Bringt ihr mir Essen herunter und speist mich hier«, sagte er zu ihnen. Die Geister brachten ihm einige Melonen, Wassermelonen und chukúvikis.[20]
Als sie ihn essen sahen, lachten sie über ihn, denn sie essen niemals, sondern genießen nur den Duft oder die Essenz der Speisen. Deshalb haben sie auch kein Gewicht. Und das ist auch der Grund dafür, daß die Wolken, in die die Toten verwandelt werden, nicht schwer sind und in der Luft schweben können. Die Speisen selbst werfen die Geister hinter die Häuser. Daher pflegte der junge Mann, wenn er dort umherging, manchmal davon zu essen. Nach dem Essen fragten sie ihn, weswegen er gekommen sei. »Also«, sagte er, »ich habe immer darüber nachgedacht, ob die Toten irgendwo leben. Ich sprach mit meinem Vater darüber und sagte ihm, daß ich fortgehen wolle, um herauszufinden, ob sie irgendwo lebten, und mein Vater gab seine Zustimmung. Er kleidete mich so, wie ihr mich seht, und die Medizin gab mir Alter Mann Dachs, der sich darin auskennt, so daß ich mich auf die Suche machen konnte.« – »Also darum bist du gekommen, also deshalb bist du hier. Sieh uns an: Ja, so sind wir beschaffen.« So sprachen sie zu ihm und fügten hinzu: »Wir leben hier auf diese Weise. Es ist nicht hell hier, nicht so hell wie dort, wo du lebst. Wir leben hier ärmlich. Du mußt wieder zurückgehen, du kannst noch nicht bei uns bleiben. Dein Fleisch ist noch stark und ›salzig‹ [d. h. vom Salz des Lebens erfüllt]. Du ißt noch die Speisen, wir nehmen nur ihren Duft

auf. Aber nun mußt du dort drüben etwas für uns tun. Mach bei der Soyál-Zeremonie nakwákwosis für uns. Die binden wir uns über der Stirn an, sie stellen fallenden Regen dar. Wir werden dann hier auch etwas für euch tun. Wir werden euch Regen und Früchte senden. Ihr müßt die Frauen, wenn sie gestorben sind, in die óva wickeln, sie mit dem großen geknüpften Gürtel fest umbinden, denn diese óvas sind nicht dicht gewebt, und wenn die Totengeister sich auf ihnen als Wolken über den Himmel bewegen, dann tropft der leichte Regen durch diese óvas hindurch, und die dicken Regentropfen fallen von den Fransen des großen Gürtels. Manchmal könnt ihr die Wolken nicht deutlich sehen, weil sie hinter diesen nakwákwosis versteckt sind, so wie unsere Gesichter dahinter verborgen sind.«

Wie sich der Junge dort umschaute, sah er auch Totengeister mit schweren Lasten auf dem Rücken umherwandern. Das waren Mahlsteine, und sie trugen sie mit einer dünnen Schnur, die sich tief in ihre Haut eingeschnitten hatte. Andere schleppten Kakteenbündel auf dem Rücken, und da sie keine Kleider trugen, wurden sie von den Stacheln der Kakteen verletzt. Eine Zeitlang waren sie dieser Strafe unterworfen, danach wurden sie davon befreit und lebten dort mit den anderen Leuten zusammen.

Anderswo sah er auch Amtsträger, die in ihrem Erdenleben gut gewesen waren und ihren Leuten den rechten Lebensweg gewiesen hatten. Sie hatten ihre típonis[21] mitgebracht und dort aufgestellt. Wenn

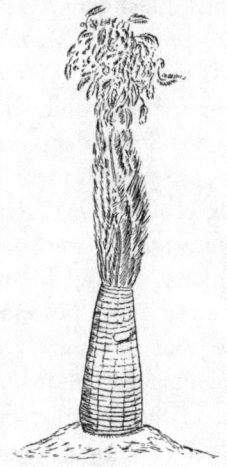

Tiponi der Antilopengesellschaft in Shipaúlovi

die Leute hier in den Dörfern ihre Zeremonien abhalten und dazu rauchen, dann geht der Rauch hinunter in die andere Welt zu den típonis oder Muttermaiskolben, und von dort steigt er in Form von Wolken auf.
Nachdem der junge Mann alles an jenem Orte gesehen hatte, machte er sich auf den Heimweg. Als er an der steilen Felswand anlangte, bestieg er wieder seinen Rock, und eine leichte Brise trug ihn hinauf. Der Mann, der oben auf der Felswand lebte, und ihm hinuntergeholfen hatte, war ein Kwániita [Kwánitaqa] und trug ein großes Horn als Kopfschmuck. Dieser sagte zu ihm, er solle nun heimkehren. »Du hast jetzt gesehen, wie sie hier leben; es ist nicht gut, es gibt hier kein Licht; niemand sollte es sich wünschen, hierherzukommen. Dein Vater und deine Mutter klagen um dich, kehre also nach Hause zurück.« Auf dem Rückweg ereignete sich nichts, und er begegnete auch niemandem. Sein Leib lag noch immer unter der Decke in dem Raum, wo er in tiefen Schlaf gesunken war. Doch kurz bevor er sein Haus erreichte, begann sein Leib sich zu bewegen und kehrte, als er eintrat, wieder ins Leben zurück. Sie nahmen die Bedeckung ab, der Alte Mann Dachs rieb ihm den Leib ab, wusch ihm die Farbe vom Gesicht, entzauberte ihn, und dann setzte er sich auf. Sie gaben ihm zu essen, und darauf fragten sie ihn, was er herausgefunden habe.
»Ja«, sagte er, »weil ich dies herausfinden wollte, hattet ihr mich angekleidet und hier hingelegt. Dann gabt ihr mir etwas zu essen und legtet mir Medizin aufs Herz. Nachdem ich gestorben war, wanderte ich westwärts und begegnete einer Frau. Sie lebte in einem Gehege von Buschwerk, bewegte sich langsam nach Westen, hatte aber ihr Ziel noch lange nicht erreicht. Sie fragte, wohin ich ginge, und ich erzählte ihr, daß ich auf dem Wege zur Stätte der Totengeister sei, und fragte sie, wo diese liege. Sie sagte, es sei nicht mehr fern. Ich zog weiter und gelangte zu einem mit einer großen Zahl Kakteen dicht bewachsenen Gelände, das fast undurchdringlich war, und wo ich mich beim Durchwandern vorsehen mußte. Darauf folgte eine lichte Stelle, und dann kamen viele Öcöpflanzen (eine besondere Kaktusart), wo ich wieder mühsam meinen Weg suchen mußte. Dahinter ging es schneller voran, und ich erreichte einen steilen Felsabsturz.
Als ich dort ankam, saß da jemand mit einem großen Horn als Kopfbekleidung. Er hatte die Häuptlingsbemalung auf dem Gesicht, eine weiße Linie, die unter dem rechten Auge her und außen darum

herumlief. Es war ein Kwániita. ›Hilf mir hier hinunter‹, bat ich ihn. ›Womit?‹ fragte er. Da legte ich meinen Rock hin. Der Häuptling setzte mich auf den Rock, hob ihn auf und hielt mich über den Abgrund, worauf ich langsam hinabschwebte, als flöge ich. Unten angelangt, ging ich weiter zu einer Stelle, wo viel Rauch aus der Erde stieg. Dort traf ich eine Totengeistfrau. Sie sagte, ich solle nicht dorthin gehen, sondern geradeaus den Pfad entlang, denn an dieser Stelle würden die schlechten Menschen hinuntergeworfen und verbrannt. Ich ging weiter und gelangte schließlich zum Ort der Totengeister. Dort erblickten mich einige Kinder und riefen: ›Aha, ein Totengeist ist gekommen!‹ Ich schaute mich um, konnte aber niemanden sehen; doch bald verstand ich, daß ich damit gemeint war. Darauf betrat ich den Ort der Totengeister, in dem viele Häuserreihen standen, so wie in unseren Dörfern.
Die Kinder hatten ihnen schon berichtet, daß ein Totengeist gekommen sei. Also stiegen die Leute von ihren Häusern herab und versammelten sich draußen. Sie fragten, wer ich sei, und als ich es ihnen erzählte, sagten sie, ich gehöre zum Bärenklan und zeigten mir dessen Wohnsitz. Als ich die Leiter hinaufzusteigen versuchte, brachen die Sprossen, denn sie bestanden aus Sonnenblumenstielen. Ich sagte das den Leuten, woraufhin sie herunterkamen und mir unten zu essen gaben. Ich war der einzige, der wirklich aß, und ich sah, daß sie die Speisen hinter ihre Häuser warfen. Ich fragte, warum sie das taten, und sie erklärten mir, sie äßen nur die Essenz oder den Duft der Speisen. Danach fragten sie nach dem Grund meines Kommens, und ich erzählte ihnen diesen. Sie sagten: ›Dein Fleisch ist noch salzig. Du wirst nicht bei uns bleiben. Sieh, wie wir hier leben. Wir leben nicht wie ihr Hopi. Bei euch gibt es Licht, aber bei uns nicht. Wir leben hier ärmlich. Einige von uns haben nur noch sehr wenige nakwákwosis über ihren Stirnen. Sie sind abgenutzt, und wir können nicht mehr gut durch sie sehen. Ihr müßt im Dorf viele nakwákwosis und páhos für uns machen, und wir werden gleichfalls hier für euch wirken. Ihr macht Gebetsopfer für uns, und wir werden dafür sorgen, daß ihr Regen, Früchte und Nahrung habt. So werden wir einander helfen. Nun kehre zurück und berichte den Deinigen im Dorf, daß wir hier leben, hier im Dunkeln, und sage ihnen, niemand solle es sich wünschen, hierherzukommen. Für manche ist es noch nicht an der Zeit, doch wenn ihre Herzen nicht gut und sie boshaft sind, werden sie

vorzeitig kommen müssen. Also sage ihnen, sie sollten es sich nicht wünschen, diesen Weg hierher zu beschreiten. Kehre nun rasch um und halte dich nirgendwo auf!‹ Und also kam ich geradenwegs zurück. Es ist wirklich wahr, daß die Totengeister irgendwo leben. Ich sah auch, daß diejenigen, die hier schlecht und böse sind, dort bestraft werden. Sie müssen schwere Lasten tragen. Manche schleppen Mahlsteine, andere Kakteen, deren Stacheln sie zerstechen. Besonders hart bestraft werden in der anderen Welt jene, die hier schlecht zu den Mädchen und Frauen gewesen sind. Ich habe es alles selbst gesehen, ich werde mich immer daran erinnern und denke, daß wir hier im Licht leben. Sie leben dort nicht im Licht. Nun werde ich nicht mehr über den Ort nachdenken, und niemand sollte es sich wünschen, dorthinzugehen, denn hier geht es uns viel besser. Wir leben im Licht, wir sollten nicht so viel über jene Welt nachdenken.«

»Gut«, sagten nun alle, die in der Runde saßen, »gut, so ist es also.« Honán Wútaqa, Alter Mann Dachs, sagte zu dem jungen Mann: »Denke nun nicht mehr darüber nach. Geh nach Hause und lebe ein starkes Leben. Grübele nicht mehr über diese Dinge nach.«

Sikáhpiki
Shipaúlovi

Das Begräbnis in Oraibi[22]

Das eine, an dem die Hopi festhalten, ist ihre Religion. Diese echten, alten Zeremonien unten in der Kiva, die erneute Wiedergeburt. Das ist wirklich von Bedeutung, was mit den Menschen am Ende geschieht. Und es ist wahrhaftig, was sie unten in der Kiva durchführen. Sie haben die Siebenzahl, und gewöhnlich die Vierzahl, und beim Tode einer Person die Dreizahl. Wenn eine Person stirbt, ist das der erste Tag, dann folgen der zweite und der dritte Tag. Und am vierten Tag treffen sie Vorbereitungen für das Grab. Den nächsten Tag nennen sie dann einen Neuen Tag, an dem sie einen Brei ohne irgendwelches Salz zubereiten, und den stellen sie ans Grab. Und von da an nennen sie ihn Dritten Tag. Die ersten drei Tage haben sie gefastet. Am Dritten Tag haben sie dem Grab Speise geopfert, und dann kam er [der Totengeist] heraus...

Der Tote sieht immer nach Westen. Für den Fall, daß es ein sehr religiöser Mensch war, vielleicht ein Priester oder eine sonstige herausragende Person, setzt man ihn etwa so auf. Man macht eine Art kleine Bank im Grab. Man sagt, daß sie im Leben immer den Horizont verehrt haben, wenn die Sonne aufgeht. In Wirklichkeit verehren sie nicht die Sonne, aber jeden Morgen, wenn sie aufstehen, wissen sie, daß der Tag kommt. Erlebst du die Tage so, dann weißt du, es wächst dein Herz. Aber wenn sie tot sind, können sie nicht mehr beten. Sie werden mit dem Gesicht nach Westen begraben, weil die Sonne dort hingeht.[23]

Homer Cooyama (Qöyáwaima), Coyoteklan
Kiqötsmovi, Juli 1970

Das Begräbnis auf der Ersten Mesa[24]

Als die Menschen aus der Unterwelt hervorkamen, wurde prophezeit, daß ein guter Paháhna, ein Weißer, eines Tages aus dem Osten zu den Hopi kommen werde, um sie zu führen und ihnen Harmonie und ein gutes Leben zu bringen. Dieser besondere Paháhna ist nie angekommen, er wird aber noch erwartet, besonders von den Alten, die die Tradition bewahren. Aus diesem Grunde werden auch bedeutende Persönlichkeiten – Amtsträger des Dorfes, Klanhäuptlinge und Führer der Kiva-Bünde – gewöhnlich mit dem Gesicht nach Osten begraben, so daß sie den guten Paháhna erkennen und willkommen heißen können, wenn er in Erscheinung tritt. Ihre Körper werden in der gebührenden Zeremonialkleidung begraben, um deutlich zu machen, wer sie waren, als sie noch lebten. Manchmal werden sie aufrecht sitzend beerdigt. Sie können aber auch liegend mit den Füßen nach Osten begraben werden. Auch Leute, die keine bedeutenden Persönlichkeiten waren, können auf diese Weise begraben werden, wenn man weiß, daß sie es so wollten, oder wenn ihre Familien es so wünschen. Die Hopi und die Tewa auf der Ersten Mesa folgen dieser Tradition gleichermaßen.
Ich erinnere mich, als mein Stiefvater Peki starb, daß ich aus Keam's Canyon nach Hause kam, um ihn zu begraben. Wir haben ihn aufrecht ins Grab gesetzt, mit dem Gesicht nach Osten. Damals hatten wir keine Särge; er war nur in eine Decke gewickelt. Genauso war es mit

Pekis Schwester. Als sie starb, trug ich sie auf dem Rücken vom Gipfel der Mesa zu ihrer Grabstätte. Wir begruben sie direkt neben Peki, mit dem Gesicht in derselben Richtung. Natürlich gab es immer ein Ritual im Haus, bevor der Körper zum Friedhof getragen wurde. Der Hauptteil war die Haarwäsche der Leiche mit Yucca-Lauge (lomá'asni). Die Haarwäsche wurde bei allen entscheidenden Anlässen im Leben vorgenommen: wenn man den ersten Namen erhielt, wenn man heiratete, wenn man in eine Bruderschaft initiiert wurde, und so weiter. Schließlich kam die letzte Haarwäsche. Sie wurde von der ›Großmutter‹ ausgeführt, wie man bei uns sagt, der ältesten Frau im Klan [des Verstorbenen], und wenn sie fertig war, flüsterte sie dem Toten einen geheimen Namen ins Ohr. Das war der Name, den er oder sie in die nächste Welt mitnahm, wo immer das sein mag. Man legte dem Toten Baumwolle[25] über das Gesicht – kein Tuch, sondern rohe, ungesponnene Baumwolle –, mit zwei Löchern für die Augen und einem für den Mund. Es war eine Baumwollmaske, könnte man sagen, die mit einer Schnur um die Stirn festgebunden wurde. Diese Schnur hielt auch vier Truthahnfedern, die nach unten über das maskierte Gesicht wiesen. Der Grund für die weiße Baumwolle war, die Person vor dem Großen Geist so weiß und unbefleckt wie möglich erscheinen zu lassen.

Nach dem Begräbnis gab es ein Fest, und das beste Stück der Mahlzeit, gewöhnlich das Herz, wurde in eine Schale gelegt, die man zum Grab hinuntertrug und daraufstellte. Eine weitere Schale mit Yuccawurzeln (móhu), die zur Haarwäsche verwendet worden waren, wurde ebenfalls auf das Grab gestellt.

Albert Yava (Nuvayoíyava), Wasserklan
Tewa, Juni 1977

Der Ursprung der Yáyatu-Gesellschaft[26]

Ishyaoí!
In Oraibi lebten sie. Im Haus des Schilfklans lebte der Yáya-Häuptling (Yáya-mongwi). Diese Bruderschaft ist jetzt ausgestorben, aber die Kultgegenstände ihres Altars werden noch immer in diesem Haus aufbewahrt.

Vor langer Zeit lebten ein Mann und eine Frau, die nur einen Sohn hatten. Einige Kinder aus dem Dorf besuchten den Jungen oft. Sie waren faul, obwohl die Eltern ihnen stets sagten, daß sie Holz holen, Schafe hüten und andere Arbeiten tun sollten. Doch darauf hörten sie nicht, sondern kamen häufig vor diesem Haus zusammen und bereiteten sich in den Ecken etwas Essen zu, das sie im Dorf gestohlen hatten. In einem Winkel vor dem Haus machten sie ihr Feuer, und das Holz dazu stahlen sie aus verschiedenen Häusern im Dorf. Daher ärgerten sich die Männer im Dorf über sie, und auch ihre Mütter waren ihnen böse.
»Ihr seid faul«, sagten sie oft zu ihnen, »ihr wollt nicht arbeiten, und wir werden euch nichts zu essen geben.« Also gingen sie los, stahlen ein paar Nahrungsmittel in den Häusern und aßen sie.
Einmal schlug der Sohn des Priesters den anderen vor: »Laßt uns gehen und uns selbst etwas Holz besorgen. Am besten geht einer und stiehlt irgendwo einen Lederriemen (piqösha).« So zogen sie nach dem Essen durchs Dorf, stahlen sich Lederriemen verschiedener Länge und kehrten dann zurück. Sie verließen das Dorf im Osten, hielten bei Kiqötsmovi, um etwas zu trinken, gingen dann weiter nach Osten und sammelten im Tal etwas trockenes Buschwerk. Als sie alle ihre Bündel zusammen hatten, fragte der Sohn des Priesters: »Seid ihr alle fertig?« – »Ja«, antworteten sie. »Gut, dann laßt uns jetzt nach Hause gehen.« Aber gerade, als sie aufbrechen wollten, kam ein Habicht in der Gestalt eines Menschen auf sie zu. Er trug zahlreiche Perlenschnüre um den Hals und hatte sich mit Eisenglanz eine schwarze Linie über Nase und Wangen gemalt. Die Haare der Kinder waren ziemlich zerzaust, und er lachte über sie. »Holt ihr Holz?« fragte er. »Ja«, erwiderten sie, und wieder mußte er über sie lachen.
Seine Kiva war ganz in der Nähe. »Kommt hier herein«, sagte er zu den Kindern, und sie traten ein. Es war eine Kiva genau wie die im Dorf. Er lud sie ein, sich auf der Bank niederzulassen, die die Wand entlanglief, und so setzten sie sich.
Nun nahm er neben der Feuerstelle Platz, stopfte seine Pfeife (chóngo) und nahm zwei Züge. Darauf forderte er die Kinder auf, sich ebenfalls neben die Feuerstelle zu setzen. Er gab die Pfeife zuerst dem Sohn des Priesters; der rauchte sie und redete den Mann mit »mein Vater« (ínaa) an, und das gefiel diesem sehr.
Dann rauchten alle, einer nach dem anderen, und nannten sich gegen-

seitig mit Verwandtschaftsbezeichnungen, wobei die Älteren die Jüngeren mit »mein jüngerer Bruder« und die Jüngeren die Älteren mit »mein älterer Bruder« anredeten. Danach sagte der Mann, daß sie noch bleiben sollten, da er ihnen zu essen geben wolle; nach dem Essen könnten sie dann nach Hause gehen. Darauf ging er in einen anderen Raum und brachte eine große Rolle qŏmi (Brot aus dem Mehl gerösteter Süßmaiskolben), die er ihnen vorsetzte. Nachdem sie gegessen hatten, ging er in eine Kammer und holte eine große Menge Röcke, Adlerflügelfedern (kwávoki), Ohranhänger, Adlerdaunenfedern, die ins Haar gebunden werden, Perlen und anderes, und gab all dies den Kindern. Nun kleidete er die Jungen an und band die Röcke hinten fest. Er gab jedem eine Adlerfeder und wies sie an, sich in einer Reihe aufzustellen. Darauf nahm Kísh Taqa, der Habichtmann, ein möchápu, das ist ein Geburtstuch oder óva, faltete es zusammen und klemmte es sich unter den linken Arm. Dann stellte er sich am Südende der Reihe auf und sagte zu den Jungen: »Nun wohl, was immer ich jetzt mache, das tut ihr auch.« Darauf begann er, in der Kiva herumzugehen, wobei er ein langgezogenes »Ouuuu« ausrief. Die Jungen liefen viermal im Kreis in der Kiva herum und gaben mit kurzen Unterbrechungen denselben Laut von sich. Dann stieg er die Leiter hinauf, und die Jungen folgten ihm. Draußen sagte er ihnen wiederum, daß sie all das tun sollten, was er mache. Er sprang von der Kiva weg und rannte im Gebüsch umher; die Jungen folgten ihm, und alle riefen ständig »Ou, Ou«. Plötzlich warf er das möchápu nieder, breitete es auf dem Boden aus, ergriff den Sohn des Priesters und warf ihn auf das Tuch. Dann forderte er die anderen Jungen auf, das Tuch an den Seiten festzuhalten. So trugen sie den Sohn des Priesters zur Kiva und warfen ihn durch die Öffnung hinein. Sie warteten, und nach kurzer Zeit kam der Junge unverletzt wieder heraus. Dann ergriff der Habichtmann einen anderen Jungen, sie warfen auch ihn hinein, und auf diese Weise wurden alle nacheinander in die Kiva geworfen und kamen unverletzt wieder heraus. Dann stieg der Habichtmann erneut in die Kiva, gefolgt von allen Jungen. Sie nannten ihn nun Onkel. Nachdem sie die Kiva betreten hatten, zog er einen Vorhang vor einer der rückwärtigen Kammern weg, und in dem Raum dahinter sahen sie vier runde Öfen (kóisi), die in die Erde gegraben waren und in denen eine alte Frau ein Feuer unterhielt. Der Habichtmann nahm nun wieder den Sohn des Priesters, warf ihn in

einen der Öfen, und die alte Frau streute eine Medizin über ihn, als er hineinfiel. Darauf wurden auch die anderen Jungen in die Öfen geworfen. Sobald die Kleidung an ihren Körpern verbrannt war, nahm der Habichtmann sie wieder heraus, legte alle Körper nördlich der Feuerstelle[27] in der Kiva nieder und bedeckte sie mit dem erwähnten Geburtstuch. Nachdem er das getan hatte, setzte er sich hin und sang ein Lied über den Körpern. Bald begannen diese, sich unter dem Tuch zu bewegen, und als erster kam der Sohn des Priesters darunter hervor. Die anderen folgten schnell nach, und alle waren nun wieder am Leben.
Darauf sagte er ihnen, sie sollten sich auf der Bank an der Westseite der Kiva hinsetzen. Nun kam die alte Frau heraus, wusch den Jungen das Haar und gab jedem von ihnen einen vollkommen weißen Maiskolben (chóchmingwuu). Dann wandte sich der Habichtmann an sie und sagte: »Danke (kwákwai), daß ihr jetzt fertig seid. Ihr seid jetzt vorbereitet. Nun könnt ihr nach Hause gehen. Bringt euer Holz zur Blauflöten-(Sakwálanvi)-Kiva, geht hinein und bleibt dort. Geht nicht in die Häuser, um euch Essen zu besorgen, sondern wartet auf mich. Nach Sonnenuntergang werde ich zu euch kommen.« Dann gab er dem Sohn des Priesters eine Adlerflügelfeder, worauf alle Jungen fortgingen.
Als sie mit ihren Bündeln zur Blauflötenkiva kamen, sahen die Leute sie und riefen: »Aha! Die faulen Jungs haben sich ihr Holz selbst geholt. Vielleicht werden sie nun nicht mehr stehlen.« Nachdem die Jungen ihr Holz abgelegt hatten, rannten sie zu den Häusern und warfen die Tragriemen hinein, die sie dort gestohlen hatten, betraten die Häuser aber nicht. Sie kehrten sofort zur Kiva zurück, ohne irgendwelche Speisen zu sich zu nehmen. Die Sonne war jetzt untergegangen. Sie warteten eine Weile, und nachdem die Abenddämmerung vorüber und es ganz dunkel geworden war, hörten sie jemanden kommen. Es war der Habicht, in dessen Kiva sie gewesen waren, und er stieg sofort in die Kiva hinab. »Seid ihr alle hier?« fragte er. »Ja, wir sind alle hier. Setz dich«, antworteten die Jungen. Also nahm der Habicht neben der Feuerstelle Platz, stopfte gleich eine Pfeife, und alle rauchten.
Der Habicht hatte eine kleine Schale mit etwas kwíptosi (Mehl aus weißem Mais, das zuerst eingeweicht und dann geröstet wird) mitgebracht. Aus diesem Mehl machte er in der Schale eine Schleimsuppe,

die er den Jungen zu essen gab. Dann sagte er ihnen, daß sie nicht nach Hause gehen sollten, sondern früh am nächsten Morgen sollten sich einige an der Nordseite, die anderen an der Südseite der Kiva hinsetzen. Die ersten sollten die Feuerspringer (Tövúkokoyanikam) und auch Yáyatu, die anderen die Sänger (Tátakoam) sein. Zwischen die beiden Parteien streute er mit Maismehl eine Linie auf den Boden. Einen wählte er als Wächter aus; der sollte das Feuer in Gang halten und Eindringlinge abwehren. Er sagte ihnen, daß sie den ganzen nächsten Tag sitzend in der Kiva verbringen und fasten sollten. Abends werde er zurückkommen und ihnen zu essen geben. So waren sie hier in der Kiva versammelt, und jeder hatte seine ›Mutter‹ (seinen weißen Maiskolben) neben sich an die Wand gestellt. Am nächsten Tag wunderten sich die Leute im Dorf, warum die ›kleinen Diebe‹, wie sie sie nannten, nicht herauskamen, um etwas Essen zu erschnappen. Schließlich ging eine der Frauen zu der Kiva, schaute hinein und sah alle aufrecht darin sitzen. »Oh«, sagte sie zu den Leuten, »sie haben sich darin versammelt (yúngiota).«

Sie blieben vier Tage auf diese Weise in der Kiva, und ihr Onkel kam jeden Abend, um ihnen Essen zu bringen und nach ihnen zu sehen. Früh am Morgen des vierten Tages wusch er ihnen das Haar. Der folgende Tag war Totókya (der Name für den Tag vor einer Zeremonie). Am Abend dieses Tages brachte der Habichtmann die Kleidung für die Jungen mit, die aus Röcken, Perlen, Adlerfedern, gedrehtem Garn (nálöngmurupku), Ohranhängern, Fesselbändern und etwas gelber Farbe (sikyápiki) bestand. All dies legte er nördlich der Feuerstelle nieder. In der Nacht darauf grub der Junge, der in der Kiva die Feuerstelle bewacht hatte, auf dem Dorfplatz südwestlich der Kiva vier Öfen, während andere im Boden desselben Platzes eine lange Baumwollschnur vergruben. Auch entlang der Häuser des Dorfes zogen sie lange Schnüre, die sie mit qömi-Teig an den Wänden festklebten. Früh am Morgen des nächsten Tages ging der Wächter der Kiva im Dorf herum und bat um etwas Holz, um damit die vier Öfen auf dem Dorfplatz zu heizen. Die Leute fragten sich, was er wohl vorhabe, und einige vermuteten, daß er vielleicht píkami (eine Speise, die zu Festen in kleinen Öfen außerhalb der Häuser bereitet wird)[28] backen wolle. Während dieser Junge die Öfen heizte, kleidete der Habicht in der Kiva die anderen an. Er bemalte sie mit einem breiten gelben Streifen, der von Schulter zu Schulter und über die Brust hinablief; die Unter-

arme und Waden bemalte er ebenfalls gelb und zog einen gelben Ring um den Unterleib. Ihre Gesichter bedeckte er mit Maispollen. Sie hatten viele Perlenschnüre um, und auch einige Schnüre aus gedrehtem dunkelblauem und bräunlichrotem Garn. Große Bündel Adlerfedern wurden ihnen oben aufgebunden und an jeder Seite des Kopfes eine Adlerschwanzfeder, deren Spitze nach hinten zeigte. Von diesen Schwanzfedern hingen ebenfalls Schnüre aus gedrehtem Garn herab. Gürtel alter Hopi-Frauen wurden ihnen um die Röcke gebunden, und Schnüre aus gleichem Garn um die Handgelenke.
Erst gegen Mittag kamen die Sänger heraus, und jeder warf etwas geweihtes Mehl der Sonne entgegen. Der Habichtmann und die alte Frau blieben in der Kiva. Sobald die Sänger die Kiva verlassen hatten, gingen sie mit langen Schritten zum Dorfplatz (demselben, auf dem jetzt der Schlangentanz stattfindet), stellten sich dort in einer Reihe auf und sangen. Sobald sie die Reihe gebildet hatten, kamen auch die Yáyatu aus der Kiva und gingen ebenfalls mit langen Schritten zum Dorfplatz, wobei der Sohn des Priesters diesmal das móchápu trug, das der Habichtmann bei der Initiation der Jungen benutzt hatte. Während die erste Gruppe weitersang, zogen die Yáyatu stöbernd durchs Dorf, stiegen auf die Hausdächer, sprangen auf Leute herab, zerschlugen Schornsteine und warfen sie hinunter, ergriffen Kinder und Erwachsene, schwangen sie über den Rand der Häuser und drohten, sie hinunterzuwerfen, und anderes mehr. Die Leute wurden wütend auf sie und schlugen mit Stöcken auf sie ein, so daß sie schließlich zum Dorfplatz zurückkehrten. Dort angekommen, übergab der Sohn des Priesters, der jetzt der führende Priester dieses Bundes war, das móchápu einem anderen und sprang in einen Ofen. Die anderen zogen ihn leblos heraus, wickelten ihn in das móchápu, trugen ihn zur Kiva, und warfen ihn hinein. Hier wurde er von dem Habichtmann und der alten Frau wiederbelebt und kam, offenbar unverletzt, wieder herauf, wobei er die gleiche Kleidung trug, die im Ofen an seinem Körper verbrannt war. Während dies geschah, waren auch die anderen in die verschiedenen Öfen gesprungen, wurden sofort herausgezogen, in die Kiva geworfen und auf dieselbe Art behandelt.
Nunmehr wurden die Eltern und Verwandten dieser Jungen sehr besorgt und begannen zu weinen und sich zu beklagen, daß ihre Kinder auf diese Weise getötet würden. Doch der junge Mann, der die Kiva bewacht hatte, befahl ihnen, nicht näherzukommen, und erklärte

ihnen, daß sie jetzt einen Tanz aufführen wollten. Nachdem diese Vorführung beendet war, ging ihr Anführer in die Kiva und brachte ein möchápu heraus, in das er etwas eingewickelt hatte. Dies legte er auf dem Dorfplatz zu Boden, und alle Yáyatu drängten sich um das Bündel. Sie deckten ein weiteres, großes möchápu über sich und beschäftigten sich eine kurze Zeit mit dem Bündel. Dann warfen sie die Decke wieder ab und stellten sich singend im Kreis um das Bündel. Nach kurzer Zeit öffneten sie es, und es befanden sich eine Menge vorzüglicher Wassermelonen darin. Diese auf dem Dorfplatz zurücklassend, begab sich ihr Anführer noch einmal in die Kiva und brachte ein weiteres Bündel heraus, über und um das sie die gleiche Zeremonie abhielten. Beim Aufdecken des Bündels sprang eine große Zahl Waldkaninchen hervor, die sie unter den Kindern verteilten. Während all dieser Vorführungen sangen die Sänger weiter.

Die Yáyatu begaben sich nun alle in die Kiva. Bald kamen sie wieder heraus, und einige spürten den Schnüren nach, die sie vergraben und an den Häusern befestigt hatten, und legten sie wieder frei. Andere, die ihnen folgten, wickelten sie zu Kugeln auf. Immer wenn eine Schnur gefunden und aufgewickelt war, wurde wieder eine weitere gesucht und aufgewickelt, so daß alle durchs Dorf liefen und die Schnüre suchten und aufwickelten, die sie vergraben hatten. Plötzlich begaben sich alle zum Haus des Waldkaninchenklans (Tápnyam), in dem Homíhoiniwa und seine Familie heute leben, und dort endete eine Schnur in einen Wasserkrug. Diesen hoben sie hoch, ohne die Schnur herauszuziehen, und brachten ihn ebenfalls zum Dorfplatz, wo sie ihn in zwei Teile schlugen. Es stellte sich heraus, daß auf die Innenseite beider Hälften des Kruges ein Wolkensymbol gemalt war. Sie hoben beide Teile des Kruges in die Höhe und zeigten den Leuten die Wolkensymbole. Darauf bedeckten sie die beiden Teile, sangen darüber, und als sie die Decke wegnahmen, war der Krug wieder ganz, und sie brachten ihn zum Haus zurück.

Noch einmal ging der Anführer in die Kiva und kam mit einer Schale aufgeschwemmter weißer Porzellanerde[29] (tumákuyi) zurück. Diese brachten sie auf das Dach der Márawu-Kiva, die so gelegen ist, daß man von ihr aus ein langgezogenes, hohes Vorgebirge (chochókpi), das Sanávitoika genannt wird, klar in der Ferne (etwa 8 bis 10 Meilen) sehen kann. Die Yáyatu versammelten sich nun um die Schale und hielten Adlerfedern in die weiße Porzellanerde. Sie bewegten sie in der

Luft auf und nieder, als ob sie das entfernte Vorgebirge weiß anstreichen wollten, und siehe da, das Vorgebirge, obwohl weit entfernt, nahm auf einmal weiße Farbe an. Alle Leute konnten deutlich sehen, daß es weiß angestrichen wurde, obwohl es so weit weg liegt. Darauf kehrten sie zum Dorfplatz zurück, und die Sänger hörten auf zu singen. Sie schnitten die Wassermelonen auf und verteilten die Scheiben. Dann stiegen alle wieder in die Kiva, und die Mütter und Verwandten dieser Jungen drängten sich heran, um ihre Kinder zu holen. Der Wächter hielt sie jedoch zurück und sagte, sie seien noch nicht entzaubert.

Als sie alle in der Kiva waren, entzauberte sie der Habichtmann, stellte dann nöekwiwi[30] und píki vor sie hin und sagte: »Nun eßt, und dann schlaft eine Nacht in der Kiva. Morgen, wenn eure Leute euch abholen wollen, könnt ihr mit ihnen gehen.« Am Abend kamen die Mütter noch einmal und verlangten klagend nach ihren Kindern, doch der Junge, der die Kiva bewachte, befahl ihnen, nach Hause zu gehen, da sie noch eine Nacht darin schlafen würden. Der Habichtmann und die alte Frau legten dann alle Kleider und die anderen Zeremonialgegenstände zusammen und kehrten zu ihrer Kiva östlich des Dorfes zurück. Nur die Maiskolben-Mütter eines jeden ließen sie da. Morgens gingen die Jungen alle zu ihren Häusern, und von nun an waren sie nicht mehr schlecht und gefährlich. Sie bildeten die Yáyatu-Gesellschaft, und ihre Gebete sprachen sie in Richtung des Ortes, an dem ihr Onkel, der Habichtmann lebte, und wo sie initiiert worden waren.

Wíkvaya
Oraibi

Die Yáya-Bruderschaft[31]

Die Yáyas[32] auf der Ersten Mesa benutzten die Aal- oder Hornkiva, die ganz am Rande der Klippe in Walpi liegt. Natürlich benutzen wir diese Kiva noch, aber die Yáyas nicht, die gibt es nicht mehr. Die Yáyas waren ziemlich gut, sie waren Hexer. Einmal haben sie oben in Walpi etwas gemacht. Unterhalb von Walpi, wo Húkovi war, lebte ein Mann, der baute dort ein Haus und legte einen Garten an. Er hatte eine Vogelscheuche auf seinem Feld, aus Stroh, um die Krähen abzuschrekken. Diese Vogelscheuche kam geradewegs zum Dorfplatz hinauf. Die Yáyas hatten sie heraufgerufen, und wie ich gehört habe, kam sie geradewegs die Mesa hinauf. Diese Kerle waren Hexer. Sie zeigten gern, was sie konnten. Aber ich glaube, eines Tages bekamen sie Schwierigkeiten mit dem Dorf. Sie gerieten außer Rand und Band. Sie gaben den Mädchen Whisky und Bier, machten sie betrunken und begannen sie zu vergewaltigen. Das Dorf machte mit der Yáya-Geschichte Schluß und nahm ihnen all ihre Sachen weg. Nördlich der Spalte auf dem Gipfel der Mesa ist eine große Höhle. Die ganzen Yáya-Sachen sind jetzt in dieser Höhle, sie ist zugemauert. Dort sind die alten páhos, Körbe, Spangen und andere Dinge, die die Yáyas verwendet haben. Diese Höhle ist etwa zwei Meilen von der Spalte entfernt. Die Yáyas sagten, sie könnten alles. Sie zeigten den Leuten sogar, daß sie von der Spitze der Klippe auf den Talgrund fliegen konnten, ohne sich dabei zu verletzen. Sie waren nicht etwa ein eigenes Volk, sie waren Hopi. Sie hatten auch die Blinden Kachinas, die Somaíkoli. Auch wir haben sie manchmal noch.[33]

Ned Zeena (Pautiwa), Tabakklan
Walpi, August 1969

Jedes Hopi-Dorf hat verschiedene Kenntnisse über die Yáyas. Oben in Walpi war es der Schilfklan, der die Yáya-Zeremonien praktizierte. Sie hatten ihre Kultgegenstände tief unten in einem Hinterraum, in einem Keller. Sie führten manche für Menschen ganz ungewöhnliche Dinge vor. Es gab Stockschlucker, die sich lange Stöcke in den Mund und in den Rachen steckten. Sie hatten einen Schädel, den sie riefen und der über den Dorfplatz zu ihnen gerollt kam. Das war die Yáya-Bruderschaft auf der Ersten Mesa. Sie waren mit der Gruppe der Blinden Kachinas verbunden, den Somaíkoli, die gehören zum Schilfklan. Sie trugen Adlerfedern oder Maishülsen im Haar. Sie benahmen sich wie toll, zerbrachen alles. Wollten die Leute wissen lassen, wie wild sie waren. Wenn man einen Rauchabzug auf dem Dach hatte, gingen sie manchmal hinauf und warfen ihn hinunter. Sie machten den Leuten eine Menge Ärger. Aber jetzt sind sie weg.

Albert Yava (Nuvayoíyava),[34] Wasserklan
Tewa, Juni 1976

Die Yáyaponcha[35]

Ich habe von den Yáponcha gehört, kann aber nicht viel über sie sagen. Möglich ist, daß sie keine richtigen Hopi waren, denn unser Haar ist von Natur aus glatt und weich. Yáponcha bedeutet, daß jemand widerspenstiges und unordentliches Haar hat, einen »großen Kopf«. Yáyaponcha bedeutet eine große Gruppe Yáponchas. Als wir Kinder waren und uns die Haare nicht kämmten, sagten Onkel und Mutter zu mir, ich sei Yáponcha.[36]

»Tsakáptamana« (Pseudonym)
Móenkopi, Mai 1969

Yáponcha, der Windgott[37]

Vor vielen Jahren hatten die Hopi große Schwierigkeiten mit dem Wind. Er blies und blies die ganze Zeit. Der Sand wehte von ihren Feldern weg, und versuchten sie, ihre Feldfrüchte anzupflanzen, so fegte der Wind die Krume hinweg, bevor die Samen auch nur anfingen, auszutreiben. Trauer und Sorge lasteten auf allen Hopi, und sie stellten Gebetsgaben aus vielen páhos her, doch ohne Erfolg.
Die alten Männer hielten viele Male Rat in den Kivas. Dort rauchten sie in ernster Stimmung ihre Pfeifen und fragten einander, wie es wohl komme, daß die Götter so heftige Winde gegen sie wandten. Und nach einer Weile beschlossen sie, die ›kleinen Kerle‹ (die beiden kleinen Kriegergötter Pöqánghoya und seinen jüngeren Bruder Palöngahoya) um Hilfe zu bitten. So wurden die ›kleinen Kerle‹ angerufen. Als sie herbeieilten, wollten sie wissen, warum sie gerufen worden seien. Die Hopi sagten, daß sie ihre Hilfe brauchten, denn es müsse etwas mit dem Wind geschehen. Die ›kleinen Kerle‹ versprachen, daß sie sehen wollten, was sie tun könnten, um den Leuten zu helfen.
Sie trugen den Männern auf, in den Kivas zu bleiben und páhos anzufertigen. Darauf liefen die ›kleinen Kerle‹ zu ihrer weisen alten Großmutter, der Spinnenfrau, und baten sie, sie möge ihnen etwas Mehlbrei aus Süßmais anrichten, den sie auf eine Reise mitnehmen wollten. Natürlich wußten sie, wer Yáponcha (der Windgott) war und

wo er lebte – drüben nahe beim Sonnenuntergangsberg in den großen Spalten des schwarzen Felsens.

Als der Maismehlbrei zubereitet war, kamen sie zu der Kiva zurück und stellten fest, daß die páhos bereits angefertigt waren. Sie fanden auch den Ball, den sie immer gern überall zum Spielen mitnahmen. Dazu kamen die für sie hergestellten Pfeile und Bogen, denn für sie war es ganz so, als ob sie auf den Kriegspfad gingen. Die Pfeile bestanden aus Federn des Blauvogels, die damals als die mächtigsten angesehen wurden.

Die beiden ›kleinen Kerle‹ machten sich in Richtung der San Francisco Peaks auf. Die alten Männer begleiteten sie bis zum Little Colorado River, dort setzten sie sich nieder und rauchten ihre Pfeifen. Die kleinen Krieger liefen nun immer weiter und spielten dabei mit ihrem Ball. Sie erreichten die Heimat des Windgottes Yáponcha am vierten Tag. Der Windgott lebte am Fuße des Sonnenuntergangskraters in einer großen Spalte des schwarzen Felsens, durch die er unentwegt bläst, bis auf den heutigen Tag. Sie warfen die páhos in die Spalte, nahmen schnell den klebrigen Maismehlbrei ihrer Großmutter heraus und versiegelten damit Yáponchas Tür. Jetzt war er furchtbar ärgerlich und blies und blies, aber er konnte nicht heraus. Die ›kleinen Kerle‹ lachten und gingen nach Hause; wirklich, sie waren mit sich sehr zufrieden.

Aber mit der Zeit spürten die Leute in den Dörfern die Hitze. Es wurde täglich wärmer und wärmer. Unten in den Kivas war es schließlich so heiß, daß die Männer heraufzusteigen begannen. Die Leute stellten sich auf die Dächer ihrer Häuser und schauten immer wieder zu den San Francisco Peaks, um zu sehen, ob sich irgendeine Wolke zeigte. Doch es war auch nicht das kleinste Wölkchen da, das etwas wohltuenden Schatten spenden könnte; nicht ein einziger Lufthauch rührte sich, und die Leute dachten, sie müßten ersticken.

Sie kamen zu der Ansicht, daß nun unverzüglich etwas zu unternehmen sei, und so machten die Männer noch einige páhos und riefen wieder die ›kleinen Kerle‹ und baten sie, sofort nach Yáponchaki (dem Haus des Windgottes) zurückzukehren und ihm auszurichten, daß wieder Frieden herrschen müsse. Sie sollten ihm dann die páhos geben und ihn herauslassen, denn diese Hitze sei ja noch viel schlimmer als der Wind. Also sagten die ›kleinen Kerle‹, daß sie losgehen und zusehen würden, was sich tun ließe, um die Lage zu verbessern.

Am vierten Tag erreichten sie das Haus des Yáponcha, besprachen sich und kamen zu dem Schluß, es sei das beste, dem Yáponcha eine kleine Öffnung zu lassen. Sie sollte gerade so groß sein, daß er zwar atmen könne, es ihm aber zugleich unmöglich sei, dort hinauszuschlüpfen. So nahmen sie etwas von dem Maismehlbrei weg, und sofort blies ein schöner, kühler Wind heraus, und eine weiße Wolke erschien und zog über die Wüste auf die Ortschaften der Hopi zu.

Als die ›kleinen Kerle‹ wieder nach Hause in die Dörfer kamen, waren alle froh, und von da an sind sie sehr dankbar gewesen. Die Winde hatten nun immer die richtige Stärke: Sie brachten den Menschen Kühlung, ohne alles wegzuwehen.

Seit dieser Zeit stellen die Häuptlinge und hohen Priester der drei Dörfer auf der Zweiten Mesa im windigen Monat März jedesmal páhos als Opfergaben für Yáponcha, den Windgott, her.

Edmund Nequátewa, Stirnklan
Shongópovi, 1932

Der Ursprung des Schlangenklans[38]

Im Dorf Tokónavi, nördlich vom Grand Canyon, lebten Menschen, die damals noch nicht Schlangenleute waren. Sie wohnten nahe beim Flußufer. Der Häuptlingssohn[39] dachte oft über den Großen Canyon nach und fragte sich, wohin all das Wasser floß. »Irgendwo muß doch etwas davon sehr voll werden«, überlegte er im Stillen. Also sprach er mit seinem Vater darüber. »Das ist es also, worüber du nachgrübelst«, sagte der. »Ja«, antwortete der Sohn, »ich möchte fortgehen und das herausfinden.« Der Vater gab seine Erlaubnis und sagte seinem Sohn, er solle einen Kasten anfertigen, in den er hineinpasse, und solle es so einrichten, daß alle Öffnungen des Kastens geschlossen werden könnten. Das tat der Junge, und dazu machte er sich eine lange Stange (andere sagen ein langes pahó), mit der er die Kiste abstoßen konnte, wenn sie irgendwo festsäße.

Als er damit fertig war, nahm er noch eine Menge pahós und etwas zu essen mit, stieg in den Kasten, ließ sich ins Wasser schieben und trieb auf den Wellen davon. Schließlich gelangte er zum Meer und strandete an einer Insel. Dort stieß er auf das Haus der Spinnenfrau (Kókyang Wuti), und sie rief ihn zu sich herein. Er ging hin, merkte aber, daß er nicht durch die Öffnung ihres Hauses hindurchkam. »Wie soll ich hineinkommen?« fragte er, »die Öffnung ist zu eng.« Sie sagte, er solle sie vergrößern. Das tat er und trat dann ein. Er erzählte ihr eine Geschichte, überreichte ihr ein páho und sagte, er suche nach Schmuckperlen und dergleichen. Sie deutete auf eine andere Kiva, die weiter draußen im Wasser lag, und sagte, dort gebe es Perlen und Korallen, aber es seien wilde Tiere da, die den Weg dorthin bewachten. »Wenn du mir nicht dein Anliegen gesagt hättest, wie wärest du dann wohl dahin gelangt und wie wärest du zurückgekommen? Aber ich werde dich begleiten«, sagte sie, »denn du hast mir ja ein páho gegeben, und dafür bin ich dir sehr dankbar.« Sie gab dem jungen Mann etwas Medizin und setzte sich hinter sein rechtes Ohr. Er verspritzte die Medizin über das Wasser, und sogleich bildete sich ein Weg wie ein Regenbogen von der Wohnung der Spinnenfrau bis zu der anderen Kiva. Auf dem gingen sie über das Wasser. Als sie sich der Kiva näherten, begegnete ihnen zuerst ein Panther, der sie wütend anknurrte. Der junge Mann gab ihm ein grünes páho und besprengte ihn mit etwas Medizin, was ihn besänftigte. Ein Stück weiter trafen sie auf einen Bären und beruhigten ihn auf die gleiche Weise. Danach kam ihnen eine Wildkatze entgegen, sie gaben ihr ebenfalls ein páho, und das brachte auch sie zur Ruhe. Nun trafen sie auf einen grauen Wolf und schließlich auf eine große schwarze Klapperschlange (Káto'ya),[40] die sie ebenfalls auf diese Weise besänftigten. Darauf erreichten sie die Kiva und erblickten am Eingang die Bogenstandarte (awátnáchi).[41] Sie stiegen nun die Leiter hinab und sahen viele Leute in der Kiva, die mit blauen Röcken bekleidet waren, ihre Gesichter mit Eisenglanz (yeláha) schwarz bemalt und um ihren Hals viele Perlen geschlungen hatten. Der junge Mann setzte sich neben der Feuerstelle. Spinnenfrau saß noch immer hinter seinem Ohr, doch niemand sagte etwas. Die Männer sahen ihn wohl an, schwiegen aber. Dann nahm der Häuptling einen großen Beutel mit Tabak und eine lange Pfeife hervor. Er stopfte sie, tat vier Züge, übergab sie dem Jungen und sprach: »Rauche und verschlucke den Rauch.« Das Rauchschlucken war eine Prüfung; wer das nicht konnte, wurde davongejagt. Spinnenfrau hatte dem jungen Mann schon davon erzählt, damit er Bescheid wußte. Als er zu rauchen begann, flüsterte sie ihm zu: »Setz mich an deinen Hintern!« Das tat er

Standarte der Schlangenkiva

unbemerkt, und wenn er den Rauch einzog, sog sie ihm hinten den Rauch heraus und blies ihn fort, so daß ihm nicht übel wurde. Die Männer, die nichts von dieser List bemerkten, waren sehr angetan, und sagten zu ihm: »In Ordnung, du bist stark, du bist sicherlich jemand besonderes. Wir danken dir. Du hast ein gutes Herz; du bist einer von uns, du bist unser Kind.« – »Ja«, sagte er und überreichte ihnen mehrere rote nakwákwosis und ein einzelnes grünes páho mit roten Punkten, wie sie noch heute in Shipaúlovi vom Antilopenbund[42] angefertigt werden.

Daraufhin wurden sie sehr freundlich und sagten, sie seien sehr glücklich über die páhos. An den Wänden der Kiva hingen viele Gewänder aus Schlangenhaut. Bald darauf sagte der Häuptling zu seinen Leuten: »Laßt uns jetzt unsere Gewänder anlegen.« Er wandte sich nun an den jungen Mann und bat ihn, sich umzudrehen, damit er nicht sehe, was vorging. Das tat er, und als er sich wieder umdrehte, hatten sich all die Männer Schlangengewänder angelegt und in Schlangen verwandelt, in große und kleine, Wühlnattern, Rennschlangen und Klapperschlangen, die sich zischend und rasselnd am Boden wanden. Während er sich abgewandt hatte und die Schlangenleute sich ankleideten, hatte ihm Spinnenfrau zugeflüstert, daß sie ihn nun auf eine schwere Probe stellen würden, doch er solle sich nicht davor fürchten, die Schlangen anzufassen, und sie gab ihm noch viele weitere Ratschläge.

Unter den in der Kiva Anwesenden waren auch sehr hübsche Mädchen gewesen, die ebenfalls Schlangenhäute übergezogen und sich in Schlan-

gen verwandelt hatten. Eines von ihnen war besonders hübsch gewesen. Der Häuptling hatte sich nicht in eine Schlange verwandelt, sondern saß neben der Feuerstelle. Jetzt wandte er sich an den jungen Mann und sagte zu ihm: »Geh du nun, such dir eine Schlange aus und nimm sie dir!« Die Schlangen gebärdeten sich sehr wütend, und der Junge fürchtete sich, als sie ihn anstarrten. Doch die Spinnenfrau flüsterte ihm zu, er solle kein Feigling sein und keine Angst haben. Das schönste Mädchen hatte sich in eine große Gelbe Klapperschlange (sikyáchu'a) verwandelt und zeigte sich besonders wütend. Spinnenfrau flüsterte dem jungen Mann zu, daß diejenige, die sich so besonders zornig zeigte, das schöne Mädchen sei, und er solle versuchen, sie zu ergreifen. Er machte den Versuch, aber die Schlange war wild und ungestüm. »Hab keine Angst«, sagte Spinnenfrau und gab ihm eine Medizin. Er kaute sie heimlich und spuckte ein wenig davon auf die wilde Schlange, worauf sie augenblicklich zahm wurde. Sofort ergriff er sie, hielt sie fest und strich ihr viermal über den Leib nach oben, wobei er sie mit Medizin besprengte. Auf diese Weise befreite er sie von ihrer Wut. Der Häuptling staunte und sagte: »Du bist ›sehr etwas‹,⁴³ danke. Sieh nun wieder weg.« Er tat, wie ihm geheißen, und als er sich umwandte, waren die Schlangen alle wieder zu Männern und Frauen geworden, auch das Mädchen, das er gefangen hatte. Sie behandelten ihn nun alle sehr gut und sprachen aufs freundlichste mit ihm, denn jetzt betrachteten sie ihn als initiiert und zu ihnen gehörig. Er war ihnen nun willkommen, und der Häuptling lud ihn zum Essen ein. Die mana, die der junge Mann aufgehoben hatte, holte aus einem Raum der Kiva Brot aus frischem Maismehl, Pfirsiche, Melonen und anderes und setzte die Speisen dem jungen Mann vor. Spinnenfrau flüsterte ihm zu, er solle auch ihr etwas von dem Essen abgeben, was er auch unbeobachtet tat. Ihr schmeckte es, und sie war sehr froh gestimmt.
Nun fragte der Häuptling den jungen Mann, warum er gekommen sei. »Ich suche nach dem guten, wahren Leben (lólomat káchit) und habe darüber nachgedacht, wohin das Wasser wohl fließt, und siehe da, es fließt hierher. Ich bin auch gekommen, um Hopi-Speisen von hier zu holen. Außerdem hörte ich, daß hier in der Gegend eine Frau lebt, Hurúing Wuti, die Göttin der festen Materie, von der ich Perlen haben möchte.« – »Was bringst du ihr mit?« fragten sie. »Diese páhos«, antwortete er. »Schön, du wirst dorthin gelangen. Aber nun leg dich

hier schlafen.« Doch Spinnenfrau wollte nach Haus. Da erklärte er ihnen, er müsse noch ein wenig nach draußen gehen. Er ging, brachte Spinnenfrau nach Hause und setzte sie dort nieder. Sie lud ihn ein, bei ihr zu essen. Sie hatte eine Art píki, pövölpiki, von dem sie lebte und das niemals ausging. Doch er verließ sie wieder und kehrte in die Schlangenkiva zurück, wo sie ihn willkommen hießen und Bruder und Schwiegersohn (möönangwuu) nannten, obwohl er die Mana nur gefangen, aber noch nicht geheiratet hatte. Er blieb also da. Am Abend und während der Nacht erzählte ihm der Häuptling alles über die Schlangenzeremonie, über den Altar und vieles mehr, und unterwies ihn, wie er dieses einrichten und jenes durchführen solle, wenn er heimgekehrt sei. In dieser Nacht schlief er nicht.
Am Morgen ging er mit derselben Entschuldigung wie am Abend zuvor hinaus und zu Spinnenfrau. Auch diesmal ging sie mit ihm und machte einen Regenbogenweg übers Meer zu einer steilen Klippe hinüber, auf der Hurúing Wuti wohnte, und zu der sie über eine Leiter hinaufstiegen. Sie traten ein, fanden dort ein uraltes Weib, aber an den Wänden ringsum alles voller Perlen, Muscheln und dergleichen. Das Weib schwieg. Erst als der junge Mann ihr die páhos gab, sagte sie mit schwacher Stimme: »Áskwali, Danke!« Bei Sonnenuntergang verschwand sie in einem Nebenraum und kehrte als ein wunderschönes Mädchen wieder, mit feinen Büffel- und Wildkatzenfellen, aus denen sie ein Lager bereitete. Nachdem sie ihm etwas zu essen gegeben hatte, lud sie ihn ein, auf diesem Bett bei ihr zu schlafen. Spinnenfrau flüsterte ihm zu, er solle ihr den Wunsch erfüllen, dann würde er ihre Gunst gewinnen und die Perlen bekommen. So tat es wie verlangt.
Als er am Morgen erwachte, fand er an seiner Seite eine schnarchende Alte. Er war sehr unglücklich, blieb aber doch den ganzen Tag dort, während die Alte zusammengekrümmt dasaß. Am Abend wiederholte sich die Verwandlung, so wie am vorigen Tag, doch danach blieb die Alte ein schönes Mädchen. Er verweilte vier Tage und Nächte bei der Hurúing Wuti, der Göttin der festen Materie. Nach vier Tagen äußerte er den Wunsch, heimzukehren. Darauf ging sie in einen Raum auf der Nordseite und holte eine Türkisperle, eine weitere aus einem westlichen Raum, aus einem südlichen Raum eine rötliche Perle (sáchni), und aus einem östlichen Raum eine harte weiße Perle (hurúingwa), eine Muschel. Schließlich gab sie ihm noch von jeder Sorte einige Schmuckperlen und sagte, er solle nun heimgehen. Sie schärfte ihm aber ein, den

Sack unterwegs ja nicht zu öffnen, denn wenn er das täte, würden alle Perlen verschwinden, andernfalls aber würden sie sich noch vermehren. »Geh nun zu den Schlangen! Sie werden dir Kleider, Speisen und anderes mehr geben.«

Darauf kehrte er zur Schlangenkiva zurück. Er blieb dort vier Tage und vier Nächte und schlief bei seiner Frau. Als er sich zur Rückkehr bereitmachte, sagte der Häuptling: »Nimm diese mana mit! Du hast uns gewonnen. Nimm alles mit, nimm auch von unseren Speisen. Führe zu Hause die Zeremonien durch, die ich dich gelehrt habe. Diese Frau wird dir Kinder gebären, ihr werdet viele sein, und sie alle werden für euch diese Zeremonie abhalten.« Nun brachen sie auf. Am Haus von Spinnenfrau sagte er zu seiner Frau: »Warte hier. Ich will mal zur Seite treten.« Er ging ins Haus von Spinnenfrau, und sie fragte: »Nun, hast du die mana bekommen?« – »Ja«, antwortete er. »Gut, nimm alles mit.« Aber sie verbot ihm seine Frau zu berühren, solange sie unterwegs seien, sonst würden die Perlen verschwinden und auch seine Frau.

Sie gingen los. Die Perlen waren noch nicht schwer. Während der Nacht schliefen sie getrennt. Am Morgen stellten sie fest, daß sich die Perlen vermehrt hatten, und das geschah auch während der Wanderung des nächsten Tages. Die folgende Nacht verbrachten sie genauso. Sie hätten gern gewußt, ob die Perlen und Muscheln sich erneut vermehrt hatten, aber sie wagten es nicht, nachzusehen. Auch die dritte Nacht verging, und der Inhalt des Sackes nahm zu wie schon in den vergangenen zwei Nächten. Nun wurde der Sack mit den Perlen und Muscheln sehr schwer, und den jungen Mann verlangte es sehr danach, sie anzusehen; aber seine Frau verbot ihm, den Sack zu öffnen. Die vierte Nacht verbrachten sie wie die vorigen, und als sie morgens aufstanden, war der Sack fast voll und sehr schwer. Spinnenfrau hatte auch einige Schnüre mit in den Perlensack getan, und die Perlen zogen sich, während sie sich vermehrten, daran auf.

Sie näherten sich nun der Heimat des jungen Mannes, und er hatte es jetzt sehr eilig, nach Hause zu kommen, denn er wollte gern den Inhalt des Sackes sehen; und so wanderten sie weiter.[44] Als sie nur noch eine Tagesreise vor sich hatten, war der Sack voll. In der letzten Nacht öffnete der Mann den Sack, obwohl seine Frau heftige Einwände machte. Er nahm viele der schönsten Schmuckperlen und Muscheln heraus, breitete sie vor ihnen auf dem Boden aus, legte sie sich um den

Hals und freute sich sehr. Sie legten sich zur Ruhe. Am Morgen entdeckten sie, daß alle Perlen verschwunden waren, außer denen, die Hurúing Wuti dem Mann ursprünglich geschenkt hatte. Deshalb haben die Hopi heute so wenig Perlen. Hätte der Mann damals all die Perlen, die im Sack waren, mit nach Hause gebracht, so würden sie heute viele davon besitzen. So aber waren sie sehr niedergeschlagen, als sie nach Hause kamen.

Zu jener Zeit lebten nur der Pátki-(Geteilter Quellen)-Klan und der Pŏna-(Kaktus)-Klan an dem Ort, doch mit dem jungen Paar war ein neuer Klan, der Schlangenklan, ins Dorf gekommen. Bald bekam die Frau viele Kinder. Es waren Schlangen, die auf den Feldern und im Sande lebten. Sie wuchsen rasch, liefen umher, spielten mit den Hopikindern, und manchmal bissen sie sie auch. Das ärgerte die Hopi, sie sagten: »Das ist nicht gut«, und jagten sie weg. Da waren die Schlangenkinder sehr unglücklich, und die Frau sagte zu ihrem Mann: »Bring die Kinder in meine Heimat zurück, und dann gehen wir beide allein von hier fort.« Der Vater des Mannes fertigte páhos an und gab sie seinem Sohn. Der legte die Schlangen mit den páhos in seine Decke und brachte sie in die Heimat seiner Frau. Dort erklärte er den Schlangenleuten, warum er seine Kinder und die páhos zu ihnen bringe. Sie sagten, das sei recht. Seither nehmen die Schlangenpriester, wenn sie nach dem Schlangentanz die Schlangen vom Dorfplatz wegtragen, immer auch páhos mit, die sie zusammen mit den Schlangen draußen niederlegen, damit diese nicht von sich aus ins Dorf zurückkehren.

Nachdem der Schlangenmann in das Dorf zurückgekehrt war, wanderte er mit seiner Frau nach Südosten und hielt bei verschiedenen Orten an. Einmal erblickten sie Rauch in der Ferne und sahen beim Näherkommen ein Dorf hoch oben auf der Mesa liegen. Das war das Dorf Walpi. Sofort gingen sie bis zum Fuße der Mesa, auf der Walpi lag, und teilten ihre Ankunft mit. Daraufhin kam der Dorfhäuptling von der Mesa herunter und fragte, was sie wollten. Sie baten um Aufnahme in das Dorf und versprachen, bei den Zeremonien der Leute dort mitzuwirken. Zunächst war der Häuptling nicht bereit, sie aufzunehmen, aber schließlich gab er seine Zustimmung und führte sie hinauf ins Dorf. Von da an gebar die Frau Menschenkinder und keine Schlangen mehr. Diese Kinder und ihre Nachkommen wurden zum Schlangenklan, der heute nur noch wenige Mitglieder zählt.

Bald darauf kamen auch der Pátki- und der Pŏna-Klan nach Walpi und wurden ins Dorf aufgenommen. In Walpi fertigten die Schlangenleute zum ersten Male Schlangen-típonis, Schlangen-Altäre und ähnliches an und führten die erste Schlangenzeremonie[45] durch. Von hier aus verbreitete sich der Schlangenkult zu den übrigen Dörfern, zuerst nach Shongópovi, dann nach Mishóngnovi und schließlich nach Oraibi. Bei der ersten Schlangenzeremonie schickte der Schlangenhäuptling seinen Neffen nach Norden, Westen, Süden und Osten, um Schlangen zu jagen. Aus jeder Richtung brachte er einige mit. Dann machte der Häuptling ein páho aus einer Balsampappelwurzel,[46] höhlte es aus und legte die Klappern von drei Schlangen und eine ganze Schlange hinein, tat einen Maiskolben dazu und band verschiedene Federn daran, von Adler, Pirol, Blauvogel, Papagei, Elster und Wanderdrossel. Nun wickelte er eine Wildlederschnur um die Federn. Nachdem er dieses típoni angefertigt hatte, wurde die erste Zeremonie gefeiert, und seitdem findet sie regelmäßig statt.

Lomávantiwa
Shipaúlovi

Das Einbringen von Adlern[47]

Früher hielten sich die Leute Adler (kwáhu) auf ihren Hausdächern. Da drüben [in den anderen Dörfern] tun sie es hier und da noch immer. Also, das ist eine Geschichte, die die Weißen nicht glauben. Als wir [vor langer Zeit] hier durchzogen, nun, da haben sie einige Kinder zurückgelassen, und diese Kinder wurden zu Adlern. Deshalb können alle Klane hier, jeweils bestimmte Klane, Adler holen. Vielleicht ist es in dieser Richtung ein anderer Klan, jeder hat seine eigenen Adler. Wir behandeln sie genau wie Babies. Man stellt Säuglingstragen her, bevor man auf Adlerfang geht. Wenn die Adler gefangen werden, sind sie noch klein, und man legt sie in die Säuglingstragen und bringt sie darin nach Hause. Dann wäscht man den Adlern den Kopf, genau wie bei den Menschen, und gibt ihnen Namen, wie man es auch mit den eigenen Kindern macht. Man gibt ihnen Namen und setzt sie oben auf die Häuser. Danach gibt man ihnen zu fressen. Man darf ihnen nicht irgendetwas geben, sondern muß sie mit Kaninchenfleisch füttern.

Und wenn sie dann größer werden, beginnt die Zeit, in der eine Heimgangszeremonie (Níman tiihu)[48] aufgeführt wird. Dann bringen die Kachinas den Kindern Puppen oder auch Pfeile und Bogen, und dem Adler schenken sie so eine flache Puppe. Wenn der Tanz vorbei ist, am nächsten Tag, tötet man die Adler. Man erschießt sie nicht, sondern steckt ihnen den Daumen hier [in den Rachen] hinein, verschließt ihnen die Luftröhre und tötet sie auf diese Weise. Man erschießt sie nicht oder macht etwas derartiges. Bevor man jedoch den Adler tötet, wäscht man ihm noch einmal den Kopf. Wenn er tot ist, rupft man ihm alle Federn aus. Dann begräbt man ihn genau wie einen Menschen. Wie die Weißen legen wir Blumen auf bestimmte Gräber. Man legt ihm auch seine Puppe dazu. Adler werden genau wie Menschen begraben. Die Federn behält man zum zeremoniellen Gebrauch, um Gebetsfedern und dergleichen herzustellen.

Wir gehen nicht einfach so hinaus und holen uns Adler. Wir müssen dorthin gehen, wo die Adler meinem Klan gehören. Es sind Goldadler, nur diese eine Art. Man kann nur dorthin gehen, wo einem die Adler gehören. Diese ganze Gegend bis hinauf nach Lee's Ferry,[49] die gehört dem Bärenklan. Wenn es dort Adler gibt, sind das Bärenklan-Adler. Und das Gebiet hier herüber gehört dann dem Kachinaklan, meinem Vater zum Beispiel – sie haben da drüben eine Stelle, nördlich von Red Lake, wo sie ihre Adler holen. Es gibt einen Red Lake Trading Post etwa 25 Meilen aufwärts. Dort sind auch Ruinen. Das Gebiet hier herüber gehört uns, diesen Bergzug hinunter ungefähr 15 Meilen lang. Dort holen wir unsere Adler. Auf unserem Haus im Unteren Móenkopi hatten wir immer einen Adler. Manchmal ist es schwer, an die Adler heranzukommen, und man muß jemanden an einem Seil festbinden und von oben zum Adlernest hinunterlassen. Ungefähr im Mai gehen sie sie holen. Die Heimgangstänze sind dann im August.

»Uwaíkwiota« (Pseudonym), Schilfklan
Móenkopi, August 1968

Wir brauchen Adlerfedern für unsere Zeremonien. Federn von dem ganzen Adler außer vom Kopf und den Beinen, alle sind uns von Nutzen. Wir Angehörige des Bärenklans hatten dieses Jahr zwei. Unser Gebiet für die Adler beginnt bei Grand Falls, unterhalb von Leupp – dem kleinen Teil der Schlucht – und verläuft von dort ganz hinunter bis etwa 2 Meilen oberhalb von Cameron. Diese kleine Schlucht, das ist unser Gebiet. Die Nester sind an verschiedenen Stellen, auch ganz weit unten. Wir halten uns an bestimmte Zeiten für unsere Adlerjagd. Das ist dann, wenn sie groß genug zum Hüpfen sind, [kurz] bevor sie hüpfen. Wenn sie einmal hüpfen, kann man sie nicht mehr fangen. Am 18. Mai, bevor sie hüpfen, dann gehen wir. Manchmal sind sie schon gehüpft, manchmal auch noch nicht. Das zeigt dann, daß sie noch ein bißchen zu jung sind, und wir müssen uns sehr anstrengen, um sie hinunterzuscheuchen.

Einmal mußten sie mich oben von der Mesakante hinunterlassen, ganz bis unten, und ich kreiselte vor dem Nest umher. Die Adler waren noch recht jung, sie hatten noch die kleinen weißen Federn auf dem Kopf und konnten nicht hinunterfliegen. Schließlich bekam ich den Fels zu fassen, und sie warfen mir ein anderes Seil zu, an dem ich die Adler festband, und sie zogen sie hoch. Ich hatte Mühe, wieder hochzukommen. Mein Onkel hatte mir nicht gesagt, was zu tun war. Hinunterzukommen, das ist leichter. In dem Felsen war ein großer Vorsprung, und die Adlerhöhle befand sich darunter. Und jedesmal, wenn sie mich hochzogen und ich an den Vorsprung stieß, kratzte ich mir überall die Hände auf. Und mein Onkel hatte mir nicht gesagt, was in einer solchen Situation zu tun sei. Ich schrie, und sie waren weit oben auf dem Gipfel. Und tief unter mir waren Wasser und große schwarze Steine. Wenn ich gefallen wäre, hätte da unten ein toter Hopi gelegen. Ich sah immer dorthin und versuchte, das zu vergessen.

Sie warfen ein anderes Seil hinunter, und ich schlang es mir um. Dann schrie schließlich mein Onkel, ich konnte ihn kaum hören. Er rief, ich solle das Seil hier [unter den Achselhöhlen], hier [um die Taille] und hier [unter dem Schritt] festbinden, dann bräuchte ich es nicht mehr mit den Händen zu halten.»Leg die Hände an die Wand«, rief er mir zu. Er wußte genau Bescheid, unser Großonkel. Sein Name war Amos. Er war schon viel älter als wir. Schließlich befolgte ich seinen Rat, legte meine Hände an die Wand und lief mit Händen und bloßen Füßen einfach so hinauf.

Wir gingen immer nach unten in die Schlucht und sahen uns nach Adlerkot um. Wenn wir dieses weiße Zeug erblickten, wußten wir, daß darüber Nester waren. Wir gingen unter die weißen Flecken, und wenn wir dann Kaninchenknochen oder Überreste von Schlangen und Präriehunden fanden, wußten wir, daß der Adler da war. Wir [stiegen auf die Mesa und] nahmen drei Dosen, banden sie ans Ende eines Seils und schüttelten sie [vor dem Nest]. Diejenigen von den jungen Adlern, die groß genug zum Hüpfen waren, sprangen heraus. Doch wenn sie in der Schlucht auf dem Boden waren, konnten sie nicht fliegen, weil sie es noch nicht gelernt hatten. Sie landeten immer lebend, aber sie konnten dann nur umherlaufen, und wir sammelten sie auf. Sie wehrten sich und versuchten, loszukommen und uns mit ihren Klauen zu packen. Je mehr sie sich wehrten, desto tiefer gruben sich ihre Klauen ein. Mein Großvater und mein Vater sagten mir, immer wenn sie das täten, sollte ich ihre Beine zu fassen bekommen und ganz fest drücken. Nach einer Weile würden ihre Krallen dann erstarren und ihre Klauen sich öffnen.

Porter Timeche (Lomáhongva), Bärenklan[50]
Shongópovi, Juni 1981

Zwei Vögel mit Regenwolken

III.
STREICHE UND HELDENTATEN DER KRIEGERBRÜDER

Die Kriegerbrüder sind als Bestandteil des Universums vieler Indianervölker des altmexikanischen Kulturraumes von den Maya im Süden bis zu den Pueblos im Südwesten Nordamerikas bekannt. Sie repräsentieren Kriegertum; mit ihren Waffen Donner(brett) und Blitz(pfeil oder -rahmen) beschützen und verteidigen sie die Hopi gegen ihre Feinde. Ähnlich wie bei den Hopi sind sie auch im Zia Pueblo die Schutzwesen der Krieger-Gesellschaft. Jemez und andere Pueblodörfer leiten ihre Kriegsführer und den ihnen übergeordneten Kriegshäuptling von den Kriegerbrüdern und ihrem Vater, der Sonne, her. In Zũni fungieren die beiden Bogenpriester, die höchsten spirituellen Amtsträger, als irdische Repräsentanten der Kriegerbrüder, und wie diese verfügen sie über die Macht der Blitze.

In den großen Zeremonien der Hopi spielen die Kriegerbrüder wie auch Großmutter Spinne keine tragende Rolle; sie werden vielmehr in den kleinen und großen Nöten des täglichen Lebens um Beistand gebeten. Da die Hopi zur Zeit keine kriegerischen Auseinandersetzungen befürchten müssen, sind auch die Kriegshäuptlinge in den Hintergrund getreten. Sie nehmen nur noch zeremonielle Aufgaben wahr; in einigen Dörfern werden ihre Positionen nur formell oder gar nicht besetzt. Es könnte aber sehr wohl sein, daß die Kriegerbrüder erneut an Bedeutung gewinnen und die sie vertretenden Institutionen wiederbelebt werden, falls sich der Kampf der Hopi um ihr Überleben (und das der ganzen Erde, die ja von den Kriegerbrüdern bewacht wird) verschärfen sollte. Eine Erklärung, die in dieser Weise verstanden werden kann, gab vor einiger Zeit Thomas Banyacya, der offizielle Sprecher der traditionellen Hopi-Dörfer, mit Ausnahme Hótevillas, ab:
„Aber glaubt nicht, daß das WAHRE VOLK DER HOPI nie zu den Waffen greifen wird, weil der Große Geist ihm dies untersagt hat, ... daß es nicht kämpfen wird ... und sogar sterben für das, was wir als den richtigen Weg des Lebens erkannt haben..." (Aus pogrom 89/90 (1982) S. 15.)

Wie die Pöqángs den Unhold Só'yoko und seine Frau vernichteten[1]

Halíksai!
In Oraibi lebten die Leute, aber zu jener Zeit lebten dort sehr viele Menschen, und es geschah oft, daß einige von den Männern und Frauen, die Holz holen gingen, nicht wiederkamen. Die Leute machten sich Gedanken und fragten sich, was aus ihnen geworden sei, ob sie fortgegangen oder getötet worden waren. Sie machten sich Sorgen. Einmal ging wieder ein Mann Holz holen. Er nahm seine Riemen, band sie sich um den Leib und ging nach Hótvela (einer Quelle etwa fünf Meilen nordwestlich von Oraibi).[2] Nördlich von ihr sammelte er etwas Holz, machte wie üblich aus Stöcken einen hölzernen Rahmen, in dem er das Holz aufschichtete, hob das Holz auf den Rücken und ging zum Weg nach Oraibi zurück. Da hörte er eine Stimme. Jemand sang das folgende Lied:

Iya yahina kilisina hanaa,
Iya yahina kilisina hanaa.
Honayish pichiya sakista,
Kooyna ahinahina,
Toyashkakolita So'yokooo.

(Die Worte sind archaisch und werden von den Hopi heute nicht mehr verstanden.)

Es war der Só'yoko. Als er sah, daß jemand mit Holz daherkam, sagte er zu sich: »Nun denn, aus dem werde ich mir ein Festessen machen.« Der Mann, der das Holz trug, warf jedoch schnell seine Last zu Boden und versteckte sich darunter. Als der Só'yoko an die Stelle kam, konnte er den Mann nicht finden und dachte, er sei entkommen. »Dann gehe ich eben weiter, vielleicht finde ich einen anderen«, sagte er, schlug einen neuen Weg in den Wald ein und sang wieder sein Lied. Bald stieß er auf eine Frau, die gerade eine Last Holz fertigmachte. »Nun denn, ich will mir aus ihr ein Festessen machen«, sagte er wieder.
Als die Frau ihn sah, bekam sie große Angst, lief davon und stieg auf einen Wacholderbaum, wobei sie urinierte. Der Só'yoko bemerkte die Feuchtigkeit auf dem Boden am Baum und sagte zu sich: »Irgendwo müssen Wolken sein, es hat geregnet.« Dann ging er weiter in Richtung

Westen und murmelte: »Ich werde mir einen anderen suchen.« Auf seinem Weg sang er wieder dasselbe Lied. Der Mann, den er zuerst gesehen hatte, war in der Zwischenzeit entflohen, und auch die Frau stieg, nachdem der Só'yoko weitergegangen war, vom Baum herab und lief ins Dorf zurück. Die beiden erzählten den Leuten im Dorf, daß es der Só'yoko sei, der die Oraibier tötete. Als der Dorfhäuptling dies hörte, wurde er sehr traurig und dachte die ganze Nacht darüber nach, wer ihm helfen könnte.

Am nächsten Morgen ging er zum Achámali-Schrein (ungefähr eine Achtelmeile nördlich von Oraibi), wo die Pöqángs mit ihrer Großmutter Spinnenfrau lebten. Spinnenfrau lud ihn ein, hereinzukommen und sich zu setzen. Die beiden Brüder waren mit ihrem Ballspiel beschäftigt und hörten den Häuptling nicht eintreten. Die Frau befahl ihnen, Ruhe zu geben, da jemand gekommen sei, aber sie hörten nicht einmal das, und da schlug sie einem von ihnen auf den Rücken. »Was ist?« fragte er und spielte weiter. Schließlich packte sie ihn an beiden Armen und befahl ihm noch einmal, still zu sein, denn es sei jemand zu Besuch gekommen. Da hörten sie auf, und jetzt fragte die Frau den Häuptling: »Nun, was ist es? Du bist gewiß aus einem bestimmten Grund gekommen.« – »Ja«, sagte er, »diese meine Kinder hier in Oraibi, wenn sie Holz holen gehen, werden sie getötet, und es ist Só'yoko, der sie umbringt, und ich möchte, daß ihr Rache an ihm nehmt. Das ist der Grund, weshalb ich gekommen bin.« – »Ja«, sagten sie, »das tut er. Er ist unser Onkel, und er ist böse, aber wir helfen dir. Wir gehen hin.« Der Häuptling fragte sie, was sie dafür haben wollten, und sie sagten ihm, er solle ein paar von diesen Bällen machen, wenn sie ihn getötet hätten, denn das sei es, was sie haben wollten.

Darauf kehrte der Häuptling ins Dorf zurück. Die beiden Brüder nahmen am nächsten Morgen ihre Bögen, ihre Pfeile, die aus Blitzen bestanden, und ihren Ball, den sie auf dem Weg immer vor sich her schlugen.[3] Einer schlug ihn vorwärts, der andere zurück, und so kamen sie langsam, aber stetig voran. Schließlich erreichten sie das Haus des Só'yoko. Es lag bei Múnya'ovi auf der Spitze der Mesa, östlich von Oraibi (etwa vier Meilen entfernt). Sie schauten ins Haus hinein, aber der Só'yoko war nicht da, und seine Frau Só'yok Wuti war ebenfalls weggegangen. Sie folgten den Spuren der letzteren nach Westen und fanden sie an einer Stelle, wo sie saß und weiße Läuse auf ihrem Kleid absuchte. »Da sitzt jemand«, sagten sie zueinander und

lachten über sie. »Laß uns ihr etwas antun«, schlug der ältere Bruder vor, »sie bemerkt uns nicht.« Darauf schossen beide einen Blitzpfeil (hóhu) auf sie ab, der sie in Stücke riß. »Gehen wir jetzt zu ihrem Haus«, sagten sie dann und machten sich auf den Weg.
Als sie dort ankamen, war der Só'yoko immer noch nicht zurück. So gingen sie hinein und schauten sich um. In einem Raum fanden sie noch frisches Menschenfleisch, das gerade erst gebraten worden war, und an den Wänden hingen eine Menge Perlen, Kleidungsstücke und Skalpe, die der Só'yoko den getöteten Hopi abgenommen hatte. Hier warteten sie auf ihn. Bald hörten sie ihn kommen. Er sang dasselbe Lied wie zuvor. »Jetzt kommt er«, flüsterten sich die Jungen zu, und als er das Dach des Hauses oder der Kiva betrat, hörten sie ihn etwas hinabwerfen. »Er hat wieder jemanden getötet, denn er hat etwas hinabgeworfen«, flüsterten sie. Als der Só'yoko in die Kiva kam, fand er dort niemanden und sagte sich: »Sie ist wohl noch nicht wieder da, denn es ist kein Feuer in der Herdstelle.« Er legte Pfeil und Bogen und seine Steinaxt ab und suchte nach etwas zum Essen.
Die Pöqángs hatten sich in dem Mahlverschlag[4] versteckt. Als sie ihn umherlaufen sahen, beschlossen sie, ihn nun zu töten. Beide schossen Blitzpfeile auf ihn ab, die ihm den Garaus machten. Darauf nahmen sie sein Messer, skalpierten ihn, und nahmen dann viele Perlen und eine große Menge anderer Dinge, die sie im Haus fanden, mit nach Hause. Jetzt waren sie also sehr reich. Sie hatten so viel zu tragen, daß sie auf dem Heimweg nicht einmal ihren Ball vor sich herschlagen konnten. Als sie zu Hause ankamen, vollführten sie einen Tanz, schwangen den Skalp des Só'yoko dazu und sangen das folgende Lied:

Aynikohinahina
Aynikohinahina
Aynikohinahina
Hataina, hataina,
Aynikohinahina
Pöqánghoyo, Só'yoko.
Taalcha, hataina hataina
Aynikohina hina.

(Die Worte sind archaisch und werden nicht mehr verstanden, mit Ausnahme der beiden Eigennamen und dem Wort taalcha. Das letzte Wort soll das Navaho-Wort für »töten« sein.)

Als der Dorfhäuptling hörte, daß die beiden zurückgekehrt waren, schnitt er aus einem großen Stück Hirschleder zwei runde Teile aus und machte aus ihnen zwei schöne Bälle. Er fertigte auch für jeden einen Schläger an, nahm alles und ging zum Haus der Pöqángs. »Was habt ihr herausgefunden?« fragte er. »Wir haben sie getötet«, antworteten sie. Er dankte ihnen und überreichte ihnen die Bälle und Schläger. Seitdem sind die Hopi immer zurückgekommen, wenn sie Holz holen gingen.

Kwáyeshya
Oraibi

Wie Pöqánghoya eine Braut errang[5]

Halíksai!
In Oraibi lebten sie. Es gab dort sehr viele Menschen. In Pikáchvi lebte eine Familie, die ein schönes Mädchen hatte, das alle Heiratsanträge ablehnte. Davon hörten Pöqánghoya und sein Bruder Palöngahoya, die mit ihrer Großmutter Spinnenfrau in Pöqángwawarchpi lebten. Sie dachten darüber nach und sagten eines Tages zu ihrer Großmutter: »Großmutter!« – »Was gibt es?« – »Im Dorf wohnt ein Mädchen, das sich weigert, einen der jungen Männer des Dorfes zu heiraten«, sagten sie, »wir wollen es auch versuchen.« – »Ihr Ärmsten«, erwiderte die Großmutter, »ihr seid doch viel zu klein und unansehnlich, sie wird euch bestimmt nicht wollen.« Aber die beiden mochten nichts davon hören und sagten, daß sie es trotzdem versuchen würden. »Gut, gut«, sagte die Großmutter, »geht und versucht es, aber sie wird euch nicht wollen, weil ihr nicht hübsch seid.«
Also nahmen sie sich abends ein paar Kürbiskerne, suchten sich mehrere kleine Stöcke und gingen ins Dorf. Westlich des Hauses, in dem das Mädchen wohnte, gab es sehr viele Mäuse in den Felsen. Dort stellten die Pöqángs einige Steinfallen auf und legten die Kürbiskerne hinein.[6] Während sie noch damit beschäftigt waren, kam zufällig das Mädchen vorbei und sah sie bei der Arbeit. »Was macht ihr da?« wollte sie wissen. »Nun«, antworteten sie, »wir stellen hier Fallen für die Mäuse auf.« – »Kommt doch mit in mein Haus und stellt dort auch welche auf«, sagte sie zu ihnen, »es gibt da sehr viele Mäuse.«
Sie nahm sie mit in ihr Haus, und die beiden stellten an verschiedenen

Stellen Fallen auf, auch dicht beim Mahlverschlag. Schließlich fragten sie, ob sie nicht eine píki-Schale habe. Ihre Mutter holte aus einem anderen Zimmer eine herbei, und sie stellten sie statt des sonst in den Fallen verwendeten kleineren Steins in der Nähe der Mahlschüssel auf. »Also, morgen mußt du nach den Fallen sehen«, sagten sie zu dem Mädchen und gingen wieder. Sie machten sich sofort auf die Jagd und erlegten eine Antilope. Diese trugen sie in der Nacht ins Haus des Mädchens und legten sie unter die píki-Schale, so daß es aussah, als ob sie sich in dieser Falle gefangen habe. Als das Mädchen am nächsten Morgen die Fallen untersuchte, fand sie etwas Großes unter der píki-Schale, und beim genaueren Hinsehen stellte sie fest, daß es eine Antilope war. »Vater!« rief sie sofort, »komm mal her! Dort hat sich etwas Großes gefangen, komm doch mal!« Der Vater hatte noch geschlafen, aber er stand sofort auf, ging in das Zimmer und sah, daß in der Falle etwas Großes lag. »Danke«, murmelte er, und dann: »Nanu, das ist ja eine Antilope! Ja doch, eine Antilope hat sich darin gefangen!« Darauf nahm er sie aus der Falle und trug sie in seine Kiva.
Dort nahm er sie aus und schnitt sie in Stücke. Einen Teil des Fleisches kochte seine Frau als nöekwiwi, den Rest trocknete er, und sie freuten sich sehr darüber. Am Abend nahmen die Pöqángs sich noch einmal Kürbiskerne, begaben sich wieder ins Dorf, und stellten wie am Abend zuvor Fallen auf. Währenddessen hatte das Mädchen von dem Antilopenfleisch gegessen und ging dann zu der Stelle, wo die Pöqángs die Fallen aufstellten. Sie traf sie dort an und fragte: »Seid ihr wieder da?« – »Ja«, antworteten sie. »Wenn ihr hier fertig seid, kommt wieder zu uns ins Haus und stellt dort Fallen auf, denn heute morgen hatte sich etwas Großes darin gefangen, worüber wir uns sehr gefreut haben.« Sie gingen mit ihr zum Haus und stellten wieder überall Fallen auf. Als sie zu der Schale kamen, sagte das Mädchen zu ihnen: »Hier hat sich heute nacht etwas Großes gefangen, von dem wir jetzt essen. Wir freuen uns sehr darüber. Deshalb müßt ihr diese Falle auch wieder aufstellen.« Während sie es taten, kam der Vater herein und fragte sie: »Stellt ihr hier wieder Fallen auf?« – »Ja«, antworteten sie. – »Sehr gut«, sagte er, »letzte Nacht fing sich in dieser Falle eine Antilope, von der wir jetzt essen und über die wir sehr froh sind. Damit habt ihr hier etwas zu Ende gebracht [nämlich die ständige Weigerung des Mädchens, sich zu verheiraten]; wenn sich also morgen wieder etwas in der Falle fängt, kommt am Abend her und holt unsere Tochter.«

In der Nacht töteten die Pöqángs einen Hirsch, von denen sie viele besaßen, und trugen ihn ins Haus des Mädchens, wo sie ihn unter die píki-Schale legten. Morgens, als das Mädchen aufstand, sah sie etwas mit einem großen Geweih in der Falle liegen. Sie lief zu ihrem Vater und rief: »Vater, komm schnell! Es ist etwas Großes in der Falle!« Als er kam und den Hirsch sah, sagte er: »Danke, dies ist ein Hirsch.« Er nahm ihn heraus und trug ihn in die Kiva, wo er ihn ausweidete und zerlegte. Seine Frau kochte wieder einen Teil, während er den Rest zum Trocknen aufhängte. Außen an der Wand seines Hauses hing jetzt eine Menge Fleisch, und die Freude bei ihnen war groß.

»Heute abend wartest du hier auf jemanden«, sagte der Vater zu seiner Tochter. Spätnachmittags aßen sie von dem Fleisch, das die Mutter gekocht hatte, und abends mahlte das Mädchen Mais. Im Haus der Pöqángs machten die beiden Brüder sich bereit, zum Haus des Mädchens zu gehen, aber sie gerieten in Streit über sie. »Ich gehe«, sagte Pöqánghoya. »Nein, ich gehe«, erwiderte sein Bruder, und so zankten sie miteinander. »Was streitet ihr euch?« mischte sich die Großmutter ein. »Natürlich muß Pöqánghoya gehen, denn er ist der Ältere.« So sprach sie zu ihnen.

Also begab sich Pöqánghoya abends zum Haus des Mädchens, das er in einem der oberen Zimmer beim Maismahlen fand. Er trat ein und sagte: »Ich bin gekommen, weil dein Vater es gewünscht hat.« – »Sehr gut«, antwortete sie und ging ihren Vater holen. Der sprach zu ihm: »Ja, du weißt, ich habe euch gesagt, daß ihr unsere Tochter holen kommen könnt, denn ihr habt dieses Wild für uns gefangen, von dem wir essen und mit dem ihr uns eine Freude gemacht habt.« Darauf füllte die Mutter für ihre Tochter eine Schale mit Mehl, und Pöqánghoya führte sie zu seinem Haus, um sie zu heiraten. Dort angekommen, rief die Großmutter sie herein, aber sie zweifelte solange daran, daß ihr Enkel das Mädchen mitgebracht hatte, bis sie es eintreten sah. Da war sie sehr glücklich und bat sie, sich zu setzen. Sie nahm dem Mädchen die Schale mit dem Mehl ab und stellte sie in einen inneren Raum, der nach Norden hin lag. Als sie wieder herauskam, setzte sie dem Mädchen eine kleine Schale mit einer winzigen Portion Maismehlpudding (hurúsuki)[7] vor und forderte es auf, davon zu essen. Das Mädchen nahm alles auf einmal und steckte es sich in den Mund. Spinnenfrau schaute zu, und als sie sah, daß es den ganzen Maismehlpudding in den Mund nahm, sagte sie: »Das darfst du nicht tun, denn

Mahlsteine in einem Hopi-Haus

das ist ›sehr etwas‹, und du darfst immer nur ein ganz kleines bißchen davon in den Mund nehmen.« Also legte das Mädchen den Maismehlpudding zurück in die Schale und steckte dann nur eine ganz kleine Portion davon in den Mund. Als sie diese zu essen begann, wuchs sie in ihrem Mund, so daß er ganz voll wurde. Dies wiederholte sie, bis sie gesättigt war, und dann war immer noch etwas von dem Maismehlpudding übrig.

Nachdem das Mädchen gegessen hatte, legten sie sich bald zur Nachtruhe nieder. Das Mädchen schlief bei der Großmutter. Früh am nächsten Morgen gingen die beiden hinaus und warfen dicht neben dem Eingang der Kiva geweihtes Mehl als Opfer der Sonne entgegen. Nach der Rückkehr in die Kiva holte die Großmutter Spinnenfrau ein paar Maiskolben und entfernte die Körner, und das Mädchen zermahlte sie drei Tage lang. Früh am vierten Tag, als die gelbe Morgendämmerung (sikyángwunuptu) erschien, ging die Großmutter hinaus und rief ihre Nachbarn, daß sie kommen und ihr dabei helfen sollten, den beiden das Haar zu waschen. Dann ging sie wieder hinein, holte das Mädchen heraus und sagte ihm, daß es sich am Kiva-Eingang

hinsetzen und warten solle. Bald erschienen zahlreiche Wolken, regneten auf das Mädchen nieder, wuschen ihm so das Haar und badeten es. »Danke« (áskwali), sagte die Großmutter, »daß ihr die Braut gewaschen habt.« Darauf nahm sie sie in die Kiva.
Das Mädchen mahlte dann den ganzen Tag über Mais, und abends bereitete es etwas chukúviki. Spinnenfrau holte aus einem der inneren Räume etwas Fleisch, von dem sie alle aßen. Der folgende Tag verlief genauso, und das Mädchen mahlte Blaumais zu somíviki[8], und so bereitete sie Tag für Tag allen das Essen. Aber sie fühlte sich unglücklich, weil niemand Baumwolle kämmte und spann, um ein Brautkleid für sie herzustellen, wie es sonst üblich ist. So lebten sie dort eine Zeitlang. Die beiden Pöqángs spielten unentwegt mit ihrem Ball und den Schlägern, auch mit gefiederten Pfeilen, aber keiner machte ein Brautkleid für die Braut, worüber sie sehr unglücklich war. Doch Spinnenfrau ging oft in einen inneren Raum, wo man sie zu jemandem »danke, danke« sagen hörte. Das Mädchen wußte nicht, mit wem sie sprach, aber in diesem Raum stellten die Spinnen ein Brautkleid her; erst kämmten sie Baumwolle, sponnen sie, legten sie dann auf einen Webstuhl und webten sie.
Eines Tages sagte Spinnenfrau schließlich zu der Braut: »Du bereitest jetzt etwas píkami zu. Deine Eltern haben Sehnsucht nach dir, und wir schicken dich nach Hause.« Das Mädchen machte den píkami, und die Spinnenfrau etwas nöekwiwi. Am Abend nahm das Mädchen den píkami aus dem Ofen, verteilte nöekwiwi, und alle aßen und legten sich dann schlafen. Am nächsten Morgen bereitete Spinnenfrau Yucca-Lauge und wusch damit Pöqánghoya und seiner Braut das Haar. Danach begab sie sich in den inneren Raum und brachte ein vollständiges Brautkleid mit, das sie dem Mädchen überreichte. Dann ging sie noch einmal hinein, holte eine große Menge Fleisch und übergab es an Pöqánghoya. Er schnürte es zu einem Bündel. Darauf kleidete Spinnenfrau die Braut an, so wie es noch heute gemacht wird, und schickte sie dann nach Hause zu ihrer Mutter. Pöqánghoya folgte ihr mit seiner großen Last Fleisch.
Bevor sie losgingen, hatte Spinnenfrau Pöqánghoya angewiesen, in dem Haus seiner Frau zu bleiben; er solle nicht viel reden, sondern abends mit vor den Knien verschränkten Armen auf dem Boden sitzen und auf seine Armbänder schauen (womit sie meinte, daß er einfach schweigend dasitzen solle – so wie die Hopi gewöhnlich auf dem

Boden sitzen und Stillschweigen bewahren). Während sie ins Dorf gingen, sahen die Männer, die früh aufgestanden waren und auf ihren Hausdächern saßen, das Paar und riefen: »Hier kommt jemand!« Die beiden gingen zum Haus der Eltern des Mädchens, wo sie von der Mutter begrüßt wurden. »Danke, daß ihr gekommen seid«, sagte sie und nahm die mitgebrachten Sachen entgegen.
Die Mutter kochte das ganze Fleisch, das Pöqánghoya mitgebracht hatte, in einem Topf und bereitete ein Festmahl. Nachdem sie gegessen hatten, saßen sie da und unterhielten sich. Pöqánghoya saß mit über den Knien gekreuzten Armen auf dem Boden, aber statt auf seine Armbänder zu schauen, nahm er sie ab, hielt sie sich vor die Augen und sah hindurch. Die Leute schauten immer wieder zu ihm hin und sagten zueinander: »Das ist also seine Sitte, so macht er es.« Nachdem sie sich alle eine Weile unterhalten hatten, legten sie sich schlafen. Früh am Morgen ging Pöqánghoya zu seinem Haus, um Spinnenfrau zu besuchen. Als er dort ankam, fragte sie ihn, ob er es mit dem Armband so gemacht habe, wie sie ihm gesagt hatte, und er antwortete: »Als wir mit dem Essen fertig waren und alles abgeräumt war, und die Männer sich zu unterhalten begannen, habe ich mein Armband abgenommen, es mir vors Gesicht gehalten und hindurchgesehen.« – »Du bist unartig«, schimpfte die Großmutter, »ich habe dir nicht gesagt, daß du das tun sollst. Wenn jemand Schwiegersohn wird, hat er mit dicht vor dem Gesicht über den Knien gefalteten Armen dazusitzen, so daß es aussieht, als ob er seine Armbänder ansieht. Du bist nicht wie ein Hopi (ka hópi).«
Darauf kehrte er wieder zum Haus seiner Frau zurück. Bald war die Zeit zum Pflanzen gekommen, und die Männer gingen auf die Felder hinaus. Pöqánghoya ging zu Spinnenfrau und sagte: »Es ist Pflanzzeit, und wir gehen pflanzen.« – »Sehr gut«, antwortete sie und gab ihm ein kleines Päckchen mit verschiedenen Maissorten zum Anpflanzen. Das nahm er mit zum Haus, wo sein Schwiegervater schon zum Aufbruch bereit war. Er hatte einen kleinen Sack voll Mais bei sich, aber Pöqánghoya sagte zu ihm: »Nimm den nicht mit. Ich habe etwas Mais zum Pflanzen mitgebracht.« Darauf zog er das kleine Päckchen hervor. »Das ist nicht genug«, meinte der Schwiegervater. »Laß es uns trotzdem nehmen«, erwiderte Pöqánghoya, »es ist eine ganze Menge.« – »Also gut, nehmen wir dies«, willigte der Schwiegervater ein und legte den Sack weg, den er fertiggemacht hatte.

Dann begaben sie sich auf das Feld des Schwiegervaters und begannen mit dem Pflanzen. Pöqánghoya legte immer nur ein Korn in das Loch, das er mit seinem Grabstock (wíka) gemacht hatte, aber als der Mann den ersten Hügel bepflanzte, legte er ziemlich viele hinein, so wie es die Hopi heute tun. Pöqánghoya sah das und sagte: »Das darfst du nicht tun, leg nur ein Korn hinein, das ist genug.« Der Mann legte die Körner sofort in den Sack zurück und tat von da an nur noch jeweils ein Korn ins Loch, und als sie fertig waren, hatten sie noch immer nicht alle Körner aufgebraucht. Es waren immer mehr geworden. Der Mais, den sie gepflanzt hatten, wuchs bald, und als es regnete, wurde er größer und größer. Einmal regnete es sehr heftig, und danach wuchs auch viel Gras mit hoch.

Pöqánghoya ging wieder Spinnenfrau besuchen. »Habt ihr angepflanzt?« fragte sie ihn. »Ja«, erwiderte er. »Und als es etwas geregnet hat«, wollte sie weiter wissen, »kam das Gras hoch?« – »Ja, viel Gras und Unkraut.« Darauf sagte sie ihm, daß ein Schwiegersohn seinem Schwiegervater beim Hacken des Feldes helfen sollte, also solle er umkehren und das tun. Er solle seine Hacke nehmen und auf dem ganzen Feld Ameisenhügel machen (d. h. kleine Sand- und Erdhäufchen, die entstehen, wenn man eine Hacke durch den Boden zieht, mit anderen Worten, sie meinte, daß er das Feld sehr sorgfältig hacken sollte). »Also gut«, antwortete er und kehrte zum Haus zurück, wo er nach einer Hacke fragte. Man gab ihm eine, und er ging aufs Feld. Dort jedoch legte er sie zu Boden und machte sich auf die Suche nach Ameisen. Als er am Rande des Feldes einen sehr großen Ameisenhaufen fand, tat er die Ameisen mitsamt der Erde in seine Decke und schüttete auf dem ganzen Feld kleine Ameisenhäufchen auf, wodurch er die Ameisen überall verteilte.

Am nächsten Morgen ging er wieder zu seiner Großmutter, die ihn fragte: »Gestern hatte ich dir gesagt, daß du das Feld hacken sollst, wie steht es damit? Wieviel hast du gehackt?« – »Ja«, sagte er, »das hast du mir gestern gesagt. Also bin ich aufs Feld gegangen, habe meine Hacke hingelegt und den ganzen Feldrand nach Ameisenhaufen abgesucht, und als ich einen großen fand, habe ich ihn in meine Decke gelegt und damit kleine Ameisenhaufen gemacht, den ganzen Tag lang.« – »Also, das ist mal wieder ganz deine Art«, sagte die Großmutter. »Du bist schon ein Narr. Das habe ich dir nicht gesagt; ich meinte, wenn ein Mann seine Hacke von verschiedenen Seiten durch das Unkraut zieht,

werden Erde und Sand zu kleinen Häufchen geformt, die man auch Ameisenhaufen nennt. Das solltest du tun. Du bist ein Dummkopf, ein Tor bist du. Du gehst jetzt zurück, nimmst deine Hacke und legst den feuchten Boden frei, indem du das Unkraut abschlägst und den trockenen Boden entfernst (wíklolantanangwu).«
Er ging nach Hause zurück, und am nächsten Morgen fragte er beim Frühstück nach Schmierfett. Sie suchten etwas heraus, packten es ein und gaben es ihm. Er nahm Hacke und Fett, ging zum Feld, legte die Hacke nieder, nahm den mitgenommenen Talg und verteilte ihn über das ganze Maisfeld, eine Handlung, die im Hopi durch dasselbe Wort wíklolantanangwu ausgedrückt wird. Danach kehrte er nach Hause zurück, ohne überhaupt gehackt zu haben. Früh am nächsten Morgen besuchte er wieder Spinnenfrau. »Bist du wieder da?« fragte sie. »Ja«, antwortete er. »Nun, du erinnerst dich, was ich dir gestern aufgetragen habe. Hast du es wenigstens diesmal gemacht?« – »Ja«, antwortete er, »gestern nach dem Frühstück habe ich die Mutter meiner Frau um etwas Talg gebeten, und sie hat ihn mir gegeben. Ich habe ihn eingewickelt, aufs Feld mitgenommen und ihn dort überall verteilt.« – »Du bist ein Dummkopf, ein Dummkopf, ein Dummkopf! Das habe ich dir nicht gesagt. Ich habe dir gesagt, daß du den Mais umgraben sollst, und du weißt, wenn man hackt und das Unkraut abschneidet, gräbt man auch die trockene Oberfläche um, und der feuchte Boden kommt zum Vorschein, und das habe ich gemeint, das hättest du tun sollen. Aber jetzt gehst du, nimmst deine Hacke und hackst das Feld.« Als er nach Hause kam, fand er seinen Schwiegervater offenbar sehr traurig und nachdenklich dasitzen. Er war mehrere Male auf dem Feld gewesen, und obwohl sein Schwiegersohn immer aufs Feld gegangen war, hatte er keine Spur von Arbeit sehen können. Das Gras wuchs, der Mais war erschöpft und welk, und er überlegte, ob seine Tochter nicht den Schwiegersohn davonschicken sollte. Während er noch nachdachte, kam Pöqánghoya ins Haus. Als er seinen Schwiegervater so offensichtlich enttäuscht dasitzen sah, fragte er ihn, weshalb er so traurig sei. »Ja«, sagte der Mann, »ich habe an unser Feld gedacht. Gras und Unkraut wachsen, und der Mais wird müde. Eigentlich sollten sich zu dieser Zeit schon die ersten Maiskolben bilden, aber er vertrocknet.« – »Das ist es also«, sagte sein Schwiegersohn. »Du mußt dir darüber keine Gedanken mehr machen. Ich gehe heute hin, und wir werden noch heute fertig.« Darauf gingen beide aufs Feld.

Inzwischen hatte Spinnenfrau die Wolken gebeten, das Feld ihres Enkels zu hacken, und als die beiden anfingen, bildete sich eine Wolke über den San Francisco Peaks. Es dauerte nicht lange, und zahlreiche Wolken bewegten sich auf das Dorf zu. Als sie ein wenig gehackt hatten, begann es zu regnen. Sie liefen zu einem Schutzdach, setzten sich darunter und warteten den Regen ab. Bald floß das Wasser in kleinen Bächlein durch das Feld und bedeckte das Gras mit Sand und Erde. Als der Regen aufhörte, gingen die beiden durchs Feld und sahen, daß das Unkraut ganz zugedeckt worden war. »Danke«, sagte der alte Mann, »daß sie das Feld für uns gesäubert haben. Jetzt können wir nach Hause gehen.« Also kehrten sie zurück, nachdem sie so schnell mit dem Unkrautjäten fertig geworden waren.

Sie lebten nun glücklich in ihrem Haus. Mit der Zeit bekam Pöqánghoyas Frau einen Sohn, der heranwuchs und mit den Kindern des Dorfes spielte. Sein Vater machte ihm Pfeil und Bogen, mit denen er zu schießen lernte. Manchmal schoß er auf Kinder aus Oraibi und tötete sie. Darüber wurden die Oraibier sehr zornig und forderten, daß Pöqánghoya nicht länger im Dorf leben, sondern nach Hause zurückkehren solle. So sagte er eines Tages zu seiner Frau: »Ich gehe jetzt zurück. Meinen kleinen Sohn, dessentwegen sie uns vertreiben, nehme ich mit. Aber du solltest hier bei deinem Vater und deiner Mutter bleiben.« Dann nahm er den kleinen Jungen auf seinen Rücken, kehrte in sein Haus zurück und blieb fortan dort.

Tangákhoyoma
Oraibi

Pöqánghoya und sein Bruder als Diebe[9]

Alíksai!
In Shongópovi lebten sie; an der Stelle, wo Shongópovi früher lag und wo man noch die Ruinen des alten Dorfes sehen kann,[10] dort lebten sie. Nördlich des Dorfes, aber ganz in der Nähe, lebten Pöqánghoya und sein Bruder mit ihrer Großmutter. Wie so oft spielten sie einmal wieder mit ihrem Ball, schlugen ihn vor sich her und bewegten sich auf Toríva zu. Als sie dort anlangten, waren sie durstig und stiegen in die

Quelle, um zu trinken. Nachdem sie ihren Durst gelöscht hatten und gerade weiterspielen wollten, sahen sie an der Stelle, wo das Wasser hervorsprudelt, eine Menge páhos. »Laß uns die mitnehmen«, sagte der jüngere Bruder, nahm sich eins der páhos und verschluckte es. »Schluck auch du eins«, sagte er dann zu seinem älteren Bruder, aber dieser hatte inzwischen in einer Felsnische weiter oben ein paar Topfscherben oder Schalen mit verschiedenen Farben darin entdeckt, die die Flötenpriester dort abgelegt hatten. »Laß uns lieber ein paar Farben nehmen«, sagte er zu seinem jüngeren Bruder und steckte etwas von jeder Farbe in kleine Löcher und Öffnungen, die durch den langen Gebrauch in dem Hirschlederbezug des Balles entstanden waren. Dann nähte er die Löcher zu, legte den Ball wieder hin und sagte: »Laß uns jetzt gehen, und wenn wir unseren Ball so weiterschlagen, wird es regnen, bevor wir nach Hause kommen.«

So zogen sie los und schlugen den Ball auf die Maiskolben-Felsklippen zu, die noch an der Stelle stehen, wo früher das Dorf Mishóngnovi lag. Einer der Brüder schlug den Ball vorwärts, der andere zurück, und so bewegten sie sich auf das Dorf zu. Bevor sie es erreichten, hatten die Leute sie entdeckt. Zuerst schlugen sie ihren Ball eine Weile im Norden des Dorfes umher, und die Kinder sahen zu und riefen sie an. Dann kamen sie ins Dorf und schlugen ihren Ball weiter auf den Wegen, bis sie unvermittelt in eine der Kivas hinabstiegen und feststellten, daß dort die Flötenpriester zu ihrer Zeremonie versammelt waren. In einer der Schalen, die auf dem Boden standen, lagen ein Blitzrahmen, ein Donnerbrett, ein Wasserkrug in einem Netz (pá'uypi)[11] und anderes mehr. Diese Schale ergriffen sie und liefen hinaus. Keiner der Priester sagte etwas.

Darauf gingen sie in eine andere Kiva, wo sich die Schlangenpriester zu ihrer Zeremonie versammelt hatten. Sie waren gerade dabei, die Schlangen in einer Schale zu waschen. Die Pöángs nahmen sich eine Wühlnatter[12] (lölökang), steckten sie in einen Schlangenbeutel und verließen die Kiva. Der jüngere Bruder nahm den Beutel unter den Arm, der ältere trug die Schale mit den Gegenständen, und so liefen sie, ständig den Ball schlagend, auf die Maiskolben-Felsklippen zu. Als sie dort ankamen, fanden sie eine große Zahl páhos, kleine künstliche Melonen, Wassermelonen und Pfirsiche, die die Hopi hergestellt und in einzelnen Nischen, Spalten und Winkeln abgelegt hatten. Die verschiedenen Bünde legten sie in ihren jeweiligen Zeremonien als

Opfergaben hier nieder, damit sie diese Dinge in Fülle haben würden. Auf der Spitze des Felsens sahen sie den Wächter (tuwalahqa), dem dieser Felsen gehört. Es war Sótuknang,[13] der dort in Gestalt eines alten Mannes saß. »Oh, oh!« rief der jüngere Bruder, »wie viele Gebetsopfer hier liegen! Laß uns ein paar stehlen und mit nach Hause nehmen.« Doch der ältere Bruder weigerte sich, und so stieg der jüngere allein an einer Spalte des Felsens nach oben, nahm von einer der Stellen, wo die Opfergaben lagen, ein Mais-páho, eine Wassermelone (kawayvatnga) und eine Melone, und brachte sie hinunter.

Danach machten sie sich wieder auf den Heimweg und schlugen ihren Ball. Sie kamen wieder an der Toríva-Quelle vorbei, wo sie noch einmal tranken, diesmal aber nichts stahlen. Dann liefen sie weiter auf dem Weg nach Shongópovi. Nach einer kurzen Strecke schossen sie den Blitzrahmen ab und wirbelten das Schwirrholz mehrmals umher. Als sie die Schlucht direkt östlich von Shongópovi erreicht hatten und im Begriff waren, zum Dorf hinaufzusteigen, hatten sich kleine Wolken am Himmel gesammelt; es begann zu donnern und Blitze schossen durch den Himmel. Bald fing es an zu regnen.

Sie rannten zu ihrem Haus, und als sie dort ankamen, schossen sie noch einmal mit dem Blitzrahmen und drehten das Donnerbrett. Mittlerweile donnerte es sehr heftig und laut, und Blitze leuchteten auf. Eines der Häuser der Hopi wurde getroffen und erzitterte. Als sie dann ihr Haus betraten, rief die Großmutter ihnen entgegen: »Wer sind diese kleinen Unheilstifter, die da kommen? Ihr seid schlimm.« Aber die beiden Brüder schlüpften an ihr vorbei und legten den Blitzrahmen, das Donnerbrett, die Schlange, die kleinen künstlichen Melonen, die páhos und die Farbe, die sie mitgebracht hatten, schnell und heimlich in zwei Krüge und deckten sie zu. Und weil die Pöqángs seitdem diese Dinge haben, sind sie die Ursache dafür, daß es immer geregnet hat und die Hopi gute Ernten hatten.

Kúhkuima
Shipaúlovi

Die Pöqángs und das menschenfressende Ungeheuer[14]

Vor sehr langer Zeit lebte irgendwo im Westen ein großes Ungeheuer, das unsere Vorväter Shíta nannten und das immer nach Oraibi kam. Wo immer es Kinder finden konnte, verschlang es sie, und oft wurden auch Erwachsene von dem Ungeheuer gefressen. Die Leute waren sehr in Ängsten, und besonders der Dorfhäuptling war sehr besorgt. Schließlich beschloß er, die Pöqángs um Hilfe zu bitten. Diese beiden, Pöqánghoya und sein jüngerer Bruder Palöngahoya, lebten im Norden nahe bei Oraibi. Als der Dorfhäuptling sie bat, ihnen das Ungeheuer vom Halse zu schaffen, trugen sie ihm auf, für jeden von ihnen einen Pfeil herzustellen. Das tat er, und für die Schaftfedern nahm er Flügelfedern des Blauvogels. Diese Pfeile brachte er den kleinen Kriegsgöttern. Sie sagten zueinander: »Gehen wir also los und sehen wir, ob ein solches Ungeheuer existiert und ob wir es finden können.« So gingen sie zuerst nach Oraibi und hielten um das Dorf herum Ausschau. Einmal, als sie auf der Ostseite des Dorfes am Rand der Mesa standen, bemerkten sie etwas, das sich von der Westseite her näherte. Sie liefen sofort dorthin und sahen, daß es das Ungeheuer war, das sie vernichten sollten. Als das Ungeheuer den beiden entgegenkam, sagte es zu ihnen: »Shíta (ich fresse euch).« Beide Brüder protestierten,[15] aber sofort verschlang das Ungeheuer erst den älteren und dann den jüngeren. Sie bemerkten, daß es im Innern des Ungeheuers nicht dunkel war, und in der Tat befanden sie sich auf einem Weg, auf dem der jüngere Bruder, der als zweiter verschlungen worden war, seinen älteren Bruder bald einholte. Die beiden lachten und sagten zueinander: »So ist es hier also. Wir sterben hier gar nicht.« Sie fanden heraus, daß der Weg, auf dem sie liefen, die Speiseröhre des Ungeheuers war, die in seinen Magen führte. Dort trafen sie auf eine große Zahl von Menschen unterschiedlicher Nationalität, die das Ungeheuer an verschiedenen Stellen der Erde verschlungen hatte; tatsächlich stellten sie fest, daß der Magen eine kleine Welt für sich war, mit Gras, Bäumen, Felsen und anderen Dingen.

Bevor die beiden Brüder von zu Hause ausgezogen waren, um nach Möglichkeit das Ungeheuer zu töten, hatte die Großmutter ihnen gesagt, daß sie, wenn das Ungeheuer sie verschlänge, nach seinem

Herzen suchen sollten; wenn es ihnen gelänge, mit einem Pfeil sein Herz zu treffen, würde es sterben. So beschlossen sie, sich auf die Suche nach dem Herzen des Ungeheuers zu begeben. Schließlich fanden sie den Weg, der aus dem Magen des Ungeheuers herausführte, und nachdem sie diesem Weg eine Weile gefolgt waren, sahen sie weit über sich etwas hängen, von dem sie sofort annahmen, daß es das Herz sei. Pöqánghoya schoß augenblicklich einen Pfeil darauf ab, verfehlte es aber, und der Pfeil fiel zurück. Nun versuchte es sein jüngerer Bruder, und sein Pfeil durchbohrte das Herz. Da wurde es dunkel, und alle merkten, daß das Ungeheuer starb. Die beiden Brüder riefen die Leute zusammen und sagten zu ihnen: »Nun laßt uns hinausgehen.« Sie führten sie auf dem Weg zum Rachen des Ungeheuers, aber dort stellten sie fest, daß sie nicht hinauskommen konnten, weil das Ungeheuer im Sterben die Zähne fest zusammengebissen hatte. Sie versuchten vergebens, den Mund zu öffnen, aber schließlich entdeckten sie einen Durchgang, der zur Nase hinaufführte. Durch diesen gelangten sie dann ins Freie.

Im Dorf bemerkte man, daß sich eine große Zahl Menschen dort im Norden versammelt hatte. Der Dorfhäuptling rief aus, daß eine große Menschenmenge im Norden des Dorfes eingetroffen sei, und forderte seine Leute auf, sich ebenfalls dort zu versammeln. Dies taten sie, und viele fanden ihre vom Ungeheuer verschlungenen Kinder und Verwandten wieder und waren sehr froh darüber.

Die beiden Brüder sagten nun zu den anderen, daß sie jetzt weiterziehen und ihre Heimat suchen sollten, aus der sie gekommen seien – und das taten sie auch. Sie siedelten zeitweise an verschiedenen Stellen, was die vielen kleinen über das Land verstreuten Ruinen erklärt.

Die Alten sagen, daß dieses Ungeheuer in Wirklichkeit eine Welt oder ein Land war, wie es einige nennen, ähnlich der Welt, in der wir leben.[16]

Qöyáwaima
Oraibi

Wie das Antilopenmädchen versöhnt wurde[17]

Alíksai!
In Zuñi lebten die Leute, und die beiden Söhne des Dorfhäuptlings machten einen Wettlauf. An einem Ort namens Aámusha lebte ein gefährliches Wesen (núkpana). Ein Weg führte an dieser Stelle vorbei, und als die beiden Brüder losliefen, kamen sie auf diesen Steilfelsen zu. Kurz bevor sie ihn erreichten, hörten sie jemanden rufen: »Kommt her! Hier ist etwas Schönes, kommt und seht es euch an!« – »O nein, da ist nichts zu sehen«, entgegneten die Jungen. »Doch, kommt und schaut, hier ist etwas Schönes«, wiederholte die Stimme. Da gingen sie näher heran und erblickten auf der Spitze des Felsens ein schönes Mädchen, ein Antilopenmädchen.[18] Sofort zog es mit einem langen, tiefen Atemzug den älteren Bruder zu sich hinauf[19] und sagte zu dem jüngeren: »Selbst wenn du mir deine Perlen (den wertvollsten Besitz der Zuñi) bringst, gebe ich dir deinen Bruder nicht wieder, denn ich will deine Perlen nicht.«
Darauf rannte der jüngere Bruder nach Hause. »Warum kommst du alleine zurück?« fragte sein Vater. »Nun«, sagte er, »als wir um die Wette liefen, rief uns ein schönes Mädchen an und zog dann meinen Bruder mit ihrem Atem auf die Spitze des Felsens.« – »Oh«, rief der Vater, »ja, dort lebt ein gefährliches Wesen!« Dann trug er seinem Sohn auf, die Pöqángs aufzusuchen, und sie um ihre Hilfe zu bitten. Er schnitt ein rundes Stück aus der Mitte eines Hirschleders aus und machte daraus einen Ball, den er an einen Stock band; dies und einen Pfeil, an dem er Blauvogel- und Papageienfedern befestigte, sowie noch etwas Tabak gab er seinem Sohn mit und schickte ihn auf seinen Botengang. Er lief nach Süden, und plötzlich hörte er jemanden rufen und sah Pöqánghoya und seinen Bruder, beide sehr klein, die dort umherwanderten und spielten. Zuerst ging er zu dem Haus, in dem Spinnenfrau, die Großmutter der beiden Brüder, lebte. Sie rief die beiden herbei und sagte: »Hört auf und kommt her, es ist jemand da«, aber zuerst hörten sie nicht, so rief sie noch einmal. Da kamen sie in die Kiva, und der Bote überreichte ihnen die Geschenke und sagte: »Dies habe ich euch mitgebracht. Weit dort drüben lebt ein hübsches Mädchen, das meinen Bruder zu sich heraufgezogen hat, und jetzt hat mein Vater diese Sachen hier gemacht und mir gesagt, ich soll sie euch

bringen, um zu sehen, wie ihr darüber denkt und was ihr für uns tun könnt.« Sie sagten ihm, er solle nach Westen zum Maulwurf gehen, ihrem Onkel. Er werde zu einer Senke kommen, wo eine Leiter aus dem Boden rage. Dort lebe der Maulwurf, und er solle sehen, was der darüber denke.
Also begab sich der junge Mann zum Haus des Maulwurfs, doch der trug ihm auf, nach Norden zu seinem Onkel zu gehen. Er machte sich auf den Weg nach Norden und kam zu einer kleinen Öffnung in der Erde, aus der ein leichter Wind wehte. »Dies muß der Ort sein«, sagte sich der junge Mann, und darauf kam ein starker Wind aus der Öffnung. Es war der Sturm (Húkangwu), der ihn einlud, hereinzukommen, und so ging er hinein und fand einen Hopi in dem Haus sitzen. Er war hübsch und gut gekleidet, trug eine Schärpe über jeder Schulter und hatte zwei Hirschlederstreifen kreuzweise über die Brust gebunden. Auf dem Kopf trug er eine Kriegerfeder (hurúnkwa), um die Hüften einen Rock, und er hatte schwarze Linien auf beiden Wangen, während sein Körper wie der eines Kriegers bemalt war. Als sie sich gesetzt hatten, fragte Húkangwu ihn, warum er gekommen sei, und er erzählte seine Geschichte. Darauf sagte Húkangwu: »Laß uns rauchen, dann wollen wir sehen, was wir davon halten.« Er holte eine große Pfeife hervor, und der junge Mann rauchte, wobei er den ganzen Rauch verschlang, ohne ihn wieder auszuatmen.[20] Dann sagte er zu seinem Gastgeber: »Mein Onkel (Itáha)!« – »Mein Neffe (Itíwaya)«, erwiderte der Onkel und fügte hinzu: »Du bist gewiß mein Neffe. Nun, was möchtest Du? Was ist geschehen?« Da berichtete er: »Mein älterer Bruder und ich haben einen Wettlauf gemacht, und da kamen wir an eine Stelle, wo uns ein schönes Mädchen rief, und sie zog meinen Bruder hinauf. Jetzt hat mein Vater mich ausgeschickt, um zu sehen, ob wir etwas tun können, um ihn wiederzubekommen. Unsere Perlen will sie nicht, sagt sie.« – »Du gehst nach Walpi und besuchst dort die Schlangenleute, die früher hier Schlangentänze aufgeführt haben und von hier nach Walpi vertrieben wurden, als die Schlangen jemanden gebissen hatten. Sieh, was sie dazu zu sagen haben.« So begab sich der junge Mann nach Walpi und fand dort die Schlangenleute. Sie waren hübsch und wie Krieger und Schlangenleute (chuchúsona) gekleidet.
Als er eingetreten war, fragten sie ihn: »Warum bist du hierhergekommen?« – »Nun«, sagte er, »wir hatten einen Wettlauf dort, wo wir

leben, und als wir an dem Steilfelsen Aámusha vorbeikamen, sprach jemand zu uns und sagte: ›Kommt her, kommt hier herein. Hier ist etwas Schönes.‹ Und dann zog sie meinen älteren Bruder hinauf. Jetzt hat mir mein Onkel Sturm gesagt, ich solle hierhergehen und euch aufsuchen. Nun, seid ihr diejenigen? Was haltet ihr davon?« – »Wir werden sehen«, antworteten sie und begannen zu rauchen. Wieder verschlang der junge Mann den ganzen Rauch, was den Schlangen gefiel, und sie sagten: »Du bist wirklich unser Neffe. Was sollen wir tun?« – »Ja«, sagte er, »wir hatten dort einen Wettlauf, und das Mädchen zog meinen älteren Bruder hinauf und sagte, daß sie unsere Steinperlen nicht will, selbst wenn wir sie ihr bringen.« – »Ja«, sagten die Schlangen, »sie will sie nicht.« Dann zeigten sie ihm ein großes páho und sagten: »Dies ist es, was das Mädchen will. Sie will keine Perlen, sondern solche páhos. Sieh dir dies páho gut an und dann mach selber so eins, oder wir machen eins für dich. Das nimmst du mit«, fuhren sie fort, »und dann schaust du es dir gut an und machst solche páhos und gibst sie dem Mädchen. Die will sie.« So nahm er ein páho mit und kehrte nach Hause zurück.

Als er zu Hause eintraf, zeigte er das páho vor; sie sahen es sich an und machten eine große Anzahl davon. Mit ihnen begaben sie sich zu der Stelle, an der das Mädchen den jungen Mann verführt hatte. Der jüngere Bruder, sein Vater, die beiden Pöqángs, ihre Großmutter Spinnenfrau und Sturm waren dabei. Spinnenfrau hatte sich bei Pöqánghoya hinters Ohr gesetzt. Als sie bei dem Felsen ankamen, sagte der Vater: »Wir sind gekommen, um mein Kind zu holen.« – »Was habt ihr mitgebracht?« antwortete das Mädchen. »Wir haben diese páhos hier«, sagte der Vater, und darauf hob Sturm sie alle hoch und trug sie auf den Felsen. Sofort floh das Mädchen in ihr Haus, und Sturm blies auch die ganze Gruppe dort hinein. »Was habt ihr mitgebracht?« fragte sie noch einmal. »Dies hier haben wir, dies hier«, sagten sie und zeigten ihr die páhos. »Danke«, sagte sie, »die möchte ich. Natürlich gebe ich ihn euch, aber laßt uns zuerst ein Spiel machen«,[21] woraufh sie Sand auf dem Boden ausstreute. »Also ihr spielt zuerst«, sagte sie. Daraufhin pflanzten sie verschiedene Samen in den Sand und steckten rundherum am Rand die páhos hinein, woraufh die Pflanzen schnell zu wachsen begannen. »Danke«, sagte sie, »ihr habt gewiß einige Kenntnisse. Diese páhos will ich, und ihr könnt ihn natürlich mitnehmen. Aber vorher wollen wir noch einen Wettlauf machen, wir fliegen zur Sonne.« Also bereiteten sich das Mädchen und der junge Mann, der die páhos besorgt hatte, auf einen Wettlauf vor. Der junge Mann bestieg eine Adlerdaune (Atemfeder), und das Mädchen verwandelte sich in eine schnelle, der Schwarznatter ähnelnden Schlange (tókchi'i).[22] Sie liefen zusammen los, aber nach und nach erkämpfte sich das Mädchen einen Vorsprung. Sie umkreisten die Sonne, kamen wieder zurück, und das Mädchen war immer noch vorn. Da nahm Spinnenfrau ein Schilfrohr, richtete es auf die Läufer und zog mit einem langen Atemzug den jungen Mann nach vorn, wodurch sie seine Schnelligkeit steigerte, so daß er zuerst am Haus ankam und das Mädchen besiegte. Da sagte sie: »Du nimmst ihn mit, du hast mich besiegt«, und zog ihn aus einem anderen Raum hervor. Er war fast tot. In dem inneren Raum befanden sich viele Knochen von jungen Männern, die dort zugrundegegangen waren. Das Antilopenmädchen war zornig geworden, weil lange Zeit keine páhos für sie gemacht worden waren, und deswegen hatte sie so viele junge Männer getötet. Aber da diese Leute ihr nun wieder páhos gaben, war sie versöhnt und tötete seitdem keine Menschen mehr, und die Zuñi waren von dieser Gefahr befreit.

Tawíima
Mishóngnovi

Die Pöqángs und die Wasserschlange[23]

Alíksai!
In Mishóngnovi lebten die Leute, wo jetzt Ruinen sind, und dort lebte eine Familie, die aus Vater, Mutter, einem Jungen und einem Mädchen bestand. Eines Tages ging das Mädchen mittags nach Toríva, einer Quelle, die damals sehr viel Wasser spendete. Als es aus der Quelle schöpfte, begann sich im Wasser etwas zu bewegen, und eine Wasserschlange (pálölökang) tauchte auf. Sie begann sofort, das Mädchen durch starkes Einatmen an sich zu ziehen, umschlang es und verschwand mit ihm im Wasser. Die Mutter wartete auf die Rückkehr ihrer Tochter, doch sie kam nicht. So begann sie sich Sorgen zu machen und sagte, sie wolle nach ihr suchen gehen. Da sie ihren Spuren folgte und sie auf dem Weg nicht antraf, ging sie bis zur Quelle

hinunter. Dort verfolgte sie ihre Spuren weiter, stellte aber nur fest, daß sie ins Wasser hinabführten. Der Krug stand noch da, aber die Tochter war nicht zu finden, so daß sie schließlich den Krug und die alte Decke, in der sie ihn getragen hatte, aufnahm und nach Hause ging. »Ich habe die Spuren gefunden«, sagte sie zu ihrem Mann, »aber sie führten nur bis zum Rand des Wassers, und ich kann unser Kind nirgendwo finden.« – »Oh«, erwiderte der Vater; er raffte sich auf und machte einen Ball und einen Pfeil, an den er ein paar Federn des Blauvogels band. Diese Dinge brachte er zum Haus von Pöqánghoya und seinem jüngeren Bruder Palöngahoya, die etwas weiter aufwärts lebten, nördlich des Dorfes.

Als er an ihrem Haus ankam, tollten die beiden Jungen umher. »Seid ruhig«, sagte ihre Großmutter, die Spinnenfrau, »seid ruhig, es ist jemand gekommen.« So hielten sie inne. »Setz dich, setz dich«, sagte sie zu dem Mann und brachte ihm etwas Maismehlpudding, den er aß. Es war nur ein kleines Bällchen, aber während er davon aß, wurde es immer wieder mehr. Als er fertig war, sagte sie zu ihm: »Nun, warum bist du gekommen? Was ist los?« – »Ja«, sagte er, »ja, gestern ist unsere Tochter Wasser holen gegangen und nicht zurückgekehrt. Ihre Fußspuren führten bis zum Rand des Wasserlaufs, und jetzt bin ich hierhergekommen, denn ihr habt ein starkes Herz, und ich dachte, ihr könntet vielleicht etwas für uns tun.« Darauf überreichte er den Jungen zwei Bogen und der Spinnenfrau ein Adler-nakwákwosi, das er ebenfalls gemacht hatte. Alle freuten sich über diese Dinge. »Áskwali«, sagte sie, »ja, meine Jungen hier wissen davon, denn sie haben es gesehen. Pálölökang hat deine Tochter ins Wasser gezogen, und morgen werden wir uns aufmachen und dort hingehen. Geh du nun zurück und lade deine Freunde ein, und ihr müßt euch an die Arbeit machen und nakwákwosis herstellen.« Spinnenfrau wies ihn auch an, daß sie den Bruder des Mädchens ankleiden sollten.

So ging er also nach Hause, lud seine Freunde ein, und sie machten viele nakwákwosis, die sie in eine hübsche Schale legten. Früh am nächsten Morgen begaben sich Spinnenfrau und die beiden Jungen ins Dorf. Als sie dort angekommen waren, wurde der Bruder des verlorenen Mädchens angekleidet. Man legte ihm einen Kilt, eine Schärpe, ein Bündel Atemfedern, zahlreiche Perlenschnüre und Ohranhänger an. In die rechte Hand nahm er einen Ball und in die linke den taláwayi (einen Stock mit zwei Adlerfedern und einer Schnur aus Pferdehaar daran).

Der Vater nahm die Schale mit den Gebetsgaben, und auch der Dorfhäuptling kam mit. Spinnenfrau sagte dem Jungen, er solle keine Angst haben. Während Pöqánghoya und sein jüngerer Bruder an der Quelle sängen, solle er tanzen, und wenn die Pálölökang sich ihrer erbarmen würde und mit seiner Schwester herauskäme, solle er sich nicht fürchten und nicht weinen, sondern seine Schwester ergreifen und dann die Pálölökang mit der toními (einer Steilkeule) erschlagen, die die Pöqangs ihm gegeben hatten.

An der Quelle angekommen, stellten sie sich auf. »Nun sind wir bereit«, sagte der junge Mann. Darauf sangen die Pöqángs das folgende Lied:

(Langsam):	Aha'naha yuyuna ha	*(Alle Worte sind archaisch).*
	Aha'naha yuyuna ha	
	Aha'naha yuyuna ha hahahaia	
(Schnell):	Ahainahai yuyuna ha	
	Ahainahai yuyuna ha	
	Ahainahai yuyuna ha hahahaina.	

Während sie sangen, schüttelte der junge Mann seinen Ball, hielt den talawáyi in seinem rechten Arm und tanzte am Rand der Quelle zum Rhythmus des Gesangs. Auf einmal begann das Wasser sich zu bewegen, und die Pálölökang kam mit dem Mädchen im Arm heraus. Es war noch immer hübsch angezogen und hatte seine Türkisanhänger noch im Ohr. »Mein älterer Bruder«, sagte sie zu ihrem Bruder, »hole mich.« – »Ja, geh jetzt näher heran und faß dir ein Herz, aber weine nicht«, drängte ihn die Spinnenfrau. So ging er an den Rand der Quelle und griff nach seiner Schwester. Aber in dem Augenblick begann er zu weinen, und sofort verschwand die Pálölökang mit dem Mädchen im Wasser. »Oh!« riefen alle. »Nun, laßt es uns noch einmal versuchen«, schlug die Spinnenfrau vor. »Laßt es uns noch einmal versuchen, aber du darfst keine Angst haben. Du mußt ein großes Herz haben und darfst nicht weinen. Ich habe dir nicht gesagt, daß du das tun sollst, sondern fasse dir diesmal ein großes Herz.« Und nun waren sie wieder bereit.

Als sie dasselbe Lied sangen wie zuvor, und der junge Mann noch einmal seinen Ball schüttelte und am Rande des Wassers tanzte, begann sich das Wasser erneut zu bewegen, und die Pálölökang kam wieder heraus und hielt die mana in ihrem linken Arm. »Geh jetzt näher heran, dicht an den Rand«, drängte ihn die Spinnenfrau, »hab jetzt keine Angst.« So tanzte er langsam zum Rand des Wassers, und wieder streckte seine Schwester die Hände nach ihm aus und sagte: »Mein älterer Bruder, hole mich!« Noch im Tanzen streckte er also seine Hand aus, ergriff das Mädchen und schlug mit der Keule der Pálölökang auf den Kopf. Sofort ließ die Schlange das Mädchen frei, und nur ihre Haut schwamm wie ein Sack auf dem Wasser. »Danke«, sagte das Mädchen, »danke! Du hast lange gebraucht, um mich zu holen, du hast geweint.« Darauf zog er sie aus dem Wasser. »Danke«, sagte die Spinnenfrau, »danke, daß du nicht zu spät gekommen bist.« Darauf zogen sie dem Mädchen neue Kleider an und legten für sie ein pŭhu[24] aus roten Federn auf den Weg. Die Schale mit all den nakwákwosis warfen sie für das Mädchen in die Quelle, denn für diesen Preis hatten sie die mana von der Wasserschlange zurückgekauft. Auch die Gebetsgaben warfen sie in die Quelle, damit der mana nichts mehr passieren würde.

Dann kehrten sie zum Dorf zurück. Anscheinend hat die Pálölökang nur ihre Haut zurückgelassen und ist wieder ins Wasser geglitten, als sie geschlagen wurde, denn sie ist noch immer da. Erst kürzlich wurde sie von einer Frau, Maiskolben (Qŏa) gesehen, aber die Frauen, die sie erblickt haben, sagen, daß sie jetzt ganz klein sei. Einmal wurde sie auch von einem Mann gesehen. Manchmal werden diejenigen, die sie sehen, krank, denn sie ist gefährlich.

Nachdem sie ins Dorf zurückgekehrt waren, gingen Spinnenfrau und die Pöqángs nach Hause. Und so hatten sie die mana noch rechtzeitig gerettet.

Sikáhpiki
Shipaúlovi

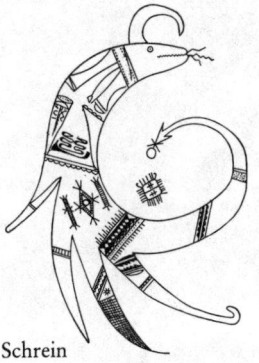

Gehörnte Schlange mit einem Schrein

IV.
VON MENSCHEN, TIEREN UND GEISTWESEN

Dieses Kapitel enthält Erzählungen, in denen die Anschauungen der Hopi von der Geistnatur des Menschen und von seiner Verwandschaft mit den Geistern der Tiere, Pflanzen und anderen Naturkräfte besonders deutlich hervortreten. Oft waren ihnen diese Geister anfangs feindlich gesonnen und mußten erst besiegt oder gewonnen werden.

Viele Erzählungen haben Magie und Zauberei zum Inhalt, und dies oft thematisch verknüpft mit dem Verhältnis von Mann und Frau. Die Tatsache, daß sie auch ausgesprochen moralische Aussagen enthalten, weist auf die Bedeutung hin, die sie für die Erziehung besaßen. Sie schildern die Gefahren für die Gemeinschaft, die die Hopi in der Zauberei und in sexuellem Fehlverhalten erblickt haben müssen.

Besonders hervorgehoben werden auch die Taten und Fähigkeiten einzelner Personen. Meist ist es ein junger Mann, der aufgrund seines Wissensdurstes oder seiner Achtsamkeit, aber auch durch seine Disziplin oder Rechtschaffenheit Außergewöhnliches vollbringt.

Die Erzählungen dieses Kapitels, die teilweise wie Traumgeschichten anmuten, führen zweifellos ebenso tief in das geistige Leben der Hopi ein, wie die Beschreibung mancher Zeremonie. Sie zeigen besonders deutlich die spirituelle Ausrichtung ihres gesamten Lebens.

Der Junge und der Adler[1]

Alíksai!
Ho!
Im Dorfe Oraibi, dort lebten einst die Leute. In einem Haus wohnte ein Junge, der zwei Adler besaß. Er hatte eine Schwester, Mutter und Vater. Der Junge hielt seine Adler an einem Bein festgebunden auf dem Dach des Hauses. Eines Tages ging er hinaus, um für sie Kaninchen zu jagen. Seine Schwester machte píki. Derweil wurden die Adler hungrig und begannen, in ihren píki-Teig zu hacken. Das ärgerte sie so sehr, daß sie einen Stock aufhob, einem von ihnen über den Kopf schlug und ihn tötete. Sie begrub den toten Adler unter der Asche. So war nur noch ein Adler da. Als der Junge zurückkam, brachte er ein Kaninchen mit, das er erlegt hatte, ging auf das Dach des Hauses hinauf und sah nur einen Adler dort. Er fragte ihn, wo der andere Adler sei, und der erzählte ihm, daß das Mädchen den anderen Adler getötet habe, weil er an den píki-Teig gegangen sei.
Gewöhnlich zerstampft man das Kaninchenfleisch und füttert die Adler damit, und der Adler trug dem Jungen auf, dies zu tun. Darauf aß er das Kaninchenfleisch, und als er fertig war, sagte er zu dem Jungen, er solle hinuntergehen und seine Zeremonialkleidung holen, denn er wolle ihn zu seinem Wohnsitz hinauftragen. Der Junge ging hinunter, holte seine Zeremonialkleidung, seinen Kilt, die Schellen, die an den Beinen befestigt werden, alles, was er bei einem Tanze trug. Er legte all diese Dinge an, genauso als ob eine Zeremonie stattfinden würde.
Vater, Mutter und Schwester des Jungen waren auf das Feld des Vaters hinausgegangen, um Unkraut zu jäten. Der Adler sagte dem Jungen, er solle nun die Schnur lösen, mit der er angebunden war. Er breitete seine Flügel aus und forderte den Jungen auf, sich auf ihn zu legen. Sie würden jetzt zum Feld des Vaters hinunterfliegen, und wenn sie über dem Feld seien, solle er anfangen, zu singen. Dies sagte er zu ihm, und der Junge ließ sich auf dem Adler nieder. Der Adler flog davon und gelangte rasch zum Feld des Vaters. Er begann, die Stelle zu umkreisen, wo der Vater sein Maisfeld hatte, und bald merkte die Schwester, daß etwas über ihren Köpfen umherkreiste. Sie schaute hinauf und erblickte ihren Bruder auf dem Adler. Jetzt sagte der Adler dem

Jungen, er solle anfangen zu singen. So begann er zu singen, seine Schwester erkannte die Stimme ihres Bruders und berichtete der Mutter, daß er dort oben auf dem Adler reite.

Der Adler kreiste eine Weile über dem Feld, dann stieg er höher und höher. Schwester, Mutter und Vater legten sich auf den Rücken, um zu sehen, wohin der Adler den Jungen trug. Schließlich konnten sie ihn nicht mehr erkennen.

Der Adler flog hoch durch den Himmel [nach] Tókpela, einer anderen Welt dort oben.[2] Er brachte den Jungen zu einem Felsgesims, einer hohen Klippe, von der es keinen Weg hinunter gab, und setzte ihn dort ab. Mit den Worten: »An dieser Stelle bleibst du«, verließ er ihn. Der Junge lag den ganzen Tag dort. Es war gerade genug Platz für ihn, um sich hinzulegen, und bald wurde er es müde, dort zu liegen. Er bekam Durst und wußte nicht, wie er hinabkommen sollte. Die Klippe fiel geradewegs senkrecht ab. So lag er einfach die ganze Zeit da. Etwa gegen Nachmittag hörte er jemanden, schaute sich um, und da war ein kleiner Vogel. Kam zu ihm hoch und begann, mit ihm zu reden. Sagte, er hätte Mitleid mit ihm, daß der Adler ihn da oben zurückgelassen habe, und daß er ihm ein wenig Essen und Wasser gebracht habe; in seinem Schnabel, denke ich. Der Junge aß und fühlte sich etwas besser. Der kleine Vogel sagte zu ihm: »Also, ich werde dich von hier herunterbringen.« Er flog wieder hinunter, dieser kleine Vogel. Der Junge wartete und wartete, und recht bald kam der Vogel wieder herauf. Er besaß keine Federn mehr, denn er hatte sie in die kleinen Spalten in dem Felsen gesteckt, den ganzen Weg hoch bis zu der Stelle, wo der Junge lag. Dieser kleine Vogel hatte einfach keine Kleider an. Der Junge dachte: »Wie soll dieser Vogel mich hinunterbringen? Er ist sehr klein. Wie soll er mich hinunterbringen?« Der kleine Vogel sagte dem Jungen, daß er ihn auf seinem Rücken hinuntertragen werde. Befahl dem Jungen, die Augen zu schließen und nicht aufzumachen. Wenn er die Augen nur einmal öffnete, würden sie von der Klippe stürzen.

Der Junge stieg auf den Rücken des kleinen Vogels, und der Vogel begann, auf den Federn hinabzusteigen. Diese Federn waren wie Trittsteine. Schließlich erreichten sie den Boden. Dann begann der kleine Vogel erneut hinaufzusteigen, wobei er die Federn herauszog und wieder in seine Haut steckte. Als er wieder herunterkam, war er ganz angezogen. Nun verließ er den Jungen, aber vorher sagte er ihm,

daß ganz in der Nähe jemand leben würde. »Du wirst ihn finden«, sagte er.
So lief der Junge in die Richtung, die der kleine Vogel ihm gewiesen hatte. Doch bald wurde er müde und wollte sich gerade hinsetzen, als er jemanden hörte: »Setz dich nicht auf mich!« Er hörte das jemanden sagen und schaute sich um, wußte aber nicht, wer es war. Er versuchte noch einmal, sich hinzusetzen, und die Stimme sagte wieder: »Setz dich nicht auf mich!« Nun sah er unter sich, und da war diese kleine Spinne. Es war die Großmutter, Kókyang Sowuti, Alte Spinnenfrau. »Wenn du dich ausgeruht hast«, sagte sie, »kannst du ins Haus kommen.« – »Wie soll ich da hineinkommen?« fragte er. »Nun, setz dich nur hin und mach etwa so [der Erzähler deutete eine schlängelnde Bewegung an], und du hast ein Loch«, sagte sie. Also tat er das, und ganz klar, es war eine Kiva darunter. Er kroch hinein, und die alte Frau gab ihm zu essen. Er blieb eine Weile dort bei der Großmutter, zog umher und jagte Hirsche und Antilopen, und sie hatten eine Menge Fleisch zu essen.
Einmal befahl Großmutter ihm, nicht in eine bestimmte Richtung zu gehen. Es gebe einen bösen Mann, der dort drüben wohne. »Wenn er dich gefangennimmt, wird er mit dir um dein Leben spielen.« So böse war dieser alte Mann. »Es ist Hásokata, der dem Nordwind zu blasen befiehlt. Er hat lange weiße Haare und lange Wimpern und Augenbrauen.«[3] Aber man weiß, wie junge Burschen sind. Er wollte sich selbst überzeugen und machte sich auf den Weg dorthin. Ziemlich bald gelangte er zu einer Art Kiva. Er schaute hinein. Der alte Mann hatte ihn kommen sehen, und er bat den Jungen einzutreten. Sie begannen zu spielen. Das Spiel nennt sich totólos [totólospi].[4] Man spielt es, indem man in Hälften gespaltene Schilfstäbe wirft. Das war das Spiel, das sie spielten, und der Junge verlor. Der Alte Mann Nordwind setzte ihn auf den Rand der Kiva. Dann ging er zu einer Tür und öffnete sie, und der Nordwind kam heraus. Er nahm dem Jungen alle Kleider ab, und der Junge begann, da oben auf dem Rand zu frieren. Er lag einfach da und fror.
Recht bald machte sich seine Großmutter um ihn Sorgen. Sie begann ihn zu suchen und fand ihn dort drüben. Die alte Frau konnte nicht viel tun, aber sie steckte dem Jungen eine Truthahnfeder an den Rücken, um ihn warm zu halten – es war eine Daunenfeder. Dann kehrte sie zu ihrem Haus zurück. Sie stellte sich wie ein Dorfausrufer

oben aufs Dach und verkündete, daß all ihre Verwandten, alle Leute ihres Klans in ihr Haus kommen sollten. Bald kamen sie, Kachinas verschiedener Art.[5] Sie sammelten sich, und dann gingen sie zum Wohnort Hásokatas. Als sie dort ankamen, war der Junge schon am Erfrieren. Sie begannen in die Kiva zu steigen, denn sie wollten mit dem alten Mann um das Leben des Jungen spielen. Die Kachinas gingen hinunter. Sie streuten Sand auf den Boden, pflanzten Mais, Melonen, Kürbisse und alles. Auf folgende Weise wollten sie spielen: Sie wollten versuchen, die Pflanzen hochzuziehen und wachsen zu lassen. Hásokata sollte seine Kälte dagegen einsetzen. Wenn die Pflanzen hochkommen, reifen und Mais oder Melonen tragen würden, hätten die Kachinas gewonnen. Das war der Wettkampf. Der Nordwind öffnete die Tür, und die kalte Luft strömte herein. Die Kachinas begannen zu tanzen, alle verschiedenen Arten [von Tänzen]. Bald kam der Mais hoch und wuchs. Die Kachinas gewannen, sie waren besser als Alter Mann Nordwind. Sie sangen allerlei Lieder, und der Mais bekam Kolben. Die Kachinas gewannen den Wettkampf, sie schlugen den alten Mann. So gingen sie hinauf und banden den kleinen Jungen los. Und sie banden den alten Mann fest.

Es begann zu regnen.[6] Das Wasser fing an, in die Kiva hineinzulaufen, und daher stiegen die Kachinas heraus. Die Kiva füllte sich ganz mit Wasser. Sie ließen den alten Mann dort, weil er den Wettkampf verloren hatte. Ziemlich schnell stand ihm das Wasser bis zum Halse. Da begann er zu weinen und sang:

»Vainamokay kwing ö ... huh huh huh!«

Dieses »huh huh huh« war Wasser, das in seinen Mund lief und das er verschluckte. Er war drauf und dran, zu ertrinken.

»Vainamokay kwing ö ... huh huh huh!«

Der alte Mann ertrank ziemlich bald da drinnen. So gingen sie nach Hause. Die Kachinas waren alles, alle Arten. Ich denke, Alte Frau Spinne war vom Kachinaklan – sie war alles.[7] Die Kachinas gingen also zu ihren Herkunftsorten zurück. Dem Jungen befahl Großmutter, hinauszugehen und Hirsche zu jagen. So zog er auf die Jagd und brachte einen mit, und sie häuteten ihn und trockneten das Fleisch. Sie stapelten es auf, und bald hatten sie einen ganzen Stapel getrocknetes Fleisch. Die Großmutter sagte dem Jungen, er werde nun nach Hause zurückkehren, deswegen habe er den Hirsch getötet. Er könne das Fleisch mitnehmen, wenn es an der Zeit sei. So, wie man das Fleisch aufstapelt und zusammenbindet, kann man nichts davon verlieren, man braucht nur eine einzige Schnur. Auf diese Weise richtete seine Großmutter es für ihn her.

Also begab sich der Junge von dort auf den Heimweg. Ziemlich bald kam er in die Nähe des Dorfes. (Siehst du, so ist die Geschichte. Er war ganz weit dort oben, und nun ist er hier unten.[8]) Als er sich dem Dorfe näherte, sah ihn jemand kommen und erkannte ihn, und dieser rannte zu seinem Haus, um seinen Verwandten zu sagen, daß ihr Junge nach Hause komme. Aber seine Familie glaubte es nicht, weil er so lange weggewesen war; vielleicht sei es jemand anders. Immer wieder liefen Leute zum Haus und erzählten seiner Familie, daß er heimkomme. Sie konnten es nicht glauben, da sie um ihn besorgt gewesen waren und sich gefragt hatten, wohin er gegangen sei, und sie waren krank davon geworden und hatten nur noch dargelegen. Schließlich kam er nach Hause, und ganz gewiß, es war ihr Junge.

Und von nun an, immer wenn er einen Adler hatte, tötete seine Schwester ihn nie mehr, denn es ist eine Grausamkeit den Tieren gegenüber, und das ist die Moral.

Der Name des Jungen war Chorwukíqlö.

Die Lieder, die die Kachinas in Nordwinds Kiva sangen, sind sehr lang. Sie handeln vom Regen, von talávai, dem Morgen. Handeln von Regen und Blitz und von yoisömala, kleinen Dingen aus Stein, [geformt wie] Reifen. Sie rennen mit ihnen. Machen Steinrennen. Sie halten Steinrennen ab, dort oben. Auf diese Weise werfen die Wolken ihren Regen und ihre Blitze.[9]

»Uwaíkwiota« (Pseudonym), Schilfklan
Móenkopi, August 1968

Der Junge, der das Große Wasser überquerte[10]

Alíksai!
Östlich von Nuvátikya'ovi [den San Francisco Peaks] oder Flagstaff, und westlich von Oraibi gab es einen Ort namens Sowítöyöka. An diesem Ort lag einst ein Dorf, in dem viele Menschen lebten. Es gab eine Menge Kinder dort, nur waren es mehr Jungen als Mädchen. Der Häuptling hatte einen Sohn, und es bereitete ihm Kummer, daß der Junge keine Frau finden konnte. Daher bat er ihn eines Tages nach dem Essen, dazubleiben und mit ihm zu reden.[11] So setzten sie sich, und der Häuptling fing an: »Mein Sohn, ich habe etwas, was du für mich tun sollst.« Der Junge, sein Name war Déveh, fragte: »Ja, mein Vater, um was willst du mich bitten?« Und sein Vater antwortete: »Ja, ich denke, daß ich es gerne hätte, wenn du morgen früh mit dem Laufen anfängst, und dann jeden Tag das Laufen übst. Du gehst von hier südwärts, zum Süden des Dorfes, dann läufst du nach Osten auf die aufgehende Sonne zu, bis du sehr müde bist. Dann kannst du umkehren und wieder nach Hause kommen.«
Der Junge fragte: »Ist es das, was du mir sagen wolltest?« und der Vater erwiderte: »Ja, das ist es, was ich von dir will.« – »In Ordnung, ich fange morgen an«, sagte der Junge, und dann gingen sie zu Bett. Früh am nächsten Morgen ging der Junge in die Gegend südlich des Dorfes. [Von einem bestimmen Punkt aus] lief er nach Osten, und er rannte und rannte, bis er müde war. Als er ein ganzes Stück gelaufen und müde geworden war, kehrte er um und machte sich auf den Heimweg. Auf halbem Wege konnte er kaum noch weiterlaufen, daher ging er eine Weile und lief dann wieder. Schließlich kam er zu seinem Ausgangspunkt zurück und ging von da aus nach Hause. Er kam ins Haus, und seine Mutter und sein Vater waren froh, ihn zu sehen. Dann gab es Frühstück, und anschließend sagte der Vater, der Junge werde nur jeden zweiten Tag laufen. Einen Tag werde er laufen, und am nächsten Tag könne er sich ausruhen.
Am folgenden Tag lief der Junge also nicht. Einen Tag später ging er wieder frühmorgens zum Süden des Dorfes und fing dann an zu laufen. Sein Vater hatte ihm gesagt, er solle sich von niemandem sehen lassen, damit sie nicht wüßten, was er tue. Der Junge rannte auf die Sonne zu. Er lief und lief, bis er die Stelle erreicht hatte, an der er vorher

umgekehrt war, und er rannte noch eine ganze Strecke darüber hinaus. Schließlich wurde er müde und kehrte um. Dann lief und ging er wieder abwechselnd, bis er ins Dorf heimkam.

Nach einigen Tagen fragte sein Vater ihn nach dem Abendessen, was für Fortschritte er mache. Der Junge sagte, er komme gut voran, er sei schon dreimal an einer seiner Markierungen vorbeigelaufen. »Das ist schön«, sagte sein Vater, »ich freue mich sehr. Jetzt hast du die Stelle erreicht, an der du beim nächsten Mal die Anhöhe erklimmen wirst, und wenn du von dort aus nach Osten schaust, wirst du flache Länder sehen, und weit dahinter eine hohe Erhebung, eine alleinstehende Felsengruppe. Die mußt du zu erreichen suchen. Wenn du am Ende kräftig genug bist, wirst du sie erreichen, umkreisen und im Dauerlauf nach Hause kommen, so wie du losgelaufen bist.«
Der Junge dachte, daß das eine ganz schöne Strecke sei, und fragte sich, ob er das schaffen könne. Er sagte seinem Vater: »Ist es das, was du von mir erwartest, Vater?« Und der Vater antwortete: »Ja, das will ich von dir.« Und so erwiderte der Junge: »Ich will es versuchen. Ich werde versuchen, dich nicht zu enttäuschen.« Sein Vater sagte: »Wenn du am Ende nach Hause kommst, ohne müde zu werden, gebe ich dir etwas anderes auf.« Nun fing der Junge also wieder an zu laufen. Ein paar Tage später erreichte er schließlich die Felsformation und umkreiste sie, aber das war alles, was er schaffte. Er war sehr erschöpft, und so ging er nach Hause, ging und lief dann wieder. Er berichtete seinem Vater, daß er die Stelle erreicht habe, aber daß er zu erschöpft gewesen sei, um nach Hause zu rennen. Sein Vater sagte zu ihm, beim nächsten Mal, wenn er hinausliefe, werde seine Mutter für ihn Essen machen, und wenn er müde sei, könne er sich hinsetzen und essen. Das nächste Mal gab seine Mutter ihm also etwas zu essen mit. Er lief hinaus, rannte zum Felsen, umkreiste ihn und machte sich auf den Rückweg. Dann wurde er sehr müde, so daß er sich setzte, sein Essen verzehrte und dann nach Hause kam. Nach einer Weile war er in der Lage, den Felsen zu erreichen und nach Hause zurückzulaufen.
Und er berichtete seinem Vater: »Vater, ich habe dir etwas zu erzählen!« – »Ja, mein Sohn, wie kommst du mit dem Laufen voran? Hast du den Felsen erreicht?« Und der Sohn antwortete: »Ich habe den Felsen erreicht, ich habe ihn umkreist und bin schließlich im Dauerlauf nach Hause gekommen, ohne allzu erschöpft zu sein.« Sein Vater war sehr glücklich und sagte: »Danke, mein Sohn, ich bin sehr froh, daß du

jetzt kräftig genug bist. Jetzt ruhst du dich zwei Tage aus, und am dritten Tag werde ich dir sagen, was du als nächstes tun sollst.« Also ruhte er sich aus und rannte überhaupt nicht. Der dritte Tag kam, und sein Vater sagte zu ihm: »Nun, mein Sohn, ich habe noch etwas für dich zu tun.«

Der Vater stand auf, ging in den Nebenraum und kam mit einigen Dingen in der Hand heraus. Sie waren eingewickelt, und er legte sie vor sich hin und wickelte sie aus. »Also, ich habe all dies für dich bereitgehalten«, sagte er zu seinem Sohn. Es war ein Ball und ein Stock, ein Schläger [für das Spiel nahóytatatsia]. Der Ball war mit Hirschleder bezogen; er war sehr hart und rollte gut, und wenn man ihn schlug, flog er weit. Der Vater erklärte dem Jungen, daß er diesen Ball beim Laufen schlagen solle. Er solle ihn so hart schlagen, wie er nur könne, und dann hinter ihm herlaufen, und sobald er aufgekommen sei, solle er ihn wieder mit ganzer Kraft schlagen. Das war es, was er für den Vater tun sollte. Sein Sohn sagte: »Ich will versuchen zu tun, was du willst«, und der Vater antwortete: »Wenn du kräftig genug bist, erreichst du den Felsen und umkreist ihn, und du kommst im Dauerlauf zurück, genau wie schon früher. Ich werde dann noch etwas anderes für dich zu tun haben.«

Und so lief der Junge am nächsten Tag mit seinem Ball und seinem Schlagstock. Er ging zur Südseite des Dorfes hinunter und lief dann nach Osten, legte den Ball auf den Boden, schlug ihn so fest, wie er nur konnte, und rannte dann hinter ihm her. So ging es weiter, und bald wurde er müde, kehrte um und lief wieder nach Hause. Sein Vater fragte ihn: »Mein Sohn, wie geht es?«, und Déveh antwortete: »Ich komme gut voran. Morgen werde ich vielleicht den Felsen erreichen und ihn umkreisen.« Sein Vater freute sich. Der Sohn übte weiter, und bald stellte er fest, daß er schon beinahe den fliegenden Ball einholen konnte. Er schlug den Ball vorwärts, lief los und kam fast zur selben Zeit an, wie der Ball landete. Als er endlich in der Lage war, im Dauerlauf wieder ins Dorf zurückzukommen, berichtete er dies seinem Vater. Er sagte: »Mein Vater, ich bin rennend nach Hause gekommen, so wie ich losgelaufen bin.« Sein Vater war sehr froh, daß er das geschafft hatte, und antwortete: »Jetzt ruhst du dich noch einmal zwei Tage aus. Und am dritten Tag sage ich dir, was du als nächstes tun sollst.«

Der zweite Tag ging vorüber, und nach dem Abendessen, als die

Mutter mit dem Abdecken fertig war, sagte der Vater: »Nun, mein Sohn, ich habe noch etwas für dich zu tun.« Er stand auf, ging in den Nebenraum und brachte etwas heraus, einen Bogen mit vier Pfeilen. Er sagte: »Nun, mein Sohn, das habe ich für dich gemacht, damit du damit übst.« Er legte die Sachen vor ihn hin und sagte: »Ich möchte, daß du morgen früh zur Westseite des Dorfes gehst, diese Dinge irgendwo versteckst und wieder zurückkommst.[12] Du wirst morgen die Sonne beobachten, und wenn sie nach Westen geht, wenn sie sinkt, dann wirst du dort an der Stelle sein, wo du deine Pfeile versteckt hast, und sie zur untergehenden Sonne schießen. Du wirst dir die Stelle auf dem Boden markieren und einen Pfeil direkt zur Sonne schießen. Sieh ihm nach, wenn er fliegt. Und wenn du glaubst, daß er gelandet ist, dann schießt du den nächsten Pfeil ab und siehst wieder genau zu. Vielleicht wirst du ihn sehen, vielleicht verschwindet er aber auch, und du siehst nur die Sonne, wie sie auf die Feder scheint. Aber du wirst deine Vorstellungskraft gebrauchen, um nach deinem Pfeil zu suchen. Du wirst denken, das da ist ungefähr die Stelle, wo sie herabgekommen sind. So schießt du alle vier Pfeile ab. Dann gehst du nach ihnen suchen, und du wirst sie finden und wieder verstecken, und dann kommst du nach Hause.«
Damit verließ der Junge seine Eltern und ging zu Bett. Am nächsten Morgen nahm er in aller Frühe die Pfeile und den Bogen und ging zur Westseite des Dorfes. Er lief zwischen den Felsen und Büschen umher und versteckte dort Pfeile und Bogen. Dann kam er wieder zum Haus hinauf. Den Nachmittag über wartete er solange, bis es Zeit war, aufzubrechen. Er stieg an der Westseite des Dorfes hinunter und ging Pfeile und Bogen suchen. Als er sie gefunden hatte, sank die Sonne im Westen zum Horizont hinunter, und er machte sich ein Zeichen auf den Bogen und schoß seinen ersten Pfeil ab. Er spannte den Bogen so weit er konnte, und beobachtete, wie der Pfeil zur Sonne flog und schließlich verschwand. Darauf schoß er den nächsten Pfeil ab, wartete eine Weile und schoß den dritten ab. Als er sie alle verschossen hatte, begab er sich auf die Suche nach ihnen. Er lief auf die Sonne zu und dachte: »Vielleicht ist er hier irgendwo gelandet.« So lief er hin und her, nach Norden und Süden, bis er einen Pfeil gefunden hatte, seinen ersten. Dann suchte er den zweiten und fand ihn etwas weiter westlich. Den dritten Pfeil fand er in der Nähe, und schließlich fand er auch den vierten, der noch etwas weiter weg lag.

Danach kehrte er zu seinem Ausgangspunkt zurück. Er versteckte Pfeile und Bogen irgendwo und ging nach Hause. Das tat er mehrere Tage lang, und jedesmal, wenn er seine Pfeile suchte, fand er sie weiter westlich. Einige Tage später berichtete er seinem Vater: »Vater, ich habe meine Pfeile heute an der Stelle gefunden, wo der Weg um einen Hügel herumführt.« Sein Vater war froh und sagte: »Ich bin sehr glücklich, mein Sohn, daß deine Arme jetzt kräftig genug sind. Warte drei Tage, und ich werde dir sagen, was du als nächstes tun sollst.« So kam der dritte Tag, und am Abend setzte er sich zu seinem Vater, der Pfeife und Tabak hervornahm und rauchte. Und er rauchte, bis der Tabak alle war. Da wußte der Sohn, daß sein Vater ihm nun etwas erklären würde. Sein Vater reinigte die Pfeife und legte sie weg. Darauf sprach er: »Nun, mein Sohn, ich sage dir jetzt, wofür du geübt hast. Du gehst morgen früh auf eine Reihe, eine lange Reise. Das ist es, worauf ich dich vorbereitet habe.« Sein Sohn antwortete: »In Ordnung, mein Vater, ich wußte nicht, daß ich auf eine Reise gehen sollte. Ich wußte nicht, worauf ich mich vorbereitet habe.«

»Ja, du gehst morgen früh auf eine Reise. Du wirst aufbrechen, bevor es hell wird. Du verläßt das Dorf auf einem Umweg, läufst dann nach Westen und erreichst schließlich die Stelle, wo du zuletzt die Pfeile gefunden hast, eine ganze Strecke von hier. Wenn du dort ankommst, gehst du um die Biegung und folgst dem kaum zu erkennenden Weg, den du siehst. Dieser Weg führt geradewegs nach Westen und wird bald verschwinden. Du läufst weiter geradeaus westwärts und biegst kein einziges Mal rechts oder links ab. Und du mußt dich beeilen. Laufe so schnell, wie du geübt hast. Schone dich nicht. Du wirst hungrig werden. Wenn du Hunger verspürst, öffne deinen Beutel – deine Mutter wird dir Essen einpacken – öffne deinen Beutel, iß im Gehen und trinke etwas von deinem Wasser, aber iß nicht zuviel, nur gerade genug, um deine Kraft wiederzuerlangen, und fang dann wieder an zu laufen. Und schließlich wirst du einen hohen Erdhügel erreichen. Von weitem sieht er blau aus, aber wenn du dann herankommst, ist er grün, denn er ist ganz mit Gras bedeckt. Das ist der äußerste Rand. Du steigst auf den Gipfel, und du hältst an und schaust über das Wasser.

Du wirst dort nicht sehr lange bleiben. Du hältst Ausschau und stellst dir eine Stelle vor, von der du glaubst, daß sie schmal genug ist, um hinüberzugehen. Wenn du dich entschlossen hast, dann gehst du an

den Rand des Wassers und beobachtest, wie es heranströmt. Es ist niemals ruhig, es bewegt sich unaufhörlich. Und dort, wo es an die Küste spült und wieder zurückströmt, ist die Stelle, an der du dir Löcher für deine beiden Fersen gräbst. Du stellst dich in die Löcher, und von dort schießt du deinen Pfeil ab.«
Der Vater stand auf, ging in den Nebenraum und kam mit einem Bogen und zwei Pfeilen zurück. »Dies ist der Pfeil, den du abschießen wirst«, sagte er [und zeigte auf einen der beiden Pfeile]. »Sieh ihn dir gut an, damit du es nicht vergißt. Du legst ihn auf den Bogen und schießt, so weit du kannst, und schaust ihm nach. Beobachte deinen Pfeil, und auch wenn er bald verschwindet, schaue weiter in seine Richtung. Wenn du es richtig gemacht hast, wirst du dann etwas Weißes auf dich zukommen sehen. Halte dich bereit, wenn es kommt. Wenn es näherkommt, wirst du sehen, daß dort ein Weg für dich ist, ein ebener Weg für dich, auf dem du laufen kannst. Sobald das weiße Ding dich erreicht, läufst du los, so schnell du kannst. Schone dich nicht, renne, wie du nie zuvor gerannt bist, denn wenn du es nicht tust, wird das Wasser dich verschlingen. Und sobald du Land erreichst, wirst du direkt hinter dir ein Tosen hören, und das Wasser wird wieder zusammenschlagen. Du wirst nach deinem Pfeil suchen, und wenn du ihn findest, laß ihn, wie er ist,[13] und markiere die Stelle, damit du sie wiederfindest, wenn du zurückkommst. Und von da an wirst du auf dich selbst gestellt sein. Ich kann dir nicht sagen, wohin du von dort aus gehen sollst, das wirst du allein entscheiden müssen. Von dieser Stelle an überlasse ich alles dir. Ich werde vier Tage auf dich warten. Und wenn du am vierten Tag bei Sonnenuntergang nicht zurückgekehrt bist, werde ich wissen, daß du nicht wiederkommst.«
Das machte den Jungen traurig, und er sagte: »Ich bin betrübt, mein Vater, ich wußte nicht, daß es so kommen sollte. Ich werde versuchen, zu dir zurückzukehren und zu tun, was du von mir verlangst.«
»Du legst dich heute nacht hier in unserem Haus schlafen, damit du morgen früh aufbrechen kannst«, sagte der Vater. Er legte Bogen und Pfeile zur Seite, und der Junge ging zu Bett, aber er schlief nicht gut, denn er war besorgt, weil er nicht wußte, ob er von seiner Reise wieder zurückkehren würde. Lange Zeit dachte er nach, bis er schließlich einschlief. Seine Mutter und sein Vater blieben die ganze Nacht über auf. Sein Vater rauchte und betete, dann rauchte er wieder. Seine Mutter machte ihm sein Essen fertig. Sie hatte píki gemacht, und das

Maismehl dazu hatte sie aus geröstetem Süßmais bereitet. Für das Essen hatten sie ihm einen Beutel mit einem Riemen angefertigt, und für das Wasser einen Krug, auch mit einem Riemen. Der Vater hatte ihm auch einen Köcher für seine Pfeile hergestellt, der ebenfalls einen Tragriemen besaß.
Das erste, was der Junge wahrnahm, war, daß er von seiner Mutter geweckt wurde. »Wach auf, mein Junge, es ist Zeit, daß du dich für die Reise fertigmachst.« So stand er auf und zog sich an. Er ging in den Nebenraum, wo sein Vater saß, und dort frühstückten sie. Danach sagte der Vater: »Mein Sohn, komm her, ich will dir die [Zeremonial-]Kleidung anlegen. Vorher kämmt Mutter dir noch die Haare.« Während sie ihre Bürste herausnahm und ihn kämmte, ging der Vater ins Nebenzimmer und holte ein Bündel hervor. Er wickelte es aus, nahm ein Paar Beinkleider heraus und legte sie dem Jungen an. Dann zog er ihm ein Paar neue Mokassins an, und als nächstes ein weißes Kachinahemd mit Mustern darauf. Darüber zog er ihm ein türkisfarbenes Hemd, das damals mit einer Art Band auf der Schulter getragen wurde, und um den Hals legte er ihm eine Kette aus Türkisperlen. Das weiße Hemd wurde mit einem Gürtel zusammengehalten, und um die Beinkleider band er unterhalb der Knie kleine Schellen.[14] Als letztes befestigte er dem Jungen eine weiße Daunenfeder oben auf dem Kopf und sagte dann: »Nun ist es Zeit für dich zu gehen.« Darauf legte er dem Jungen den Riemen des Vorratsbeutels über die Schulter und auch den Köcher mit den Pfeilen.
So ging der Junge aus dem Haus, verließ auf einem Umweg das Dorf und machte sich auf den Weg. Er erreichte die Biegung und folgte dann dem kaum erkennbaren Pfad. Nun fing er an zu laufen, so schnell er konnte, denn sein Vater hatte ihm gesagt, daß er sich beeilen sollte. Schließlich verschwand der Weg ganz, und er lief weiter geradeaus nach Westen. Um die Mittagszeit wurde er müde. So holte er etwas píki und sein Süßmaismehl (tósi) heraus, nahm es in den Mund und trank Wasser dazu. Dabei hielt er nicht an, sondern ging weiter, während er aß. Dann lief er wieder, so schnell er konnte.
Am späten Nachmittag kam er zu dem Erdhügel, von dem sein Vater gesprochen hatte. Er war grün, als er dort ankam, mit einer Menge Gras darauf. Er stieg auf den Gipfel und sah das Wasser. Da war Wasser, so weit er sehen konnte! Wie sein Vater gesagt hatte, war es niemals still. Er fragte sich, wie weit das Wasser wohl reichte, wo es

aufhörte und wo der Himmel anfing. Dann stieg er den Abhang zur Küste hinab. Er sah das aufgewühlte und schäumende Wasser und die Wellen, die den Strand hinaufliefen. Direkt am Rand des Wassers stellte er sich hin und machte eine Stelle für seine Fersen zurecht. Mit all seiner Kraft mußte er versuchen, den Pfeil so weit wie möglich zu schießen. Dann nahm er ihn heraus und sagte zu ihm: »Flieg geradeaus, und mögen wir uns beide drüben wiedersehen.« Darauf legte er ihn an, spannte den Bogen, so weit er konnte, und schoß. Er schaute dem Pfeil nach, wie er über das Wasser flog, bis er nicht mehr zu sehen war, aber er hielt seinen Blick genau auf die Stelle gerichtet, wo er verschwunden war.

Bald darauf sah er etwas kommen. Es kam näher, und als es genau auf ihn zukam, sah er, daß da auf dem Grund ein Weg war, dem er folgen konnte. Er lief los, so schnell er konnte. Mit aller Kraft rannte er, so, wie er noch nie zuvor gelaufen war. Er merkte, daß er müde wurde, aber dann dachte er: »O nein, ich darf jetzt nicht aufgeben!« So lief er weiter und strengte sich immer mehr an. Schließlich sah er Land, faßte Mut und lief schneller. Als er das Ufer erreichte, machte er einen großen Satz in die Höhe, und sofort gab es genau hinter ihm ein gewaltiges Getöse. Und als er sich umwandte, sah er, daß das ganze Wasser wieder zusammengeschlagen war. Es war kein Weg mehr da. Er stand dort und blickte aufs Wasser, und nun machte er sich auf die Suche nach seinem Pfeil. Er sah sich um, und da steckte er im Sand, fast ganz versteckt, nur die Feder schaute noch hervor. Er zog ihn nicht heraus, sondern ließ ihn stecken, damit er die Stelle wiederfinden würde, wenn er zurückkäme.

Dort an der Küste gab es einen Hügel, den bestieg er. Er blickte umher und sah ein merkwürdiges Land, einen Ort, wie er ihn fremder noch nie gesehen hatte. Er wußte nicht, in welche Richtung er sich wenden sollte. In geringer Entfernung sah er einen weiteren Hügel, und er beschloß, dorthin zu gehen. Vielleicht gab es dort eine Höhle, in der er die Nacht verbringen konnte. Am nächsten Morgen könnte er dann den Hügel ganz hinaufsteigen und sich umschauen, um zu entscheiden, wohin er gehen wolle. So machte er sich zu dem Hügel auf. Dort angekommen, begann er hinaufzusteigen, und auf halber Höhe entdeckte er eine Höhle. Er sah Knochen herumliegen, so als ob irgendein Tier darin gehaust hätte. Bis er sich die Höhle saubergemacht hatte, war es dunkel geworden. Er setzte sich, aß noch etwas píki und tósi

und trank Wasser dazu. Danach stellte er Essen und Wasserkrug in eine Ecke und zog seinen Gürtel und das Kachinahemd aus. »Ich gehe jetzt schlafen, damit ich morgen ausgeruht bin«, dachte er im Stillen, legte sich in eine Ecke und deckte sich mit dem Kachinahemd zu, das ihn fast vom Kopf bis zu den Zehen umhüllte. Dann schlief er ein.
Als er wieder aufwachte, war es bereits Morgen, schon fast hell, und er konnte ein wenig sehen. Er aß wieder etwas tósi und píki, trank Wasser und stieg dann auf den Gipfel. Oben angekommen, stand er da und schaute ringsumher. Weit im Süden konnte er einige Berge sehen, und er entschied sich, daß dies der Ort sei, den er ansteuern wolle. Im Westen und Osten gab es überhaupt nichts, und er dachte, im Süden gebe es vielleicht etwas Wasser und Gras. Vielleicht lebten in dieser Richtung auch Menschen.
So stieg er den Hügel hinab und lief in Richtung Süden. Er rannte und rannte, so schnell er konnte. Auf einmal hielt er inne, denn als er zu Boden schaute, glaubte er eine Fußspur zu sehen. Er freute sich und dachte: »Vielleicht gibt es Menschen hier in der Gegend.« Die Spuren wiesen nach Süden. Das ermutigte ihn, und er lief wieder los. Wenn er erschöpft war, ging er ein Stück, dann lief er wieder. Die Berge kamen näher, und sie waren nicht mehr blau wie zuvor. Er gelangte an eine sandige Stelle und hielt wieder an, und diesmal sah er mehrere Fußspuren. Sie waren von zwei Leuten, und diese gingen ebenfalls nach Süden. Er war froh und beeilte sich, weiterzulaufen. Als er sich dem hohen Tafelberg näherte, glaubte er, jemanden auf sich zukommen zu sehen, eine kleine Gestalt. Er konnte nicht sagen, ob es ein Tier oder ein Mensch war, doch bald erkannte er einen Menschen.
Er lief weiter, und der Mann kam auf ihn zu und sagte: »Du bist ein Fremder.« – »Ja, ich bin ein Fremder in diesem Land«, antwortete Déveh. »Du kommst aus einem anderen Land, denn du bist anders gekleidet«, sagte der Mann. »Ich gehe zurück und sage meinem Häuptling Bescheid. Sieh dich vor beim Weitergehen.« Damit wandte er sich um und lief zurück.
Der Junge betrachtete den Tafelberg. Gleich neben diesem erhob sich eine alleinstehende Kuppe, eine senkrechte Felsformation. Zuerst hatte er gedacht, daß sie mit dem Tafelberg verbunden sei, aber jetzt sah er, daß sie voneinander getrennt waren. Ganz oben auf diesem Felsen saß ein Adler, der dort gehalten wurde, damit er nach Fremden Ausschau hielte. Der Adler hatte scharfe Augen und konnte sehr weit sehen. Es

war der Adler des Häuptlings. Als er Déveh hatte kommen sehen, war er zu dessen Haus ins Dorf geflogen. Er blieb vor dem Eingang sitzen, bis der Häuptling sagte: »Komm herein!« Der Adler berichtete: »Ich habe einen Fremden kommen sehen. Er ist ein wirklicher Fremder, denn er ist merkwürdig gekleidet.« Der Häuptling antwortete: »Dankeschön. Ich werde einen Mann ausschicken, der ihm entgegengehen soll.« Daraufhin war der Adler wieder auf seinen Posten zurückgeflogen. (Deshalb war ihm der Mann entgegengekommen.)
Der Mann erklomm den Tafelberg und verschwand. Bald erschien ein weiterer Mann, der genau dasselbe tat. Er hielt den Jungen an und sagte: »Du bist ein Fremder.« Déveh bestätigte: »Ja, ich bin ein Fremder«, und der Mann erwiderte: »Ich werde umkehren und meinem Häuptling Bescheid sagen. Sieh dich vor beim Weitergehen.« Er drehte sich um und lief wieder ins Dorf zurück. Ein dritter kam, als der Junge gerade den Fuß des Tafelbergs erreicht hatte, und ein vierter, als er sich anschickte, ihn zu besteigen. Er sagte: »Du bist der Fremde, den ich treffen soll. Komm herauf, ich zeige dir, wo der Häuptling wohnt. Es kann sein, daß er dich empfangen will, vielleicht aber auch nicht.« – »Oh, so ist das?« fragte Déveh. »Ja, folge mir hinauf.« Der Mann wandte sich um und begann, den Pfad hinaufzusteigen, und Déveh folgte ihm. Als sie oben ankamen, war da noch ein weiteres Stück zu erklimmen.
Der Mann drehte sich um und sagte: »Du wartest hier. Ich gehe hinauf und sage meinem Häuptling, daß du da bist.« Dann stieg er die Leiter zum nächsten Absatz hinauf und verschwand. Bald sah der Junge oben einen Mann stehen, und der sagte zu ihm: »Du bist der Fremde, von dem man mir berichtet hat, und du bist wirklich ein Fremder.« Déveh antwortete: »Ja, ich bin ein Fremder.« – »Komm nur herauf«, sagte der Häuptling, »ich bringe dich zu meinem Haus.« So stieg er die Leiter hoch und folgte dem Häuptling in sein Haus. Als sie dort ankamen, sagte der Häuptling: »Tritt herein und setz dich. Du bist hier willkommen.« Und zu seiner Frau sprach er: »Mach diesem Mann etwas zu essen, denn er muß hungrig sein, er ist bestimmt von weit her gekommen.« Seine Frau machte sich an die Arbeit, bereitete etwas für ihn zu und stellte es vor ihn hin. Déveh wunderte sich über die Sprache dieser Leute, denn es war dieselbe wie seine. Er fing an zu essen. Es gab píki und tósi in einer Schüssel.
Er dachte, diese Leute würden mit ihm reden, während er aß, aber sie

taten es nicht. Nach einer Weile sagte der Häuptling: »Vielleicht interessiert es dich zu sehen, womit sich die Leute hier unterhalten. Du kannst aus diesem Haus hinausgehen, dann wendest du dich nach Osten, biegst rechts ab und schließlich siehst du den Dorfplatz. Du wirst viele Männer und Frauen auf den Hausdächern sehen, die dem Ballspiel zuschauen.« Also verließ der Junge das Haus, ging nach Osten, dann nach rechts, und befand sich bald auf dem Dach eines Hauses, von dem aus man auf den Dorfplatz hinabsah. Auf den Dächern standen zahlreiche Männer und Frauen, die jubelten und lachten, denn zwischen den Jungen und Mädchen war ein Spiel im Gange. Sie hatten viel Spaß.

»Ich setze mich hier mal hin und sehe ihnen einfach zu«, dachte sich Déveh, ließ sich nieder und schaute zu. Er hatte den Eindruck, daß die Mädchen wirklich gut spielten. Sie spielten das, was er geübt hatte.[15] Der Ball wurde in der Mitte des Dorfplatzes vergraben. Dann stellten sich ein Junge und ein Mädchen mit ihren Schlägern einander gegenüber auf, und zuerst schlug der eine, dann der andere, und bald hatten sie den ganzen Sand weggeschlagen und konnten den Ball sehen. Sobald er zum Vorschein kam, schlug ihn einer mit aller Kraft, und der Ball flog heraus, worauf alle anfingen, ihn vor- und zurückzuschlagen. Auf jeder Seite des Platzes gab es eine Stelle, an die sie den Ball hinschlagen mußten, um zu gewinnen. Die Jungen schienen zu verlieren, die Mädchen spielten besser. Nach einer Weile bemerkten sie Déveh oben und schickten ein kleines Mädchen hoch, das ihm sagte, er solle doch herunterkommen und mitspielen.

»Ja gut, ich spiele mit«, entschloß sich Déveh und ging zum Platz hinunter, wo man schon einen Schläger für ihn geholt hatte. Er sah, daß die Mädchen alle ihre Röcke vorn unter den Gürtel gesteckt hatten, so daß ihre Beine ganz entblößt waren. Das war die Art, wie sie spielten, und deswegen verloren die Jungen, denn sie schauten immer auf die Beine der Mädchen. Déveh sah, was vor sich ging, aber er tat das gleiche wie die anderen Jungen, er schaute den Mädchen auf die Beine. Schnell hatten die Jungen verloren.

Da kam ein Mädchen auf ihn zu und sagte: »Danke, dies habe ich von dir gewonnen, weil ihr das Spiel verloren habt.« Sie nahm ihm seine Mokassins weg. Sie machten noch ein Spiel, und Déveh machte wieder mit und verlor noch weitere Kleidungsstücke. Als nächstes verlor er seinen Gürtel, darauf seinen Kilt, dann die Beinkleider und das Hemd,

seine gesamte Kleidung, und dann auch noch die Perlen. Das einzige, was er jetzt noch hatte, war die Feder auf seinem Kopf, und schließlich verlor er auch die. Es war das letzte gewesen, was er hatte. Als er nichts mehr besaß, gab er auf. Er ging zum Haus des Häuptlings zurück, und als er eintrat, lachte der Häuptling ihn aus. Er war wirklich belustigt, und Déveh schien ihm überhaupt nicht leid zu tun. Natürlich hatte er die ganze Zeit gewußt, was dem Jungen geschehen würde. Offenbar war es auch früher schon vorgekommen.
Dann nahmen sie das Abendessen ein und gingen zu Bett. Am nächsten Morgen kam während des Frühstücks jemand herein und sagte: »Wir werden einen Wettkampf mit unserem Gast abhalten. Wir gehen alle hinunter und machen einen Wettkampf mit ihm. Er soll mit einem unserer Läufer um die Wette laufen.« Der Häuptling antwortete: »Ich bin sicher, unser Gast wird bereit sein, den Wettkampf mit unserem Läufer aufzunehmen.« Nach dem Essen ging er in einen anderen Raum und brachte etwas Eingewickeltes mit, etwas Längliches, und er machte einen Riemen daran fest und hängte es sich über die Schulter. Dann sagte er: »Laßt uns gehen. Die Leute sind schon auf dem Weg.« Die Frau beeilte sich, den Platz, an dem sie gegessen hatten, sauber zu machen, und dann gingen sie hinaus. Der Junge mußte mit ihnen gehen, und sie machten sich auf den Weg hinunter zum Platz.
Als sie unten ankamen, sagte der Häuptling zu Déveh: »Geh ein paar Schritte zur Ostseite, ich bleibe hier.« Und als die Leute herunterkamen, sagte er zu ihnen: »Jeder, der sich auf die Seite meines Gastes stellen will, trete auf seine Seite, und wer auf meiner Seite sein will, bleibe hier bei mir.« Der Junge wandte ein: »Also ich glaube nicht, daß jemand zu mir halten wird, weil mich keiner kennt.« Niemand trat zu ihm hin. Erst später, als noch mehr Leute herunterkamen, sagte ein dünnes, ziemlich kleines und nicht sehr gut aussehendes Mädchen: »Ich werde auf seiner Seite sein.« Sie ging zu Déveh hinüber und sagte ihm: »Ich werde zu dir halten.« Und am Ende, als noch ein paar Leute heruntergekommen waren, stellte sich noch ein größeres Mädchen auf seine Seite.
Nun sagte der Häuptling: »In Ordnung, wir setzen jetzt den Wettkampf fort. Bringt unseren Läufer.« Sie verschwanden in der Menge und brachten einen Jungen mit, einen hochgewachsenen Jungen, der wie ein guter Läufer aussah. Sie stellten ihn neben Déveh, der sich dachte: »Na, der sieht aus wie ein guter Läufer. Ich glaube nicht, daß

ich gegen ihn eine Chance habe.« Aber das kleine Mädchen sagte ihm, daß er nach dem Start dem anderen Läufer nicht zu dicht folgen sollte, denn auf dem Weg könnte etwas passieren. Davor warnte sie ihn und sagte: »Wir werden beide hoffen, daß du zuerst zurückkommst.«
Der Häuptling sagte: »Ihr beide geht jetzt hier zu der Linie und stellt euch auf. Wenn ich euch gleichzeitig einen Schlag gebe, dann lauft los.« Nun nahm er das Ding ab, das er über der Schulter hängen hatte, und wickelte es aus. Es war ein großes Messer. Da begriff der Junge, daß dies alles geplant worden war. Der Häuptling sagte: »Wenn wir den Wettkampf verlieren, dann nimmst du dieses Messer und tötest uns alle. Und wenn du verlierst, werden wir dich damit töten.« Darauf steckte er die Waffe in den Boden.[16]
Also stellten sie sich an der Linie auf, der Häuptling legte seine Hände auf ihre Schultern, gab ihnen einen Stoß und rief: »Lauft!« So rannten sie los, und der Läufer schoß gleich davon und lag von Anfang an vorn. Déveh war nicht gerade glücklich über die Worte des Häuptlings, daß sie um so viele Leben laufen sollten. Er war überzeugt, daß er verlieren würde. Der andere Junge war ein erfahrener Läufer und weit voraus. Aber dann sagte er sich: »Vielleicht habe ich doch eine Chance. Ich will es versuchen.« Er hielt sich in Sichtweite des anderen Läufers. Sie liefen in nördlicher Richtung. Der Häuptling hatte gesagt, sie sollten nach Norden laufen, bis sie an den Rand eines Gewässers kommen würden, dann sollte einer links und der andere rechts um das Gewässer herumlaufen. Nachdem sie es umkreist hätten, würden sie an die Stelle zurückkommen, wo sie den Kreis begonnen hätten, und dann zurückkehren.
Bald durchquerten sie eine Senke, liefen wieder hoch, und noch weitere Senken hinunter und wieder hinauf. Schließlich lief der erste Läufer wieder in eine Senke hinein, und als er aus ihr hervorkam, war er ein Hirsch. Der Hirsch sah sich nach dem Jungen um, lief einmal im Kreis herum und rannte dann weiter. Déveh dachte nun: »Der ist es also, gegen den ich laufe. Ich werde wohl keine Chance haben, denn er ist ein schneller Läufer.« Dennoch versuchte er es. Er lag jetzt eine ganze Strecke zurück, denn ein Hirsch läuft wirklich schnell. Als er das Ufer des Gewässers erreichte, sah er die Hufspuren des Hirsches nach links abbiegen, und daher lief er selbst rechts am Wasser entlang. Er fragte sich, wann er wohl dem anderen Läufer begegnen würde. Schließlich trafen sie sich irgendwo, liefen aneinander vorbei und

rannten weiter, bis sie wieder zu der Stelle kamen, von der sie in die verschiedene Richtungen gelaufen waren. Der Hirsch war immer noch weit voraus und rannte zum Tafelberg zurück. Der Junge lief und lief, und schließlich gelangte er wieder in Sichtweite des anderen Läufers. Er sah an den Hufspuren auf dem Boden, daß der Hirsch wieder eine Art Kreis beschrieben hatte, aber er vermied es, in den Kreis hineinzulaufen oder zu treten, sondern lief darum herum. Der Hirsch kam nun nicht mehr so gut voran,[17] und der Junge holte auf.
Schließlich holte er ihn ein. Er sagte: »Ich laufe eine Weile voraus«, doch der Hirsch antwortete nicht. Er rannte an ihm vorbei, wurde dann wieder langsamer, und der Hirsch zog wieder an ihm vorbei. Doch dann überholte der Junge den Hirsch erneut, und als er an ihm vorbeilief, gab er ihm einen Klaps auf das Hinterteil und sagte: »Lauf!, du läufst ja gar nicht!« Der Hirsch machte einen kleinen Sprung, aber er konnte nicht mehr rennen; er trabte nur noch. Das ermutigte den Jungen, und er lief schneller und kam bald in Sichtweite der Leute, die da standen und auf sie warteten. Das kleine Mädchen hatte Déveh schon kommen sehen und sagte [zu dem anderen Mädchen]: »Unser Läufer kommt als erster zurück, aber sag nichts, sie sollen glauben, daß wir ihn noch nicht sehen.« Sie hatte von allen die besten Augen. Nach einer Weile sahen auch die Leute jemanden kommen. »Ah, da kommt einer! Es muß unser Läufer sein!« riefen sie aus. Als er jedoch näherkam, stellten sie fest, daß es ihr Gast Déveh war, der zuerst kam; den anderen konnten sie noch nicht erkennen. Als Déveh die Ziellinie überquerte, waren die Mädchen zur Stelle, um ihn bei den Armen zu nehmen und zur Seite zu führen, damit er sich hinsetzte. Das kleine Mädchen hatte eine Schüssel gebracht, und sie holte einen Krug Wasser und legte etwas tósi hinein, und nachdem er sich eine Weile ausgeruht hatte, gab sie es ihm mit folgenden Worten zu trinken: »Das wird dir deine Kraft zurückgeben.« Er trank und fühlte sich gestärkt.
Schließlich kam auch der andere Läufer an, wieder in Gestalt eines Mannes. Er konnte sich kaum auf den Beinen halten, und als er die Linie überquerte, fiel er hin. Die Männer von seiner Seite kamen und hoben ihn hoch. Jetzt sagte der Häuptling zu Déveh: »Nun, da wir diesen Wettlauf verloren haben, hast du das Recht, uns mit diesem Messer, mit dieser Waffe zu töten.« Er nahm das Messer und überreichte es Déveh, der es annahm. Darauf trat ein Mädchen vor und händigte ihm seinen Gürtel aus. Sie sagte: »Hier ist dein Gürtel. Da du

uns in diesem Wettlauf geschlagen hast, gebe ich ihn dir zurück.« Dann kam ein anderes Mädchen mit seinen Mokassins und sagte: »Hier sind deine Mokassins.« Und ein weiteres kam mit seinem Kilt, und so fort, bis er alle seine Sachen zurückhatte, einschließlich der Feder. Er begann sich die Sachen anzuziehen, die sie ihm wiedergegeben hatten. Nachdem er fertig war, stand er da und überlegte, was er nun tun sollte. Er rief den Häuptling zu sich herüber und sagte: »Komm hierher.« Der Häuptling kam. »Dreh dich um.« Er drehte sich um, und sobald er sich abgewandt hatte, schnitt Déveh ihm mit dem Messer den Hals durch, und sein Kopf fiel rollend auf den Boden. Der Körper bewegte sich und zuckte noch, dann lag er schließlich still. Darauf rief Déveh nach dem Läufer. Er kam aus der Menge und ging zu ihm hin. »Dreh dich um«, sagte Déveh. Er drehte sich um, und wieder hieb Déveh mit dem Messer zu. Der Kopf fiel ab, und der Leib zappelte umher und lag bald still. Nun waren zwei von ihnen getötet.

Déveh legte das Messer nieder. »Es gibt da noch eine Sache, die ich tun will. Ich werde jetzt keinen mehr töten, aber da gibt es noch etwas anderes, das ich von euch will. Ich werde mir alle Mädchen heraussuchen, die ich haben will, und dorthin mitnehmen, wo ich hergekommen bin.« Und er ging wirklich zu der Menge hinüber und suchte sich die Mädchen aus, die er mitnehmen wollte. Er sagte: »Dich nehme ich« und ging weiter zu einem anderen Mädchen und sagte: »Dich nehme ich.« Und er nahm sich, ich weiß nicht wie viele, aber eine ganze Menge. Auch ein paar Frauen mit kleinen Kindern wählte er aus und ließ nur die älteren Leute zurück.

Er brachte sie alle zusammen und sagte ihnen, daß sie zum Dorf hinaufgehen und Essen bereiten müßten. Er befahl ihnen, sich zu beeilen, und die übrigen wies er an, nach Hause zu gehen. So gingen die Mädchen und die jungen Frauen zum Dorf hinauf und bereiteten rasch ein Gericht. Déveh dachte, daß manche nicht mitkommen würden, aber er wartete, und alle erschienen, selbst die mit den kleinen Kindern. Dann sagte er: »Gehen wir, wir müssen uns beeilen.« So machten sie sich auf. Es war Spätnachmittag, und er wollte, daß sie vor der Dunkelheit noch so weit wie möglich kamen. Also brachen sie eilends auf, rannten und gingen und rannten dann wieder. Er war überrascht, wie kräftig all die Mädchen und jungen Frauen mit ihren Kindern waren, und wie lange sie schon ohne ein Anzeichen von Müdigkeit durchgehalten hatten. Ihm fielen ihre Dorfspiele ein, und er

vermutete, daß sie der Grund für ihre Kraft waren. Bald waren sie schon fast an der Stelle, wo Déveh das Wasser durchquert hatte, und schließlich kamen sie dort an. Déveh sagte: »Hier werden wir hinübergehen. Kommt hierher, ich erkläre es euch.« So kamen sie alle zusammen, und er sagte: »Ich schieße jetzt meinen Pfeil ab. Schaut ihm nach, und ihr werdet von dort, wo ich ihn hingeschossen habe, etwas kommen sehen, etwas, das sich auf uns zubewegt. Sobald es uns erreicht, lauft ihr alle so schnell ihr könnt. Ich werde direkt hinter euch bleiben.« Er zog seinen Pfeil heraus und schoß ihn, so weit er konnte, und behielt ihn im Auge. Bald sah er es und sagte: »Da ist es, seht genau hin.« Es kam auf sie zu, dieses weiße Ding, und sie alle sahen es. Bald war es dicht bei ihnen, und er sagte: »Macht euch fertig zum Laufen.« Als es ankam, lag ein deutlicher Weg vor ihnen, und er rief: »Lauft!« Sie rannten los. »Rennt, so schnell ihr könnt!«
Das kleine dünne Mädchen, seine Freundin, war die beste Läuferin von allen, sie war weit voraus, und niemand konnte sie einholen. Bald sah es so aus, als ob diejenigen mit den kleinen Kindern langsamer würden, und so nahm Déveh eins ihrer Kinder und lief mit ihm auf dem Arm; die Frau nahm er bei der Hand und zog sie mit. Irgendwie kamen alle hinüber, und als sie da waren, gab es gerade hinter ihnen ein großes Getöse. Sie drehten sich um, und das Wasser war wieder zusammengeschlagen. Es war kein Weg mehr da. Alle waren froh und sagten: »Dankeschön, daß wir alle sicher hinübergekommen sind.« Sie dankten auch dem Pfeil.
Déveh sagte zu ihnen: »Jetzt gehen wir auf den Erdhügel hier hinauf, setzen uns und essen. Eßt tüchtig, denn wir werden die ganze Nacht hindurch unterwegs sein und dann nicht schlafen.« Der Junge stieg auf den Gipfel hinauf, und oben öffneten sie ihre Essensbeutel, holten ihr Wasser hervor und begannen zu essen. Als sie satt waren, legten sie ihre Sachen weg. Es war die Zeit des Sonnenuntergangs. Déveh sagte ihnen: »Wir müssen uns beeilen und aufbrechen.« So machten sie sich auf den Weg.
In dem Dorf, das sie verlassen hatten, waren die Männer sehr wütend darüber, daß Déveh alle jungen Mädchen und Frauen mitgenommen hatte. Den Jungen fehlten ihre Liebsten, und den Männern waren die Ehefrauen weggenommen worden. Sie waren es also, die hinter ihm her wollten, und sie beschlossen loszugehen, bevor die Sonne aufging. Sie machten sich ihr Essen fertig, und bevor es hell wurde, brachen sie

auf. Sie fingen an zu laufen und folgten den Fußspuren der Frauen. Bald kamen sie an den Rand des Ozeans, und dort verschwanden die Spuren. Sie liefen die Küste auf und ab und suchten.
Einer von ihnen erinnerte sich daran, daß es eine Stelle gab, wo man unter dem Wasser hindurchgelangen konnte, einen Tunnel. Er trug den Männern auf, nach einer riesigen Muschel zu suchen, die den Eingang bedeckte. Sie liefen auf und ab und fanden die Muschel in der Nähe von Dévehs Pfeil. Die große Muschel war über die Öffnung gewälzt. Sie gruben den Sand weg, bekamen den Rand zu fassen und hoben sie hoch. Da war ein riesengroßes Loch, und er sagte ihnen: »Geht hinein, ihr Jungen zuerst. Lauft, so schnell ihr könnt, und wenn ihr die andere Seite erreicht, wartet nicht auf uns. Drückt den Deckel hoch und lauft hinter ihnen her.« So gingen die Jungen zuerst hinein, und die Männer folgten ihnen und schlossen den Deckel hinter sich. Dann rannten und rannten sie, bis sie ans andere Ende kamen, und mit vereinten Kräften drückten sie den Deckel hoch.
Dann rannten sie weiter. Sie fanden die Fußspuren des Jungen und der Frauen und folgten ihnen, so schnell sie konnten. Sie waren kräftig, viel kräftiger als die Frauen, und sie kamen ihnen näher.
Der Häuptling von Dévehs Dorf, sein Vater, machte sich Sorgen. Die Sonne ging unter, und bald würde es dunkel sein. Er dachte: »Er muß sich auf dem Weg nach Hause befinden.« Aber er wußte es nicht, und daher stellte er sich auf sein Hausdach und sagte: »Mein starker Bote im Osten, wirst du sofort zu meinem Haus kommen?« Er ging zurück in sein Haus und setzte sich hin. Recht bald kam jemand. »Komm herein«, sagte der Häuptling, »ich möchte mit dir sprechen.« Er trat ein, und es war eine Taube (hé'awi). »Vor vier Tagen ist mein Sohn auf eine Reise gegangen«, sagte der Häuptling. »Er sollte bei Sonnenuntergang zurück sein, ist aber noch nicht wieder da. Willst du schauen gehen, ob er kommt oder ob er in Schwierigkeiten ist? Du weißt, wohin du gehen mußt, also geh und verliere keine Zeit. Wenn du sie siehst, halte nicht an, sondern geh weiter und schau, ob ihnen jemand folgt.«
So verließ die Taube das Haus und flog nach Westen. Sie erblickte sie, und sie sahen bemitleidenswert aus. Die Mädchen und besonders die Frauen waren müde und schienen hungrig und durstig zu sein. Der Junge befand sich in Schwierigkeiten. Er trug immer eine Frau oder ein Mädchen ein Stück weit, setzte sie dann ab, ging zurück und holte die

nächste. Die Taube hatte Mitleid mit ihnen. Sie tat, was der Häuptling gesagt hatte, und flog weiter. Bald darauf sah sie Männer und Jünglinge, die ihnen folgten. Sie waren schnell und kamen näher. Die Taube kehrte um und flog zum Haus des Häuptlings zurück. Dort berichtete sie: »Dein Sohn kommt zurück, aber er hat Schwierigkeiten mit den Mädchen und Frauen. Sie scheinen erschöpft, und er selbst gibt ebenfalls sein Letztes, weil er immer eine Frau eine Zeitlang trägt und dann zurückgeht, um eine andere zu holen. Ich fürchte, daß die Männer sie bald einholen werden. Sie sind hinter ihnen.« Der Häuptling antwortete: »Danke, das wollte ich wissen. Ich werde meinen anderen Boten bitten, herzukommen. Du darfst nach Hause gehen«, worauf die Taube davonflog.
Der Häuptling kam wieder aus dem Haus, ging aufs Dach und sagte: »Mein starker Bote im Norden, wirst du kommen? Ich würde gern mit dir sprechen. Und beeile dich.« Er ging ins Haus zurück, setzte sich, füllte seine Pfeife und begann zu rauchen. Jemand kam und fragte: »Bist du da?« – »Ja, ich bin da«, antwortete er. Das Wesen trat ein, und es war eine Eule (móngwau). Sie sagte: »Du hast etwas, das ich für dich tun soll.« – »Ja, ich habe etwas, das du für mich tun sollst«, erwiderte der Häuptling. »Vor vier Tagen begab sich mein Sohn auf eine Reise in Richtung der untergehenden Sonne. In vier Tagen sollte er zurück sein. Ich habe meinen anderen Boten geschickt, um zu sehen, ob er kommt, und er ist zurückgekehrt und hat mir gesagt, mein Sohn sei auf dem Weg nach Hause, nur habe er Schwierigkeiten. Er bringe Frauen und Mädchen mit, und die seien müde. Er habe Schwierigkeiten, denn er sei selbst erschöpft. Es gibt also etwas, das du tun sollst: Wenn der Tabak in meiner Pfeife heiß brennt und raucht, nimmst du sie und fliegst nach Westen, und du wirst meinen Sohn mit den Mädchen kommen sehen. Du fliegst über sie hinweg, und weiter westlich siehst du dann Männer kommen. Sie sind kräftig, und mein anderer Bote sagte, daß sie drauf und dran sind, sie einzuholen. Wenn du zu ihnen hinkommst, bläst du den Rauch auf sie hinunter. Ich hoffe, daß sie auf diese Weise aufgehalten werden.«
Also nahm die Eule die Pfeife und ging hinaus. Sie flog westwärts davon, und bald sah sie den Sohn des Häuptlings und die Frauen kommen. Sie sah, daß sie in Not waren, wie es der Häuptling gesagt hatte, flog über sie hinweg weiter nach Westen und erblickte die Männer, die sie verfolgten. Hoch oben auf einem Felsen ließ sie sich

nieder und begann, an der Pfeife zu saugen. Sie nahm den Mund voll Rauch, und der kam in einem Schwaden heraus, sank zu Boden, und als er unten auftraf, explodierte er, und die Luft war von Rauch erfüllt. Bald wurde der Rauch so dick, daß die Männer die Fußspuren an dieser Stelle nicht mehr erkennen konnten. Sie schauten umher und sagten: »Was ist hier los? Es wird dunkel, und wir können die Fußspuren nicht mehr sehen.« Sie beugten sich ganz tief hinunter, um die Spuren zu suchen, konnten aber nichts sehen. Die Eule hüllte sie tüchtig weiter in Rauch ein. So drängten sie sich zusammen und hielten eine Weile an. Sie standen herum und warteten darauf, daß es wieder aufklarte, damit sie weitergehen konnten. Als die Eule den Tabak ganz aufgeraucht hatte, nahm sie die Pfeife, kehrte zum Haus des Häuptlings zurück und sagte ihm, daß sie getan habe, was er von ihr verlangt hatte. Sie meinte, das werde sie aufhalten, denn sie hatte sie umherirren sehen, als sie weggeflogen war, aber sie waren gerade hinter den Frauen, und sie fürchtete, daß sie sie doch noch einholen könnten.
Der Häuptling dankte ihr und trug ihr auf, wieder nach Hause zu fliegen. Dann wartete er eine Weile und machte in der Feuerstelle ein schönes, heißes Feuer, legte eine Menge Holz hinein und brachte es sehr schnell zum Brennen. Nun wartete er, daß es herunterbrannte, damit er sein Vorhaben ausführen konnte. Als das Feuer ein wenig heruntergebrannt war, nahm er eine Bürste und bürstete die Wände ab, an denen sich eine Menge heißer Ruß befand, den er zu einem Haufen zusammenkehrte. Er war so beschäftigt, daß er niemanden hatte kommen hören, bis ihn jemand ansprach: »Wolltest du mich sehen? Hier bin ich.« Er drehte sich um, und da war eine Krähe (angwúsi). Sie saß da und wartete.
Er sagte: »Ja, ich habe nach dir geschickt. Ich wollte, daß du schnell kommst. Warte, bis ich fertig bin, dann sage ich dir, was ich will.« So beeilte er sich, die Wände abzubürsten, und er kehrte einen großen Haufen Ruß zusammen. Als er fertig war, sagte er: »Das ist der ganze Ruß, den ich einsammeln kann. Er ist noch heiß. Ich möchte, daß du ihn nimmst und die Männer aufhältst. Vor vier Tagen ging mein Sohn in Richtung der untergehenden Sonne. Heute soll er zurücksein, und ich warte auf ihn. Er hat Schwierigkeiten mit den Leuten, die er herbringen soll, und ich habe schon meine anderen Boten geschickt. Die sind zurückgekommen und haben mir berichtet, daß die Männer, die ihnen folgen, sie fast eingeholt haben. Deshalb will ich sehen, ob du

sie aufhalten kannst. Ich möchte, daß du all diesen Ruß zwischen deine Federn nimmst und zu den Männern fliegst, die sie verfolgen. Wenn du genau über ihnen bist, schüttelst du dich und wirfst den heißen Ruß auf sie herab, und das wird sie hoffentlich aufhalten. Du weißt, wie man das macht, daher überlasse ich es dir.«
Dann ging er weg, und die Krähe hüpfte zur Feuerstelle. Sie stellte sich genau neben den Rußhaufen und tat sich den Ruß zwischen die Federn auf der linken Seite. Als diese voll waren, begann sie auf der rechten Seite, danach machte sie den Schwanz voll, und schließlich auch die feinen Federn. Sie bewirkte auf irgendeine Weise, daß sich diese feinen Federn aufplusterten, und viel Platz zwischen ihnen entstand. So hatte sie bald den ganzen Ruß aufgenommen, kam herausgehüpft und sagte: »Was soll ich jetzt tun? Ich habe den ganzen Ruß aufgenommen, und es ist keiner mehr da, obwohl noch Platz zwischen meinen Federn ist.« Der Häuptling sagte: »Das ist alles, was ich einsammeln konnte, und daher muß es reichen. Mach dich jetzt auf den Weg. Beeil dich, so schnell du kannst.«
Die Krähe verließ das Haus und flog los, aber sie konnte nicht so gut mit den Flügeln schlagen, weil sie Angst hatte, den Ruß zu verlieren. Sie flog so leicht wie möglich, erreichte die Frauen und Déveh, und wie es sein Vater gesagt hatte, war Déveh in großen Schwierigkeiten mit den Mädchen. Die Krähe hatte Mitleid mit ihnen. Sie flog über sie hinweg, und bald, nicht weit von ihnen entfernt, traf sie auf die Verfolger. Sobald die Männer unter ihr waren, begann sie sich zu schütteln, und schnell war die Luft von Ruß erfüllt, und es wurde ganz plötzlich dunkel. Die Männer fühlten die Wärme. Bald wurde es heiß, und sie spürten ein Brennen auf der Haut, das von der Hitze des Rußes kam. Sie begannen sich die Arme und Körper zu reiben, um die Hitze loszuwerden. Die Krähe schüttelte sich fleißig über ihnen, und die Männer rieben sich ab. Sie stellten fest, daß ihre Haut Blasen bekam und ihr Haar dünner wurde. Es war nicht mehr lang, sondern geschrumpft und gekräuselt. Sie irrten umher und wunderten sich, was mit ihnen geschehen war. Dann sagte einer: »Irgend jemand hat etwas auf uns geworfen, und ich fürchte, wir können es nicht abwehren.« So standen sie herum, und bald ließ das Stechen nach und die Luft wurde wieder klar.
Sie konnten nun erkennen, daß etwas mit ihnen geschehen war. Sie schauten einander an, und einer sagte: »Mit dir ist etwas passiert. Du

siehst anders aus. Dein langes Haar ist weg, es ist jetzt ganz gekräuselt und dicht gelockt, und deine Lippen sind dick und deine Haut ist schwarz geworden. Du bist ganz versengt.« So sprachen sie untereinander. Sie waren erstaunt, und während sie sich unterhielten, begannen sie anders zu sprechen, nicht mehr die Hopi-Sprache. Sie konnten nicht begreifen, was geschehen war. Schließlich gerieten sie in Wut und sagten, sie wollten den Jungen fangen und töten. Sie liefen wieder los, alle schwarz und mit versengten Haaren.

Sie fanden die Fußspuren und nahmen die Verfolgung wieder auf. Bald sahen sie den Jungen und die Frauen. Déveh schaute sich um und sah die Männer kommen. Er sagte: »Also, ich bin sicher, daß sie bald bei uns sein werden, und ich kann nichts dagegen tun. Ich kann euch nicht alle zu meinem Ort mitnehmen. Es kommt mir keiner zu Hilfe, daher werde ich nur diese beiden Mädchen mitnehmen, die mit mir Freundschaft geschlossen haben.« Er suchte das dünne kleine Mädchen und das zweite heraus, die beide zu ihm gehalten hatten, als er mit dem Hirsch um die Wette gelaufen war, und als die Männer schon ganz dicht heran waren, sagte er: »Ich verlasse euch jetzt, denn sonst werden sie mich töten.« Er nahm die beiden Mädchen an den Armen und lief weiter in die Richtung seines Dorfes.

Nun holten die Männer die Frauen ein, und sie fürchteten sich vor diesen Männern mit den glänzenden Körpern, versengten Haaren und dicken Lippen. Sie wollten sich nicht von ihnen ergreifen lassen und weinten und schrien. Die Männer sprachen gar kein Hopi. Die Frauen wollten nicht mit ihnen gehen, aber sie wurden eingefangen und zur Umkehr gezwungen. Die Männer luden sie sich einfach auf und trugen sie zurück. Sie schleppten sie auf dem Rücken. Die Frauen waren ihre Ehefrauen und ihre Liebsten, und jeder nahm ein Mädchen oder eine Frau. Sie gingen zu der Stelle zurück, an der sie aus dem Tunnel gekommen waren. Sie hatten ihn nicht einmal geschlossen, nachdem sie herausgekommen waren, und so war er schon offen, als sie dort eintrafen. Sie stiegen in den Tunnel und liefen hindurch, und als sie am anderen Ende ankamen, öffneten sie ihn und stiegen heraus. Die letzten Männer, die den Tunnel betreten hatten, schlossen ihn hinter sich und gingen dann weiter, und als sie auf der anderen Seite herauskamen, verschlossen sie den Tunnel mit der riesigen Muschel und zogen weiter ihres Weges. Sie trugen die Frauen, bis sie müde waren. Inzwischen hatten sich die Frauen wieder erholt und konnten alleine weitergehen. Schließlich kamen sie nach Hause. Die Leute waren erstaunt, daß diese schwarzen Männer die Frauen zurückbrachten. Da sie ihre Ehefrauen waren, lebten die Männer mit ihnen. Bald hatten sie Kinder, die so aussahen wie ihre Väter, und einige Jahre später gab es dort keinen Menschen mehr, der die Hopi-Sprache verstand; sie waren alle schwarz, mit krausen Haaren und glänzenden Körpern.[18]

Als Déveh nach Hause kam, brachte er die zwei Mädchen zu seinem Vater, und der freute sich sehr, daß er wenigstens mit diesen beiden wiederkam. Déveh beschloß, das kleine dünne Mädchen als Schwester anzunehmen und das ältere Mädchen zu heiraten. Sein Vater war sehr betrübt, daß die anderen Frauen zurückgeholt worden waren, denn sonst hätte es genug Frauen und viele Kinder gegeben.

»Tsakáptamana« (Pseudonym)
Móenkopi, April 1969

Der Antilopenjunge[19]

Alíksai!
Diese Geschichte spielt im Dorf Shimópovi [Shongópovi]. Dort lebten ein Mann und eine Frau, die nur ein Kind hatten, ein Mädchen. Es wuchs zu einer liebenswerten, schönen jungen Frau heran. Aber sie war einsam, sie hatte nicht viele Freundinnen. Ihr Haar war lang und schwer, und sie trug es in großen Windungen auf beiden Seiten des Kopfes, was bedeutete, daß sie im Heiratsalter war. Für die jungen Leute im Dorf gab es viel zu unternehmen, sie konnten tanzen und Kaninchen jagen. Die Mädchen machten immer somíviki für die Kaninchenjagden, ein Hopi-Brot aus sehr fein gemahlenem blauem Mais.

Eines Tages verkündete der Dorfausrufer, daß am nächsten Tag wieder eine Kaninchenjagd stattfinden sollte. Die Mädchen machten fleißig somíviki. Die Mutter und der Vater des Mädchens waren sehr besorgt, weil es so viel allein blieb, und sie wollten, daß es mit auf die Kaninchenjagd ginge. Es sagte, es sei nicht interessiert, aber am nächsten Morgen entschloß es sich doch, mitzugehen. Seine Mutter beeilte sich, ihm noch etwas Brot für die Jagd zu machen. Während es

abkühlte, liefen die anderen Jungen und Mädchen schon die Westseite der Mesa hinunter, dorthin, wo sich alle treffen sollten. Das Mädchen nahm also das in ein Tuch gewickelte Brot mit und ging zu der Stelle, an der die anderen warteten. Dann liefen alle los und fingen an zu jagen. Wenn sie ein Kaninchen (tóvo) sahen, jagten die Jungen hinter ihm her, und wer es fing, stellte sich hin und hielt es an den Hinterläufen hoch. Dann rannten die Mädchen zu ihm hin, und diejenige, die zuerst ankam, erhielt das Kaninchen und gab ihm dafür etwas von ihrem Brot.
So ging es weiter. Sie legten eine beträchtliche Strecke zurück und jagten die ganze Zeit. Manchmal machte ein Junge das Ende seines Stockes naß und steckte ihn in ein Kaninchenloch. Wenn er darin etwas fühlte, drehte er den Stock ein paarmal herum, bis er das Fell fest am Stock hatte. Dann zog er ihn mit einem kurzen Ruck heraus, und es war ein Kaninchen an seinem Ende. Sie töteten es mit einem Handkantenschlag ins Genick. Nun rannten die Mädchen um die Wette, um es ihm abzunehmen. Wenn ein Kaninchen davonlief, tötete es der Junge, indem er seinen Stock nach ihm warf.
Am späten Nachmittag bekam das Mädchen Bauchschmerzen. Sie setzte sich eine Weile hin, bis die Schmerzen vorbei waren, dann folgte sie den anderen. Bald jedoch blieb sie so weit zurück, daß sie sie nicht mehr einholen konnte. Kurz darauf gebar sie ein Kind. Direkt in der Nähe befand sich ein Kaninchen- oder Dachsloch. Sie vergrößerte es etwas und legte das Baby hinein. Um diese Zeit machten sich die Jungen und Mädchen wieder auf den Weg ins Dorf. Sie war zurückgeblieben, und niemand hatte sie vermißt oder war sie suchen gegangen. So kam sie allein nach Hause, als letzte der Gruppe. Sie brachte zwei Kaninchen mit, und ihre Mutter war sehr froh, sie zu bekommen. Die Mutter hatte keine Ahnung, daß das Mädchen schwanger gewesen war. Es hatte seinen Gürtel [eine geflochtene, etwa 10 cm breite Schärpe] ganz eng geschnürt, und so hatten die Eltern nichts gemerkt.
Dort, wo sie das Baby ausgesetzt hatte, suchte eine alte Coyotenfrau nach einer Mahlzeit. Sie schaute, ob die Jungen und Mädchen ein verwundetes Kaninchen zurückgelassen hatten, denn jetzt, wo sie alt war, fiel ihr das Jagen schwer. Da hörte sie etwas schreien, lief zu dem Dachsloch und fand das Baby darin. So vorsichtig wie sie nur konnte zog sie es mit ihren Zähnen heraus. Es war ein kleiner Junge. Sie dachte, wenn sie jünger wäre und Milch hätte, würde sie ihn bestimmt

mitnehmen und aufziehen, damit er für sie auf die Jagd gehen könnte. Aber sie war zu alt, um ihm Milch zu geben. Da fielen ihr die Antilopenleute ein, die weiter im Norden lebten. Sie dachte, daß einige von ihnen Milch haben und ihn aufziehen würden. So nahm sie den Jungen mit und brachte ihn zu den Antilopenleuten. Als sie bei ihrer Kiva ankam, stampfte sie aufs Dach. Sie wollte nicht hineingehen. Jemand rief, sie solle doch hinunterkommen, aber sie bat darum, daß einer nach oben käme. Der Mann unten schickte jemanden hinauf, und die alte Coyotenfrau erzählte ihm, daß sie ihnen ein Baby gebracht habe. Vielleicht könne eine der Frauen es aufziehen. Der Mann nahm das Baby, stieg in die Kiva hinab und legte es neben die Feuerstelle, wo der Häuptling saß. Dieser stand auf und klopfte an die Tür des nächsten Raumes. Dann öffnete er sie und bat eine der Frauen, herbeizukommen. (Alle Männer befanden sich in einem Raum und die Frauen in einem anderen.)

Eine Frau kam heraus, und er sagte ihr, daß jemand ein Baby gebracht habe. Ob sie es wolle? Sie sagte ja, sie war bereit, es zu nehmen. Sie sah es auf dem Boden liegen, nahm es, wusch es mit warmem Wasser und wickelte es in ein Tuch. Das Baby war hungrig, und sie säugte es. Von da an sorgte sie für das Baby und säugte es immer, wenn es hungrig war.

Da es Antilopenmilch trank, wuchs das Baby so schnell wie eine Antilope. Nach vier Tagen wurde es aus der Kiva gebracht, um zu prüfen, ob es laufen konnte. Es lief wacklig, aber sehr bald konnte es richtig gehen. Jeden Tag brachten sie es heraus – es ging im Sonnenschein umher, und bald lief es mit den anderen Antilopenkindern umher. Nach einer Weile konnte es wirklich gut laufen, so wie die übrigen Antilopen. Es lief inmitten der Herde. Die Antilopen laufen einzeln hintereinander, und der Junge war genau in der Mitte.

Die Zeit verging, und in Shimópovi beschloß ein Mann, allein auf Kaninchenjagd zu gehen. Er lief zum Fuße der Mesa hinunter und ging in der Richtung auf die Antilopenherde. Er hatte vor, in diesem Gebiet zu jagen. Als er die Stelle erreichte, bemerkte er dort die große Antilopenherde. Er setzte sich hin und beobachtete, wie sie umherliefen und spielten oder nur weideten. Da fiel ihm auf, daß ein Junge zwischen ihnen umherlief. Er war sehr schnell. Der Mann war erstaunt. Er fragte sich, wo der Junge hergekommen und wie er zu der Herde gelangt sei. Er war so gefesselt, daß er die Kaninchenjagd

vollkommen vergaß, sondern einfach da blieb und zusah. Bevor er es merkte, war es schon fast Zeit zum Abendessen, und er ging ins Dorf zurück.
Er erzählte seiner Frau, was er gesehen hatte; einen kleinen Jungen, der mit den Antilopen umherlief. Seine Frau konnte es kaum glauben, aber er sagte, es sei wahr, er habe es selbst gesehen. Nachdem er gegessen hatte, ging er zur Kiva hinunter. Es waren viele Männer dort, und er erzählte ihnen von dem Jungen, der mit den Antilopen umherlief. Sie konnten es nicht glauben und sagten: »Ach, das hast du dir nur eingebildet. Niemand kann so schnell laufen wie eine Antilope.« Er antwortete: »Wenn ihr es nicht glaubt, könnt ihr ja hingehen und es euch selbst ansehen.« Ein paar Tage später beschloß ein Mann, nachschauen zu gehen, ob es wirklich so war. Er ging zu dem Gebiet, wo die Antilopen lebten, und erblickte schließlich den Jungen in der Herde. Er sah, daß der Junge in der Mitte zwischen ihnen lief. So ging er nach Hause zurück und erzählte den anderen Männern davon. Dann gingen noch vier weitere Männer nacheinander dorthin, und jeder erzählte dieselbe Geschichte, daß da ein kleiner Junge sei, der in der Antilopenherde umherliefe. Sie fragten sich, wer der Junge sein könnte, aber sie wußten von keinem Jungen, der im Dorf vermißt wurde.
Also faßten sie einen Beschluß. Ein Mann sagte, er wolle eine Coyotenjagd[20] organisieren. Er ging zu den Dörfern Shipaúlovi und Mishóngnovi hinüber, um sie zu benachrichtigen. So kamen alle überein, zusammen loszuziehen, um nach Möglichkeit den Jungen zu fangen und herauszufinden, wer er war. Die Leute aus diesen drei Dörfern machten ihre Pläne. Zur bestimmten Zeit würden sie zu verabredeten Stellen gehen und nach ihrer Ankunft ein Feuer machen, um anzuzeigen, daß sie die Stelle erreicht hatten, an der sie sein sollten. Als der Tag anbrach, zogen sie hinaus, die Männer und Frauen aus Shimópovi und den beiden anderen Dörfern. Jede Gruppe machte, sobald sie an ihrem Platz angekommen war, ein Feuer, und der Rauch zeigte den anderen, daß sie bereit waren. Dann verteilten sie sich und bildeten einen Kreis. So machte man es auf einer Coyotenjagd. Man trieb die Coyoten in der Mitte zusammen und machte den Kreis immer kleiner. Diesmal umzingelten sie die Antilopen, um den Jungen zu fangen.
Die Antilopenleute hatten schon bemerkt, daß eine Jagd bevorstand, und sie wußten, weshalb. Daher machten sie den Jungen wie einen

Hopi zurecht. Sie wuschen ihm das Haar und zogen ihn auch wie einen Hopi-Jungen an. Als das Haar des Jungen trocken war, schnitt der Antilopenpate ihm eine Ponyfrisur, dann schnitt er ihm etwas Haar an den Seiten unterhalb der Ohren ab, nach Hopi-Tracht, und den Rest ließ er nach hinten herunterhängen. Darauf nahm er eine weiße Adlerdaune, band sie dem Jungen auf den Kopf und bestreute sein Gesicht mit weißem Maismehl. Er legte dem Jungen den gewebten weißen Kilt und eine Schärpe an, dann band er ihm Beinbänder um die Fesseln. Schließlich färbte er ihm die Beine gelb. Nun sagte der Pate dem kleinen Antilopenjungen, was geschehen würde. Er befahl dem Jungen, unmittelbar hinter ihm zu bleiben, und unterwies ihn, was er zu tun hatte. Der Kreis wurde geschlossen, und die Leute begannen, auf sie zuzugehen und den Kreis immer mehr zu verkleinern. Sie konnten jetzt schon einander sehen und feststellen, was sich im Kreis befand. Sie hatten Coyoten und Füchse darin und auch die Antilopen. Diese fingen an, umherzulaufen und wollten heraus. Als der Kreis kleiner wurde, sagte der Antilopenpate zu dem Jungen: »Da drüben ist deine Mutter. Schau sie dir genau an, damit du siehst, wie sie aussieht, und achte auf ihre Kleidung. Jetzt zeige ich dir auch deinen Vater.« Sie kehrten um, und auf der anderen Seite sagte er: »Nun, dort ist dein Vater.« Sie liefen weiter im Kreis umher, und der Antilopenpate sagte zu dem Jungen: »Wenn ich es dir sage, läufst du zu deiner Mutter.« Der Kreis wurde kleiner und kleiner. Der Antilopenpate erklärte dem Jungen, daß es der Zweck der Jagd sei, ihn zu fangen. Wer immer ihn auch fange, der würde ihn behalten. Aus diesem Grunde müsse er so schnell er könne zu seiner Mutter laufen. Kurz darauf rief er: »Jetzt!« Der Junge rannte zu seiner Mutter, legte seinen Arme um sie und sagte: »Meine Mutter!« Doch die Mutter sagte nichts. Sie war überrascht. Dann dachte sie daran, daß sie ein Kind gehabt hatte, und daß dies der Junge sein könnte, den sie dort draußen zurückgelassen hatte. Er sagte noch einmal: »Meine Mutter!«, und sie antwortete ihm: »Mein Sohn!« und legte ihre Arme um ihn. Die Leute liefen alle hinzu und wollten sehen, wie er aussah und wer er war. Der Onkel des Mädchens[21] sah alles mit an und fragte: »Ist das dein Sohn?« Sie bejahte. »Und wer ist sein Vater?« Der Junge rief: »Dort ist mein Vater!« und zeigte auf einen jungen Mann. Der trat vor, und der Junge sagte: »Mein Vater!« Und der junge Mann antwortete: »Mein Sohn!«
Da wurde der Onkel des Mädchens wütend, weil es ihre Verwandten

betrogen hatte. Er ging zu ihr hin, zog ihr Haar herunter und band es in einem Knoten, so wie eine Frau ihr Haar trägt, unter den Ohren.[22] So kamen sie nach Hause, zurück nach Shimópovi. Ihr Vater und ihre Mutter waren da und hörten, daß der Antilopenjunge ihrer Tochter gehörte. Sie nahmen den jungen Mann in ihrem Haus auf. Das ist so, wenn ein Mädchen heiratet; ihr Mann wird in ihre Familie gebracht. So wohnten sie dort bei den Eltern des Mädchens. Aber der Vater des Jungen war jähzornig. Oft schalt er den Jungen wegen geringfügiger Dinge. Und eines Tages schimpfte er zu stark, und der Junge war sehr unglücklich. So ging er fort und zu den Antilopenleuten zurück.[23] Der Pate hatte ihm gesagt, daß er das tun solle, wenn die Menschen ihn schlecht behandelten. Der Junge kam zur Antilopenkiva, stieg hinunter, und alle freuten sich, ihn wiederzusehen. Er erzählte den Antilopenleuten, daß sein Vater ihn zu sehr gescholten habe und er nicht mehr im Dorf leben wolle. So war er wieder bei den Antilopenleuten. Sein Pate wusch ihm das Haar und legte ihm sein Fell auf. So wurde er eine Antilope und war einer von ihnen.

Dort im Dorf vermißte der Vater seinen Jungen. Am meisten betrübt war der Großvater des Jungen. Er fragte seine Tochter, was geschehen sei, und sie sagte, der Junge sei von seinem Vater ausgeschimpft worden, und daher sei er fortgegangen. Der Vater weinte und sagte: »Wir werden ihn nie wiedersehen, denn ich weiß, daß er zu den Antilopenleuten zurückgegangen ist.« Am selben Tag machte der Großvater Gebetsfedern für seinen Enkel und brachte sie hinaus, dort wo die Antilopenleute waren. Als er die Herde fand, war kein Junge bei ihr, und so kehrte er wieder nach Hause zurück. Die Mutter und der Vater des Jungen sehnten sich nach ihm, und dem Vater tat es leid, was er getan hatte. Er ging oft zu der Stelle zurück, wo sie ihn gefunden hatten, aber er sah den Jungen nie wieder, weil er sich in eine Antilope verwandelt hatte.

»*Tsakáptamana*« *(Pseudonym)*
Móenkopi, Juli 1969

Honwaíma und die Bärenleute[24]

Alíksai!
Oh!
Die Leute lebten im Dorf. Es gab da einen Jungen namens Honwaíma. Er hatte Vater, Mutter und eine kleine Schwester. Er wollte ein Arzt werden, ein Medizinmann. Er wollte einer von ihnen sein. Eines Tages kam er auf die Idee, Antilopen zu jagen. Er lief hinaus und tötete eine. Statt sie richtig abzuhäuten, schabte er das Fleisch von den Knochen und legte die Knochen auf einen Haufen. Er saß da und besah sich die Knochen, um zu sehen, wie er sie heilen würde, wenn sich jemand den Arm oder das Bein bräche. Er versuchte zu studieren, wie er das angehen könnte. Während er so dasaß, sah er neben sich einen Schatten. Er schaute sich um, um zu sehen, wer hinter ihm stand, und natürlich, da war jemand, in einer Kachina-Zeremonialkleidung. Die Person hatte ein Zeichen über Nase und Wangenknochen. Man sagt, so sahen die Hopi aus, als sie umherzogen. Er hatte ein gewöhnliches Stirnband, und sein Haar war im traditionellen Stil geschnitten. Aber es war lose, hing einfach hinten herunter.
Der Mann fragte den Jungen, was er tue. Er antwortete, daß er diese Knochen studiere, um ein Medizinmann werden und Menschen heilen zu können, die sich den Arm oder das Bein gebrochen hatten. Der Mann sagte dem Jungen, wenn er ein Medizinmann werden wolle, würde er ihn an einen Ort mitnehmen, wo man Menschen wie ihn lehrte, ein Arzt oder Medizinmann zu werden. So stand der Junge auf, und sie machten sich auf den Weg nach Norden. Es gab dort ein paar Büsche, und der Mann ging hinter einen Busch und verschwand darin. Als er wieder hervorkam, war er ein Bär. Der Bär hieß den Jungen, auf seinen Rücken zu steigen. Das tat der Junge, und dann lief der Bär los in Richtung Norden, zum Navaho Mountain, der in der Sprache der Paiute Tokónavi heißt. Sie liefen dorthin, nach Tokónavi. Als sie dort ankamen, forderte der Bär den Jungen auf, von seinem Rücken zu steigen. Er lief voraus und stieg in eine Kiva hinab. Der Junge folgte ihm und ging in die Kiva. Der Bär hatte sein Fell abgenommen und hängte es gerade auf, als der Junge hereinkam. Als er die Person ansah, die das Bärenfell getragen hatte, war es ein Mädchen.[25] Um sie herum saßen alte, alte, alte Männer, Altvordere,[26] und rauchten eine Ton-

[Zeremonial]Pfeife. Sie sagten, daß sie auf ihn gewartet hätten, und fragten, weshalb er so lange bis hierher gebraucht habe. Sie gaben ihm zu essen. Und sie fragten ihn, ob er wirklich ein Medizinmann werden wolle. Er antwortete, es sei sein Herzenswunsch, einer von ihnen zu werden. Also sagten sie ihm, sie würden ihn unterrichten, und wenn sie ihn unterrichtet hätten, würde er zu ihnen gehören. Bei ihnen würde sein Wohnsitz sein.

Er war bereit, die Lehre durchzumachen, und daraufhin sagte ihr Anführer zwei Männern, sie sollten nach hinten gehen und ein Hochzeitsgewand herausbringen – zwei Hochzeitsgewänder, ein großes und ein kleines. Sie holten sie hervor und breiteten das kleinere auf dem Boden aus. Dann forderten sie den Jungen auf, sich daraufzulegen, und nun bedeckten sie ihn mit dem großen Hochzeitsgewand. All die Altvorderen sammelten sich um ihn und begannen, ihm sämtliche Knochen zu brechen. Und nachdem sie fertig waren, fingen sie an, ihn zu bearbeiten, denn sie waren die Gruppe, die wußte, wie man gebrochene Knochen heilt und dergleichen. Alle saßen sie um ihn herum und bearbeiteten ihn. Sie hatten ihre Hände unter dem Hochzeitsgewand, und man hätte nicht sehen können, was sie taten, aber sie taten irgend etwas. Als sie damit fertig waren, zogen sie sich dorthin zurück, wo sie vorher gesessen hatten. Ihr Anführer befahl dem Jungen aufzustehen. Also stand er auf. Er war wieder vollkommen hergestellt, aber er schwitzte, denn es war unter der Decke ziemlich heiß gewesen.

Also, dieser Anführer sagte dem Jungen, daß er ihn gelehrt habe, den Menschen Dienste zu leisten. Wenn sie eine Krankheit oder ein Leiden hätten oder sich einen Arm oder ein Bein gebrochen hätten, würde er derjenige sein, der sie heile. Wenn es irgendwo einen Kranken gebe, würde er dorthingehen, und der Kranke würde sofort gesund werden. Sie sagten ihm, wenn er zu Vater und Mutter zurückkomme, solle er niemandem verraten, daß er dort drüben die Heilkunst erlernt habe. Nachdrücklich befahlen sie ihm, niemandem zu sagen, wo er diese Dinge gelernt habe, wie man ein Medizinmann wird. Sie erklärten ihm, er könne nur über einen gewissen Zeitraum hin Arzt sein. Wenn seine Zeit vorbei sei, werde er sterben, und natürlich werde er dorthin zurückgehen, wo er bei ihnen in die Lehre gegangen sei. Aber sie hätten ihn gelehrt, ein mächtiger Medizinmann zu sein, denn er brauche einen Kranken nur zu berühren, und schon werde er gesund.

Sie kleideten ihn genauso an, wie der Mann gekleidet war, jener Mann, der ihn zu der Kiva geführt hatte. Wenn seine Zeit kommen würde, zu sterben, sollte der Junge seiner Schwester sagen, sie möge ihm diese Kleidung anlegen und ihn begraben. Nun brachte der Bär ihn zurück zu der Stelle, an der er die Knochen betrachtet hatte, und ließ ihn dort allein. Der Junge lief hinaus und tötete noch eine weitere Antilope, und diesmal schlachtete er sie auf die übliche Weise. Er packte sich das Fleisch auf den Rücken und ging nach Hause.

Nun wußte der Junge, wer er war, was er sein wollte. Er war nicht verheiratet, er war noch ein ganz junger Kerl und schlief allein in der Kiva. Seine Schwester kam jeden Morgen in die Kiva hinunter und sagte ihm Bescheid, daß das Frühstück fertig sei. Dabei mußte sie ein paar hohe, steile Steinstufen hinabsteigen, um zu der Kiva zu gelangen. Eines Morgens auf dem Weg zu der Kiva rutschte sie auf den Stufen aus und stürzte. Sie fiel die Steintreppe hinunter, und als sie unten aufschlug, blieb sie ganz still liegen. Ihr Bruder hörte da oben etwas fallen. Er stand auf, zog sich an und ging zur Kiva hinaus, und da lag seine Schwester, tot. Er hob sie auf und trug sie ins Haus. Ihre Mutter und ihr Vater waren erschüttert, und der Vater sagte seiner Frau, sie solle jemanden suchen gehen, der etwas tun könne.

Aber der Junge sagte: »Laßt mich sie behandeln, laßt es mich versuchen! Schickt nicht nach einem Medizinmann!« Er hatte vor, zu erproben, was er gelernt hatte. Dort an dem Ort hatten sie ihm gesagt, er solle nach draußen gehen und seine Hand nach jenem Berge [Tokónavi] hochhalten, bevor er anfange, einen Kranken zu behandeln, oder jemanden, der sich das Bein oder den Arm gebrochen hatte. Also tat er das. Er ging hinaus und hob seinen Arm, denn wenn er das tat, wußten die Wesen, die ihn unterrichtet hatten, daß er nun jemanden behandeln würde, und dann halfen sie ihm. Darauf ging er wieder hinein und fing an, seine Schwester zu behandeln. Dabei gab er Laute von sich wie ein Bär. Bald stand das Mädchen auf, und sie war wieder gesund. Sein Vater fragte ihn, wo er es gelernt habe, ein Medizinmann zu sein, aber der Junge wollte es ihm nicht sagen. Er bat seine Mutter und seinen Vater, nicht über dieses Ereignis zu sprechen. Aber irgend jemand hatte gesehen, wie sie das Mädchen von den Stufen hereingetragen hatten und daß es schon bald wieder draußen herumlief. So verbreitete sich die Kunde.

Der Junge machte keine eigenen Anstrengungen, um kranke Menschen

zu heilen. Er versuchte nicht zu zeigen, daß er ein Medizinmann war. Aber die Leute hatten es herausbekommen, und daher begannen sie, ihn aufzusuchen, und auf diese Weise fing er an, sich um Kranke zu kümmern. Er berührte einen Kranken einfach nur, und dieser wurde in derselben Minute wieder gesund. Es gab Medizinmänner in allen Dörfern, und auch in Polacca gab es eine Gruppe Medizinmänner, die von ihm hörte. Sie sagten, sie wollten ein großes Treffen von Ärzten und Medizinmännern abhalten. Sie wollten nämlich herausfinden, wer diese Person war. Die Leute hatten davon erzählt, wie gut er war, und wie man einfach [durch seine Berührung] gesund werden konnte.
Nun, die Geschichten gehen immer so, daß es da eine Großmutter[27] gibt. Also, diese Großmutter hörte davon und kam zu dem Jungen. Sie sagte ihm, was los war und warum sie ihn dort haben wollten. Sie wollten ihn auf die Probe stellen, um zu sehen, ob er besser sei als sie. Seine Großmutter riet ihm, wenn sie ihn als ersten bitten würden [seine Kunst zu zeigen], sollte er dem nicht nachkommen, sondern es als letzter machen. »Sie werden versuchen, dich bloßzustellen, daß du kein guter Medizinmann seist«, sagte ihm die Großmutter. Dann kamen sie, um ihn zu holen, aber beim ersten Mal ging er nicht mit ihnen. Er wollte nicht da hinaufgehen.[28] Aber sie kamen immer wieder, und schließlich ging er mit. Natürlich, da waren all die Altvorderen,[29] die diese Behandlungen seit jeher gemacht hatten. Nach kurzer Zeit forderten sie ihn auf, etwas zu tun, aber er sagte, er wolle nicht der erste sein. »Versucht ihr euch zuerst«, sagte er. Die eine Gruppe kam heraus. Sie taten das auf dem großen Dorfplatz, wo es den Tanz gab, die Maskentänze. Sie liefen auf die Sonne zu und hielten ihre Hände in die Höhe, und Blitze kamen aus ihren Händen.[30] Sie probierten alle möglichen Dinge. Dann kam eine andere Gruppe. Sie kam aus der Kiva heraus und lief auf das Dach des höchsten Hauses. Unterhalb lag ein Haufen Steine auf dem Boden. Sie sangen und trugen einen Mann oben auf das Haus und warfen ihn auf die Steine hinunter. Als er dort aufschlug, war er völlig in Stücke gebrochen. Dann kamen sie wieder herunter. Sie sangen immer noch, nahmen sich Zeit, kamen die Steintreppe herunter und sangen das Lied, wie es gesungen werden muß. Dann gingen sie zurück in die Kiva, bereiteten eine Medizin und gaben sie in eine Schale, eine Tonschale. Und als sie aus der Kiva kamen, brachte ihr Anführer sie mit heraus. Sie sangen immer noch. Dann gingen sie dorthin, wo sie den Mann hinuntergeworfen hatten,

aber der Mann, der die Medizin trug, irgendwie ließ er die Schale fallen, und sie brach in Stücke. So mußten sie noch einmal von vorn anfangen und gingen wieder in die Kiva zurück. Der Mann, den sie auf die Steine geworfen hatten, wurde schon kalt. Das zweite Mal zerbrachen sie die Schale nicht. Sie hoben den Mann von den Steinen auf, und diese Alten taten etwas, das auch in der Kiva am Tokónavi getan worden war: Sie breiteten ein Hochzeitsgewand aus, legten den Mann darauf, deckten ihn zu und begannen, ihn zu behandeln. Aber es gelang ihnen nicht, den Mann wieder zum Leben zu bringen, weil er schon so lange da gelegen hatte. Dann fingen die jüngeren an, ihn zu behandeln, aber auch sie konnten ihn nicht wiederbeleben, und so kamen auch die Alten wieder mit dazu und halfen. Aber sie konnten alle zusammen nichts mehr ausrichten.

Der Junge war der einzige, der sich nicht beteiligt hatte; er schaute nur zu, um zu sehen, ob sie diesen Mann wieder zum Leben erwecken konnten. Und nun begannen die Alten ihn aufzufordern, herzukommen und die Sache zu übernehmen. Also sagte er ihnen: »Laßt ihn jetzt in Ruhe und laßt mich ihn allein behandeln.« Die Alten zogen sich auf ihre Plätze zurück, und der Junge steckte seine Hände unter die Decke und begann herumzutasten. Nach kurzer Zeit nahm er das Gewand weg, und der Mann war am Leben. Der schwitzte, denn er hatte lange darunter gelegen. Und von da an glaubten die Medizinmänner, daß seine Wirkungskraft stärker war als ihre. Sie hatten nichts erreichen können. Sie hatten alles versucht, um ihn zu übertreffen, aber er war der Beste gewesen. Die ihm vermittelte Kunst, ein Medizinmann zu sein, konnten sie nicht übertrumpfen, und das war das Ende ihrer Zusammenkunft.

Er ging nach Hause, und von da an behandelte er Kranke aller Art sowie Leute, die sich ein Bein gebrochen hatten oder dergleichen. Bald sagte er zu seiner Schwester, daß seine Zeit bald kommen werde, und er erklärte ihr, wie sie ihn ankleiden sollte [wenn er sterben würde]; ganz so wie es sein Pate ihm gesagt hatte. Er schlief noch immer in der Kiva und war nie verheiratet. Eines Morgens ging seine Schwester zu ihm hinunter, um ihm zu sagen, daß das Frühstück fertig sei, und ging dann wieder ins Haus zurück. Sie warteten auf ihn, aber er kam nicht zum Essen. Daher trug der Vater ihr auf, hinunterzugehen und nachzusehen, ob etwas nicht stimme. Seine Schwester hatte die ganze Zeit gewußt, daß seine Zeit nur noch kurz war. Sie stieg in die Kiva hinab,

und natürlich: ihr Bruder war tot. Er war noch jung, aber seine Zeit war um.
Das Mädchen sagte zu Mutter und Vater, daß er gestorben sei. Also brachten sie seinen Körper nach oben, und die Schwester erklärte ihnen, wie sie ihn anzukleiden hätten, ganz so wie er es ihr gesagt hatte. Dann begruben sie ihn, aber er war noch am Leben und ging dorthin zurück, wo er seine Lehre als Medizinmann erhalten hatte, in die Kiva am Tokónavi.

Nachtrag zu der Erzählung:
Es heißt, daß derjenige, der eine Unterweisung als Medizinmann erhalten will, einen Paten haben muß. Der Pate eines Medizinmannes kann zum Beispiel der Dachs sein. Dann trägt er Gegenstände vom Dachs an sich und gibt Laute von sich wie ein Dachs. Ein anderer Medizinmann kann eine Schlange sein, weil sein Pate eine Schlange ist. In der Gruppe unserer Geschichte waren alle Bären; der Pate des Jungen, der ihn unterwies, gehörte zur Bärengruppe, und deshalb gab der Junge bei seinen Eingriffen Laute von sich wie ein Bär.
Das Hochzeitsgewand (óva), das die Medizinmänner in den Heilungszeremonien benutzen, besteht aus gewebter Baumwolle. Ich kann nicht sagen, warum dieses Gewand gebraucht wird. Es wird zu diesem Zweck verwendet. Wenn man so ein Gewand für ein Mädchen macht, webt man es nicht zu dicht. Es wird verwendet, wie die Wolken es verwenden. Wenn es Löcher hat, regnet es mehr, der Regen kommt hindurch. Die Wolken benutzen es zum Reisen, daher hat man mit den Löchern mehr Regen. Andererseits stellt dieses Gewand das Innere einer Frau dar. In dem Gewand ist eine Schnur angenäht, die hat eine Farbe wie Blut – auf beiden Seiten bis zum Saum. Und dann hängt da ein Maiskolben herunter, und der hat einen kleinen Ring. Und all die Schnüre, die sie machen, die gehen da hindurch, und das soll das Innere einer Frau darstellen und wieviele Kinder sie hat. Der obere Teil soll die Plazenta repräsentieren oder sonst etwas, das mit der Heranbildung eines Kindes zu tun hat. Und dann hängen da ein paar Schnüre herunter, die die Hoffnung ausdrücken, daß sie viele Kinder haben wird. Das verwirklicht sich durch diesen Maiskolben. Mais ist unsere Lebensgrundlage. Natürlich sind Gebetsfedern daran. Alles hat eine Bedeutung, wir tun nichts ohne Gebete. Aber wenn das Hochzeitsgewand fertig ist und das Mädchen es den Kachinas gezeigt hat, kann es

für andere Zwecke verwendet werden. Das Gewand, das für meine Tochter gemacht worden war, kann ich für irgend etwas anderes verwenden, wenn ich will. Ich kann es aufschneiden und etwas anderes daraus machen. Es ist für uns alle gemacht worden. Deswegen konnten also die Medizinmänner das Brautgewand bei ihrer Heilungszeremonie verwenden.

»Uwaikwiota« (Pseudonym), Schilfklan
Móenkopi, August 1968

Der Junge und das Dämonenmädchen[31]

Alíksai!
Sie lebten in Oraibi. Sie wohnten dort in großer Zahl, unter ihnen ein Junge, der nur eine Großmutter hatte. Er war nicht sehr gesprächig, und obwohl er mit anderen eine Kiva teilte, war er nicht oft dort. Gewöhnlich beschäftigte er sich zu Hause. Er konnte wirklich hervorragend weben. Obwohl es immer Leute gab, die etwas unternahmen, interessierte ihn das nicht, und in der Regel nahm er nicht daran teil.
Seine Großmutter sagte stets zu ihm: »Geh und mach doch einmal etwas mit den anderen. Jungen und Männer sollten Spaß haben. Du kannst nicht immer so bei mir hier herumsitzen. Mach dir keine Sorgen, mir wird nichts zustoßen.« So versuchte ihn die Großmutter umzustimmen, aber er änderte seine Einstellung nicht.
Das blieb so, bis eines Abends eine Kaninchenjagd angekündigt wurde. Der Jagdzug sollte in Richtung Hótevilla gehen. An diesem Abend redete seine Großmutter ihm wieder zu: »Warum machst du morgen nicht bei den anderen mit? Es wird eine besondere Jagd sein, auf der Mädchen und Frauen mit den Jungen und Männern mitgehen. Mach mit, nur ein einziges Mal, und amüsiere dich mit den anderen, egal wo ihr auch jagen geht. Bleib nicht hier bei mir.« Der Junge erwiderte: »Ich denke nachher einmal darüber nach. Vielleicht gehe ich mit.«
Dann kam der Morgen des Jagdtages. Während der Junge mit seiner Großmutter frühstückte, machten sich die anderen schon zum Aufbruch bereit, auch einige Mädchen. Bald sah es so aus, als ob alle schon weg waren und er wieder den Anschluß verpaßt hatte. Als die Jäger

schon eine ganze Zeit fort waren, verspürte er offenbar doch noch Lust loszugehen. Er kleidete sich für die Jagd an, und als er fertig war, machte er sich ebenfalls auf, in eine Gegend nördlich von Oraibi. Als er die Dorfgrenze[32] überschritt, war niemand zu sehen. Sie waren alle schon vor längerer Zeit losgezogen. Also ging er hinter ihnen her.
Als er auf die Nordseite der Mesa kam, sah er dort eine Gestalt einherlaufen. Er folgte ihr, und als er näher kam, sah er, daß es ein Mädchen war. Offenbar hatte auch sie sich verspätet und erst einen Teil ihres Weges hinter sich gebracht. Als er sie einholte, grüßte er sie mit den Worten: »Bist du auch auf dem Weg?« – »Ja«, antwortete sie, »und du wohl auch.« – »Ja, ich bin spät dran. Die anderen sind schon eine Weile weg.« – »Ich bin auch zu spät gekommen«, sagte das Mädchen, »gehen wir doch zusammen.« – »In Ordnung, gehen wir also zusammen.«
Er hatte nicht gezögert, einzuwilligen. Sie war ein schönes Mädchen und besonders reizend. So gingen sie zusammen ihres Weges. Sie erreichten das Gebiet von Hótevilla bald nach den Jägern, jagten aber nicht mit ihnen. Statt dessen hielten sie Abstand. Um die Mittagszeit hatte der Junge schon eine gute Anzahl Kaninchen getötet, daher schlug das Mädchen vor: »Warum essen wir nicht unser Mittagessen? Wir können den Jägern nachher wieder folgen. Sie werden wahrscheinlich von hier aus nach Hause gehen.« Darauf packten sie ihr Essen aus. Sie hatte vorzügliches somíviki in ihrem Bündel und auch Wasser. Sie genossen ihre Mahlzeit, und als sie ihren Hunger gestillt hatten, brachen sie wieder auf.
Und tatsächlich hatten sich die Jäger dem Dorf schon wieder zugewandt. Das Paar ging weiter hinter ihnen her und der Junge erlegte noch einige Kaninchen. Darauf sagte das Mädchen: »Ich denke, das ist jetzt genug. Meine Last ist inzwischen ziemlich schwer geworden.« – »Das ist wahr«, antwortete er, »machen wir uns auf den Heimweg.«
Von da an jagten sie also nicht mehr, sondern gingen weiter dem Dorfe zu. Es war am späten Nachmittag. Als sie Qöma'wa sehen konnten, waren alle Jäger schon vor längerer Zeit nach Hause gegangen. Auch sie wandten sich von dort aus nach Hause.
Schließlich erreichten sie die Stelle, an der morgens der Junge dem Mädchen begegnet war, und da schlug das Mädchen vor: »Laß uns hier entlang gehen.« – »Warum?« fragte der Junge. »Ich wohne hier«, erwiderte das Mädchen, »komm nur mit.«

Sie ging auf den Rand der Mesa zu. Er folgte ihr, und wahrhaftig, dort gab es eine Kiva, in der das Mädchen zu Hause war. Sie traten ein, und er brachte auch seine Beute mit hinein. Das Mädchen wandte sich ihm zu und sagte: »Ich danke dir, daß wir auf dieser Jagd so erfolgreich waren. Ich bringe dir jetzt etwas zu essen, und wenn du gegessen hast, kannst du nach Hause gehen.« – »Sehr gut«, antwortete er.
Sie breitete einige Speisen vor ihm aus, und er langte zu. Das Mädchen aß nicht mit, und während er aß, achtete er nicht auf sie. Sie hatte sich westlich von ihm hingesetzt und war dort mit etwas beschäftigt, wobei sie eine Art Klingelreim sang. Er ging so: »Herum-, herum-, herum-, herumgedreht!« (Namtökiwma, namtökiwma, namtökiwma, namtökiwma, namtö.) Dabei drehte sie sich mehrmals um. Während sie sang, löste sie auf einer Seite ihre Schmetterlingsfrisur, so daß ihr Haar über die Schulter fiel.[33] Dann bewegte sie sich von dieser Stelle nach Norden und wiederholte das Lied. Als sie damit zu Ende war, band sie die andere Haarwindung auf. Ihre Erscheinung hatte sich auf einmal verändert. Nun bewegte sie sich nach Osten und wiederholte das Ritual.
Erst jetzt sah er wieder zu ihr hin. Sie war nicht mehr das schöne Mädchen, mit dem er unterwegs gewesen war; sie war etwas anderes. Er bekam ein wenig Angst. Dann sah er sich sein Essen genauer an. Er hatte gedacht, er habe gekochte Bohnen gegessen, aber das stimmte nicht. Ihm wurde übel. Er glaubte, er müsse sich übergeben, und stand auf, um hinauszugehen. Wie er aber zu der oberen Ebene der Kiva hinsah, stand dort das Mädchen. Sie sah schrecklich aus, ein gräßliches Wesen, und sie kam auf ihn zu. Offenbar hatte sie die Absicht, ihn zu ergreifen, aber da sie so häßlich war, rannte er vor ihr weg. Sie verfolgte ihn, und als er die Leiter erreichte, stellte er fest, daß sie dicht mit Haarschnüren umwickelt war, so daß es unmöglich erschien, aus der Kiva hinauszukommen.
So lief er weiter vor ihr her, und während sich dies abspielte, fiel ihm plötzlich sein Messer ein. Er zog es heraus, rannte noch einmal zu der Leiter, und indem er die Haarschnur von unten nach oben durchschnitt, konnte er flüchten. Er war entkommen, ohne gefangen zu werden, und rannte auf das Dorf zu. Als er sich umschaute, sah er sie hinter sich herkommen. Sie rannte außerordentlich schnell und holte rasch auf. Er fragte sich, wohin er sich wenden könnte, um ihr zu entkommen, und wollte nach Hause laufen, aber er überlegte es sich

anders und beschloß, es nicht zu tun. Sie war schon drauf und dran, ihn einzuholen, als er sich an die Mitglieder der Flötengesellschaft erinnerte, die in ihrer Kiva versammelt waren. Also rannte er zu ihnen. Sie spielten noch auf ihren Flöten, als er hereinstürzte. Aufgeregt und verwirrt bat er: »Versteckt mich bitte, mich jagt eine Kreatur, bitte helft mir!« Einer der Flötenspieler antwortete: »Komm und krieche hier hinein.«

Der Mann versteckte ihn in seiner Flöte und spielte mit den anderen weiter. Als er ihn gerade versteckt hatte, war vom Dach eine Stimme zu hören: »Ist mein Mann nicht hier vorbeigekommen?« – »Nein«, antworteten sie, »hier ist niemand vorbeigekommen.« – »Er muß aber, seine Spuren enden genau hier. Bringt ihn zu mir heraus!« – »Aber es ist niemand hier!«, erwiderten sie. »Doch, seine Spuren enden ja genau hier.« – »Komm herein und sieh selbst«, schlugen sie vor.

Also stieg sie hinunter. Was für ein häßliches und ekelhaftes Geschöpf sie war! Eine tíkuywuti[34] muß eine solche Kreatur sein. Sie suchte nach ihm, konnte ihn aber nicht aufspüren. Dann spielte aber der Flötenspieler, der den Jungen in seiner Flöte versteckt hatte, ein klein wenig falsch. Das hörte das Mädchen natürlich, und so lief sie die Flöten der Reihe nach ab und untersuchte sie nacheinander. »Ihr habt ihn hier versteckt. Ihr wolltet es mir nur nicht sagen«, rief sie, während sie von Flöte zu Flöte ging und sie untersuchte.

Als sie die Flöte des Mannes sehen wollte, blies der den Jungen geradewegs aus der Kiva. Natürlich bemerkte das das Dämonenmädchen sofort. »Ich habe es gewußt!« rief sie, »ihr hattet ihn versteckt und wolltet es mir nicht sagen!« Damit stürmte sie hinaus und erblickte den Jungen, der vor ihr weg zu seinem Haus rannte. Als er in Panik hineinstürzte, fragte seine Großmutter schnell: »Was ist los, mein Enkel?« – »Mich verfolgt ein schreckliches Wesen, bitte versteck mich!« – »Ich kann dich unmöglich verstecken. Statt hier bei mir zu bleiben, lauf zu deinen Onkeln. Sie sind alle auf der Südseite.«

Der Junge verstand nicht, wen sie meinte, aber im Nu war er wieder weg und rannte südwärts. Er erreichte den Rand der Mesa genau oberhalb des Schafspferchs. Er kletterte zur Einfriedung hinab, und da er sich an niemanden um Hilfe wenden konnte, sagte er zu den Ziegenböcken: »Bitte versteckt mich, hinter mir ist ein schreckliches Wesen her!« Zu seiner Überraschung antwortete ihm einer: »Bleib nur, wo du bist, die Kreatur wird dir nichts antun.«

Im selben Augenblick erschien oben das Dämonenmädchen und fragte: »Ist mein Mann hier vorbeigekommen?« Die Ziegenböcke antworteten: »Ja, er ist hier. Komm herunter und nimm ihn dir mit.« – »Warum bringt ihr ihn mir nicht hinauf?« schlug sie vor. »Wenn du ihn wirklich haben willst, kommst du besser herunter.« Da sagte das Mädchen: »Ja, aber ich glaube, ihr...« Das war alles, was sie sagte. »O nein, das würden wir nicht«, erwiderten sie. – »Ja doch, ihr wollt mich vergewaltigen.« – »Nein, nein, so etwas würden wir nicht tun. Also komm nur herunter und nimm ihn dir mit.«
Das Mädchen wollte schon hinabklettern, zögerte aber noch einmal. Nachdem sie eine Weile überlegt hatte, stieg sie schließlich herab. Sie war schon ein kleines Stück auf den Jungen zugegangen, als ein Ziegenbock (kapiri) hinter ihr schnaubte, sie geschwind umklammerte und bestieg. Darauf bestürmten sie auch all die anderen Ziegenböcke und vernichteten sie, indem sie sie begatteten und auf diese Weise in Stücke rissen. Schließlich lagen nur noch ihre Knochen verstreut umher, und die Böcke stießen sogar in diese noch mit ihren Gliedern hinein.
Auf diese Weise halfen sie dem Jungen. Als er bei seiner Großmutter ankam, freute sie sich, und er erzählte ihr alles, was geschehen war. Wie sehr er ihr leidtat! »Aber ich bin dankbar, daß deine Onkel sich an dieser Kreatur für dich gerächt haben«, sagte sie. Darauf fragte der Junge: »Hast du wirklich gesagt, daß diese Ziegenböcke meine Onkel sind?« – »Ja, das habe ich gesagt.«[35]

Herschel Taláshoma
Bákavi

Das Mädchen Weißer Maiskolben und die Zauberer[36]

Vor langer Zeit, als es eine große Zahl Menschen in Oraibi gab, lebte dort im Dorf ein schönes Mädchen mit Namen Weißer Maiskolben. Dieses Mädchen wies beharrlich alle Heiratsangebote zurück, die ihr von verschiedenen jungen Männern gemacht wurden. Damals waren die Bewohner der Falten-(Wíkolapi)-Kiva Zauberer (popwáktu),[37] und da sie über das Mädchen verärgert waren, entschlossen sie sich, sie zu vernichten. Eines Tages vereinbarten sie, sich in der Nacht im Haus des Zauberers an der Totenschlucht (Máspösövi) zu treffen, die dem Vernehmen nach so genannt wird, weil dort einmal eine große Zahl von Angehörigen des Dachsklans von Oraibiern getötet und ihre Leichen in die Schlucht geworfen worden waren. Auf diesem Treffen beschlossen sie, am nächsten Tag einen Reifen herzustellen, wie ihn die Kinder noch heute für ein bestimmtes Spiel benutzen, und dazu eine Anzahl gefiederter Pfeile. Einer der Pfeile sollte mit Klapperschlangengift vergiftet werden. Mit diesem sollte das Mädchen verletzt werden, und nach ihrem Tod, den sie mit Selbstverständlichkeit erwarteten, wollte man sie zum Haus des Zauberers bringen, wo sie alle versammelt sein würden. So begab man sich ans Werk, und die Zauberer wickelten den Atem des Mädchen in den Reif, aber wie sie dies genau bewerkstelligten, ist nicht bekannt.

Als der Reifen und die Pfeile fertig waren, spielte eine Anzahl junger Männer mit ihnen vor ihrem Haus, und als sie einmal die Leiter herunterkam und an den Spielenden vorbeiging, um einen Auftrag zu erledigen, tat der Mann mit dem vergifteten Pfeil so, als ob er auf den Reifen zielte, verwundete sie aber damit am Fuß. Als sie nach kurzer Zeit zurückkam, war ihr Fuß stark geschwollen, und sie berichtete ihren Eltern, was geschehen war. In der Nacht starb sie. Als die Zauberer hörten, daß das Mädchen gestorben war, begaben sie sich wieder zu ihrem Haus an der Totenschlucht und verwandelten sich dort in Coyoten, Wölfe, Füchse und dergleichen. Darauf warteten sie, bis das Mädchen begraben war und ihre Freunde, die sie beerdigt hatten, ins Dorf zurückgekehrt waren. Dann näherten sie sich von verschiedenen Orten her dem Friedhof, wobei sie von Zeit zu Zeit die Laute jener Tiere nachahmten.

Der Bruder des verstorbenen Mädchens war über den Tod seiner Schwester zutiefst bekümmert; er saß am Rande der Mesa und schaute auf das Grab. Daher bekam er zu sehen, was geschah. Als er die Tiere erblickte, die sich dem Grab näherten, war sein erster Gedanke, auf sie zu schießen, aber als er Pfeil und Bogen schußbereit hatte, hörte er einige von ihnen sprechen und wußte sofort, daß es keine Tiere, sondern Hopi-Zauberer waren. Darum schoß er nicht. Nun hörte er einen von ihnen sagen, daß diejenigen, die alte Decken mithätten, sie alle in kleine Stücke reißen sollten, damit die Dorfbewohner glaubten, daß Coyoten die Leiche gefressen hätten und die Fetzen Überreste der Leichentücher seien. So machten sie es und nahmen dann den Leichnam selbst aus der Erde. Einer der Zauberer, der sich in einen grauen Wolf verwandelt hatte, nahm die Leiche auf den Rücken und trug sie fort; alle anderen folgten ihm.

Der junge Mann folgte ihnen sogleich in einiger Entfernung zu ihrem Versammlungsort, den sie auf einem Umweg erreichten. Er sah den Körper auf der Nordseite der Feuerstelle liegen und hörte einen von ihnen sagen, daß sie sich beeilen müßten. Daraufhin rannte er eilends ins Dorf zurück und überlegte sich unterwegs, an wen er sich um Hilfe wenden solle; wer wohl stark und mutig genug wäre, den Leib seiner Schwester in Sicherheit zu bringen. Deswegen lief er zum Kriegshäupt-

Sakwap Mana

ling. Als er dessen Haus erreichte, machte er sich bemerkbar. Die Frau des Kriegshäuptlings hörte ihn zuerst und antwortete auf seinen Ruf. Dann weckte sie ihren Mann und sagte: »Draußen ruft jemand.« Daraufhin ließen sie ihn herein und machten ein Feuer an. Er trug ihnen seine Geschichte vor, bat den alten Kriegshäuptling, ihm zu helfen, und bekundete seine Entschlossenheit, sogleich zurückzugehen und zu versuchen, den Leib seiner Schwester zu befreien.
Der Kriegshäuptling versprach sofort seine Unterstützung. Er nahm zwei Kriegerausrüstungen, Schilde, Waffen und dergleichen heraus und gab die eine dem jungen Mann, die andere legte er selbst an. Der junge Mann war ungeduldig und drängte darauf, loszugehen, aber der alte Kriegshäuptling bat ihn, ein wenig zu warten; er nahm seine Knochenpfeife, ging hinaus und stieß nach oben einen Pfiff aus. Darauf erhob sich ein mächtiger Lärm, und ein kleiner Mann betrat den Raum. Es war Sótuknang, die Gottheit der Sterne und Wolken, die am Himmel lebt. »Warum verlangst du so eilig nach mir?« fragte er. »Ja«, sagte der alte Mann, »dieser Junge braucht dich.« Dann berichtete er ihm das Geschehene und fragte, ob er ihnen helfen wolle. Die Gottheit versprach ihren Beistand. »Warte noch ein wenig«, sagte der alte Kriegshäuptling, »ich rufe gleich noch jemand anderes.« Also pfiff er noch einmal, und sofort kam ein Habicht in den Raum hinabgeflogen. »Warum verlangst du so eilig nach mir?« fragte er. »Ja«, sagte der alte Krieger, »dieser junge Mann braucht dich«, und nachdem er ihm die Geschichte erzählt hatte, fragte er, ob er ihnen helfen wolle. Der Habicht versprach ebenfalls, mit ihnen zu kommen. »Warte ein wenig«, sagte der alte Krieger zum dritten Mal, »ich werde noch andere rufen.« Darauf spie er in die linke Hand und pfiff wieder, und da erschien eine große Zahl Aasfliegen (mástotovi) und sie tranken seinen Speichel, worauf er die Hand über ihnen schloß. Dann gingen sie alle zu dem Ort, an dem sich die Zauberer versammelt hatten. Dieser glich einer Hopi-Kiva, und sie stiegen sofort hinein, ohne jedoch von den Zauberern bemerkt zu werden. Die waren nämlich gerade damit beschäftigt, das Mädchen wiederzubeleben. Sie hatten die Leichentücher von ihrem Körper entfernt und ihn mit einem Geburtstuch (möchápu) bedeckt; dazu stimmten sie einen Gesang an.
Der Reifen, der den Atem der mana enthielt und mit dem sie gespielt hatten, war von den Zauberern mitgebracht worden. Einer der ältesten von ihnen nahm den Atem, der in dem Reifen eingefangen war, heraus

und setzte ihn wieder in den Körper ein, worauf die mana wieder zum Leben kam. Ihre erste Lebensäußerung war ein »Ach«, dann warf sie das Tuch beiseite und sagte: »Wie heiß ist es hier, mir ist sehr heiß.« – »Freilich ist dir heiß«, sagte der alte Mann zu ihr. Dann schaute sie sich um, und als sie sah, daß sie sich unter den Zauberern befand, begann sie bitterlich zu weinen. Alle Anwesenden hatten mittlerweile wieder ihre Gestalt als Hopi angenommen. Dann wusch eine alte Frau dem Mädchen das Gesicht, rieb es mit Maismehl ein, kämmte ihr das Haar, band es zur zeremoniellen Haartracht auf, und kleidete sie dann schön an. In der Zwischenzeit war ein Bett für sie bereitet worden, und man hieß sie, sich zurückzuziehen und sich niederzulegen.[38] Noch immer weinte sie bitterlich. Als sie sich auf das Lager gesetzt hatte, näherte sich ihr der alte Mann, aber genau in diesem Moment ließ der alte Krieger eine der Aasfliegen frei, und sofort zog das Summen der Fliege die Aufmerksamkeit einiger der Anwesenden auf sich. Sie sagten: »Hört! Es ist jemand in der Kiva.« Einige bemerkten sofort die große Fliege, andere sagten, sie könnten nichts sehen. Der alte Mann, der nun an der Seite der mana saß, schaute auf und sah ebenfalls die Fliege. In diesem Augenblick sauste der Habicht in die Kiva, warf den alten Mann zur Seite, ergriff die mana, schwang sie auf seinen Rücken und trug sie aus der Kiva. »Hihih'yá«, rief der alte Mann aus, als er sich von seinem Schreck erholt hatte. »Was ist denn los?« fragten andere. »Was soll schon sein. Das Mädchen ist weg!« sagte er. In diesem Augenblick sprach der Bruder des Mädchens und sagte: »Hier ist überhaupt nichts los«, und nun bemerkten die in der Kiva Versammelten zum ersten Mal die Anwesenheit ihrer Feinde.

»Ihr habt uns also beobachtet«, sagte der alte Mann zu dem Jungen. »Ja«, erwiderte dieser, »ich habe gesehen, wie ihr den Körper meiner Schwester ausgegraben habt und habe euch solange verfolgt, bis ihr hier in der Kiva über ihrem Körper gesungen habt.« Dann sprach der alte Krieger und fragte sie, warum sie das getan und was sie mit dem Mädchen gewollt hätten. Sie hätten wissen können, daß sie das Herz ihres Bruders traurig machen würden. Der alte Mann antwortete: »Wir haben nichts zu sagen, aber wir wollen uns miteinander messen und sehen, wer der Stärkere ist. Laßt uns sehen, ob ihr tapfer seid und etwas versteht. Zeigt ihr uns erstmal, was ihr seid.« – »Nein«, sagte der Krieger, »wir haben es nicht dazu gebracht, ihr wolltet es so, und wir fordern von euch, daß ihr zuerst zeigt, was ihr seid.« – »Also gut«, sagte der alte Mann und gab Anweisung, das Feuer zu löschen. Darauf nahmen die Krieger ihre Schilde in die Hand, und sofort schossen die Zauberer kleine, gefährliche Pfeile auf sie ab, die man in kurzen Abständen gegen ihre Schilde anprallen hören konnte. Die Krieger antworteten mit ihrem Kriegsruf »Eha-ha-ha«. Kurz darauf sagte der alte Mann: »Zündet das Feuer wieder an, denn sie sind jetzt bestimmt tot.«

Als das Feuer wieder aufgeflammt war, standen die Krieger aber noch alle da und sagten: »Noch sind wir nicht tot.« Nun wurden sie aufgefordert, ihre Fähigkeiten zu zeigen. Das Feuer wurde wieder gelöscht, und darauf zog der Kriegshäuptling einen kleinen Beutel aus seiner Tasche, der lebende Bienen enthielt. Diese ließ er frei, und sie flogen auf die Zauberer, ihre Frauen und Kinder los und stachen sie. Bald waren von allen Seiten jämmerliche Schreie zu hören, und der alte Mann flehte die Krieger an, abzulassen. Der Kriegshäuptling rief die Bienen zurück und schickte sie aus der Kiva.

»Macht das Feuer noch nicht wieder an«, sagte Sótuknang, »das war noch nicht alles.« Daraufhin zog er einen Blitzstrahl hervor, schleuderte ihn unter sie, und sie wurden alle in Stücke zerrissen; dabei war die Kiva von hellem Licht erfüllt. Als der Blitz sein Werk verrichtet hatte und es in der Kiva wieder dunkel geworden war, warteten die Krieger, bis sie das warme Blut ihrer Opfer an den Füßen spürten. Dann sprach der alte Krieger zu den vernichteten Feinden: »Dies ist es, was euch zugestoßen ist. Ihr solltet gar nicht mehr am Leben sein, denn ihr seid gefährlich, ihr seid böse. Ihr habt diesem jungen Mann die Schwester weggenommen und sie übel behandelt. Indessen seid ihr sehr geschickt und werdet euch zweifellos wieder zusammenfügen.« Darauf verließen sie die Kiva und kehrten ins Dorf zurück.

Der alte Krieger und der junge Mann legten im Haus des Kriegers ihre Kriegertracht ab. Sótuknang stieg wieder zum Himmel auf und traf das Mädchen, das der Habicht dorthin mitgenommen hatte. In dem Haus, in dem sie dort oben lebten, hing an der Nordwand der Balg eines Adler-Geistervogels (kwátokuu)[39] und an der Ostwand die Bälge eines Adlers (kwáhu) und eines Habichts (kísha). Hier blieb die mana eine Zeitlang, mahlte das Maismehl und bereitete das Essen für diese großen Krieger. Nach einiger Zeit sagte man ihr, daß sie nun wieder nach Hause gebracht würde. Also nahm der Falke sie auf den Rücken, flog rasch zur Erde hinab, setzte sie nahe bei dem Dorf Oraibi ab, und von

da aus lief sie nach Hause. Gemäß den Anweisungen, die sie von den Kriegshäuptlingen erhalten hatte, berichtete sie ihren Eltern, daß sie gestorben sei und daß diese Häuptlinge sie gerettet hätten. Auch habe man ihr gesagt, daß sie bald zurückkommen solle, wenigstens auf Besuch; daher werde sie bald wieder verschwinden. Wenn sie aber sterben würde, sollten sie ihren Körper nicht in Decken wickeln und zusammenschnüren. Sie blieb eine Weile in ihrem Haus, war dann ganz plötzlich verschwunden, kam aber nach vier Tagen wieder und sagte, sie habe diese Kriegshäuptlinge dort oben besucht. Nach einer Weile ging sie wieder fort und blieb sechs Tage. Sie wiederholte das noch einmal und blieb beim dritten Mal zehn Tage. Ihre Mutter, die sich nun daran gewöhnt hatte, machte sich deswegen keine großen Sorgen. Doch nach einer Weile wachte das Mädchen eines Morgens nicht auf, und da stellten sie fest, daß es entschlafen war und nie mehr aufwachen würde. Sie behandelten ihren Körper genauso, wie man Adlerkörper behandelt, wenn man sie bestattet. Sie banden ihr nakwákwosis an Hände und Beine, legten ihr auch viele davon auf die Brust, legten die Gewänder über ihr zusammen und begruben sie so, ohne sie in Decken einzuwickeln oder zusammenzubinden. Dieses Mal wurde sie im Westen des Dorfes beerdigt. Ihr Bruder bewachte das Grab vier Tage lang, aber diesmal wurde es nicht gestört.
Bedeutsame Geschehnisse hatten sich in der Zwischenzeit im Haus der Zauberer ereignet. Sótuknang war hinabgestiegen, in die Kiva gegangen und hatte seine Opfer wiederhergestellt. Zur Strafe aber hatte er den verschiedenen Personen nicht die Teile und Gliedmaßen wiedergegeben, die ihnen abgerissen worden waren, sondern hatte ihre Körperteile gründlich durcheinander gebracht. Bevor er wieder ging, sagte er zu ihnen: »Ihr seid böse, und dies soll eure Strafe sein. Ihr sollt das Gespött der Leute werden.« Daraufhin verließ er sie. Am Morgen, als es hell zu werden begann, erkannten die armseligen Leute in großer Bestürzung, was ihnen zugestoßen war. Hier stellte ein alter Mann fest, daß er nur ein eigenes Bein hatte, während das andere Bein von einer Frau war; dort war der eine Arm von passender Größe, der andere aber der eines kleinen Kindes; der Kopf einer Frau war dem Körper eines Mannes aufgesetzt, und so fort. Sie waren sehr niedergeschlagen, und der alte Mann meinte sogleich, sie täten gut daran, nicht mehr allzulange am Leben zu bleiben. Er selbst würde sich, wenn sie in die Kiva zurückkämen, von der Leiter stürzen und auf diese Weise

umbringen. Als sie ins Dorf kamen, waren sie sofort Zielscheibe des Spotts der Leute.

Die Frau von einem der Männer des Dorfes war auch unter den Zauberern gewesen, und sie hatte auf einmal das runzlige Bein eines alten Mannes. Sie schämte sich und wollte es ihrem Mann nicht zeigen; daher hielt sie es sorgfältig bedeckt. Als ihr Mann sie fragte, was los sei, gab sie vor, ihr Bein sei wund. Weitere Beispiele dieser Art kamen vor. Der alte Führer der Zauberer ging kurz darauf zur Falten-(Wíkolapi)-Kiva, und als er die Leiter hinabsteigen wollte, rutschte er aus und stürzte hinunter. Der Schaft einer Spindel, die er in der Hand hielt, durchbohrte ihm die Kehle, und so starb er. Danach erlitt fast jeden Tag einer dieser Unglücklichen einen Unfall, und nach nicht langer Zeit waren sie alle tot. Als auch der letzte gestorben war, kam das Mädchen wieder vom Himmel herab und lebte eine ganze Zeit lang im Dorf. Als sie endgültig starb, ging sie in den Himmel und lebte wieder bei den Kriegshäuptlingen.

Qöyáwaima
Oraibi

Der Junge und das Mädchen, die um ihr Leben Versteck spielten[40]

Ishyaoí!
In Oraibi lebten die Leute. Am Westende der südlichen Häuserreihe wohnte ein Junge, und eine kurze Strecke nordöstlich der heutigen Dachs-(Honáni)-Kiva wohnte ein Mädchen. Eines Tages ging der Junge die Westseite der Mesa hinunter, um die Felder seines Vaters zu bewachen. Als er am Haus des Mädchens vorbeikam, fragte sie ihn, wohin er gehe. »Ich gehe die Felder meines Vaters bewachen«, antwortete er. »Darf ich mitkommen?« fragte sie. »Ja«, sagte er, in der Annahme, sie mache nur Spaß, und ging weiter. Die mana wickelte ein paar frische píki-Rollen (múpi) ein und folgte dem Jungen. »Na, da bist du ja«, begrüßte er sie, als sie ihn einholte. »Ja«, sagte sie, öffnete ihre Decke und zeigte ihm ihr píki. Sie aßen es zusammen, und darauf

schlug das Mädchen vor: »Laß uns jetzt Versteck spielen, und derjenige, der viermal gefunden worden ist, soll getötet werden.« – »Nun gut«, antwortete er, »du versteckst dich zuerst, weil du es vorgeschlagen hast.« – »Nein, du versteckst dich zuerst«, erwiderte sie, aber schließlich einigten sie sich darauf, daß die mana zuerst ging und sich versteckte. »Aber du darfst nicht gucken«, warnte sie den Jungen und hüllte ihn in ihre Decke (ushímni) ein.
Dann rannte sie durch den jungen Mais und versteckte sich schließlich unter einigen Feldpflanzen (úyi). Sobald sie sich versteckt hatte, rief sie »Such!« (tow). Dann begab sich der Junge auf die Suche, aber er konnte sie nicht finden. Schließlich sagte er: »Ich finde dich nicht, komm heraus.« Da kam sie hervor, und sie gingen zu der Stelle zurück, wo sie gegessen hatten, und darauf ging der Junge sich verstecken und bedeckte die mana mit ihrer Decke. Er schlüpfte unter einen Salzbusch (pawíchoki). Als er sich versteckt hatte, rief er »Such!«, worauf die mana ihn suchte und fand. Danach gingen sie wieder zurück, der Junge wurde zugedeckt und die mana lief wieder in die Maispflanzen, um sich zu verstecken. Sie fand einen hohen Maisstengel und zog die Blütenquaste heraus; dann kroch sie in die Öffnung und verschloß sie wieder mit der Quaste. Darauf gab sie dem Jungen ein Zeichen, und der kam und suchte nach ihr. Er folgte ihren Spuren und stellte fest, daß sie durch das Maisfeld gelaufen war. Also durchsuchte er das ganze Maisfeld und dann den Rand zwischen den Gräsern und Kräutern, konnte sie aber nicht finden. Schließlich rief er aus: »Ich kann dich nicht finden, wo bist du?« – »Hier bin ich«, antwortete sie, warf die Blütenquaste beiseite und sprang hervor. Er hatte sie also auch beim zweiten Mal nicht gefunden.
Sie gingen wieder zum Rand des Feldes zurück, und die mana deckte sich nun selbst zu. Als der Junge durch das Feld lief, dachte er: »Wo soll ich mich verstecken? Es wird Zeit, daß sie mich einmal nicht findet.« Als er am Rande des Feldes entlangging, hörte er eine Stimme: »Hör mal«, sprach jemand, »komm hierher. Ich habe Mitleid mit dir. Sie hat dich schon einmal gefunden, und sie wird dich sicherlich wieder finden.« Es war die Sonne. Sie streckte einen Regenbogen herab, auf dem der Junge zu ihr hinaufkletterte, und sie versteckte ihn hinter ihrem Rücken und sagte: »Hier wird sie dich nicht finden.« Die mana folgte seinen Spuren durch das ganze Feld und lief bis zum Rand zu einem kleinen Hügel, konnte ihn aber nicht finden. Noch einmal ging

sie durch das ganze Feld und kam an die gleiche Stelle zurück. Mittlerweile konnte sie sich überhaupt nicht erklären, wo er sein könnte. Ihre Haare hingen in Strähnen aufgelöst herunter, und sie überlegte und überlegte, wo er wohl sein könnte. Schließlich drückte sie sich ein paar Tropfen Milch aus der Brust, betrachtete sie in ihrer Hand, und wie sich die Sonne darin spiegelte, entdeckte sie den Jungen hinter ihr. Sofort sagte sie: »Aha, da bist du! Ich habe dich gefunden, komm herunter.«
Nun deckte sich der Junge wieder zu, und die mana ging sich das dritte Mal verstecken. Aber dieses Mal hob der Junge einen Zipfel der Decke hoch und beobachtete, in welche Richtung sie ging. Als er ihre Spuren durch das ganze Maisfeld verfolgt hatte, war sie auch dort nicht zu entdecken. Die Spuren führten ihn zu Beeten mit Wassermelonen und Kürbissen, aber da die Ranken überall den Boden bedeckten, konnte er sie dort nicht finden. Er ging zurück zum Maisfeld und suchte dort weiter, aber da er sie nirgends finden konnte, folgte er wieder ihren Spuren zum Wassermelonenfeld. Schließlich gab er verzweifelt auf und rief: »Ich kann dich nicht finden, komm heraus!« Da brach sie eine Wassermelone auf und sagte: »Hier bin ich, du hast mich nicht gefunden«, und kam heraus.
Der Junge war nun sehr niedergeschlagen. Wieder kehrten sie zurück, und das Mädchen deckte sich zu. Der Junge ging sich verstecken, aber er war sehr unglücklich. Er rannte durch das Maisfeld hindurch, dann am Rand entlang. Plötzlich hörte er eine Stimme: »Wo gehst du hin? Ich habe Mitleid mit dir. Komm hier herein.« Und als er hinschaute, sah er ein kleines Loch neben einem niedrigen Maisstengel. Es war das Haus der Spinnenfrau. Dort ging er hinein, und sie spann schnell ein Netz über die Öffnung. Die mana lief wieder los, um den Jungen zu suchen. Mehrere Male lief sie durch das Maisfeld und verfolgte seine Spuren schließlich bis zum Rand, konnte ihn aber nirgends finden. Da zog sie aus ihrem Busen einen Spiegel hervor, vermutlich einen Quarzkristall. Mit dem suchte sie ihn zuerst oben, in der Hoffnung, ihn irgendwo in der Höhe zu finden, fand ihn aber nicht. Dann drehte sie ihn nach unten, und plötzlich sah sie die Öffnung der Spinnenhöhle darin gespiegelt. »Komm heraus!« rief sie sofort, »ich habe dich gefunden! Du bist dort drinnen.« Spinnenfrau sagte: »Du wirst wohl hinausgehen müssen, sie hat dich gefunden.« Er war nun sehr mutlos, denn er hatte nur noch eine einzige Chance, aber er kam heraus.

Die mana ging sich das vierte Mal verstecken. Der Junge hob wieder einen Zipfel der Decke hoch, schaute ihr nach und sah, daß sie erneut in Richtung des Wassermelonenfleckens lief. Auf der einen Seite des Maisfeldes war ein Graben, und da es kurz zuvor geregnet hatte, stand etwas Wasser darin, in dem sich Kaulquappen befanden. Die mana durchquerte die Wassermelonenbeete, stieg in den Graben, ging ins Wasser und verwandelte sich in eine Kaulquappe. Der Junge lief wieder los, um die mana zu suchen, folgte ihren Spuren durch das Maisfeld und die Wassermelonenbeete zum Graben hinunter, fand sie aber nicht. Er wandte sich um und suchte im ganzen Maisfeld, und da er sehr müde war, ging er zum Wasser zurück, bückte sich hinunter und trank ein wenig. Mittlerweile war er sehr verzweifelt, aber er suchte noch einmal. Schließlich folgte er wiederum ihren Spuren an den Rand des Wassers, und da er wußte, daß sie irgendwo dort sein mußte, rief er: »Ich kann dich nicht finden, komm jetzt heraus«, und gleich stieg sie aus dem Wasser und sagte: »Ich war hier, als du Wasser getrunken hast, und habe dich direkt angesehen.« Da erinnerte er sich, daß eine Kaulquappe aus dem Wasser heraufgeschaut hatte, als er trank; aber er hatte natürlich nie daran gedacht, daß sie das Mädchen sein könnte.
Also gingen sie wieder zur selben Stelle zurück, und als sie dorthinliefen, war der Junge sehr verzagt. »Ich habe nur noch eine Chance«, dachte er, »wo soll ich mich denn verstecken, damit sie mich nicht findet?« Nachdem sich die mana zugedeckt hatte, ging er wieder los, und als er am Haus der Spinnenfrau vorbeikam, sagte sie zu ihm: »O weh! (okíwa) Wo gehst du hin? Geh doch ein kurzes Stück nach Osten zu deinem Onkel, dem Áhu (eine Wurmart, die in verrottetem Holz lebt), er wohnt im takáchki (einem behelfsmäßigen Schatten- oder Schutzdach), vielleicht wird er dich verstecken.« Also ging der Junge dorthin, und als er ankam, sagte er: »Mein Onkel, steck mich hier hinein.« Da zog der Áhu ein loses Astloch aus einem der Eckpfosten, die aus Fichtenholz waren. Dieser Pfosten war hohl, und dahinein steckte der Áhu den Jungen und verschloß die Öffnung, nachdem dieser hineingestiegen war. Die mana lief los und suchte nach dem Jungen, folgte seinen Spuren durch das Maisfeld und stellte fest, daß er auf und ab, vor und zurück gelaufen war, und schließlich verfolgte sie die Spuren bis zu dem erwähnten Schutzdach. Dort angekommen, suchte sie umher, konnte ihn aber zunächst nicht finden. Dann steckte

sie die Fingerspitzen ihrer rechten Hand nacheinander in den Mund, machte sie feucht und drückte die Spitze ihres Zeigefingers in ihr rechtes Ohr, und sofort hörte sie den Jungen in seinem Versteck und forderte ihn auf, herauszukommen, da sie ihn entdeckt habe.

Nun kehrten sie wieder zu ihrer Stelle zurück, aber die mana sagte: »Laß uns jetzt zu dem Schutzdach zurückgehen, wo ich dich gefunden habe.« Also gingen sie wieder dorthin und setzten sich auf der Nordseite in der Nähe des Schutzdaches nieder. Darauf grub die mana bei einem der Eckpfosten ein Loch und sagte zu dem Jungen: »Ich habe dich geschlagen, ich habe dich geschlagen. Du ziehst jetzt dein Hemd aus.« Das tat er. Es war ein blaues Hemd, wie die Hopi es gewöhnlich tragen. »Nun nimm deine Perlen ab«, sagte sie, und ohne zu wissen, was sie beabsichtigte, kam er der Aufforderung nach. Da ergriff sie ihn am Haar, zog plötzlich aus ihrem Gürtel ein Messer hervor, beugte ihn über das Loch und schnitt ihm die Kehle durch, so daß sich das Blut in das Loch ergoß.[41] Dann verschloß sie das Loch, grub etwas weiter nördlich ein zweites, zog den Leichnam dorthin und begrub ihn an dieser Stelle.

Darauf nahm sie das Hemd und die Perlen an sich und ging nach Hause. Als der Junge nicht wiederkam, machten sich seine Eltern Sorgen und fragten im Hause des Mädchens nach. »Wir dachten, ihr seid beide gegangen, um unser Feld zu bewachen«, sagten sie, »weißt du nicht, wo Kwavúhü [der Junge] ist?« – »Ja«, erwiderte sie, »wir waren zusammen dort, aber er hat mich weggejagt, und ich weiß nicht, wo er jetzt ist.« Die Eltern waren sehr traurig. Kurz zuvor hatten sie ein Schaf geschlachtet, aber da sie so betrübt waren, aßen sie fast nichts von dem Fleisch, und so kamen die Fliegen und aßen davon. Einmal scheuchte die Frau die Fliegen mit einem Besen fort, aber eine von ihnen sagte: »Warum jagst du mich fort, wenn ich dein Fleisch esse? Ich sauge etwas von diesem Fleisch auf, und dann fliege ich los und suche nach deinem Kind.« Darauf ließ die Frau die Fliegen gewähren, und sie saugten an dem Fleisch. »Ja«, sagte die Frau nun zu der Fliege, »unser Junge ist gegangen, die Felder zu bewachen, und ist nicht wiedergekommen. Wenn du kannst, such und finde ihn für mich.« Also flog die Fliege zum Maisfeld und fand sehr viele Spuren. Sie folgte ihnen über das ganze Feld und schließlich bis zu dem Schutzdach, wo der Junge getötet worden war. Dort flog sie umher und fand bald Blutspuren, und als sie das Loch öffnete, bemerkte sie das Blut darin.

Sie saugte etwas davon auf und flog weiter nach Norden zu, bis sie auf das Grab stieß. Nun saugte sie alles Blut aus dem ersten Loch auf, flößte es dem toten Körper ein und wartete. Bald darauf begann das Herz des Jungen zu schlagen, und nach einer Weile erhob er sich und schüttelte ein wenig den Kopf. »Bist du aufgewacht?« fragte die Fliege. »Ja«, sagte er, »aber ich bin sehr durstig.« – »Da drüben in dem Graben ist etwas Wasser«, sagte die Fliege, »geh dorthin und trink, und dann kehren wir zu deinem Haus zurück.« Also lief er dorthin, stillte seinen Durst, dann kehrten sie zum Haus seiner Eltern zurück. Diese waren sehr glücklich, als sie ihr Kind wiedersahen. Die Fliege aber sagte zu ihnen: »Das Hemd und die Perlen eures Jungen sind im Haus des Mädchens. Laßt ihn dorthinübergehen und sehen, was sie sagt, ob sie sich freut oder nicht, und dann laßt ihn nach seinem Hemd und den Perlen fragen, und wenn sie ihm das Hemd gibt, soll er es auf sie zuschwenken, und wenn er auch die Perlen bekommt, muß er sie ebenfalls gegen sie schwenken.«

Da sagte die Mutter zu ihrem Sohn: »Also gut, geh zum Haus der mana hinüber.« Aber die Fliege fuhr fort: »Wahrscheinlich wird sie Essen vor dir ausbreiten; sie wird dir píki-Rollen anbieten, aber iß nicht davon.« Er ging also hinüber. Als die mana ihn sah, rief sie: »Iihh (mit ansteigender Tonlage), du bist gekommen?« – »Ja«, sagte er, »ich bin gekommen.« – »Setz dich«, forderte sie ihn auf und lief sofort in einen anderen Raum, um etwas Essen zu holen, und das setzte sie ihm vor. Doch er antwortete: »Ich bin nicht hungrig; ich bin wegen des Hemdes und der Perlen gekommen. Ich glaube, du hast sie mitgebracht, als du wiederkamst.« Darauf ging sie in einen Raum, und als sie die Tür öffnete, schaute der Junge hinein und sah, daß sie sehr reich war. Sie besaß eine große Menge von Dingen, die sie den von ihr umgebrachten Jungen weggenommen hatte. Als sie seine Sachen herausbrachte, schwenkte er diese gegen sie und sagte: »Ja, das sind meine, diese sind es.« Darauf verließ er das Haus. In der Zwischenzeit aber hatte die Fliege seinen Eltern gesagt, daß sie ebenfalls zum Haus der mana hinübergehen und ihren Sohn dort abholen sollten; daher begegneten sie sich vor dem Haus und warteten dort. Als sie so dastanden, hörten sie im Hause Lärm, ein Klappern und Rütteln. Als der Junge sein Hemd und die Perlen auf die mana geschüttelt hatte, war ein böser Zauber in sie eingedrungen und hatte sie in eine tíkuywuti (Frau mit halbgeborenem Kind) verwandelt. Sie betrat einen inneren

Raum und kam in einem weißen Brautumhang (óva) heraus. Ihr Haar war jetzt hochgebunden wie das einer verheirateten Frau, aber ihr Gesicht und ihre Kleidung waren ganz mit Blut befleckt. Während sie diese Kleidung angelegt hatte, waren der Lärm und das Rütteln in dem Raum, wo die Kleidungsstücke der erschlagenen Jungen lagen, weitergegangen. Doch jetzt nahmen diese Kleidungsstücke, die offenbar zumeist aus Hirschleder, Kaninchenfell und dergleichen bestanden hatten, wieder die Gestalt von Hirschen, Antilopen und Kaninchen an, und diese stürmten nun aus dem Raum und aus dem Haus. Die mana versuchte sie zu halten und war verärgert, konnte sie aber nicht aufhalten. Nur das letzte bekam sie zu fassen; sie fuhr sich mit der Hand durch die Scham und bestrich damit das Gesicht der Antilope, drehte ihre Nase, rieb die Hörner und ließ sie laufen. Dann wandte sie sich an die Leute, die sich vor dem Haus versammelt hatten, und sagte: »Von jetzt an sollt ihr große Schwierigkeiten haben, diese Tiere zu erjagen. Hättet ihr sie hier in Ruhe gelassen, so wären sie ganz in der Nähe geblieben, und ihr hättet keine Mühe, sie zu erlegen.« Daraufhin verließ auch sie das Haus und verschwand mit dem Wild. Von da an lebte sie am Laufe des Little Colorado River (Páyupa), wo es lange Zeit einen Überfluß an Hirschen und Antilopen gab.

Und dies ist der Grund, warum es so schwer ist, an dieses Wild heranzukommen und es zu töten. Da die tíkuywuti diesen Antilopen ihren eigenen Geruch über Gesicht und Nase gerieben hat, nehmen sie nun den Geruch des Menschen über eine große Entfernung wahr, und daher ist es sehr schwer, sich ihnen zu nähern. Man sagt, daß die tíkuywuti noch immer am Little Colorado lebt, und die Hopi behaupten, sie gesehen zu haben; sie sei noch immer weiß gewandet und ganz mit Blut bedeckt. Sie hütet das Jagdwild, und die Jäger bringen ihr Opfergaben aus Türkis und nakwákwosis, die in roten Ocker getaucht worden sind, wie er in der Schlangenzeremonie verwendet wird. Diese Opfergaben werden jedoch immer nachts dargebracht.

Wikvaya
Oraibi

Wie das Mädchen Gelber Maiskolben in eine Schlange verwandelt wurde[42]

Vor langer Zeit lebten in Oraibi zwei Mädchen. Sie waren eng befreundet und mahlten oft Mais zusammen, einmal im Haus der einen, dann wieder im Haus der anderen. Doch eines Tages verliebten sich beide in einen jungen Mann aus dem Dorf, und das führte zu Verstimmung und Streit zwischen ihnen. Das Mädchen Gelber Maiskolben besaß übernatürliche Kräfte und beschloß, ihre Freundin und Rivalin zu vernichten. Einmal gingen sie beide frühmorgens an die Spinnenquelle, die etwas nordöstlich des Dorfes liegt, um Wasser zu holen. Sie nahmen ihre sogenannten Mädchenkrüge (móngwikuru) mit. Auf dem Rückweg ins Dorf kamen sie zu einem Sandhügel, und das Mädchen Gelber Maiskolben schlug vor, dort ein wenig zu rasten.

Nach einer Weile sagte sie zu ihrer Freundin: »Laß uns hier ein wenig spielen. Geh du den Hügel hinunter, ich werfe dir etwas zu, du fängst es auf und wirfst es zurück.« Darauf zog sie aus ihrem Brusthemd ein hübsches kleines Rad mit allen Farben des Regenbogens.[43] Als ihre Freundin am Fuße des Hügels angelangt war, warf sie ihr das Rad zu. Die fing es auf, aber es war so schwer, daß es sie zu Boden warf. Als sie wieder aufstand, war sie in einen Coyoten verwandelt. Ihre Freundin oben auf dem Hügel lachte sie aus und sagte: »Du hast dich mit mir um den jungen Mann gestritten, das hast du nun davon. Jetzt kannst du so umherlaufen«, woraufhin sie ihren Krug ergriff und zum Dorf ging.

Das andere Mädchen, nun ein Coyote, war tief betrübt, stieg den Hügel hinauf zu ihrem Wasserkrug und versuchte ihn aufzunehmen; aber das gelang ihr in ihrer jetzigen Gestalt nicht. Sie wartete bis zum Abend und weinte fast die ganze Zeit. Nach Einbruch der Dunkelheit versuchte sie ins Dorf zu kommen, aber die Hunde verjagten sie sogleich. Sie umging das Dorf in großem Bogen und versuchte, von der anderen Seite hineinzugelangen, wurde aber wieder von den Hunden vertrieben und wanderte nun nach Westen. Inzwischen war sie sehr hungrig geworden und überlegte, wo sie etwas zu essen finden könnte. Es war Herbst und die Leute waren zur Bewachung der Feldfrüchte draußen; deshalb hoffte sie, vielleicht etwas in einer Hütte oder einem Unterschlupf zu finden, wo sich die Leute zeitweise aufhielten. Sie schlich an einen Unterschlupf und entdeckte auf dem Dach zwei geröstete Maiskolben, die dort liegengeblieben waren. Die aß sie auf und machte dann noch einen Versuch, das Dorf zu betreten; aber sobald die Hunde Witterung von ihr bekamen, wurde sie wieder davongejagt. Da erkannte sie, daß sie so nicht ins Dorf gelangen würde und wandte sich wieder nach Westen. Sie wußte, daß es irgendwo westlich von Apónivi einen Ort namens Yungáchaivi gab, wo einige Hirten sich ebenfalls Schutzdächer gebaut hatten und sich dort aufhielten, solange sie ihre Schafe in der Gegend hüteten. Sie hoffte, dort etwas Schutz und Nahrung zu finden.

Schließlich kam sie zu einer Hütte, die zwei Qöoqöqlöm-Kachinas[44] gehörte, die in der Gegend jagten. Sie entdeckte darin eine Menge Kaninchenfleisch, allerlei Kaninchenfelle und einige Innereien. Diese und das Fleisch waren leicht geröstet. Da sie sehr hungrig war, aß sie etwas von den Innereien, die ihr aber nicht besonders schmeckten. Es war um die Zeit des Morgenmahls, doch die beiden Jäger hatten zeitig gefrühstückt und waren schon auf die Jagd gegangen. Sie war sehr müde, weil sie die ganze Nacht über versucht hatte, ins Dorf zu kommen und irgendwo Schutz zu finden, und deshalb beschloß sie, dazubleiben und sich den Tag über auszuruhen. Am Abend kehrten die beiden Qöoqöqlöm-Jäger zurück. Als sie sich der Hütte näherten, sagte der eine von ihnen: »In unserer Hütte ist ein Coyote. Der hat von unserem Fleisch gefressen. Auf, laß uns ihn töten.« Daraufhin nahm er seinen Bogen und seine Pfeile und zielte auf den Eindringling, aber der andere meinte: »Nein, laß uns versuchen, ihn lebendig zu fangen. Wir bringen ihn dann unserer Großmutter Spinnenfrau mit.« Als sie die Hütte betraten, hörten sie den Coyoten schluchzen und sahen, wie ihm Tränen aus den Augen liefen. »Oh!« sagte einer der Jäger, »dieser Coyote ist traurig und hat geweint. Wir wollen ihn füttern.« Er nahm ein großes Stück Fleisch, riß es entzwei und gab den einen Teil dem Besucher, der es mit Genuß verschlang. Darauf beschlossen sie, noch an diesem Abend nach Hause zu gehen. Sie verschnürten das Fleisch und die Felle und banden auch die Pfoten des Coyoten zusammen, luden sich alles auf die Schulter und gingen nach Hause zu ihrer Wohnstätte in der Kachina-Schlucht (Kachínvala), nordwestlich und nicht weit von Oraibi.

Dort angekommen riefen sie Spinnenfrau und sagten: »Wir haben dir ein Tier mitgebracht. Komm und hilf uns, es von unseren Schultern abzuladen.« Das tat sie und drückte ihnen ihre Zufriedenheit über das für sie mitgebrachte Geschenk aus. Den Coyoten und das Fleisch legten sie nördlich der Feuerstelle nieder. Die Frau betrachtete ihn aus der Nähe und sagte zu den beiden Jägern: »O weh! Das arme Tier! Das ist kein Coyote. Ein Glück, daß ihr es nicht getötet habt. Wo habt ihr es denn gefunden?« Sie berichteten in allen Einzelheiten, wie sie das Tier in ihrer Jagdhütte gefangen hatten. Sofort schickte sie einen von ihnen ins Dorf, um Rüsselpflanzen (tomóala)[45] zu holen, der andere sollte in dem Wald nach einigen Wacholderzweigen suchen.

Während ihrer Abwesenheit brachte sie Wasser zum Kochen, und als der erste mit den tomóalas zurückkam, schüttete sie das Wasser in ein Gefäß und hakte eine Rüsselfrucht in den Nacken, und eine andere in das Hinterteil des Coyoten. Dann tauchte sie ihn ins Wasser, bedeckte ihn mit einem Geburtstuch (möchápu), legte ihre Hand auf das Tuch, ergriff die beiden Rüsselhaken, drehte und wendete sie hin und her, und zog auf diese Weise das Fell des Coyoten ab. Sie warf das Tuch weg und mit dem Tuch das Fell, und da fand sich in dem Gefäß das Mädchen, dem sie auf diese Weise seine Gestalt wiedergegeben hatte. Sie trug noch ihre Kleider und ihr Haar war schneckenförmig aufgewunden, genauso wie sie das Dorf verlassen hatte. Nun fragte Spinnenfrau sie danach, wie ihr dies Mißgeschick zugestoßen sei, und das Mädchen erzählte ihr die ganze Geschichte. Spinnenfrau tröstete sie und sagte: »Du Arme. Das Mädchen Gelber Maiskolben ist böse, aber du wirst dich an ihr rächen.«

Nun kehrte auch der andere Jäger mit den Wacholderzweigen zurück. Sie nahm das Mädchen, die Zweige und das Wasser mit in einen anderen Raum und badete sie dort. Dann gab sie ihr Mais zum Schroten. Nachdem einige Tage vergangen waren, sagte Spinnenfrau zu dem Mädchen, sie solle nun nach Hause gehen, denn ihre Mutter sei krank vor Sehnsucht nach ihrem Kind; aber, so meinte sie, vorher wolle sie noch jemanden rufen. Sie stieg aufs Hausdach und rief alle Nachbarn auf, zu ihr zu kommen. Daraufhin erschien eine große Anzahl von Kachinas,[46] die in der Nachbarschaft wohnten, und fragten, was sie von ihnen wolle. »Also«, sagte sie, »hier ist ein Mädchen, und ich möchte, daß ihr es nach Hause bringt.« Nun erzählte sie ihnen die ganze Geschichte. Sie waren bereit, das Verlangte zu tun. Sie kleidete das Mädchen schön an, flocht ihr das Haar in neue Knoten und legte ihr einen neuen Umhang (atú'u) über die Schultern. Dann trug sie ihr auf, daß ihr Vater zwei pahós und eine Anzahl nakwákwo-

sis für den Anführer der Kachinas und den Vorsänger machen müsse, und unterwies sie auch, wie sie sich ihrer Feindin, dem Mädchen Gelber Maiskolben gegenüber verhalten, wie sie mit ihr abrechnen solle. Danach brachen sie zum Dorf auf, mit dem Mädchen am Ende der Kachinareihe. Als sie beim Hause des Kíkmongwi angekommen waren, dort wo heute die Pongóvi-Kiva liegt, vollführten sie ihren ersten Tanz und sangen dazu.
Es war frühe Dämmerung, die sogenannte weiße Dämmerung (qöyángwunuptu). Ihr Gesang erregte sofort die Aufmerksamkeit einiger Frühaufsteher, die gleich zu dem Platz liefen, wo die Kachinas tanzten. Schnell verbreitete sich die Neuigkeit, daß die Kachinas ein Mädchen ins Dorf gebracht hätten, und bald erkannten einige das Mädchen wieder und liefen zum Haus ihrer Eltern. Diese aber wollten der Mitteilung keinen Glauben schenken; es mußten erst vier Boten zu ihnen geschickt werden, bevor sie überzeugt waren. Nun erst gingen sie zu den Tänzern, die inzwischen auf dem Tanzplatz in der Mitte des Dorfes angelangt waren. »Da bist du also!« sagte die Mutter, brach in Tränen aus und wollte ihre Tochter gleich mitnehmen. Aber die sagte: »Warte ein bißchen«, und bat ihren Vater, er möge zwei pahós und eine Anzahl nakwákwosis machen. Während er dies tat, tanzten die Kachinas weiter, und die mana blieb bei ihnen und wartete auf ihn. Als der Vater endlich mit den Gebetsopfern erschien, gab er ein páho dem Anführer der Tänzer und das andere seiner Tochter. Nach dem Tanz überreichte die Tochter ihr páho dem Vorsänger. Die nakwákwosis wurden unter den Kachinas verteilt. Dann bedankte sich der Vater bei den Kachinas dafür, daß sie ihm seine Tochter zurückgebracht hatten, und sagte ihnen, daß er sehr froh sei. Darauf kehrten die Kachinas in ihre Wohnstätte zurück, und die Eltern nahmen ihre Tochter mit nach Hause.
Dort ruhte sie sich den ganzen Tag aus, aber früh am nächsten Morgen ging sie Mais mahlen und sang dabei ein Liedchen, das von ihren kürzlich überstandenen Abenteuern handelte. Ihre Freundin, das Mädchen Gelber Maiskolben, hörte ihren Gesang, kam sogleich herbei und brachte zum Ausdruck, wie sehr sie sich über ihre Rückkehr freue. Das heimgekehrte Mädchen behandelte sie freundlich und zeigte ihr gegenüber, den Anweisungen der Spinnenfrau folgend, keinerlei Verstimmung. Sie wartete ihre Gelegenheit ab. Wie früher mahlten sie wieder den ganzen Tag zusammen Mais. Abends holten sie wieder Wasser,

von derselben Quelle wie damals. Während sie die Krüge füllten, bemerkte das Mädchen Gelber Maiskolben, daß ihre Freundin das Wasser mit einem seltsamen kleinen (von Spinnenfrau gegebenen) Gefäß in ihren Krug füllte, und daß dies Wasser, während es in den Krug lief, wunderschön aussah und in allen Farben des Regenbogens leuchtete. Sie fragte ihre Freundin: »Was hast du denn da? Zeig mir doch mal das kleine Gefäß.« – »Nun«, antwortete die Freundin, »das ist ein sehr gutes Gefäß, und das Wasser daraus schmeckt auch besonders gut.« Nun trank sie daraus und reichte es der Freundin. Die bewunderte es und trank ebenfalls daraus. Augenblicklich fiel sie um und war in eine Wühlnatter verwandelt. »Da! Jetzt kannst du so bleiben«, sagte das Mädchen Blauer Maiskolben. »Du hast versucht, mich zu vernichten. Aber du wirst so bleiben müssen, denn niemand wird dir helfen, deine alte Gestalt zurückzugewinnen.« Dann lachte sie, nahm ihren Krug und kehrte zum Dorf zurück.

Die Wühlnatter verließ die Stelle und kroch umher. Oft wird sie hungrig, doch da sie nicht so schnell vorwärtskommt, vermag sie ihre Beute nur schwer zu erwischen. Sie fängt sie deshalb durch Zauber und zieht sie durch starkes Einatmen an. Das beobachten die Hopi auch heute noch häufig. Sie lebt von kleinen Kaninchen, Mäusen, Vögeln, Eichhörnchen und dergleichen, die sie durch ihr Einatmen bezaubert und dann tötet.[47]

Das in eine Schlange verwandelte Mädchen kam später einmal ins Dorf und wurde dort von den eigenen Eltern getötet, die natürlich nicht ahnten, daß dies ihre eigene Tochter war. Dadurch wurde das Mädchen, genauer: ihr Lebensatem, befreit und konnte zum Ort der Totengeister gehen. Seitdem verlassen einige Zauberer (popwáktu) gelegentlich ihre Gräber in Gestalt von Wühlnattern. Man sieht sie dann aus bestimmten Gräbern herauskommen; sie sind noch immer mit den Yuccablättern umhüllt, mit denen der Leichnam bei der Bestattung zusammengebunden wird. Wenn solch eine Schlange, von der man animmt, daß ein Zauberer darin verborgen ist, zufällig getötet wird, dann wird der ihr innewohnende Lebensatem des Zauberers freigesetzt und wandert zum Ort der Totengeister (máski).

Qöyáwaima
Oraibi

Die beiden Pueblomädchen, die den Geist der Nacht heirateten[48]

Halíksai!
In Kawaíka (Laguna), einem Pueblo-Dorf in New Mexiko, lebten die Leute. Auf der Nordseite des Dorfplatzes, in einem Haus mit einer langen Leiter, wohnten zwei Mädchen. Sie waren Schwestern, und sie weigerten sich beständig, einen Jungen aus dem Dorf zu heiraten. Schließlich beschloß Tókila, der Geist der Nacht, einen Versuch zu wagen, und kam zu ihrem Haus. Es war Abend, als er sie fragte, ob sie ihn heiraten wollten. Sie sagten, sie müßten die Angelegenheit erst mit ihren Eltern besprechen; wenn die es erlaubten, würden sie ihn heiraten. Die Eltern willigten ein, und nun warteten die beiden Schwestern auf ihren Freier. Er kam am nächsten Abend, um seine beiden Bräute abzuholen.
Sie verließen das Dorf durch einen engen Gang. Außerhalb des Dorfes stießen sie auf eine große Flechtplatte (póta), die der Geist der Nacht dort niedergelegt hatte. »Darauf stellen wir uns«, sagte er. Sie gingen auf die Platte und wurden emporgehoben und durch die Luft getragen, bis nach Kawaíka Nuvátuky'ovi, wo sie in einen tiefen Canyon, eine Schlucht hineingingen. Dort wohnte der Geist der Nacht. Als sie ins Haus eintraten, erblickten sie in einem inneren Raum eine große Anzahl Menschenknochen. Das waren die Überreste von Frauen, die der Geist der Nacht im Dorf geraubt, mit denen er eine Weile zusammengelebt, und die er, sobald sie schwanger geworden waren, zu ihrem Verderben in diesen Raum geworfen hatte. Einige der Frauen und Mädchen waren noch am Leben, sie bedauerten die beiden Neuankömmlinge und sagten: »Ach ihr beiden, warum seid ihr mit ihm gegangen!« Nun waren die beiden sehr unglücklich.
In der Nähe lag ein Teich. Von dort pflegten die zwei Schwestern Wasser zu holen. Eine Weile lebten sie bei dem Geist der Nacht, aber als sie sich erstmal schwanger fühlten, waren sie ganz niedergeschlagen. Als jedoch die jüngere Schwester einmal Wasserholen gegangen war, sprach jemand sie an. Es war der Frosch (pákwa). »Du Arme«, sagte er, »noch heute abend mußt du nach Hause gehen. Hier ist ein breiter Pfad. Nehmt am Abend eure Wasserkrüge auf den Kopf und kommt Wasserholen. Laßt die Krüge hier und folgt diesem Weg, er

wird euch nach Hause führen. Dies mußt du auch deiner Schwester sagen.« Daraufhin kehrte die jüngere Schwester zurück und berichtete ihrer älteren Schwester: »Dort am Wasser hat mir jemand einen Rat gegeben.« – »Was hat er zu dir gesagt?« fragte sie. »Er hat gesagt, wir sollten noch heute abend nach Hause gehen.«
Am Abend, nach dem Essen, nahmen sie ihre Krüge und gingen Wasserholen. Als sie am Teich angelangt waren, sagte der Frosch: »Seid ihr da?« – »Ja«, antworteten sie. »Gut, geht immer diesem Pfad nach und beeilt euch, dann werdet ihr nach Haus gelangen.« Nachdem sie eine Weile gewandert waren, trafen sie auf Spinnenfrau, die in Gestalt einer häßlichen Alten am Wegrand hockte. »Seid ihr da?« fragte sie. »Ja«, antworteten die beiden. »Gut, ich habe gehört, daß ihr heimkehren wollt und habe deshalb hier auf euch gewartet.« Sie erklärte, sie wolle sie begleiten, und sie brauchten keine Angst zu haben. Nun wanderten sie die ganze Nacht, ohne zu schlafen. Am nächsten Tag, als sie ungefähr bis mittags gelaufen waren, blickte Spinnenfrau zurück und sah Wolken heraufziehen. »Sie kommen«, rief sie aus, »und gewiß werden sie uns einholen.«
Die drei beeilten sich, doch als sie schon fast beim Dorf anlangten, war der Himmel ganz mit Wolken bedeckt, die sie nun überholt hatten. Nahe beim Dorf wurden sie vom Blitz getroffen und erschlagen. Noch im Sterben gebar jede ein Kind, die Ältere einen Jungen, die Jüngere ein Mädchen. Spinnenfrau hatte die beiden Schwestern inzwischen verlassen, doch die Kinder blieben am Leben und begannen sofort zu trinken. Jede Nacht wurden ihre Mütter lebendig, aber am Tage waren sie immer tot. Auf diese Weise wuchsen die Kinder heran. Schließlich begannen sie zu laufen.
Als die Kinder etwas größer geworden waren, fragten sie ihre Mütter, wer ihr Vater sei. »Sicher haben wir einen Vater. Sagt uns, wer es ist, wir wollen zu ihm gehen. Dann wird er sich um uns kümmern und für uns sorgen.« Da erzählten die Mütter ihnen: »Ja, ihr habt einen Vater, aber wir sind ihm entflohen, und er wird nicht für euch sorgen. Östlich von hier liegt ein Dorf, Kawaíka, wo wir früher gelebt haben. Dort wohnen unser Vater und unsere Mutter. Geht dahin, und auf der Nordseite des Dorfplatzes, wo die lange Leiter steht, fragt ihr nach und seht, was man euch sagt. Dort haben wir früher gewohnt. Trotzdem droht auch dort Unheil; sie werden euch bestimmt zu einem Wettstreit herausfordern, und wenn jemand verliert, wird er für

gewöhnlich getötet. Oben an der Leiter hängt etwas, und wer das nicht erraten kann, wird umgebracht. Wenn sie einen Wettkampf mit euch beginnen und euch schlagen, müßt ihr das erraten. Es ist eine kleine Schildkröte, die dort eingewickelt hängt.«

Sie schliefen nun bis zum Morgen, dann brachen die beiden Kinder auf. Ihre Mütter sagten zu ihnen: »Wenn sie mit euch einen Wettstreit machen und euer Großvater Mitleid mit euch hat und euch etwas gibt, dann bringt uns auch etwas mit, damit wir uns anziehen können, denn unsere Kleider sind sehr abgetragen. Wenn sie es fertigbringen zu schweigen, dann können auch wir heimkehren.« Als sie das Dorf erreicht hatten, überquerten sie den Dorfplatz, sahen die Leiter und stiegen hinab. Die Großeltern lebten dort in einer Kiva. Sie traten ein und setzten sich. Die Großeltern waren immer traurig und betrübt gewesen und sagten erst einmal gar nichts. Schließlich schaute der Großvater sie an und fragte: »Wer seid ihr?« – »Na, wir sind es«, antworteten sie. »Aber wer seid ihr? Woher kommt ihr denn?« – »Von Westen«, entgegneten sie. »Von Akókavi (Ácoma)?« fragte der Großvater. »Nein«, sagten sie, »nicht von da, sondern gerade westlich von hier.« – »Aber wer seid ihr?« fragte er wieder.

»Vor langer Zeit hattet ihr zwei Töchter. Jemand hat sie weggeholt, und wir sind ihre Kinder. Wir sind nun herangewachsen und hierhergekommen.« Daraufhin setzte man ihnen Speisen vor. Die Großmutter weinte. Als sie gegessen hatten, wurden sie wirklich zum Wettspiel aufgefordert. »Wenn sie unsere Enkel sind, dann werden sie etwas Wissen haben«, sagten sich die Großeltern. Der Großvater legte einen flachen Stein hin, auf den ein túkwnanawöhpi, eine Art Schachbrettmuster, aufgezeichnet war. Der Großvater setzte sich auf die eine, der Knabe auf die andere Seite, und sie begannen zu spielen. Der Junge gewann. »Gut«, sagte der Großvater, »dort oben an der Leiter hängt ein Bündel. Du mußt raten, was es ist! Errätst du es, so tötest du mich! Errätst du es nicht, dann töte ich dich.« Danach gingen sie alle hinaus und schauten nach dem Bündel, das oben an der Leiter hing. »Nun, was ist darin?« fragte der Großvater. »Wer weiß?« sagte der Junge. »Rate du einmal«, sprach er zu seiner Schwester. »Wie soll ich wissen, was darin sein kann?« antwortete sie. »Rate du!« – »Nun also, zögere nicht länger«, sagte der Großvater. »Sprich frei heraus und sag, was du meinst.« – »Na, was kann schon darin sein«, sagte schließlich der Bruder, »vielleicht eine kleine Schildkröte?« – »Jetzt ist es klar, daß ihr unsere Enkel seid!« rief der Großvater. »Also töte mich nun«, sprach der Großvater. »Nein, wir wollen dich nicht töten«, antworteten die Kinder, »aber du mußt uns etwas geben.« – »Gut«, sagte der Großvater, »was möchtet ihr haben?« – »Ich wünsche mir ein Hemd, einen Bogen, einen Köcher mit Pfeilen, einige Armbänder als Gelenkschutz und ein Paar Mokassins«, sprach der Junge. Das Mädchen bat um ein Kleid, eine Decke, Mokassins und einen Gürtel. Das alles gaben ihnen die Großeltern als Entgelt. Dann baten sie auch um Kleider für ihre Mütter, und da gab ihnen der Großvater vier Kleider aus Schafwolle, zwei Paar Mokassins und zwei Gürtel. Darauf richteten die Kinder aus, was die Mütter ihnen aufgetragen hatten: daß auch sie kommen würden, wenn ihre Eltern es wünschten und schweigen könnten. »Natürlich müßt ihr kommen«, sagten die Großeltern, »dort draußen sollt ihr nicht bleiben.« Also nahmen die Kinder alle Sachen mit und kehrten zu ihren Müttern zurück.

Diese waren überglücklich, als sie dort ankamen. Der kleine Junge übte sich schon im Bogenschießen. Nun kleideten sie sich an und aßen zu Abend. Dann begaben sie sich ins Dorf, einer neben dem anderen gehend. Auf die gleiche Weise kletterten sie auch die Leiter hinunter, und als sie am Einstieg ankamen, rief die ältere Frau hinunter: »Unser Vater, unsere Mutter?«, erhielt aber keine Antwort. Darauf rief die jüngere Schwester dieselben Worte, erhielt jedoch ebenfalls keine Antwort. »Sie machen sich nichts aus uns«, sagten sie. Die Kinder aber hatten den Großeltern vorher gesagt, daß ihre Mütter heimkommen würden, wenn sie nicht mit ihnen sprächen. Die vier stiegen nun die Leiter bis auf den höheren Teil der Kiva hinab, und die Schwestern riefen wiederum: »Unser Vater, unsere Mutter!« Wieder keine Antwort. »Sie machen sich nichts aus uns!« sagten die beiden. Dann stiegen sie in den unteren Teil der Kiva hinab und wieder rief eine nach der anderen: »Unser Vater, unsere Mutter!«, und darauf antwortete die Großmutter. »Hao!« rief sie, und im selben Augenblick fielen ihre beiden Kinder und die beiden Enkel tot um. Hätten sie den Ratschlag besser befolgt, hätten sie nur noch einmal ihr Schweigen bewahrt, auch das vierte Mal, dann wären alle glücklich beisammengeblieben. Doch nun hatten sie keine Kinder mehr.

Lománömtiwa
Oraibi

Wie Hiyónatitiwa den Plan seiner Feinde vereitelte[49]

Halíksai!
In Oraibi lebten sie. In dem Haus, wo jetzt Hóngsi und Nákwsu wohnen, lebte ein Mädchen, das alle Heiratsanträge ablehnte. Die jungen Männer des Dorfes gingen oft zu ihr und versuchten, ihre Zuneigung zu gewinnen, aber ohne Erfolg. Bei Achámali (jetzt ein Schrein wenige hundert Meter nördlich des Dorfes) lebte ein junger Mann namens Hiyónatitiwa mit seiner Großmutter. Sie waren sehr arm. Der junge Mann lief immer in einer geflickten Decke herum und ebenso seine Großmutter. Einmal sprach er zu ihr:»Meine Großmutter!« – »Ha!« sagte sie. »Ich will nach Süden zu dem Mädchen da gehen und sehen, ob sie mich nicht heiraten will.« – »O je!« rief die Großmutter aus, »du bist so arm, sie wird dich bestimmt nicht wollen, woran denkst du! Aber geh nur und versuch es.«
Eines Tages kam er also ins Dorf. Auf der Schlangen-, der Flötenkiva und anderen sowie auf einigen Häusern saßen in der Dämmerung noch die jungen Männer. Als sie den Jungen kommen sahen, sagten sie: »Ah, da kommt jemand.« Also blieb er stehen und wartete. Sie gingen zum Abendessen und kamen dann an ihre alten Plätze zurück. Aber der Junge wollte nun nicht länger warten und schritt mutig zwischen ihnen hindurch zum Haus des Mädchens. Im Obergeschoß des Hauses war ein Fenster offen, und zu diesem stieg der Junge hinauf. Die jungen Leute, die das mitansahen, belächelten ihn. Das Mädchen machte beim Maismahlen ab und zu eine Pause. Die jungen Leute achteten darauf, und als sie wahrnahmen, daß das Mädchen zwischendurch mit dem Mahlen aufhörte, schlossen sie, daß der junge Mann ihr willkommen sei und daß sie manchmal mit ihm spreche, da sie zuweilen doch das Mahlen unterbrach.
Der junge Mann sprach mit dem Mädchen und bat sie, ihn zu heiraten. Sie sagte zu, falls ihr Vater und ihre Mutter einverstanden seien.»Sehr gut«, sagte er, er werde am nächsten Abend wiederkommen, und wenn sie einverstanden seien, werde er sie mitnehmen. Darauf kehrte er nach Hause zurück. Die jungen Männer des Dorfes waren niedergeschlagen. Der Junge erzählte seiner Großmutter, daß er morgen das Mädchen mitbringen werde. Sie wollte es nicht glauben. »Aber gewiß bringe ich

sie«, sagte er. So verging der nächste Tag, und es wurde Abend. Als die Dunkelheit hereingebrochen war, begab er sich erneut zum Haus des Mädchens. Die jungen Männer des Dorfes saßen wieder auf den Dächern der Kivas und Häuser und beobachteten ihn. Er ging zum Haus, und nach kurzer Zeit führte er die mana heraus und nahm sie mit nach Hause. Als er an den jungen Männern vorbeiging, sagten diese: »Du holst sie dir also. Nur, was hast du mit ihr vor? Aber natürlich, du wirst sie in geflickte Decken kleiden.«

So brachte er sie zum Haus seiner Großmutter und trat ein. Sie nahm sich des Mädchens an, und dieses blieb dort. Die nächsten drei Tage mahlte es Mais, und am Morgen des vierten Tages wusch die Großmutter ihnen zusammen das Haar, aber es war niemand da, der daran teilnahm. Es gab auch keinen, der dem Mädchen ein Hochzeitsgewand machte, und darüber war das Mädchen sehr traurig. In der Folgezeit blieb das Mädchen dort und machte ihnen das Essen, aber niemand stellte ein Brautkleid für sie her. Als sie ungefähr so lange dort geblieben war, wie Bräute üblicherweise im Haus ihres Ehemannes verweilen, bevor sie in das Haus ihrer Mutter zurückkehren, sagte die alte Großmutter: »Nun, du bist jetzt wohl lange genug hier; wir wollen sehen, ob wir etwas für dich finden.«

An diesem Tag ging der junge Mann auf die Jagd und brachte eine Menge Fleisch nach Hause. Sie bereiteten etwas nŏekwiwi, píkami und anderes zu, und davon aßen sie abends. Früh am nächsten Morgen wusch die Großmutter der Braut noch einmal das Haar, und daraufhin ging sie in einen Raum auf der Nordseite, suchte dort herum und stöberte alles durch, fand aber nichts. In einem anderen Raum auf der Westseite tat sie dasselbe, hatte aber wieder nichts dabei, als sie herauskam. Das machte sie noch einmal auf der Südseite, aber als sie dann aus einem Raum auf der Ostseite herauskam, brachte sie ein vollständiges Hochzeitsgewand mit – zwei weiße Kleider, ein Paar Mokassins, einen weißen geknüpften Gürtel mit Fransen und eine Schilfmatte. Sie kleidete die Braut an, streute einen Weg aus Maismehl für sie und schickte sie nach Hause zu ihren Eltern. Die Leute saßen wieder auf ihren Kivadächern, und siehe da, dort kam die Braut nach Hause, ganz so, wie Bräute üblicherweise gekleidet sind. Als sie zu ihrer Mutter ins Haus kam, war diese sehr glücklich.

Ihr Mann ging am nächsten Tag auf die Jagd und brachte ein Bergschaf mit. Das überreichte er den Eltern seiner Frau, die sich sehr darüber freuten. Die Bewohner der Schlangen- und der Náshabekiva waren jedoch sehr erbost über den jungen Mann und überlegten, wie sie ihn töten könnten. Sie beschlossen, einen Raubzug gegen die Navaho zu unternehmen. Aber zu den Bewohnern der Schlangenkiva gehörte auch der Vater der jungen Frau, und daher fand er heraus, wie die Dinge standen. Er berichtete seinem Schwiegersohn davon, und dieser sagte seiner Großmutter Bescheid. Sie trug ihm auf, am nächsten Morgen die kleine Schwester seiner Frau zur Schlangenkiva zu schikken, um seinen Schwiegervater zum Frühstück zu rufen. Darauf kehrte der junge Mann zurück.

Am Morgen ging das Mädchen zur Schlangenkiva, rief ihren Vater zum Frühstück und fügte hinzu, daß es in vier Tagen Krieg geben werde. Dann rannte sie zurück. Die Leute in der Kiva waren überrascht, aber sie lachten. Am nächsten Tag sagte sie dasselbe, aber so, daß es in drei Tagen Krieg geben werde, und so weiter. Am Abend des zweiten Tages gingen der Vater und sein Schwiegersohn zu der alten Frau in Achámali hinüber und sagten: »Es rückt heran.« – »Ja«, sagte sie, »wenn sie morgen einen Wettlauf machen, dürft ihr nicht mitlaufen, sondern müßt erst hierherkommen und von hier loslaufen.« Darauf kehrten die beiden wieder nach Hause zurück. Am nächsten Morgen wiederholte das Mädchen dieselben Worte. Die Männer begannen, sich unbehaglich zu fühlen, und meinten, daß das Mädchen das sicherlich nicht umsonst sage. Etwas müsse bevorstehen. Am Morgen des dritten Tages sprach sie noch einmal die gleichen Worte und sagte: »Morgen wird es Krieg geben.« An diesem Tag fertigten die Männer den ganzen Tag Bogen und Pfeile an. Am Morgen des vierten Tages sagte das Mädchen wieder: »Laßt uns essen gehen, aber heute gibt es Krieg«, und rannte nach Hause. Es hatte sich herumgesprochen, daß einige Navaho sich dem Dorf näherten und ein paar Männer auf den Feldern angegriffen hatten. Diejenigen, die nicht getötet worden waren, rannten zum Dorf und riefen. Die Männer des Dorfes machten sich sofort bereit und liefen vom Dorf hinab, um den Navaho-Räubern entgegenzutreten. Hiyónatitiwa und sein Schwiegervater nahmen sich jeder zwei Köcher voll Pfeilen und einen Bogen und liefen zum Haus der alten Frau nach Achámali hinüber. »Seid ihr da?« fragte sie. »Ja«, erwiderten sie. Darauf ging sie zu dem Raum im Norden und rief hinein: »Komm heraus, deine Enkel sind da.« Jemand kam sogleich. Es war der Puma (tóhoa). Dann rief sie in den Raum auf der Westseite

und ein Bär erschien. Sie wiederholte die Rufe vor dem Raum auf der Südseite, und eine Wildkatze (tokóchi) kam heraus, und auf der Ostseite, wo ein Wolf hervorkam.
Während sich dies in Achámali ereignete, waren die Hopi auf die Navaho getroffen, und diese fragten ständig, wo Hiyónatitiwa sei. »Er ist noch im Dorf«, erwiderten die Hopi. »Geht ihn holen, er trödelt«, sagten die Navaho. Mittlerweile kamen der junge Mann und sein Schwiegervater, begleitet von den vier Tieren, die Mesa herunter. Die Tiere stürzten sich sofort auf die Navaho und töteten fast alle, dazu die Hopi, die diesen Raubzug geplant hatten, um Hiyónatitiwa aus dem Weg zu räumen und dann seine Frau zu stehlen. Als die Überlebenden ins Dorf zurückkamen, gab es dort ein großes Wehklagen. »Bestimmt hat es jemand zustandegebracht, daß jetzt auch ein paar von unseren Leuten getötet worden sind«, sagten sie. Auf diese Weise wurde es verhindert, daß einer dem jungen Mann die Frau wegnahm, und von da an lebte er für immer mit ihr.

Lománömtiwa
Oraibi

Das Kind, das sich in eine Eule verwandelte[50]

Alíksai!
Sie lebten in Shipaúlovi, und einmal schrie ein Kind bitterlich. Seine Mutter hatte kein Mitleid mit ihm und schlug es. »Du schreist«, sagte sie, »ich werfe dich zur Tür hinaus. Ich werfe dich für die Eule nach draußen.« Darauf zerrte sie das Kind aus dem Haus. Eine große Eule (móngwau) war ganz in der Nähe gewesen und hatte das Wehklagen des Kindes gehört. Sie kam zu ihm hin, und als sie das schreiende Kind sah, setzte sie es sich auf den Rücken und trug es davon. Sie wohnte in einer kleinen Höhle im Hang des Felsens, auf dem das Dorf Payúpki lag, und in diese Höhle brachte sie das Kind. Die Eule besaß auch selbst kleine Kinder, die in der Höhle ein gutes Leben hatten.
Als die Mutter des Kindes kein Schreien mehr hörte, kam sie aus dem Haus und suchte nach ihm, aber es war weg. »Wo ist dieses Kind denn jetzt hingelaufen«, sagte sie, »anscheinend ist jemand gekommen und

hat es geholt.« Darauf lief sie von Haus zu Haus und fragte überall nach, aber niemand hatte es. Am Morgen ging sie wieder durch die Häuser und suchte ihr Kind, konnte es aber nicht finden. »Wo mag das Kind nur sein?« fragte sie. Nun war sie ohne Kinder.
Nach einiger Zeit gingen ein paar Männer nördlich des Dorfes Holz holen, und einige kamen an der Höhle vorbei, in der die Eule wohnte. Sie hörten jemanden mit klagender Stimme das folgende Lied singen:

Chavayo chavayo, Chavayo piva, chavayo piva,
A hmhm, a hmhm.

Als sie aufschauten, sahen sie in der Höhle ein Kind, das schon Federn hatte und an dessen Körper sich schon überall die weißen Punkte der Eulen zeigten. Auch die Augen des Kindes wurden bereits gelb. »Oh«, riefen die Männer, »wessen Kind kann das sein?« Dann meinte einer der Männer, daß es sich vielleicht um das verschwundene Kind handele, und so erzählten sie bei ihrer Rückkehr ins Dorf: »Da in einer Eulenhöhle bei Payúpki ist ein Kind. Es hat schon überall Federn und Punkte, und seine Augen sind bereits gelb. Es verwandelt sich in eine Eule. Wessen Kind mag das sein?« – »Es muß das Kind dieser Frau sein«, sagten die Leute sofort und erzählten ihnen davon. »Nun, macht euch schnell auf, macht euch schnell auf, denn das Kind wird sonst eine Eule.« So beeilten sie sich, und die Mutter, der Vater und die Männer, die das Kind gesehen hatten, liefen zu der Stelle.
Als sie dort ankamen, kletterten die Männer zu der Höhle hinauf. Im hinteren Teil befand sich die Eule mit ihren Kindern. Das kleine Eulenkind saß abseits. Die Männer nahmen es, brachten es herunter und übergaben es seinem Vater. Auch die Mutter nahm es. Die Eule kam nicht heraus, sagte aber: »Nehmt das Kind mit, doch wenn ihr in euer Dorf kommt, setzt das Kind in ein Zimmer und haltet es vier Tage lang eingeschlossen. Am vierten Tag, wenn die Sonne aufgeht, öffnet die Tür und laßt das Kind heraus. Es wird dann wieder ein Hopi sein. Wenn ihr das nicht tut und die Tür schon vorher öffnet, wird das Kind eine Eule bleiben und wieder zu mir zurückkehren.«
Sie nahmen also das Kind mit ins Dorf, setzten es in ein Zimmer, stellten etwas Essen hinein und verschlossen die Tür. Der Vater paßte vor der Tür auf und hielt dort die vier Tage lang Wache. Er hörte, wie sich sein Kind in dem Zimmer umherbewegte. Nach dem ersten Tag

wurde die Mutter neugierig und wollte die Tür öffnen, aber der Vater verbot es ihr und sagte, daß sie das nicht tun dürften, da die Eule es verboten habe. Also warteten sie, aber am dritten Tag wurde sie sehr neugierig auf ihr Kind und konnte den [vierten] Tag kaum erwarten. Auch während der Nacht [darauf] schien es ihr, als ob der Morgen zu langsam käme. Als es schließlich hell wurde, ging sie zur Tür, die wie die alten Hopi-Türen, die nicht gut gemacht waren, Risse hatte. »Es ist schon hell«, sagte sie, »laß uns die Tür öffnen.« Darauf hielt sie sich die Hand über die Augen und guckte durch eine der Spalten. Sie sah ihr Kind auf und ab gehen, bemerkte aber auch, daß es sich wieder in eine Eule zu verwandeln begann. »Laß uns die Tür aufmachen«, drängte sie, »es ist schon hell.« Ihr Mann protestierte und sagte, daß die Sonne noch nicht aufgegangen sei, aber sie öffnete die Tür, und heraus rauschte eine Eule, die sich sofort erhob und nach Payúpki flog, dorthin, wo sie hergekommen war. »Also nun«, sagte der Mann, »da hast du hineingeschaut, bevor die Sonne aufgegangen ist, und die Eule hatte uns doch gesagt, daß wir das nicht tun sollten. Du hast es trotzdem getan, und jetzt ist es geschehen, und wir haben keine Kinder. Wir hätten gerade unser Kind wiederbekommen, und jetzt hast du hineingesehen, und es hat sich wieder in eine Eule verwandelt und wird nun auf immer eine Eule bleiben.«

Sikáhpiki
Shipaúlovi

Die Krähe als Geist des Bösen[51]

Auf der hohen Mesa südöstlich von Oraibi, dort wo sich die Sonnenschreine befinden, lebte eine Krähe (angwúsi). Sie lief am Rand der Mesa auf und ab und beobachtete die Leute, wie sie im Tal ihren Mais anpflanzten. »Dankeschön«, sagte sie, »daß ihr für mich anbaut.« Von Zeit zu Zeit flog sie über das Dorf Oraibi und darum herum und beobachtete die Leute. Sie achtete auch genau darauf, wer zuerst seinen Mais anpflanzte, und wenn dieser Kolben ansetzte, sagte sie: »Dieses Feld wurde zuerst bebaut, also werde ich dort zuerst essen«, was sie dann auch tat. Die Hopi waren darüber sehr unglücklich. Diese hochmütige Krähe verkörperte auch Krankheit. Wo immer sich irgend jemand im Dorf unwohl fühlte, beeinflußte und verzauberte sie ihn heimlich und unbeobachtet auf die eine oder andere Weise, und er wurde krank; manche starben sogar.

Wie sie das machte, wußten die Hopi nicht.[52] Es geschah auf unsichtbare Weise, sagen die Hopi, genauso wie sie ihren Mais aß, wenn sie ihre Felder verlassen hatten, und sie nicht sahen, wie sie es tat. Die Krähe oder Krankheit schädigte die Menschen auch auf andere Weise; zum Beispiel begannen manche, denen sie ihren schlechten Einfluß eingehaucht hatte, zu stehlen. Nachher tat ihnen das sehr leid, und sie sagten: »Was ist es, was mich so schlecht macht, ich habe das doch früher nicht getan.« Gute Menschen, deren Herz jedoch nicht sehr stark war, wurden so durch den schädlichen Zauber der Krähe in schlechte Menschen verwandelt. Sie sagten, daß sie in diesem Falle »kanánapunangwa yéshe«, das heißt mit einem ungehorsamen Herzen dasäßen oder lebten. Aber so wie die Krähe ständig die Hopi zu beeinflussen sucht, Schlechtes zu tun, und ihren Körpern Krankheit einflößen möchte, so gibt es jemanden, der versucht, den Taten der Krähe entgegenzuwirken; aber wer dieses unsichtbare Wesen ist, wissen die Hopi nicht. Sie wissen nicht, wo es lebt, sie haben keinen bestimmten Namen dafür und sprechen davon als »Dem, der für sie alle Gutes tut und sie gut machen will«, oder als »Dem mit dem guten Herzen«, und so weiter. Die Vorstellungen von diesem Wesen scheinen recht vage zu sein. Es ist nicht ganz klar, ob die Hopi es als eine Person oder einfach als eine Macht oder einen Einfluß betrachten. Aber sie glauben, was immer es auch sei, daß es nicht so stark wie die Krähe ist, obwohl die beiden Kräfte ständig um den einzelnen Hopi ringen, wobei die eine versucht, einen schlechten Einfluß auf ihn auszuüben, und die andere, diesem schlechten Einfluß entgegenzuwirken. Die Hopi sagen, daß manchmal, wenn sie unter dem Einfluß der Krähe stehen, diese andere Macht sich auf geheimnisvolle Weise bemerkbar macht, und sie dann einen plötzlichen Schock verspüren, wodurch sie zuweilen sogar mit dem Fuß an einen Gegenstand in der Nähe stoßen, wie sie sich ausdrücken. Dadurch wird ihnen klar, sagen sie, daß jenes »Gute Ding« oder Wesen versucht, seinen Einfluß auf sie auszuüben und sie vor dem schlechten Einfluß der Krähe zu bewahren.

Qöyáwaima
Oraibi

Das Mädchen und der Coyote[53]

Vor langer Zeit lebte ein schönes Mädchen im Nordteil des Dorfes Oraibi. Die jungen Männer des Dorfes wetteiferten miteinander um ihre Gunst, aber sie strafte all diese Versuche mit Verachtung. Die jungen Männer sammelten Blumen (síshu), wobei einige sogar weite Entfernungen zurücklegten, um seltene Blumen zu pflücken, und boten sie ihr dar, doch sie weigerte sich hartnäckig, auch nur eine von ihnen anzunehmen. So gaben sie schließlich aus Überdruß alle Versuche auf.

Der Gelbe Wolkenhäuptling des Nordens[54] hörte hiervon und beschloß, sie zu erobern. Er stellte eine schöne Ausstattung für die Braut her, die aus zwei Gewändern, einem Paar Mokassins, einem geknüpften Gürtel und einer Schilfmatte bestand; die letztere sollte als Behälter für einen Teil der Ausstattung dienen. Es war genau so eine Ausstattung, wie sie auch zur heutigen Zeit für Bräute hergestellt wird, aber da bei den Hopi die Farbe des Nordens gelb ist, war die ganze Austattung in dieser Farbe. Der Häuptling brachte sie ins Dorf und bot sie dem Mädchen an, aber es lehnte sie ab, so daß auch er verärgert nach Hause zurückkehrte.

Als der Blaue Wolkenhäuptling des Westens davon hörte, faßte er den Entschluß, ebenfalls zu versuchen, die Gunst des Mädchens zu gewinnen. So machte er eine blaue Ausstattung für das Mädchen und brachte sie ihm dar, wurde aber prompt zurückgewiesen.

Darauf stellte der Rote Wolkenhäuptling des Südens die gleiche Ausstattung in roter Farbe her, aber ebenfalls ohne Erfolg. Der Weiße Wolkenhäuptling des Ostens versuchte sein Glück mit einem weißen Brautgewand, doch ohne besseres Ergebnis. Der Schwarze Wolkenhäuptling von Oben scheiterte auf die gleiche Weise, und schließlich versuchte der Graue Wolkenhäuptling von Unten sein Glück, nur um wie seine Gefährten einen vollständigen Fehlschlag zu erleiden.

Nach all diesen Versuchen und Fehlschlägen hörte Panáiyoikyasi, eine Regengottheit weit im Süden,[55] von der Geschichte. Er bemalte sich und kleidete sich schön an, so wie die Flötenspieler, Powámu-Tänzer und bestimmte Kachina-Tänzer heute, malte sich eine schwarze Linie über Wangen und Nase, nahm einen Bogen und Pfeile, steckte sie in einen Köcher aus Pantherleder und begab sich nach Oraibi. Er traf in dem Tal südlich von Oraibi auf das Mädchen, wo es das Feld seines Vaters bewachte. Er redete sie an und sagte, daß sie mit ihren Eltern sprechen und sie fragen sollte, ob sie ihm ihre Tochter geben wollten, und falls sie ihre Zustimmung gäben, werde er in vier Tagen kommen und sie holen. Sie hatte einen guten Eindruck von ihm und versprach zu tun, worum er bat. Am Abend, als sie zu Hause ankam, erzählte sie ihren Eltern, daß jemand gekommen sei und um ihre Hand angehalten habe, sofern sie, die Eltern, einverstanden seien. Die Eltern hatten keine Einwände.

Zu jener Zeit lebte westlich des Dorfes an einem Ort namens Coyotenspalte, der Alte Mann Coyote. Er hatte auch schon an das Mädchen gedacht, aber da er wußte, daß es alle Freier zurückwies, hatte er nie den Mut gehabt, um sie zu werben. Nun, da er hörte, daß sie Panáiyoikyasi erhört hatte, beschloß er sofort, sie zu gewinnen. Also reiste er nach Süden in ein Land, wo es warm ist und wo es Papageien und Aras gibt. Er fing einen Ara, kehrte zurück, begab sich gleich zum Haus des Mädchens und sagte: »Ich habe dir etwas Hübsches mitgebracht.« – »Was ist es?« fragte sie. Er zog den Papagei (kyáro) hervor und fragte sie, ob sie ihn haben wolle. Sie war von der Schönheit des Vogels sogleich beeindruckt, und da sie nicht an irgendwelche bösen Absichten des Coyoten dachte, nahm sie das Geschenk an. Der Papagei war lebendig. Der Coyote, hocherfreut von seinem Erfolg, kehrte nach Hause zurück. In der Nacht begab er sich zum Haus von Panáiyoikyasi, stahl seine Tracht, seinen Schmuck und alles, was er gewöhnlich mit sich trug, und kehrte zurück. Am nächsten Morgen kleidete und bemalte er sich genau wie Panáiyoikyasi und begab sich zum Haus des Mädchens. Da dies der Tag war, an dem Panáiyoikyasi sie holen kommen wollte, hielt sie den Alten Mann Coyote fälschlich für ihren Geliebten und ging mit ihm. Sie begaben sich zum Haus des Alten Mannes Coyote, und dort blieb sie. Doch bald entdeckte sie ihren Irrtum und war sehr unglücklich darüber.

Als Panáiyoikyasi morgens erwachte, vermißte er seine Tracht. Nachdem er sie gesucht hatte und sie nicht finden konnte, entdeckte er Spuren, die zu seinem Haus und wieder davon weg führten. Diesen folgte er, spürte ihnen bis zum Haus des Mädchens nach und von dort zurück zum Haus des Coyoten, wo er das Mädchen zu seinem großen Kummer fand. Er sagte jedoch nichts, sondern kehrte nach Hause zurück, natürlich sehr zornig. In der Zwischenzeit hörten die jungen

Männer des Dorfes, das schöne Mädchen, das sie so viele Male erfolglos zu gewinnen versucht hatten, sei von dem Alten Mann Coyote verführt worden. Darüber waren sie sehr erbost, liefen die Mesa hinunter, umstellten das Haus des Coyoten, und waren entschlossen, ihn zu töten. Als sie dort eintrafen, schlief er noch. Das Mädchen, das an seiner Seite saß, war sehr niedergeschlagen. Als der Coyote den Lärm hörte, wachte er auf, sprang hoch, rannte die Leiter hinauf und konnte zwischen den Verfolgern hindurch entkommen, ohne von den Knüppeln, die sie nach ihm warfen, getroffen zu werden. Er erklomm einen Bergrücken oder eine Mesa westlich des Dorfes, drehte sich um und drückte voller Verachtung seine Genugtuung über den Sieg aus, den er über sie errungen hatte, indem er ihnen und dem Dorf das schönste Mädchen weggeschnappt hatte. Während er sprach, ergriff er sein Geschlechtsteil und zeigte es seinen Verfolgern. Darauf stieg er die Mesa auf der anderen Seite hinab und verschwand.

Panáiyoikyasi wartete den rechten Augenblick ab und schickte eines Tages heftigen Wind, sehr starken Regen und Gewitterwolken, in denen er sich versteckt hatte, über das Dorf. An seinem Feind, dem Coyoten, nahm er Rache, indem er ihn mit einem Blitzstrahl erschlug. Das Mädchen kehrte nach Hause zurück, aber da ihr klar war, daß sie sich verworfen hatte, führte sie fortan ein unzüchtiges Leben.

Qöyáwaima
Oraibi

V.
GESCHICHTEN VOM COYOTEN

Coyote ist nicht nur die beliebteste Trickstergestalt, sondern die Identifikationsfigur der Indianer Nordamerikas schlechthin. C.G. Jung spricht von seiner »tierisch-göttlichen Doppelnatur« und seiner kompensatorischen Beziehung zum Heiligen. Er ist ein gefallener Gott, er war vor den Menschen da und ist doch menschlicher als sie, immer seinen Gelüsten, seiner Neugier und seiner Impulsivität unterworfen, die ihm oft genug zum jämmerlichen Verhängnis werden. Er verkörpert die Einheit der Gegensätze: Man weiß nicht, ob er nunschlau oder dumm ist, seine Tricks sind so ausgefuchst wie naiv, und er ist nie totzukriegen, wie oft er auch schon gestorben sein mag. Weder gut noch böse, ist er einfach ein Störenfried, der überall seine Nase hineinsteckt und nichts so macht, wie ›man‹ es tut. Stets seinen momentanen Eingebungen folgend, verkörpert er Phantasie und Spontaneität, und ist daher der Genius indianischer Künstler. Indianer lachen über ihn, weil er aus Schaden nicht klug wird, aber sie achten und schätzen ihn über alles, gerade weil er sie erheitert und ihnen einen Spiegel vorhält. Er steht für das Element des Genialischen, das auch einmal unsinnig erscheinen kann, ohne das aber die Schöpfung nicht denkbar wäre.
In seiner Tiergestalt wird Coyote von den weißen Amerikanern als Schädling angesehen und mit dem Ziel der Ausrottung rücksichtslos verfolgt. Auch Indianer stellen ihm nach, zugleich schützen sie aber seine Art durch Gebete und Zeremonien, und so sind sie ziemlich sicher, daß es den Weißen nicht gelingen wird, dem Alten Mann Coyote jemals beizukommen. Dafür ist er doch viel zu schlau.

Coyote und die Sterne[1]

Die Tiere waren zuerst [auf dieser Welt]. Sie richteten die Erde so ein, wie sie es sich wünschten. Also setzten sie hierhin die Bäume, dorthin die Berge, an diese Stelle die Wälder, und so weiter. Sie hatten auch die Sterne fertiggemacht, so wie sie sie haben wollten [sie aber noch nicht an den Himmel gesetzt]. Sie hatten sie alle ausgelegt. Es dauerte nicht lange, und Coyote kam des Weges. Er betrachtete sie verwundert und fragte: »Was ist denn das?« Und er nahm sie einfach auf und warf sie in die Luft, ungefähr so, und deshalb sind die Sterne überall verstreut.[2]

»*Uwaikwiota*« *(Pseudonym), Schilfklan*
Móenkopi, August 1968

Wer ruft die Sonne zum Aufgehen?[3]

Die Leute wohnten dort drüben in Alt-Oraibi, vor langer Zeit, bevor es Neu-Oraibi überhaupt gab. Nördlich von Oraibi, zwei Meilen entfernt, gibt es ein paar Ruinen, und dort lebte Coyote, als sich diese Geschichte ereignete. Er war draußen auf der Jagd, und es war ganz früh morgens, vor Anbruch der Morgendämmerung. Es war noch dunkel, und er kam zu einem großen Felsen, auf dem er einen Hahn sitzen sah. Der Hahn sah sehr beschäftigt aus, aber Coyote konnte sich nicht vorstellen, was er tat. Er sprach ihn an: »Ha'u! Was machst du hier oben?« Der Hahn antwortete: »Ich tue meine Arbeit. Ich bringe die Sonne zum Aufgehen.«[4]
Coyote lachte und sagte: »Das ist ja gar nichts. Das kann ja jeder.« – »Nein, das ist *mein* Beruf«, erwiderte der Hahn, aber Coyote widersprach: »Ich bin derjenige, der das Aufgehen der Sonne bewirkt. Ich rufe sie jeden Morgen an, und dann kommt sie herauf.« Der Hahn beharrte: »Jedermann weiß, daß ich es bin, der diese Arbeit tut. Also, ich werde es dir zeigen.« Coyote sagte: »Ich tu es zuerst«, setzte sich neben den Hahn, hielt seine Nase hoch in die Luft und gab ein langes Heulen von sich, das mit einer Art Bellen endete. Doch nichts geschah. Es war immer noch dunkel. Der Hahn sagte: »Siehst du? Ich werde dir zeigen, wie man es macht.« Er krähte in Richtung Osten und schlug

heftig mit den Flügeln, aber es war immer noch dunkel. Coyote sagte: »Diesmal mache ich es. Sieh den Himmel an.« Er heulte nach Kräften. Der Himmel schien ein kleines bißchen heller zu sein, aber er war noch nicht sehr hell. Nach ihm krähte wieder der Hahn, wirklich sehr laut. Es schien, daß der Himmel ein klein wenig mehr leuchtete, aber es war noch keine Sonne zu sehen.

So machten sie abwechselnd weiter, und die ganze Zeit wurde der Himmel ein wenig heller, aber er war eben noch grau. Da machte der Hahn noch einen Versuch und gab alles, was er hatte, und die Sonne zeigte ihre Stirn über der Zweiten Mesa. »Nun weißt du, daß ich es bin, der es zuwegegebracht hat«, sagte er. Coyote mußte zustimmen, daß es der Hahn gewesen war. Aber er sagte: »Egal, ich bin der, der sie unten losgemacht hat.«

Louis Numkena, Sr., Bambusklan
Móenkopi, August 1968

Coyote beneidet den Truthahn um seine Punkte[5]

Alíksai!
Oh!
Yaoyésiwa. Im Dorf lebten die Leute. Dort gab es eine Truthahndame (koyŏngo) und eine Coyotendame (ísaw). Sie waren gute Freundinnen und lebten nahe beieinander, und beide hatten sie Kinder. Und die Coyotendame mochte die Kinder, die Frau Truthahn hatte, weil sie so hübsch waren. Eines Tages ging sie zu Besuch hinüber und fragte die Truthahndame: »Wie kommt es, daß deine Kinder so schön sind und diese weißen Punkte haben?« Die Truthahndame sagte, daß sie ihre Kinder mit dem weißen Ton bemale, den wir benutzen, um unsere Wände zu streichen, und sie dann in die Grube werfe, in der sie das Feuer unterhalte. Wenn es gut und heiß brenne, würde sie ihre kleinen Kinder dort hineinwerfen. Dann würde sie einen Felsbrocken obendraufflegen und die Grube an den Rändern des Steins mit Schlamm versiegeln, so daß sie wirklich gut abgeschlossen sei. Und dann mache sie darüber ein Feuer, ein großes Freudenfeuer. Und frühmorgens, wenn es noch ganz klar sei, dann würde sie die Grube aufmachen. Sie

würde den Fels hochheben, und alle seien gut durchgebraten. Sie nehme sie nacheinander heraus und esse das Fleisch von ihnen, wobei sie sorgsam darauf achte, nicht in die Knochen zu beißen. Sie würde die Knochen in einen Yucca-Korb legen, und während sie die Knochen darin auf- und niederschüttele, sänge sie ein Lied:

»Meine Kinder, meine Kinder,
kommt wieder ins Leben.«

Wenn sie mit dem Singen fertig sei, werfe sie die Knochen hoch in die Luft und lasse sie zu Boden fallen, und sie seien alle wieder lebendig und hätten diese kleinen Punkte.[6] Das mache sie mit ihren Kindern, erzählte sie der Frau Coyote, damit sie so schön würden.
Frau Coyote ging also nach Hause und machte ein Feuer in ihrer Grube, dann bemalte sie ihre Kinder und warf sie hinein. Die Kinder wollten nicht, aber sie sagte, sie würden so schön wie die Truthähne. Und so warf sie sie alle hinein und verschloß die Grube, versiegelte sie ganz fest und machte obendrauf ein großes Strohfeuer. Am nächsten Morgen grub sie sie dann aus, aß das Fleisch ab, legte die Knochen in den Korb und tat das gleiche wie Frau Truthahn. Und am Ende, als sie mit ihrem Lied fertig war, warf sie die Knochen hoch in die Luft und ließ sie zu Boden fallen, und es passierte nichts. Da waren keine kleinen Coyoten. Das machte sie furchtbar wütend, und sie sagte, sie werde den kleinen Truthähnen nachstellen; sie wolle sie alle auffressen. Die Truthahndame hatte gewußt, was passieren würde; daher sagte sie zu ihren Kindern, sie sollten in die Wälder nach Flagstaff vorausgehen. Sie waren in der Nähe von Flagstaff, und deshalb sagte sie ihnen, sie sollten schon einmal dorthin vorausgehen. Sie wußte, daß bald Frau Coyote vorbeikommen würde.
Und ganz klar, da kam Frau Coyote. Sie war sehr wütend. Frau Truthahn floh ihren Kindern nach. Die Coyotendame jagte die Truthähne durch die Wälder, aber schließlich flogen sie auf die Bäume, und sie konnte keinen von ihnen fangen.
Das ist das Ende der Geschichte, und sie will sagen, daß man mit dem, was man hat, zufrieden sein und nicht das glauben soll, was andere Leute einem erzählen.

»Tsakáptamana« (Pseudonym)
Móenkopi, August 1968

Der weinende Gesang der Schildkröte[7]

Alíksai!
Oh!
Die Coyotin streifte gerade auf der Jagd umher und hielt nach Beute für ihre Jungen Ausschau, als sie irgendwo jemanden singen hörte. Also suchte sie nach dem Sänger und fand eine kleine Schildkröte. Sie lief zu ihr hin und sagte: »Das sind aber schöne Lieder, die du singst.« Die Schildkröte erwiderte: »Ich singe gar nicht, sondern ich weine.« – »Warum weinst du denn?« Sie erzählte, daß ihre Mutter ihre kleinen Schildkröten zu einem Spaziergang mitgenommen und sie die anderen verloren habe. Jetzt habe sie sich verirrt. Die Coyotin fragte sie, ob sie ihre Lieder noch einmal singen wolle. [Die Coyotin wollte sie ein zweites Mal hören, um sie später ihren Kindern vorsingen zu können.] »Nein, ich singe nicht, ich weine«, sagte sie. Da drohte die Coyotin: »Also wenn du nicht für mich singst, rolle ich dich dort auf den heißen Sand.« Die kleine Schildkröte entgegnete: »Wenn du mich auf den heißen Sand rollst, tut mir das gar nicht weh, davor habe ich keine Angst.« Da sagte die Coyotin: »Gut, dann werde ich dich in den See hier werfen.« Die Schildkröte flehte: »Wirf mich nicht in den See! Ich werde ertrinken, wenn du mich da hineinwirfst!« Also lief die Coyotin zur Schildkröte hin, hob sie mit der Schnauze hoch und warf sie mitten in den See. Die kleine Schildkröte kam ziemlich schnell wieder hoch und rief, der See sei ihr Zuhause. Da wurde die Coyotin wütend, sprang der Schildkröte ins Wasser nach und ertrank. Als ihre Mutter nicht zurückkam, mußten die kleinen Coyoten, die ihre Mutter verloren hatten, umherstreifen und Jagd auf etwas Eßbares machen. Deshalb sind Coyoten gute Jäger.
Das Lied, das die kleine Schildkröte sang, ging so:

Ting-a-so!   *(Das Lied hat keine Wörter, nur Klänge.)*
Ting-a-so!
Wa-wa-o-yeh!
Yakaiendakala!

»Uwaíkwiota« (Pseudonym), Schilfklan
Móenkopi, August 1968

Coyote und die tanzenden Vögel[8]

Es war vor langer Zeit in Oraibi, da lebten die Leute. Auf der Westseite des Dorfes gab es eine Quelle. Und in der Nähe dieser Quelle lebte ein Coyote mit seiner Großmutter. Dieser Coyote war immer unterwegs auf der Jagd nach etwas Eßbarem. Die Hopi bauen Kürbisse, Wassermelonen und dergleichen an, und natürlich lassen sie manchmal einige auf den Feldern zurück, und Coyote geht und sucht nach ihnen. Während er sich umsah, hörte er etwas, das wie Singen und Tanzen klang. Er lief auf den Gipfel des Hügels hinauf und schaute umher. Da sah er ein paar Mädchen [Vögel] im Kreise tanzen. Er sah ihnen gebannt zu und dachte: »Ich möchte doch einmal wissen, ob ich nicht hinübergehen und mitmachen kann!« Dann ging er hinüber. Sie liefen im Kreise umher, sangen und tanzten. Nach einer Weile hörten sie auf zu tanzen und flogen alle fort, hoch in die Lüfte. Sie waren nicht mehr zu sehen. Also legte er sich auf den Rücken und schaute hinauf. Schließlich kamen sie wieder herunter, ließen sich alle auf dem Boden nieder und begannen wieder zu singen. Coyote sah ihnen einfach nur zu. Jeder von ihnen hatte etwas auf dem Rücken, etwa von der Größe eines Basketballs. Ich weiß nicht, was für Vögel das waren. Aber sie liefen umher und tanzten wieder ein wenig, dann flogen sie wieder weg. Als sie erneut herunterkamen, sprach er sie an, fragte sie, was sie da täten. »Oh, wir spielen nur. Wir üben nur.« – »Was habt ihr denn da auf dem Rücken?« Sie lachten über ihn.[9] »Oh, das brauchst du nicht zu wissen.« – »Ich will es aber wissen.« Sie lachten. »Könnt ihr mir ein paar Flügelfedern geben, damit ich mit euch fliegen kann?« – »Oh, das liegt ganz bei dir«, sagten sie zu Coyote, »das einzige ist, daß du auch dieses Ding auf dem Rücken haben mußt wie wir.« – »Was ist es?« – »Das sind die Köpfe unserer Großmütter.« – »Ahhh, das glaube ich euch nicht.« – »Ja doch, ganz sicher, wenn du mitmachen willst, mußt du zurückgehen und den Kopf deiner Großmutter holen, dann kannst du mit uns fliegen.« – »Klar, ich geh ihn holen! Ich möchte gern mit euch spielen.«

Also ging er zurück zum Haus. Seine Großmutter war noch mit dem Feuer im Herd beschäftigt. Er kam hinunter und fragte sie: »Wo ist unser Schlachtermesser?« – »Was willst du denn damit?« – »Ich habe da drüben einen Kürbis gefunden, der ist zu schwer, um ihn zu tragen, und da dachte ich, ich schneide ihn in zwei Hälften.« – »Es liegt dort unter dem Schafsfell.« Er deckte es auf, nahm es heraus und schliff es. Dann ergriff er den Kopf seiner Großmutter und schlug ihn ab. Er wickelte ihn in ein paar Lumpen und trug ihn hinauf zu der Stelle, wo die Mädchen [Vögel] spielten.

Sie lachten. »Was hast du da?« – »Das ist Großmutters Kopf.« Alle lachten. Sie machten wieder ihren Kreis. Alle gaben ihm nun Flügelfedern, und er steckte sie sich einfach an. Es waren eine Menge Mädchen da, und daher gab es genug Federn für ihn, um ihm Flügel und einen Schwanz zu machen. »Los, laßt uns fliegen!« Sie schwangen sich auf. Coyote flog ein wenig hoch, dann wurde ihm schwindlig und er fiel hinunter. Die übrigen stiegen weiter in die Lüfte auf und kamen dann wieder herunter. »Warum bist du nicht mit uns ganz hinaufgeflogen?« Er versuchte es noch einmal. Er flog hoch, ich weiß nicht, wieviel Fuß, wurde schwindlig, bekam Angst und fiel herunter. So ging es vier Mal. Und als Coyote beim vierten Mal ein kleines bißchen flog, kamen die Vögel und zogen ihm die Federn aus, und Coyote stürzte ab. Das war sein Ende.

Louis Numkena, Sr., Bambusklan
Móenkopi, August 1968

Coyote hält die Klippe[10]

Coyote lebte da draußen südlich von Oraibi, und eines Tages streifte er auf der Suche nach etwas Eßbarem umher, als er eine Heuschrecke sah, die sich am Fuße einer Klippe festhielt. Coyote dachte sich, die Heuschrecke sehe schon sehr merkwürdig aus mit ihren Beinen so gegen die Felswand, aber er war hungrig und beschloß, wenn es anginge, sie zu verspeisen. Als er sich der Heuschrecke näherte, sagte diese: »Danke, daß du gekommen bist! Ich habe die ganze Nacht auf Hilfe gewartet.«

»Warum?« fragte Coyote. »Ist etwas los?« – »Los?« erwiderte die Heuschrecke. »Ja, alles ist los. Die Klippe kommt gleich runter, und wenn sie runterstürzt, wird das ganze Dorf mitgerissen. Ich wollte hinaufgehen und die Leute warnen, aber es war keine Zeit mehr. Also bin ich hiergeblieben und habe meine Füße gegen die Klippe gestemmt,

um sie zu halten.« – »Oh, das ist aber gut, was du da tust«, sagte Coyote.
»Jetzt, wo du hier bist, kann ich die Leute von Oraibi warnen«, fuhr die Heuschrecke fort. »Komm schnell und halte die Felswand für mich.« Coyote kam sofort hinzu, legte sich auf die Seite und stemmte alle vier Beine gegen den Felsen. »Hast du ihn sicher?« fragte die Heuschrecke. »Ja, ich halte ihn. Geh schnell, ich weiß nicht, wie lange ich ihn halten kann.« Die Heuschrecke fragte noch einmal: »Hast du ihn?« Und der Coyote versicherte: »Ja, ich habe ihn.« Dann sprang die Heuschrecke davon.
Coyote lag lange Zeit da, seine Füße gegen die Klippenwand gestemmt. Er drückte sehr fest und wurde langsam müde. Zum Schluß sagte er: »Ich kann sie nicht länger halten!« Er sprang auf und machte sich davon, da er erwartete, daß die Klippe auf ihn herunterkommen würde. Aber nichts geschah. Coyote sagte: »Da habe ich etwas Gutes getan. Ich habe ausgehalten, bis Heuschrecke das Dorf erreicht und die Leute gewarnt hat. Sie müssen die Klippe oben festgemacht haben.«

Abbott Sekaquáptewa
Kiqötsmovi, Juli 1968

Wie der Coyote vom Zaunkönig überlistet wurde[11]

Halíksai!
Vor langer Zeit, als sie in Oraibi lebten, wohnte die Coyotenfrau mit ihren vier Kindern bei Ísmovala. Sie ging immer Mäuse und andere kleine Tiere jagen, die sie ihren Kindern brachte und zu fressen gab. Wasser holte sie von der Quelle, der Flötenquelle (Lánva) und der Dämmerungsquelle (Taláova), aber da sie kein Gefäß dafür hatte, nahm sie es in ihrer Schnauze mit. Wenn sie einem Kind zu trinken gegeben hatte, lief sie wieder los, um auch für die anderen Kinder Wasser zu holen, bis alle zufrieden waren. So nährte und tränkte sie ihre Kinder.
Einmal hatte sie wieder aus der Dämmerungsquelle Wasser geholt und kam mit ganz voller Schnauze zurück. Da sah sie einen Zaunkönig (túchvo) auf einem Felsen sitzen. Als sie näher herankam, hüpfte der

Zaunkönig auf den Felsen auf und nieder, und sang:

Salapongki, cholo, cholo,
Salapongki, cholo, cholo,
Riuw, riuw.

Als die Coyotin das sah, mußte sie lachen und verlor dabei das Wasser aus ihrer Schnauze. »Also nun, warum tanzt du da so, daß ich lachen muß und mein Wasser verschütte«, rief sie aus. »Jetzt muß ich neues holen.« Worauf sie zur Quelle zurücklief und neues Wasser holte. Als sie mit ihrer vollen Schnauze zurückkam, nahm sie sich vor, diesmal nicht zu lachen, aber als sie an die Stelle kam, wo der Zaunkönig tanzte, und sie ihn wieder so tanzen und singen sah, prustete sie abermals los und vergoß erneut das Wasser. Doch diesmal wurde sie zornig und sagte: »Warum tanzt und singst du hier so, daß ich mein Wasser verschütten muß? Meine Kinder sind durstig und werden sterben. Also, ich gehe jetzt zurück und hole noch einmal Wasser, und wenn du das immer noch tust, wenn ich zurückkomme, und ich das Wasser wieder verschütte, werde ich dich verschlingen.« Darauf ging sie zur Quelle zurück, um ihre Schnauze wieder zu füllen.
Während die Coyotin weg war, schlüpfte der Zaunkönig aus seinem Federkleid und zog es über einen Stein, so daß dieser aussah wie ein Zaunkönig. Diesen künstlichen Vogel stellte er dort auf, wo er gesessen hatte, und er selbst verbarg sich unter einem Felsen und wartete auf die Coyotin. Als diese vorbeikam, begann er unter dem Felsen wieder dasselbe Lied zu singen. Die Coyotin prustete los und vergoß ihr Wasser. Jetzt war sie sehr wütend. »Also nun«, rief sie, »du singst hier immer noch so, und ich werde dich jetzt verschlingen«, worauf sie den Stein faßte, der mit dem Balg des Vogels bekleidet war, um ihn zu zermalmen. Dabei brach sie sich alle Zähne aus, so daß ihr das Blut aus der Schnauze strömte. Sie rannte zurück zur Dämmerungsquelle, um sich das Gesicht abzuwaschen, aber als sie sich über das Wasser beugte, starrte sie jemand mit einem blutigen Gesicht an.
Augenblicklich floh sie von der Quelle, ohne auch nur ein bißchen Wasser getrunken zu haben, und rannte zur Spinnenquelle, wo sie auf dieselbe Weise erschreckt wurde. Von dort lief sie zur Tröpfelquelle (Shívukva), an der ihr gleiches widerfuhr. Darauf rannte sie zur Hótval-Quelle (Hótvalva). Auch hier wurde sie wieder von dem

Gesicht abgeschreckt, das sie anstarrte, und ohne daß sie gewagt hätte zu trinken, jagte sie westwärts zum Grand Canyon davon. Als sie am Rand des Canyons ankam, sprang sie hinunter, und das war ihr Ende.

Tangákhoyoma
Oraibi

Der Coyote, der Dachs und das Kóhonino-Mädchen[12]

Halíksai!
Die Leute lebten in Oraibi. In der Dachsschlucht (Honánsika) wohnte der Dachs. Sein Freund, der Coyote, wohnte in Ísmovala. Die beiden waren große Freunde. Als sie eines Tages zusammen jagten, waren sie bis nach Mowáhpi gelangt, ziemlich weit westlich von Apónivi, hatten aber nichts erlegt. Einige Zeit vorher hatte der Coyote, als er allein auf der Jagd war, eine Stelle gefunden, an der unlängst ein Kóhonino-Mädchen[13] gestorben war. Also sagte er zu seinem Freund, dem Dachs: »Laß uns zu dem Ort gehen, wo das Kóhonino-Mädchen gestorben ist, und sie wiederbeleben. Du bist ein Arzt und weißt bestimmt, wie man das macht.« Sie gingen also zu dem Ort und fanden dort auch die Knochen.

Sie sammelten die Knochen und häuften sie zusammen. Der Dachs trug einen schwarzen Rock (kokómvitkuna). Den breitete er über den Knochen aus. Der Coyote war neugierig und wollte sehen, was sein Freund tat, aber der sagte, er solle dort nicht bleiben, sondern weggehen und sich irgendwo verstecken. Doch dann überlegte der Dachs, daß das Mädchen Fleisch und Farbe haben müsse, und schickte deshalb den Coyoten westwärts nach Söhöhtoika, um trockenes Gras zu holen. Als der Coyote das gebracht hatte, legten sie es zu den Knochen. Dann sandte er ihn zu einer Stelle westlich von Mowáhpi, um etwas rote Farbe (súta) zu holen. Davon tat er auch ein wenig (zu den Knochen) unter den schwarzen Rock. Nun schickte er den Coyoten zu einer Quelle, die Verborgene Quelle (Nauyva) heißt, um von dort Wasser zu holen. Als er zurückkam, gossen sie etwas Wasser in eine Schüssel und feuchteten damit die Farbe an. Der Dachs sagte zu dem

Coyoten, er solle sich entfernen. Dieser ging auch weg, schlich sich aber gleich wieder zurück und kroch zu der Stelle, wo sich sein Freund mit den Knochen abmühte. Der Dachs wurde ärgerlich und sagte, wenn er nicht weggehe, sondern zuschaue, würde das Mädchen niemals wieder lebendig werden. Hierauf scheuchte er den Coyoten weg, der nun ein ganzes Stück weit fortging. Danach sang der Dachs folgendes Lied:

Hatataplocho, lochoooo, *(Der Erzähler konnte die Bedeutung*
Hatataplocho, lochoooo, *dieser Worte nicht angeben.)*
Payapim, Kohninapim,
Nowacha'pim waya! waya!
Momoka, momoka ai, ai.

Darauf ließ er etwas Farbe über die Knochen und das Gras fließen. Er wiederholte den Gesang mehrmals und goß jedesmal etwas Farbe über das Angesammelte. Auf einmal begannen sich die Knochen unter der Bedeckung zu bewegen. Er wartete ein Weilchen, entfernte die Zudecke und, sieh da!, das Mädchen war lebendig. Sie setzte sich auf und blickte umher. »Was willst du von mir?« fragte sie. »Nicht ich verlange nach dir«, sagte er, »sondern der Coyote«, und rief nach ihm. Der Coyote kam angelaufen, und der Dachs sagte zu ihm: »Du wolltest, daß ich diese hier belebe, nun ist sie wieder lebendig.« – »Ja«, sagte der Coyote, »ich war es, der sich das wünschte.« So besprachen sie sich miteinander, und danach erklärten sie, daß sie nun heimkehren wollten, und sagten das auch dem Mädchen. Sie willigte ein, mit ihnen zu gehen.
Auf dem Heimweg begehrte der Coyote heftig nach der mana und wollte sie heiraten, aber der Dachs war damit nicht einverstanden. Er sagte: »Dafür habe ich sie nicht zum Leben erweckt. Sie sollte unsere Klanschwester (túmsi) werden. Wir wollten, daß sie unser Feuer unterhält.« Sie erreichten schließlich den Großen Hügel (Wupáchomo), und der Coyote war ganz wild auf das Mädchen. Er stürzte sich auf sie und biß sie in die Wade. Da wurde der Dachs sehr wütend und sagte: »Warum hast du das getan? Dazu haben wir sie nicht mitgenommen. Du bist schlecht.« Während er dies noch sagte, fiel das Mädchen um und war wieder tot.
Sie überlegten nun, wo sie sie begraben sollten. Der Dachs nahm den

Leichnam auf den Rücken und ging damit nach Südwesten. Der Coyote folgte ihm in geringer Entfernung, kehrte dann wieder um zu der Stelle, an der sie gestorben war, lief aber später erneut hinterher und holte den Dachs ein. »Warum folgst du mir?« fragte der Dachs. »Man folgt den Toten nicht.« Darauf lief der Coyote wieder zurück zu der Stelle, wo das Mädchen gestorben war. »Wenn er noch einmal wiederkommt«, sagte sich der Dachs, »werde ich kein einziges Wort mit ihm sprechen. Doch wie kann ich ihn töten? Er ist böse.« Nach einer Weile legte er den Leichnam ab und begann ein Grab zu graben. Während er noch damit beschäftigt war, kam der Coyote zurück. Sie begruben nun das Mädchen und kehrten heim.
Aber es war schon Abend geworden, als sie zum Haus des Coyoten kamen. Hier übernachteten sie beide. Am Morgen begab sich der Dachs nach Hause, lud jedoch vorher seinen Freund ein, ihn am nächsten Tag zu besuchen. Auf dem Heimweg dachte er darüber nach, wie er den Coyoten umbringen könne. Unterwegs erlegte er ein paar Wühlnattern (lölökang), und als er zu Hause ankam, hatte er vier von ihnen getötet. Auf seiner Feuerstelle stand ein Topf. Er zerschnitt die Schlangen in kleine Stücke, gab sie in den Kochtopf und rührte sie über kleinem Feuer, bis sie durch und durch geröstet waren. Nun nahm er einen anderen Topf und bereitete hurúsuki. Als er gerade damit fertig war, kam auch schon sein Freund.
»Mein Freund«, sagte der Coyote. »Ha!« antwortete der Dachs. »Bist du zu Hause?« fragte der Coyote. »Ja«, antwortete er, »tritt ein, tritt ein.« Also kam der Coyote herein, und sie setzten sich sofort zum Essen. Als sie die Mahlzeit beendet hatten, fragte der Coyote den Dachs: »Was war das denn, was so gut geschmeckt hat?« – »Ja«, entgegnete der Dachs mit einem Messer in der Hand, »ich wußte nicht, was ich dir vorsetzen sollte, und darum habe ich mir den Bauch aufgeschnitten, meine Eingeweide herausgenommen und sie für dich geröstet. Noch bevor ich damit fertig war, hatte sich mein Bauch schon wieder geschlossen.« Das wollte ihm der Coyote nicht glauben. »Das hast du doch bestimmt nicht getan, das sagst du nur so«, meinte der Coyote. »Doch«, erwiderte der Dachs, »das ist es, was ich gebraten habe. Sieh her, mein Bauch ist noch nicht wieder ganz geheilt«, und zeigte ihm eine kleine Schramme, die er sich vorher beigebracht hatte. Da glaubte ihm der Coyote. »Das werde ich auch machen«, sagte er. »Komm und besuche mich morgen früh. Aber ich habe kein Messer

und keinen Topf wie du, leih sie mir.« – »Gut«, antwortete der Dachs, »nimm sie mit.« Er gab ihm das Messer und den Topf, worauf der Coyote die Kiva verließ und nach Hause lief. Als er fort war, sagte der Dachs: »Geh nur, alter Mann, du wirst bestimmt umkommen, weil du mir das geglaubt hast.«

Als der Coyote nach Hause kam, legte er sich schlafen. Am Morgen stellte er den Topf aufs Feuer und lehnte sich gegen die Wand. Er nahm das Messer und öffnete seinen Bauch ein wenig, aber das tat weh, und er wandte sich ab. »O je! Aber ich werde ja nicht sterben«, dachte er und erweiterte den Schnitt. Er legte das Messer weg, ergriff mit seinen vier Pfoten die Wundränder und riß sich ein großes Loch in den Unterleib, worauf ihm die Eingeweide herausquollen. Er stöhnte gewaltig dabei und sagte »Aná-na-na-na-na-na«. Nun packte er ein größeres Teil seiner Eingeweide, und darauf fiel er hin und war tot.

Als der Dachs herüberkam, schaute er herein und sagte: »Freund (kwach)«, doch als er keine Antwort erhielt, trat er ein. Er stellte fest, daß sein Freund tot war. Da sprach er: »Klar, du bist gestorben, denn du hast dich täuschen lassen. Natürlich habe ich mir den Bauch nicht wirklich aufgeschnitten, es war nur eine Täuschung.« Er nahm sich das Fett des Coyoten und kehrte nach Hause zurück. Nahe bei seiner Behausung lag ein Ameisenhügel. Er verteilte das Fett über den Ameisenhügel, und da liefen die Ameisen fort; das ist der Grund, warum Ameisen nicht dort bleiben, wo Coyotenfett ausgelegt wird, und weshalb man Coyotenfett auch gegen Ameisenbisse verwendet.

Lowánömtiwa
Oraibi

Der Coyote und der Adler[14]

Alíksai!
Nördlich von Shipaúlovi liegt das Kachina-Haus (Kachínki). Westlich davon befindet sich eine Klippe, und auf der Spitze dieses Felsens lebte immer ein Adler. Eines Tages kam der Coyote dort vorbei. »Weswegen wanderst du denn hier herum?« fragte ihn der Adler. Der Adler stand auf einem Bein und hatte das andere in seinen Federn versteckt. Der Coyote wunderte sich darüber und fragte: »Warum stehst du auf

einem Bein?« – »Also«, sagte der Adler, »ich habe mir ein Bein abgehauen, und deshalb stehe ich auf einem Bein.« – »Tatsächlich?« fragte der Coyote und dachte nach. »Ich beneide dich«, sagte er schließlich zum Adler, »ich will es ebenfalls versuchen, auf einem Bein zu stehen. Aber wie hast du dir das Bein abgehauen? Wie macht man das?« – »Nun«, erwiderte der Adler, »du legst einfach dein Bein über einen Stein und schlägst mit einem scharfen Stein darauf, dann ist es ab. Es tut nicht weh, du brauchst keine Angst zu haben.«

Also suchte sich der Coyote einen scharfen Stein, und da lag noch ein anderer Stein mit einer scharfen Kante. Über letzteren legte er seinen rechten Hinterlauf, ergriff den kleinen scharfen Stein und hieb sich das Bein ab. Da ließ der Adler sein zweites Bein herunter, breitete seine Flügel aus, lachte über den Coyoten und sagte: »Ich habe zwei Beine, sieh her!« – »Oh!« rief der Coyote, »ich armer Kerl, ich habe mir gedankenlos ein Bein abgeschlagen!« Und während der Adler davonflog, weinte der Coyote, hinkte davon und ging wahrscheinlich irgendwo zugrunde.

Sikáhpiki
Shipaúlovi

Wie die Coyoten einen Kachina-Tanz aufführten[15]

Bei der Kürbissamenspitze (Patángvostoika) lebte der Háaa-Kachina, und nördlich von ihm der Hotóto-Kachina. Bei Putátokaovi lebte der Söhönsomtaqa-Kachina, nördlich des Dorfes der Rotadler-(Palákwahu)-Kachina, und bei der Kachina-Quelle (Kachínvala) viele andere. Bei Ísmovala lebten der Coyote und seine Frau. Der Coyote sah immer die Kachinas kommen und ihre Tänze und Prozessionen abhalten, und einmal sagte er zu seiner Frau: »Das machen wir auch. Die Leute sehen das gerne.«

Am nächsten Morgen ging der Coyote hinaus, stellte sich auf das Dach seiner Kiva und rief nach seinen Freunden, den Coyoten, daß sie kommen und sich in seiner Kiva versammeln sollten. Bald kamen sie von allen Seiten herbei, und es waren sehr viele. Als sie sich alle eingefunden hatten, sagte er zu ihnen: »Ich möchte auch etwas übernehmen,[16] so wie diese Kachinas. Morgen werden wir einen Kachina-Tanz aufführen. Ihr geht also ins Dorf, und wenn ihr hinter dem Dorf etwas findet, zum Beispiel Federn, Stücke von Fellen usw., bringt es her.«[17] Alle erklärten sich bereit. Also schwärmten sie aus, liefen ums Dorf herum und suchten nach Fetzen von Fellen, Federn, Kürbisschalen, besonders nach den Hälsen von langen Flaschenkürbissen, und brachten all diese Dinge in die Kiva des Coyoten. Hier nähten sie sich Röcke, stellten Federbüschel für Kopfbekleidungen und vieles andere her, womit sie den ganzen Tag beschäftigt waren. Jeder stellte die Bekleidung des Kachinas her, den er gesehen hatte, und alle blieben über Nacht dort.

Morgens ging einer der Coyoten zu der Stelle, wo sich der Háaa-Kachina immer ankleidet; zwei andere zu der Stelle, wo der Hotóto sich ankleidet, und einer zu der Stelle des Söhönsomtaqa; einer kleidete sich wie der Palákwahu an der Stelle, wo dieser Kachina lebt, und eine Anzahl weiterer ging nach Kachínvala. Danach kehrten alle zum Haus des Coyoten in Ísmovala zurück. Der Coyote und seine Frau, die dort lebten, waren nicht mitgegangen, sondern bei ihren Kindern geblieben. Hier führten die Kachinas nun einen Tanz auf.

Zufällig unternahmen die Oraibier an diesem Tag eine Coyotenjagd. Einige von ihnen liefen vom Dorf aus nach Norden, andere nach Süden, bildeten dann einen großen Kreis und bewegten sich auf das Dorf zu. Sie fanden jedoch keine Coyoten, da diese alle in Ísmovala versammelt waren. Während sie noch tanzten, stießen die Oraibier auf sie und schlossen sie sofort ein. Als die Coyoten sahen, daß sie umzingelt waren, begannen sie loszurennen und versuchten zu entfliehen, aber da sie Masken aufhatten, konnten sie nicht sehr gut sehen, und viele von ihnen wurden sofort getötet; andere zogen ihre Masken ab, aber wegen ihrer Bekleidung konnten sie nicht schnell laufen und wurden ebenfalls getötet. Nur die Familie, die in Ísmovala lebte und keine Kleider oder Masken angelegt hatte, entkam. Als die Hopi all die Coyoten erlegt hatten, lachten sie über sie und kehrten glücklich über die erfolgreiche Jagd ins Dorf zurück.

Kwáyeshva
Oraibi

VI.
TIERE IM HOPILAND

Das folgende Kapitel macht uns mit weiteren Tieren aus dem Lebensraum der Hopi bekannt. Tiere oder Tiergeister spielen, wie bereits erwähnt, in vielen ihrer sakral-historischen Überlieferungen eine Rolle. Darüber hinaus gibt es aber auch Erzählungen, in denen die Tiere gleichsam unter sich sind. Die nun folgenden Texte bekunden die minutiöse indianische Beobachtungsgabe, und lassen erkennen, daß jedes Tier im Universum der Hopi seine Bedeutung und seinen festgelegten Platz hat. Sie berichten von den Lebensumständen, Eigenheiten und besonderen Kräften der Tiere, die sich auch die Menschen und ihre Klane aneignen können, indem sie sich mit ihnen identifizieren. So besitzt z. B. der Flötenklan und der Flötenbund die Macht der Heuschrecke, Wärme zu erzeugen, und der Dachsklan bringt bis heute die bedeutendsten Medizinmänner der Hopi hervor.

Die Spottdrossel vergibt die Vogelrufe[1]

Als die Welt noch jung war, hatten die Vögel keine Möglichkeit, sich zu verständigen, weil sie nicht sprechen konnten. Konnten sich nicht miteinander unterhalten. Die einzige, die in der Lage war, sie dies zu lehren, war die Spottdrossel, die wir yálpa nennen. Sie war diejenige, die auch den Menschen ihre Sprachen gegeben hatte. Nun schickte sie nach allen Vögeln unter dem Himmel und rief sie zusammen. Dann sprach sie zu ihnen: »Offenbar haben wir zwischen uns keine Sprache. Doch ich bin in der Lage, euch etwas beizubringen. Also hört mir alle zu! Ich gebe euch jetzt eure Rufe. Wenn ich ein Klippenhuhn rufen will, werde ich sagen: ›Tschu, tschu, tschu‹, und dann wird das Klippenhuhn mich hören. Es wird sich fragen, warum ich rufe, und wird kommen. Und wenn ich will, daß ein Rotschwanzbussard zum Treffen kommt, werde ich einen schrillen Laut von mir geben: ›Sjeuuuu! Sjeuuuu! Sjeuuuu!‹, und der Rotschwanzbussard weiß dann, daß er kommen soll. Und wenn ich eine Eule beim Treffen haben will, werde ich so etwas husten wie: ›K-hu! K-hu! K-hu!‹, und die Eule wird wissen, daß ich will, daß sie kommt. So gebe ich jetzt jedem Vogel seinen Ruf. Wenn sie diese Rufe hören, werden sie wissen, daß ich ein Treffen abhalte. Jeder Vogel sollte auf seinen Ruf hören.« Die Spottdrossel teilte all die Rufe zu, und immer, wenn ein Vogel hörte, wie sein Ruf sein sollte, sagte er: »Das ist alles, was ich wissen will«, und flog davon.
Ein letzter Vogel war noch da. Er sah genauso aus wie die Spottdrossel, und diese sagte zu ihm: »Es scheint, du siehst genauso aus wie ich.« Es war die Katzendrossel (móchni). Sieht genauso aus wie die Spottdrossel.[2] Sie sagte: »Ja, ich glaube schon.« Die Spottdrossel fragte: »Willst

du keinen Ruf?«, und die Katzendrossel gab zur Antwort: »Nein, ich glaube nicht, daß ich einen Ruf lernen muß.« – »Warum?« – »Mir scheint, du bist bei den anderen Vögeln nicht sehr beliebt. Hast du nicht gemerkt, daß sie sofort weggeflogen sind, nachdem sie ihren Ruf erhalten hatten? Nun, ich glaube, für mich ist es das beste, gar keinen Ruf zu kennen. Wenn ich zu einem Treffen kommen will, kann ich ja hören, wie du die anderen rufst, und dann komme ich. Aber ich werde dann nur ruhig dasitzen und nicht reden.«

»Also, wenn du keinen Ruf haben willst, wie machst du dich dann bemerkbar?« wollte die Spottdrossel wissen, aber die Katzendrossel erwiderte: »Oh, ich schlage dann nur mit meinen Flügeln.«

Die Katzendrosseln sind die einzigen, die man fast nie sprechen hört. Alles, was sie sagen, ist: »Mieh! Mieh! Mieh!« Das ist alles, was sie von sich geben. Die Katzendrossel kam zu dem Entschluß, daß sie keinen richtigen Ruf haben wollte, weil sie sich ihres Vetters schämte und nicht mit ihm verwechselt werden wollte. Sie befürchtete, wenn sie auch einen Ruf hätte, würden andere Vögel denken, sie sei die Spottdrossel, die immer zuviel redet.

Albert Yava (Nuvayoiyava), Wasserklan
Tewa, August 1969

Die Tiere spielen das Schuhspiel[3]

Die Tiere, die nachts unterwegs sind, und die Tiere, die tagsüber unterwegs sind, hatten ein Spiel. Sie spielten dieses Spiel, bei dem man etwas unter den Schuhen versteckt. Die Nachtgruppe war auf der anderen Seite und die Taggruppe auf dieser Seite. Sie spielten dieses Spiel immerzu, die ganze Nacht. Die einen legen etwas unter die Schuhe und singen Lieder, und ein Tier (von der anderen Gruppe) kommt und versucht herauszufinden, unter welchen Schuh sie es gelegt haben. So hatten sie die ganze Nacht gespielt. Eigentlich sollten sie aufhören, wenn die Sonne aufgeht, aber sie waren so in das Spiel vertieft, daß sie die Sonne vollkommen vergaßen. Die Sonne war schon bereit zum Aufgehen, und die Tiere des Tages bemerkten, daß sie aufstieg. Sie hatten ein paar Farben, mit denen sie sich bemalten, bevor sie nach Hause gingen, dorthin, wo sie wohnen. Die Sonne war nun fast am Aufgehen, und so fing der Bär an zu laufen. Er war ziemlich langsam und fing an zu rennen, weil er es vielleicht nicht bis zum Wald schaffen würde, bevor die Sonne herauskam, und sie ihm etwas antun würde. Aber bevor er in den Wald gelangte, ging die Sonne auf und ihre Strahlen fielen auf sein Fell, und deshalb ist es so braun, so verbrannt. Und das Kaninchen lief auch los, aber bevor es den Wald erreichte, erschien die Sonne und schnitt ihm den Schwanz ab. Die Krähe war die einzige, die draußen noch übriggeblieben war. Sie hatten alle Farben benutzt, verschiedene Farben, und nur die schwarze Farbe übriggelassen. Sie versuchte, eine andere Farbe zu finden, aber Schwarz war die einzige, die sie nicht aufgebraucht hatten. Also legte sie sich diese auf und fing an zu laufen. Aber bevor sie in den Wald kam, war die Sonne erschienen, und deshalb ist die Krähe schwarz geblieben. Sie hatte sich gerade diese Farbe aufgelegt.

Das Schuhspiel, das sie spielten, heißt sosótakwia.[4] Die einen ziehen ihre Schuhe aus und stellen sie in einer Reihe auf. Wenn sie dann einen Stein unter einem der Schuhe verstecken, dreht sich die andere Gruppe um. Dann fangen sie an zu singen; sie haben Lieder für dieses Spiel, zwei oder drei. Die singen sie so lange, bis jemand den Stein findet, dann fangen sie wieder von vorne an. Einer aus der anderen Gruppe kommt, um den Stein zu suchen, aber er darf nur unter einen Schuh gucken. Wenn er den Stein nicht findet, beginnen sie von neuem. So spielen sie sosótakwia.

»Uwaíkwiota« (Pseudonym), Schilfklan
Móenkopi, August 1968

Die Wühlnatter und der Zaunkönig[5]

Vor langer Zeit jagten ein paar Kinder aus Oraibi Zaunkönige. Hoch oben auf einer Klippe östlich des Dorfes entdeckten sie ein Nest, aber da sie nicht herankamen, kehrten sie ins Dorf zurück. Irgendwann entdeckte auch eine Wühlnatter (lölökang), die auf der Suche nach Beute war, das Nest des Zaunkönigs. Am Fuße des Felsens zusammengerollt, wurde sie von dem Vogel erspäht. Da er sich an seinem Ort sicher fühlte, begann er sich über die Schlange lustig zu machen und sang:

Lölöokongwuu, lölöokongwuu! *Wühlnatter, Wühlnatter,*
Tsöngmomoki, tsöngmomoki *Du stirbst vor Hunger, du stirbst vor Hunger,*
Súun pi pak wuptipkaa. *Niemals kommst du hier zu meinem Nest herauf.*

Dann schlüpfte er wieder in sein kleines Loch. Das reichte, um die Schlange in Wut zu bringen, und sie rief: »Ich komme schon zu dir hinauf! Jetzt redest du so zu mir, aber ich werde dich noch verschlingen!« Darauf begann sie, sich eine für den Aufstieg geeignete Stelle zu suchen. Schließlich hatte sie eine gefunden und versuchte, sich hochzuwinden, aber bald wurde sie müde und fiel wieder herunter. Der kleine Vogel sah dies und sang triumphierend:

Súun pi pak wuptipakaa! *Niemals kommst du hier zu meinem Nest herauf*

Das machte die Schlange noch wütender. Sie versuchte noch einmal, zum Nest hinaufzukommen, und es gelang ihr, diesmal etwas höher zu klimmen, aber wiederum fiel sie herab. Der kleine Vogel sang von neuem sein kleines Triumphlied. So machte die Schlange drei erfolglose Versuche, aber beim vierten Mal gelang es ihr, die Öffnung der Höhlung zu erreichen, in der sich das Nest des Zaunkönigs befand. Sie schob ihren Kopf über den Rand, schaute in das Loch und sah vier kleine Vögel in dem Nest. »Lauf jetzt nicht weg, ich will dich verschlingen«, sagte sie zu dem Zaunkönig und kroch in die Höhlung hinein. Er konnte dennoch entkommen, ließ aber seine Jungen im Nest zurück. Die Schlange rollte sich nun in dem Nest zusammen, verschlang die vier kleinen Vögel und blieb dann noch vier Tage in dem Nest. Am vierten Tag verließ sie das Loch, kroch aber auf den Felsen hinauf, und blieb dort zusammengerollt liegen. Nun fing die Schlange an, ihren Zauber auf den armen Vogel auszuüben, indem sie versuchte, ihn zum Näherkommen zu veranlassen. Dies tat sie durch starkes Einatmen, und immer wenn sie einatmete, wurde der Vogel zu ihr hingezogen. Wenn sie ausatmete, versuchte der Vogel zu entfliehen, wurde aber beim nächsten Einatmen näher zum Maul der Schlange hingezogen.[6] Dieses Spiel trieb die Schlange eine ganze Weile mit ihrem armen Opfer, und der Zaunkönig war dem Zauber des Reptils völlig ausgeliefert. Schließlich wurde er durch ein letztes starkes Einatmen der Schlange dicht vor ihr Maul gezogen und dann von ihr verschlungen.

Qöyáwaima
Oraibi

Die Schlangen und die Heuschrecken[7]

Alíksai!
In Hóyapi lebten die Leute. Dort lebten sie. In kurzer Entfernung nördlich dieses Ortes befindet sich ein kleiner steiler Felsen, und dicht bei diesem Felsen liegt eine Stelle namens Chu'ákpi. Hier lebten die Klapperschlangen und hatten auch eine Kiva. Während des Sommers krochen sie als Klapperschlangen herum, aber im Winter blieben sie in ihren Kivas und waren wie Menschen gestaltet, wie Hopi; ihre Schlangenhäute hingen dann auf Haken ringsum an der Wand der Kiva.
Eines Winters schneite es sehr heftig, und es lagen vielleicht ein, ja anderthalb Meter Schnee. Etwa auf halber Strecke zwischen Chu'ákpi und Shongópovi liegt Túwanasavi, wo in einer tiefen Öffnung in der Erde die Heuschrecken (mámahtu, Sing. máhu) wohnten. Es gibt zwei Arten von Heuschrecken, die eine wird tumámahu (Weißerde- oder Kaolinheuschrecke), die andere einfach máhu genannt. Beide Arten lebten dort zusammen. Um das Haus der Heuschrecken lag kein Schnee, aber überall sonst war er so hoch, wie es die Hopi noch nie zuvor gesehen hatten. Da er lange Zeit liegen blieb, erfroren viele von ihnen. Deshalb machte sich der Schlangenhäuptling darüber Gedanken und sprach zu seinen Leuten: »Ishyaoí! Dies kann nicht so bleiben. Wir sind müde und erschöpft, und unsere Kinder sterben. Es kann so nicht weitergehen. Jemand gehe mal hinüber zu unseren Vätern in Túwanasavi und sehe, was sie dazu zu sagen haben. Es darf nicht so bleiben.« Also rief er die Sandklapperschlange[8] (tuwáchu'a) herbei und sagte zu ihr: »Du bist stark, du gehst dort hinüber.« Die Sandklapperschlange kroch in den Schnee und versuchte, sich einen Weg hindurch zu bahnen, aber sie hatte den Ort noch nicht erreicht, als sie kalt und müde wurde und zurückkehrte.
Darauf wurde die Wühlnatter aufgerufen. »Du bist tapfer«, sagte der Häuptling, »versuche du es.« Die Wühlnatter legte ihre Schlangenkleidung an und machte sich auf den Weg durch den Schnee, aber sie war noch nicht einmal in die Nähe des Ortes gekommen, als sie sehr müde wurde und vor Kälte zu zittern begann, und so kehrte sie ebenfalls um.
Nun rief der Häuptling die Schwarznatter (táho) und sagte: »Du bist nicht sehr schwer und du bist schnell, also versuch du es. An den freien Stellen, die nicht mit Schnee bedeckt sind, kannst du dich ausruhen,

vielleicht kommst du dann an.« Die Schwarznatter legte ihre Schlangenbekleidung an und lief los. Auch sie bahnte sich ihren Weg durch den Schnee, und immer wenn ihr kalt wurde, schoß sie empor, und wenn sie irgendwelches Holz oder einen Baum oder Gras aus dem Schnee ragen sah, kroch sie dorthin und wärmte sich in der Sonne. So erreichte sie schließlich die Stelle, zu der sie hinwollte, und stellte fest, daß eine ganze Strecke um Túwanasavi herum kein Schnee lag. Es war so warm dort, daß sogar Gras und viele Blumen wuchsen. Hier kam sie schnell voran und erreichte schließlich die Kiva, in der die Heuschrecken lebten.

Die Leiter ragte aus der Kiva heraus, und die Schwarznatter stieg sofort hinab und betrat die Kiva. »Setz dich, setz dich«, sagten die Heuschrecken, die sich sehr freundlich zeigten und der Schwarznatter Pfirsiche, Wassermelone und píki aus frisch gerösteten grünen Maiskolben (píkash) zu essen gaben. Die Heuschrecken spielen manchmal die Flöte in einer Zeremonie; das war der Grund, weshalb es dort so schön warm war,[9] und deswegen hatten die Heuschrecken, während die übrigen Menschen zu Tode froren, die besten Sachen zu essen. »Nun denn«, begann der Heuschreckenhäuptling, »du bist gewiß aus einem bestimmten Grund hierhergekommen.« – »Ja«, sagte die Schwarznatter, »ja. Es hat sehr viel Schnee gegeben, wir sind arm an Holz, und unsere Kinder sterben vor Kälte. Wir haben wiederholt versucht, euch zu erreichen, und schließlich haben sie mich geschickt, um zu sehen, ob ich nicht zu euch gelangen könnte, und nun bin ich hier angekommen. Habt Mitleid mit uns und kommt und versammelt euch mit uns, aber kommt schnell.« Sofort begannen sie sich anzukleiden und zu bemalen, und sagten der Schwarznatter, daß sie in vier Tagen hinüberkommen und sich bei ihnen versammeln wollten. Eine der Heuschrecken nahm eine Flöte, ging aus der Kiva und blies die Flöte entlang den Spuren der Schwarznatter bis hin zum Schlangenhaus. Als sie zur Kiva zurückkehrte, sagte sie zu der Schwarznatter: »Jetzt kannst du nach Hause gehen, und du wirst keine Mühe mit dem Schnee haben. Du wirst einen guten Weg finden und brauchst keine Angst zu haben.« Also verließ die Schwarznatter die Kiva und fand einen guten Weg zurück zum Schlangenhaus. Sie fror nicht und kam in kurzer Zeit dort an.

Als sie die Kiva betrat, wurde sie gefragt, ob sie dort hingelangt sei. »Ja«, erwiderte sie, »ich bin hingekommen, und sie haben mir gesagt,

daß sie in vier Tagen bei uns sein wollen. Dann sollen wir sie erwarten.« – »Danke, danke! Wie froh wir jetzt sind«, sagten sie und warteten nun auf die Heuschrecken. Am Abend des vierten Tages kamen sie. »Kommt herein, kommt herein«, sagten die Schlangen, die nun jedoch die Gestalt von Hopi hatten, ebenso wie die Heuschrecken. Nacheinander traten die Heuschrecken mit einem zirpenden Geräusch ein. Sie trugen eine Kleidung aus Kaninchenfelldecken, wie sie die Hopi noch heute verwenden, die sehr mollig und warm ist, und während eine Heuschrecke nach der anderen die Kiva betrat, wurde es darin immer wärmer. Schließlich fingen die Schlangenleute an zu schwitzen, weil es in der Kiva so heiß geworden war.
Unmittelbar nach dem Verlassen ihrer eigenen Kiva hatten die Heuschrecken angefangen, auf ihren Flöten zu zirpen, und sofort begann der Schnee zu schmelzen und zu verschwinden, und als sie die Schlangenkiva erreichten, war er ganz weggetaut. Als sie alle die Kiva betreten hatten, stellten sie sich in einer Reihe auf und sangen das folgende Lied, zu dem sie tanzten und kleine Rasseln schüttelten:

Abwärts
Haaaaaaaow Inamu, Haaaaaaaow Ingumu!
Masílanang, Sakwálanang
Inamu, sonwak kachita
Talaowyahainani itamuhuhui
Aaaaahaay aahaahaay aaahahahay.
Talaow siwawayina, taalaow siwaywaytimanii.
Aaaahaayahay ahaayaaahaaayaay aaahayaaha aaaha.
Iyihiyihiyihiyi iyihiyihiyihiyi.

Hao, meine Väter;
hao, meine Mütter!
Gelbgraue Flöten,
Blaue Flöten.
Meine Väter,
ein schönes Leben
wird (im) Sommer
für uns beginnen.
(Im) Sommer wogen Blumen, (im) Sommer werden sich Blumen wiegen.

Aufwärts
Hapi ma kwangwa-mahu, tuma-mahu tiyotu

Sonwak kachita talaowyahinani itamuhuhui.

Aaaaahaayaay ahaay aahaayaay
Taalaow shiwawayina, taalow shiwawaytimanii.

Aaaaaahaayaaay ahaay aaahaaayaay aaaahay aaaha.
Iyihiyihiyihiyi iyihiyihiyihiyi.

Nun denn, Junge der guten Heuschrecke, der Weißerde-Heuschrecke,
Ein schönes Leben wird (im) Sommer für uns (sie) beginnen.
(Im) Sommer wogen Blumen, (im) Sommer werden sich Blumen wiegen.

Als sie mit ihrem Tanz fertig waren, verließen sie sogleich die Kiva, und die Schlangen dankten ihnen überschwenglich. Noch in derselben Nacht kehrten sie zu ihrem Haus zurück. Im Schlangenhaus war es sehr heiß, so daß die Leute in Schweiß gebadet waren und diese Nacht gut schliefen. Am Morgen, als die Sonne aufging, traten sie hinaus, und es lag kein Schnee mehr da, sondern der Boden war mit Schmelzwasser bedeckt. Von da an war ihnen nicht mehr kalt. Sie saßen in der Sonne und freuten sich darüber, wie das Gras hervorkam. Die Heuschrecken bringen warmes Wetter. Deswegen werfen die Priester, wenn sie im Winter páhos machen, oft Teile von Heuschrecken ins Feuer, denn ihr Rauch und Geruch bringen warmes Wetter.

Lomávantiwa
Shipaúlovi

Der Dachs und die kleinen grauen Mäuse[10]

Vor langer Zeit lebte südlich von Oraibi ein Dachs (honáni). Er war Arzt, und die Leute kamen zu ihm, um Hilfe und Heilung für ihre verschiedenen Leiden zu finden. Der Ort, an dem er lebte, hieß Dachsbau (Honán Yaha). Die kleinen grauen Mäuse (tusán homichi),[11] ziemlich viele von ihnen, lebten westlich von Oraibi an einem Ort, der Großer Hügel (Wupáchmo) genannt wurde.
Einmal waren die Hopi westlich des Ortes, an dem diese Mäuse lebten, auf Jagd, und wie es das Unglück so wollte, traf ein Jäger einen anderen mit seinem Schwirrholz und brach ihm das Bein. Niemand schien sich genügend dafür zu interessieren, den Unglücklichen zu versorgen, und er versuchte, so gut er konnte, nach Hause zu kommen. Als er bei dem erwähnten Großen Hügel ein Licht bemerkte, machte er sich zu dieser Stelle auf und fand dort einen unterirdischen Raum ähnlich den Kivas der Hopi. Darin erblickte er eine Anzahl Leute, die klein wie Kinder waren. Sie bemerkten ihn sofort und sagten: »Jemand schaut hier herein.« Dann luden sie ihn ein, herunterzukommen, aber er fragte: »Wie kann ich hier hereinkommen?« – »Was ist los mit dir?« wollten sie wissen, worauf er erwiderte, daß sein Oberschenkel gebrochen sei. Da stieg einer der kleinen Männer die Leiter hinauf, trug den lahmen

Mann hinunter und legte ihn nördlich der Feuerstelle auf den Boden. Zwei Kaninchen, die der Mann getötet und von der Jagd mitgebracht hatte, ließ er draußen. Die Leute hatten Mitleid mit dem armen Mann und sagten: »Dies ist dir also geschehen.« – »Ja«, antwortete er, »könnte nicht einer von euch einen Arzt für mich holen?« Darauf flüsterte einer der kleinen Männer einem anderen zu: »Laßt uns sein Bein in Ordnung bringen.« – »In Ordnung«, antwortete der, der ein Häuptling war. Dann wurde auf der Nordseite der Kiva eine Tür geöffnet, die in einen anderen Raum führte, und all diejenigen kleinen Leute, die Kinder zu sein schienen, wurden in diesen kleinen Raum geschickt. Einer der Männer versorgte an der Feuerstelle das Feuer und blieb bei dem Verletzten. Alsbald rief er aus: »Jetzt kommt herein!«, worauf die Mäuse in großer Zahl in den Raum gelaufen kamen, sich um den Patienten drängten, ihn vollständig bedeckten und begannen, seinen ganzen Körper abzureiben und zu bearbeiten. Auf diese Weise übten sie ihre ärztliche Kunst bei dem Patienten aus, der sich so unerwartet bei ihnen eingestellt hatte. Ganz plötzlich liefen sie dann wieder in einen anderen Raum davon, und der Mann stellte fest, daß sein Bein geheilt war. Er war froh und glücklich, ließ die beiden Kaninchen als Lohn zurück und ging nach Hause in sein Dorf. Die Leute dort wußten, daß er am vorigen Tag ein Bein gebrochen hatte, waren erstaunt, ihn gesund zu sehen und erkundigten sich, wer ihn geheilt habe. Er erzählte es ihnen.

Der Dachs, der nördlich des Dorfes lebte, hörte von der Geschichte und war sehr ärgerlich darüber, denn der Mann, dessen Bein von den Mäusen geheilt worden war, sagte den Leuten, daß der Alte Mann Dachs etwas rückständig sei. Es seien jene Mäuse gewesen, die ihn geheilt hätten, und was noch wichtiger sei, sie hätten keine Bezahlung verlangt, wogegen der Alte Mann Dachs für seine Dienste immer etwas haben wolle: Fleisch, Kaktusknollen und anderes. Er riet den Leuten, wenn sie jemals irgendwelche Beschwerden hätten, bei den Mäusen in Behandlung zu gehen, die westlich des Dorfes lebten und ihn geheilt hätten. Der Alte Mann Dachs war wütend und grübelte über die Sache nach. Zuletzt beschloß er, das ärztliche Können der Mäuse auf die Probe zu stellen. »Ich werde so tun, als ob ich krank sei, und sie herrufen, und wenn sie mir mein Leiden nennen können, will ich ihnen Glauben schenken«, sagte er sich. So stellte er sich krank, legte ein paar Felle und Decken auf dem Boden aus, stellte eine Schüssel daneben und legte sich nieder. Um den Anschein zu erwecken, daß er sehr krank sei, nahm er morgens nur wenig Nahrung zu sich und hustete und spuckte dauernd in die Schüssel. Das tat er drei Tage lang, und am Ende sah er sehr müde und erschöpft aus. Dann rief er jemanden heran, der gerade vorbeikam, und sagte zu ihm: »Geh doch mal zu diesen Arztmäusen hinüber und bring sie her, ich bin sehr krank.« Der Mann ging also hin und berichtete den Mäusen, daß der arme Alte Mann Dachs sehr krank sei und anscheinend im Sterben liege. Sie sollten Mitleid mit ihm haben und am nächsten Tag vorbeischauen. Nachdem er diese Botschaft überbracht hatte, kehrte er zu seinem Haus zurück. Die Mäuse waren bereit, und mit ihrem Häuptling an der Spitze liefen sie zur Mesa, nördlich am Dorf vorbei und am Rand der Mesa entlang zur Wohnung des Dachses, die aus einer Kiva, ähnlich den Hopi-Kivas von heute, bestand. Der Dachs war immer noch verärgert und hatte unter seinem Bett einen Stock versteckt. Die Mäuse hatten jedoch gar keine Medizin mitgebracht. Als sie bei der Kiva anlangten, stieg zuerst der Häuptling die Leiter hinunter und ging an der Ostseite der Feuerstelle vorbei zum Bett des Patienten. Seine Gefährten folgten ihm und drängten sich zahlreich um ihn herum. Er stöhnte sehr und tat, als ob er bald sterben werde. Darauf begann die Arztmaus das folgende Lied zu singen:

Sowiskwi naiukwiwiwaa!   Koche Kaninchenfleisch für uns!

Worauf der Dachs mit schwacher Stimme erwiderte:

Ham pai pi pam himuu shulawu.   Oh, davon habe ich nichts mehr.

Die Mäuse liefen langsam im Kreise umher und fingen bald an zu singen:

Aahai! Aahai! Ayam hapiii,
honanyahay epee
Honanwuhataqa
Tusan homichit
Aotuhik unangwyat
Aonawotsniekae
Nalöshwat aknachangkwainitaa Hahahaha
Hainawa Hainawa
Hainawa Hainawa

Das heißt in etwa:
Beim Dachsbau dort drüben hörte der Alte Mann Dachs, die kleine graue Maus glaube, ein Arzt zu sein, und er fastete vier Tage.

Der Mausarzt sang dies, um den Dachs wissen zu lassen, daß er den Betrug sofort entdeckt hatte. Als er mit dem Lied fertig war, sagte er zu dem Dachs, daß ihm nichts fehle; sobald er etwas esse, werde es ihm wieder gutgehen.

Während sie gesungen hatten, waren die Mäuse weiter langsam um das Bett des kranken Arztes gezogen, und als ihr Lied zu Ende war, hatten sie die Leiter erreicht. Nachdem der Anführer dem Dachs seine Meinung gesagt hatte, bestieg er sogleich die Leiter, und alle anderen folgten ihm. Der Dachs aber war nun sehr zornig geworden, er ergriff den Stock, den er unter seinem Bett versteckt hatte, und begann, nach den Mäusen zu schlagen. Aber da er so lange gefastet hatte und die Mäuse sehr schnell in der Kiva umher und auf die Leiter sprangen, verfehlte er sie alle. Er versuchte noch, ihnen zu folgen, vermochte aber keine von ihnen zu fangen oder zu töten. Einige der jungen Mäuse konnten aber nicht mit den älteren mithalten, als sie, von dem Dachs gejagt, nach Hause liefen, und so verstreuten sie sich. Und da sie den Weg nach Hause nicht mehr fanden, gruben sie sich eigene Löcher, und das ist der Grund, weshalb diese Mäuse, die hómichi, jetzt über das ganze Land verstreut leben. Der Dachs ist der Grund, warum sich die Mäuse überall ausgebreitet haben.

Aber diese neuen Siedler hatten nichts zu essen, und deshalb gingen sie überall auf die Suche nach Nahrung, und wenn sie auf irgendwelche Samen oder Pflanzen stießen, nahmen sie sie mit, und bis auf den heutigen Tag kommen diese Mäuse, wo auch immer die Hopi etwas anpflanzen, und essen es auf. Wenn dieser Alte Mann Dachs sie zu jener Zeit nicht auseinandergetrieben hätte, wären sie jetzt nicht überall im ganzen Land, sondern würden immer noch an dem einen Ort westlich des Dorfes leben, wo sie damals ihr Haus hatten. Andererseits aber, wenn ein Hopi auf seinem Feld arbeitet, verreist, aus irgendeinem Grund sein Dorf verläßt, krank wird oder sich verletzt, sorgen diese Mäuse auf eine geheime Weise für ihn, damit er nicht stirbt; ins Dorf kommen sie freilich nicht, um sich der Kranken anzunehmen.

Qöyáwaima
Oraibi

Die Mäuse, die Eule und der Habicht[12]

Vor langer Zeit wohnte eine kleine Maus (hómichi) südlich vom Dorf Oraibi am Dufthügel (Howakapchomo), der so genannt wird, weil dort eine duftende Pflanze (howákpi)[13] wächst. Ganz in der Nähe, auf der Felsspitze südlich von Oraibi, lebte eine Eule, die die Absicht hatte, die kleine Maus zu töten. Sie flog oft um das Mauseloch herum, und manchmal, wenn die Maus draußen herumlief, schoß sie auf sie herab, so daß die Maus nur knapp dem Tode entrann. Da machte sie verschiedene Pläne, um sich zu schützen. Schließlich sammelte sie einige Zweige von einer Pflanze, die táve[14] heißt. Sie spitzte sie an einem Ende an und steckte sie rings um ihr Mauseloch mit den Spitzen in die Höhe. Eines Nachts flog die Eule wieder rasch hinunter zu dem Loch und versuchte die Maus, die zwischen den Pfählen umherlief, zu fangen. Dabei durchbohrte einer der Stöcke die Brust der Eule und tötete sie. Sofort machte sich die Maus daran, alle Federn der Eule herauszuziehen, trug sie in ihre Höhle und band sie zu kleinen Büscheln zusammen. »Aber was soll ich bloß mit all den Federn anfangen?« fragte sie sich. »Ich werde meine Nachbarn zusammenrufen und einen Tanz veranstalten.«

Bei Dunkelheit lief die Maus nach draußen und rief: »All meine Nachbarn, die ihr hier lebt, kommt rasch zu meinem Haus.« Da versammelte sich eine große Zahl von Mäusen in ihrem Haus, und sie fragten: »Weshalb hast du uns gerufen?« – »Nun«, antwortete die Maus, »ich habe eine Eule getötet und weiß nicht wohin mit all den Federn. Da dachte ich, wir sollten einen Tanz veranstalten und uns mit den Federn schmücken, und das ist der Grund, warum ich euch herbeigerufen habe.« Darauf verteilte sie die Federn, und alle fertigten kleine Federbüschel daraus an und befestigten sie auf ihren Köpfen. Sie beschlossen, früh am nächsten Morgen den Tanz abzuhalten und baten eine von ihnen, ein Lied (yáwaata) dazu zu machen. Geschwind wurde das folgende Lied gedichtet, und alle übten es ein, damit sie es zum Tanz singen könnten.

Tuhuckan chohona, tuhuchan chohona, Chonanikae, Aha! ahahaha!	Eifrig tanzen, eifrig tanzen, um wieder beschäftigt zu sein.

Der Sinn ist, daß sie tanzen, um den Glücksfall hervorzurufen, bei dem man Samen und Körner findet.

Inzwischen war es Morgen geworden, und einige von ihnen wurden ausgeschickt, um noch mehr Stöcke zu holen; sie wurden ebenfalls angespitzt und in den Boden gesteckt, doch diesmal etwas weiter vom Hause (Loch) der Maus entfernt. Sie taten das, um sich auch vor den anderen Eulen in der Nähe zu schützen, während sie tanzten. Dann fügten sie die längeren Eulenfedern zu einem großen Büschel zusammen und steckten es in die Mitte des Geheges. Es sollte ihnen als típoni dienen, um das sie herumtanzen wollten. Dann machten sie sich zum Tanz fertig. Obwohl sie nur klein waren, hatten sie doch große Büschel Federn (nákwa) auf den Köpfen. Der Anführer hielt einen kleinen Bogen mit winzigen Pfeilen in der Hand.

Der Tanz, den sie aufführten, war eine Nachahmung des Tanzes der Mómchitu-Bruderschaft. Sie achteten sehr darauf, innerhalb der zuletzt aufgestellten Stöcke zu bleiben. Während dieser Tanz vor sich ging, saß ein großer Habicht auf dem Felsen südlich von Oraibi. »Aha«, sagte er, »da geht irgend etwas vor. Die Mäuse amüsieren sich.« Sogleich schoß er auf sie herab, ohne sich um die zugespitzten Stöcke zu kümmern, weil er sehr stark war, und tötete eine große Anzahl Mäuse. Er packte mit jeder Kralle eine Maus, trug sie nach Ísmovala, einem Felsen westlich von Oraibi, und verschlang sie oben auf dem Gipfel. Diejenigen, die davongekommen waren, schlüpften schnell in ihre Häuser.

Qöyáwaima
Oraibi

Das Lied des Rotadlers[15]

Halíksai!
Vor langer Zeit, als in allen sieben Hopi-Dörfern und auch in Sikyátki Menschen lebten, wohnte Rotadler (palákwahu) mit seiner Frau auf dem Vorgebirge, das nördlich von Sikyátki nach Westen verläuft. Er hatte vier Kinder, und sein Nest befand sich auf einer kleinen Klippe mit Namen Kwákatpi. Einmal vollführten sie frühmorgens einen Tanz und sangen das folgende Lied:

Pu turzh huvam, umuh totim!	Nun kommt denn her, ihr Jungen!
Kuywaman ayalalwaahahay.	Sie anzuschauen schickt sie!
Ura conwayningwu	Ja, hübsch
Kwakatpi palakwahu titooya.	Bei Kwakatpi brütet Rotadler Kinder aus.
Ura vungve tutunglainingwu.	Nun, wenn *(sie)* aufgewachsen sind, bittet um sie.
Haooo, talti, talti!	Ah, es ist hell geworden! Es ist hell geworden!
Haooo, talti, talti!	Ah, es ist hell geworden! Es ist hell geworden!
Kwa-!	Kwa-! *(Hier flogen alle ein wenig auf und setzten sich wieder.)*

Ein Mann aus Sikyátki hörte sie singen und sah sie tanzen, und er berichtete seinen Leuten davon. Bald danach gingen sie los und fingen die kleinen Adler, und seitdem haben sie dort immer junge Adler geholt, deren Federn sie für ihre Gebetsopfer, Masken und anderes benutzen.

Puhúnömtiwa
Oraibi

Wie die Käfer Regen machten[16]

In Oraibi lebten sie, und im Gebetskäferdorf (Hohóyapi) lebten die Gebetskäfer.[17] Es war immer heiß und windig und regnete nie. Da diese Käfer Regenwasser trinken, wurden sie sehr durstig, und einige von ihnen starben. Daher sagte ihr Häuptling eines Tages: »Laßt uns einen Tanz aufführen! Vielleicht wird es regnen, wenn wir tanzen, denn wenn es nicht regnet, werden wir alle sterben!« – »Sehr gut«, erwiderten die anderen, »wir werden einen Tanz aufführen, und vielleicht regnet es dann und wir sterben nicht.« Also kamen sie eines Abends alle zusammen, um für den Tanz zu üben, und ihr Häuptling machte ein kleines Lied für sie. Das übten sie am Abend eine Weile und gingen dann schlafen.

Am nächsten Tag sollte der Tanz sein. Früh am Morgen standen sie auf, und ihr Häuptling machte vier nakwákwosis für sie. Diese legte er westlich ihres kleinen Dorfes nieder, sprach zu den Wolken in den San Francisco Peaks und sagte: »Wir sind durstig hier, daher kommt schnell des Weges und bringt uns etwas Wasser, damit wir trinken

können und nicht sterben müssen.« Dann kehrte er ins Dorf zurück, und alle kleideten sich für den Tanz an. Sie malten sich den Leib schwarz an, dann tanzten sie. Sie hatten es eilig, denn sie waren sehr durstig.
Ihr Häuptling begann, zu den Wolken in den San Francisco Peaks zu beten: »Kommt schnell des Weges und bringt uns Wasser!« So standen sie nun in einer Reihe, und einer von ihnen übernahm die Führung. Inzwischen bildete sich in den Bergen eine Wolke. Jetzt sangen sie das folgende Lied:

Yoookwaa yoookwahayaha   Regen, Regen
Ihi, aha, ihi.   Ihi, aha, ihi.

Während sie sangen, kamen die Wolken näher, und es begann zu donnern und zu regnen, und Wasser strömte herab. Nachdem sie ihren Durst gestillt hatten, waren sie sehr glücklich und liefen umher, weil sie nicht mehr durstig waren.

Kwáyeshva
Oraibi

Warum die Ameisen so dünn sind[18]

Ishyaoí!
Östlich von Chöokávi lebten viele Ameisen. Eines Tages sagte ihr Häuptling zu ihnen, daß in vier Tagen eine Kachina-Initiation stattfinden solle. Am vierten Tag kleideten sich zwei der Ameisen als Geißler(Hú)-Kachinas an und eine als Krähenmutter (Angwúsnasomtaqa),[19] genauso, wie es heute gemacht wird, wenn Kinder in das Kachina-Wissen eingeführt werden. Sie legten ihre Kleidung bei Korítvi, in kurzer Entfernung nordwestlich des Dorfes an. Ein paar Ameisen stellten auch eine Sandzeichnung auf dem Boden der Kiva her; dann begannen die Ameisen, ihre Kinder zu bringen, die in die Kiva eingeführt werden sollten.
Als alle Kinder darin waren, erzählte der Kachina-Priester der Ameisen die Geschichte auf dieselbe Weise, wie sie der Kachina-Priester heute bei der Kachina-Initiation erzählt. Dann traten vier kleine Schlamm-

köpfe (Kókoyemsi)[20] auf. Inzwischen hatte sich eine der Ameisen draußen auf einem Felsen niedergelassen, und als sie in der Kiva fertig waren, schwang sie kräftig eines ihrer Vorderbeine, zum Zeichen, daß die Kachinas kommen sollten. Die Kachinas kamen sofort herbei, umkreisten mehrere Male die Kiva, begaben sich dann hinein und nahmen gegenüber der Sandzeichnung Platz. Dann peitschten sie die kleinen Ameisenkinder aus. Sie schlugen sie so hart, daß sie die Kinder beinahe in der Mitte des Körpers durchtrennten. Als sie fertig waren, verließen sie die Kiva und rannten davon. Und das ist der Grund, warum die Ameisen jetzt in der Mitte ihres Körpers so dünn sind, denn sie wären bei jenem Ereignis beinahe zweigeteilt worden.

Kwáyeshva
Oraibi

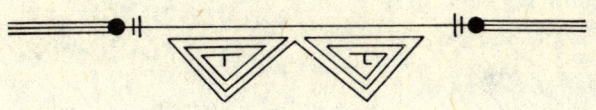

VII.
UNTER DER HERRSCHAFT
DER PAHÁNA

Die folgenden Texte sind keine traditionellen Überlieferungen, sondern Erinnerungen und Betrachtungen über die von den Weißen als ›historisch‹ bezeichnete Zeit seit ihrem Eindringen ins Hopiland.
Bei den Hopi gibt es weder eine auf dem Gedanken einer fortschreitenden Entwicklung beruhende Geschichtsauffassung noch ein Interesse an Chronologien. Im Vordergrund ihres Interesses stehen vielmehr einzelne Zeichen, Ereignisse oder Erscheinungen, die als symbolhaft angesehen und im Rahmen der alten Prophezeiungen gedeutet werden, welche Aussagen über das Fortschreiten ihres Lebensplans enthalten. Die Symbole zeigen dann die jeweilige Lage der Hopi in bezug auf diesen Lebensplan an; es spielt daher keine Rolle, in welchem kausalen Zusammenhang sie auftauchen oder welchen Stellenwert sie in dem System besitzen, dem sie entstammen. Ein gutes Beispiel für diese Sichtweise stellt die Deutung des Emblems des US-Innenministeriums in dem Text „Eindringende Elemente" dar. Aus dem Erscheinen solcher Symbole bestimmen die Hopi dann ihr eigenes Handeln. Dementsprechend werden auch Fremde eher nach typischen Gewohnheiten oder nach von ihnen zuerst eingeführten Dingen charakterisiert und voneinander unterschieden. So sind spanische Kolonisatoren, katholische Missionare, Mormonen und angelsächsische Siedler von den Hopi lange Zeit als unterschiedliche Bevölkerungsgruppen betrachtet worden.
Während die Einflüsse der Spanier bzw. des Katholizismus bei den Hopi nur noch aus der Vergangenheit nachwirken, üben die protestantischen und mormonischen Angelsachsen weiterhin Druck auf sie aus, weshalb viele Hopi ihre heutige Situation als bruchlose Fortsetzung derjenigen ihrer Väter und Großväter betrachten.
Aus allen Zeugnissen dieses Kapitels spricht die bemerkenswerte Souveränität, mit der die Hopi ihre Gegner behandeln. Sie tun, was nötig ist und in ihrer Macht steht, um ihre Kultur zu verteidigen. Aber obwohl sie dies als ihre Pflicht und heilige Aufgabe ansehen, geschieht es nicht verbissen, fanatisch und dogmatisch, sondern sanft, mit Gelassenheit und Würde, eben weil sie nicht so sein wollen wie ihre Gegner – wohl wissend, daß es noch andere, vielleicht wichtigere Dinge gibt als das irdische Drama, in dem sie als Darsteller in körperlicher Gestalt vorübergehend auftreten.

Bemerkungen zu H. R. Voth[1]

Voth war ein Deutscher. Zuerst errichtete er dort auf der anderen Seite des Flusses [d. h. des trockenen Flußbettes] seine Mission, und mein Vater war der erste, der mit ihm Bekanntschaft schloß.[2] Er war ein Mennonit. Er war auch von der Smithsonian Institution hergeschickt worden.[3] Die meisten Leute, die in jenen Tagen hier herauskamen, waren Deutsche, Lehrer, die mit der Situation umgehen konnten. Es waren keine sanften Menschen, sie waren ziemlich roh. Und zufällig zogen wir dort hinüber, und ich lebte dort während jener Zeit. Es war im September 1906, als sich die Spaltung in Oraibi ereignete. Vorher lebte ich oben in Alt-Oraibi, wo ich 1894 geboren wurde. In jenen Tagen gab es hier in der Gegend keine Weißen. Alles, was ich gelernt habe, war unverfälscht. Es gab noch keine Einmischung durch Weiße. Ich kannte Voth recht gut. Gewöhnlich erzwang er sich den Zutritt in die Kiva. Damals war mein Vater seine rechte Hand, und später, als er nach Kansas City zurückging, nahm er meinen Vater mit. Das heißt, etwa zwei Jahre nachdem er von hier fortgegangen war, kam er wieder und brachte meinen Vater dazu, mit ihm zurückzugehen. Dort reparierte Voth eine Menge Kultgegenstände, die ihm einige Hopi verkauft hatten. Manche dieser Sachen waren Duplikate [Reproduktionen], manche waren Originale, Altäre und derartiges. Mein Vater machte diese Arbeit für ihn. Voth hatte sogar eine Schädelsammlung. Später fanden wir heraus, daß er für die Smithsonian Institution arbeitete.
Oraibi war der Ort, an dem er hauptsächlich Berichte niederschrieb und Hopi-Überlieferungen festhielt. Ich glaube jetzt, daß es nicht viele Leute gab, die Englisch konnten, und Mr. Voth verfügte über keinen sehr großen Wortschatz im Hopi. Er war sehr stark auf Vermutungen angewiesen. Mr. Coin[4] war der einzige hier in der Gegend, der Englisch sprechen konnte, aber er konnte die Dinge nicht so übersetzen, wie sie richtig waren [d. h. auf die richtige Weise]. Voth sprach ein wenig Hopi. Die Hopi sprechen auf zweierlei Weise, in der höheren und der niederen Sprache. Er schnappte manches von der Sprache auf, aber er kannte sie nicht allzu gut. Er schrieb seine Informationen und Geschichten von Hand nieder, und er konnte nicht genug Hopi, um das gut zu machen. Er nahm eine Menge Vermutungen zu Hilfe. Aber ich glaube, er hatte viele Assistenten hinten im Osten, die ihm halfen.

Es gab hauptsächlich zwei Dinge, nach denen die Hopi in den alten Zeiten suchten, ein gelobtes Land und eine gelobte Person. Diese Dinge waren prophezeit. Religiöse Hopi suchen noch immer nach dem gelobten Land, wo sie siedeln sollen. Wir haben diese Dinge viele Male in der Kiva diskutiert. Die Person, die sie erwarten, soll ein Pahána sein, ein Weißer, der in großer Herrlichkeit einziehen wird. Jeder kennt diesen Glauben. Und als der erste Weiße auf Dauer nach Oraibi kam, suchten sie daher nach jemandem, der Hopi und allerlei andere Sprachen konnte. Nun, Voth sprach etwas Hopi. Und als er kam, dachten sie, er sei ein Gott. Er hatte die Hopi-Sprache studiert, bevor er kam, aber er sprach gebrochen.[5] Aber wir fanden es fabelhaft. Das ist der Mann, dachten wir, den wir erwartet haben. Aber nach einer Weile stellten wir fest, daß er es nicht war.

Homer Cooyama (Qöyáwaima), Coyoteklan
Kiqötsmovi, Juli 1970

Ich glaube nicht, daß es recht war, was er getan hat. Er kam hierher, um die Bibel zu lehren und die Leute zu bekehren. Statt zu tun, was er sollte, ein Kirchenmann zu sein, machte er sich an all die Geheimnisse heran, stahl sie und auch einige der Altargegenstände, und enthüllte all die heiligen Dinge in seinen Büchern.

Don Talayesva,[6] Sonnenklan
Oraibi

Die Religion der Hopi und die Missionare[7]

Wir Alten können sehen, wie ein ständiger Abfall von unserer überlieferten Einstellung zu Natur und Universum stattgefunden hat. Ich meine nicht das Tanzen und die Kultgegenstände in den Kivas, all diese sichtbaren Dinge. Sie sind nur Ausdrucksmittel für das, was wir über die Welt empfinden. Ich spreche von den Gefühlen und Einstellungen hinter den Kiva-Ritualen. Wir glauben, daß die Welt gut ist. Wir sind dankbar, am Leben zu sein. Wir sind uns bewußt, daß alle Menschen Brüder sind. Wir spüren, daß wir mit anderen lebenden Geschöpfen verwandt sind. Leben muß geachtet und erhalten werden. Wenn du ein

Maiskorn auf der Erde siehst, sammle es auf und trag Sorge dafür, denn es ist Leben darin. Wenn du morgens aus dem Haus trittst und die Sonne aufgehen siehst, halte einen Augenblick inne, um darüber nachzudenken. Diese Sonne bringt dem, was auf den Feldern wächst, die Wärme. Wenn eine Wolke am Himmel ist, schau sie an und denke stets daran, daß sie einem trockenen Land Regen bringt. Wenn du aus einer Quelle Wasser schöpfst, sei dir bewußt, daß es ein Geschenk der Natur ist.

All diese Geschichten, die wir von Männern erzählen, die sich in Bären oder Hirsche verwandeln und wieder zurück – du kannst sie als primitive Gedanken ansehen, wenn du willst, aber sie drücken in Wirklichkeit unsere Gewißheit aus, daß die Trennungslinie zwischen Menschen und Tieren sehr schmal ist, und daß wir hier sind, um miteinander zu teilen, was uns geschenkt worden ist. Wir suchen einen Weg, um mit der Quelle des Lebens zu kommunizieren, daher haben wir Gebete und Kachinas. Ich glaube, wir sind in diesem Bemühen, zu kommunizieren, wahrscheinlich genauso erfolgreich wie die Christen. Man hört in unseren Überlieferungen nicht so viel über den Großen Geist wie über die niederen Geister, die einzelnen Klanen und Kiva-Gesellschaften heilig sind, aber ich glaube, wir sind uns ständig bewußt, daß er existiert, und daß wir ohne ihn nicht da wären. Man kann sagen, daß wir unser Empfinden für das Wunder des Universums und der Existenz nicht verloren haben.

Diese Erkenntnis soll in gutes persönliches Verhalten umgesetzt werden, in die Art und Weise, wie wir gegenüber anderen Individuen, unserem Klan und unserem Dorf handeln. Wenn du jemandem begegnest, grüß ihn, ganz gleich, ob er ein Fremder oder Bekannter ist. Wenn jemand von woandersher ins Dorf kommt, selbst wenn er zu einem anderen Stamm gehört, gib ihm zu essen. Halte deinen Geist rein von Bösem. Wir haben Reinigungsrituale, um dies zu bewerkstelligen. Sei freigiebig mit allem, was du hast. Vermeide es, andere zu verletzen. Achte ältere Menschen. Ganz gleich, wie sie dir erscheinen mögen, sie haben harte Erfahrungen gemacht und aus dem Leben Erkenntnisse gewonnen. Verletze nicht andere durch Gewalt oder Klatsch. Nun, wenn all diese Gedanken nicht auch den höchsten Ansprüchen der verschiedenen christlichen Kirchen gerecht werden, die uns zu bekehren versucht haben, würde ich gern wissen, warum. Nichtsdestoweniger hatten wir eine lange Reihe von Missionaren, die durch die Dörfer paradierten. Die ersten waren die Katholiken, aber sie wurden hinausgeworfen – leider nicht ohne einige traurige Vorkommnisse, wie z. B. das Massaker und die Zerstörung von Awátovi. Dann kamen die Mennoniten, Mormonen, Zeugen Jehovas, Adventisten des Siebten Tages und Baptisten. Jetzt sind in oder nahe bei allen Dörfern Kirchen zu finden. Die Missionare kamen und sagten den Hopi und Tewa, daß die alten traditionellen Weisen barbarisch seien, und jeder von ihnen nahm für sich den wahren Glauben in Anspruch, den einzigen, der dem Großen Geist Achtung zollte. Wegen jener alten Überlieferung, daß eines Tages ein guter Pahána kommen werde, hörten die Hopi und Tewa sie an, und einige fragten sich, ob dieser oder jener Missionar der richtige sei.

Ich erinnere mich an einen Mann, der um 1912 Leiter der Sunlight Mission war. Er trat auf mich zu und sagte: »Sag mal, Yava, was hältst du von all den Dingen, die in den Dörfern vor sich gehen?«

»Was für Dinge meinst du?« fragte ich.

Er sagte: »Nun, all das, was sich in den Kivas abspielt. Meinst du nicht, daß das ziemlich schlimm ist?«

Ich erwiderte: »Ich weiß, daß du mich zu deiner Kirche bekehren willst. Vielleicht wäre das in Ordnung, ich kann es nicht sagen. Vielleicht hast du eine gute Kirche. Aber ich habe mir eine Menge Gedanken darüber gemacht, was ihr Missionare tut und wie ihr es tut. Das erste, was ihr tut, ist zu sagen, daß die religiösen Gebräuche der Hopi und Tewa barbarisch sind, und danach überzeugt ihr hier und da ein paar Leute, daß sie Christen werden müssen, um nicht in die Hölle zu kommen. Aber ich glaube nicht, daß ihr eure Sache gut macht. Ihr fangt nicht mehr als ein paar Versprengte ein. Ein Grund dafür ist, daß ihr in Wirklichkeit überhaupt nicht wißt, woran die Hopi und Tewa glauben. Ihr nehmt einfach an, daß sie den Unterschied zwischen Gut und Böse nicht kennen. Ich dachte, daß Christen Demut haben sollten, aber in diesem Verhalten sehe ich keine Demut. Wie könnt ihr einfach annehmen, daß wir Barbaren sind? Habt ihr euch je die Mühe gemacht, unsere Weisen zu studieren und herauszufinden, wie unsere religiösen Glaubensvorstellungen sind? Wenn ihr jemals Erfolg damit haben wollt, Hopi und Tewa zu bekehren, werdet ihr viel mehr über uns lernen müssen.«

Er sagte: »Yava, ich glaube, damit hast du Recht.«

Vermutlich haben er und einige andere Missionare sich Mühe gegeben,

mehr über uns zu erfahren, aber sie kamen alle mit der fixen Idee, daß die armen barbarischen Indianer gerettet werden müßten, und so lernten sie nur das, was sie lernen wollten.
Ich selbst habe diesen Missionaren zugehört. Manchmal kommen sie zu meinem Haus, und ich lade sie ein und höre mir alles an, was sie zu sagen haben. Hin und wieder bin ich sonntags in die eine oder andere Kirche gegangen. Natürlich ist sehr viel von dem, was sie sagen, interessant, aber ich habe bis jetzt noch nichts gehört, was mich davon überzeugen würde, daß ihre Ansichten denen der Hopi und Tewa überlegen sind. Alles, was ich diesen Missionaren sagen kann, ist, daß es sich um eine Sache des Gewissens handelt. Ich sage ihnen also, wenn jemand an den indianischen Weg glaubt und so lebt, wie es Indianer für eine gute Lebensführung als sinnvoll erachten, dann ist das in Ordnung. Und wenn jemand ein Baptist oder Mormone ist und so lebt, wie es die Baptisten und Mormonen als gut erachten, ist das auch in Ordnung. Diese Wahl sollte jeder haben, und die Missionare sollten endlich damit aufhören, sich als diejenigen in den Vordergrund zu schieben, die als einzige wüßten, was der Unterschied zwischen Gut und Böse ist.
Ich glaube nicht, daß eine der christlichen Konfessionen irgend etwas Wertvolles besitzt, das wir nicht auch schon haben. »Wenn ein Mensch fällt, hilf ihm, wieder aufzustehen.« Das ist unser Glaube. Haben die christlichen Kirchen etwas Besseres anzubieten? Ich glaube nicht. Tatsächlich muß man die christlichen Kirchen danach beurteilen, wie Christen im Alltag handeln. Und allzuoft haben wir einen Menschen fallen sehen, und ein Christ kam vorbei und sagte nur »Teilt, was ihr habt.« Wir glauben daran, aber wir haben eine lange Erfahrung mit dem Weißen Mann. Manchmal teilte er das, was er hatte; andere Male nahm er uns das weg, was wir hatten. »Wenn du etwas Eßbares siehst, nimm nur einen Teil davon, nur das, was du brauchst.« Zu oft hat der Weiße Mann alles aufgegessen.
Eins ist klar: Die Hopi und Tewa, die von unserer traditionellen Religion konvertieren, haben sich selbst von unseren Überlieferungen ausgeschlossen. Die Missionare haben eine Menge mit der Zerstörung der Hopi-Tewa-Religion zu tun. Im Grunde wetteifern sie miteinander darum, wer am meisten zerstören kann. Ich denke, man kann den Missionaren keine allzugroßen Vorwürfe machen. Sie tun, was sie glauben, tun zu müssen. Wenn unsere traditionelle Religion ver-

schwindet, muß man den Hopi und Tewa selbst die Schuld daran geben. Es gibt drüben in Oraibi einen Mann, der darüber lamentierte, daß die Glaubensvorstellungen der Hopi verschwinden. Ich habe ihm gesagt: »Was klagst du? Du bist doch selbst vor langer Zeit zu den Mennoniten gegangen. Du redest über die Hopi-Weise, aber du hast sie aufgegeben. Welche Leute sind also zu tadeln? Diejenigen, die geblieben sind, oder die, die fortgegangen sind?«

Albert Yava (Nuvayoíyava), Wasserklan
Tewa (Datum nicht festgehalten)

Landnutzung bei den Hopi[8]

In den letzten beiden Jahren haben Fremde mit Ferngläsern über unser Land geschaut und Markierungen darauf angebracht. Wir wissen nur wenig darüber, was dies bedeuten mag. Da wir glauben, daß Sie nicht den Wunsch haben, unsere Besitztümer zu stören, möchten wir Ihnen etwas über dieses Land der Hopi mitteilen.

Niemand von uns hat je darum gebeten, daß es in getrennte Parzellen vermessen und an Einzelpersonen gegeben werden sollte, denn dies würde nur Verwirrung verursachen.

Die Familie, das Wohnhaus und das Feld sind untrennbar, denn die Frau ist das Herz dieser Dinge, und sie liegen in ihren Händen. Bei uns leitet die Familie ihre Verwandtschaft von der Mutter her, daher sind all ihre Besitztümer die ihren. Der Mann baut das Haus, aber die Frau ist die Eigentümerin, da sie es ausbessert und erhält; der Mann bearbeitet das Feld, aber er übergibt seine Ernte der Frau zur Bewahrung, denn ihr obliegt es, das Essen zu bereiten, und ein Überschuß an Vorräten zum Tauschhandel hängt von ihrer Haushaltung ab.

Ein Mann bepflanzt das Feld seiner Frau sowie die Felder, die den Kindern, die sie hervorbringt, zugeteilt werden, und im Gespräch nennt er sie seine, obwohl sie tatsächlich nicht die seinen sind. Selbst bei dem Feld, das er von seiner Mutter erbt, darf er zwar nach seinem Willen über dessen Ernte verfügen, nicht aber über das Feld selbst. Er darf seinem Sohn erlauben, es in Besitz zu nehmen und seine Früchte zu ernten, aber beim Tode des Vaters darf es nicht Eigentum des

Sohnes werden, denn dann geht es an den Sohn der Schwester des Vaters oder an den nächsten Verwandten der Mutter, und so bleiben unsere Felder und Häuser immer bei den mütterlichen Familienmitgliedern. Je nach der Anzahl der Kinder, die eine Frau hat, werden ihr von dem Land ihrer Familiengruppe Felder für diese zugeteilt und von ihrem Mann bestellt. Daher sind unsere Felder zahlreich, aber klein, und einige, die derselben Familie gehören, mögen dicht beisammen oder Meilen voneinander entfernt liegen, denn die anbaufähigen Flächen sind nicht an einer Stelle. Bei unserem familiären Landbesitz gibt es noch andere Gründe für die Verschiedenheit in Größe und Lage, z. B. eine durch Aussterben von Familien unterbrochene Erbfolge; hauptsächlich aber lassen sie sich auf folgenden Umstand zurückführen, für den wir Sie um besondere Aufmerksamkeit bitten:
Im Frühling und Frühsommer ziehen aus dem Südwesten gewöhnlich eine Reihe von Stürmen heran, die oftmals stark genug sind, den Sandboden auf unseren Feldern fortzuwehen und den darunterliegenden Lehm freizulegen, der hart und sauer und unfruchtbar ist. Da der Sand das einzige fruchtbare Land ist, müssen die Pflanzen seiner Wanderung folgen, und andere Felder müssen für jene beschafft werden, die verwüstet worden sind. Manchmal vergehen Generationen, und diese öden Stellen bleiben unverändert, während in anderen Fällen die Winde nach ein paar Jahren den erwünschten Sand wieder zurückgebracht haben. Wenn dies geschieht, wird ihre Fruchtbarkeit durch die Art der darauf wachsenden Gräser und Sträucher erneut erkennbar. Sehen diese Anzeichen erfolgversprechend aus, so tun sich einige von uns zusammen, um das Land zu roden und wieder zum Anbau herzurichten, worauf es dann seinem früheren Besitzer zurückgegeben werden kann oder, wenn eine lange Zeit verstrichen ist, an andere Erben; oder es geht an irgendeine Person aus der Familie, die eine Anbaufläche nötiger braucht.
Diese begrenzten Veränderungen im Landbesitz werden in gemeinsamer Diskussion und gegenseitigem Einvernehmen von den Ältesten sowie von allen nachdenkenden Männern und Frauen der beteiligten Familiengruppen veranlaßt. Im wesentlichen bestehen dasselbe Besitzsystem und dieselbe Pflanzweise bei den Tewa und allen Hopi-Dörfern, und nach ihnen versorgen wir uns mit Nahrung in Fülle...

»*An die Häuptlinge in Washington*«,
Hopi-Petition vom 27. und 28. März 1894

Oraibi vor der Spaltung[9]

Vor dem Bruch war Alt-Oraibi eine sehr komplizierte Gemeinschaft. Sie umfaßte verschiedene Organisationen, Bruderschaften, Gruppen, den Freimaurern vergleichbar, viele Dinge, über die wir heute nicht mehr allzuviel wissen. Vor dem Auseinanderbrechen gab es in Alt-Oraibi vierzehn Kivas. Jede Organisation hatte ihre priesterlichen Amtsträger. Die Kivas lagen in drei verschiedenen Gebieten: Eins war für die gemeinen Leute, die Kivas in dem mittleren Gebiet waren für die Leiter der Rituale (die Amtsträger in den großen, bedeutenden Gesellschaften), und im rückwärtigen Gebiet hatten sie besondere Schreine, in denen sie alle Arten von geweihten Gegenständen aufbewahrten – Dinge, die mit Kachinas zu tun hatten, oder uraltes Tonzeug, das an ein bedeutendes Mysterium in unserem religiösen Glauben erinnerte. All diese Dinge waren in dafür bestimmten Schreinen untergebracht. Nur die priesterlichen Amtsträger konnten dort hingehen.

Wir, die wir nie über einen bestimmten Grad hinaus initiiert worden waren, mußten uns von dem Gebiet der páhoki, der Heiligtümer oder Schreine, und den heiligsten Kivas fernhalten, wenn wir nicht eingeladen worden waren. Es war ein sehr ausgefeiltes religiöses System, ein Außenstehender konnte es nie vollkommen verstehen. Daher war es wichtig, daß jedes Jahr Initiationsriten zur Aufnahme in die Bünde stattfanden, damit neue Mitglieder eingeweiht werden konnten, die die Überlieferungen lernten und richtig weiterführten. 1906, als wir bei der Spaltung die ›Feindseligen‹ vertrieben, brachten wir die ganze Sache zu Fall.

Ich habe manchmal zu den Weißen gesagt: ›Ihr seid diejenigen, die alles verdorben haben mit der Art, wie ihr hier Schulbildung eingeführt und darauf beharrt habt, daß alles so zu laufen habe wie bei euch. Ihr seid diejenigen, die unsere Religion zerstört haben.‹ Natürlich mag das zu hart klingen. Aber bevor der Weiße Mann bei uns einzog und Missionare hereinschickte, hatten die Hopi ihre alte Religion nach den Prophezeiungen und unter der Aufsicht der priesterlichen Amtsträger ausgeübt. Diese hatten das Wissen ererbt und sich an den rituellen Kalender der Klane und Kiva-Bünde gehalten. Es gab auch jemanden, der die Sonne beobachtete, der an jedem Tag verfolgte, wo die Sonne aufging, und den Leuten sagte, wann sie an einem bestimmten Punkt aufging. Das bedeutete dann, daß eine bestimmte Zeremonie stattfinden mußte. Jeder Klan trug eine besondere Verantwortung, er hatte bestimmte Dinge für das Dorf zu tun. Mein eigener Klan, die Coyoten, sollte die Führung übernehmen, wenn das Dorf in Zeiten der Gefahr beschützt werden mußte. Als die katholischen Priester irgendwann damals im 17. Jahrhundert hinausgeworfen wurden, haben wir das und auch das Abreißen des katholischen Missionsgebäudes übernommen. Jeder Klan hatte etwas Besonderes für das Dorf zu leisten. Es war sehr kompliziert. Wir besaßen einen Dorfhäuptling, einen Kriegshäuptling, einen Ausruferhäuptling und Amtsträger für viele andere Aufgaben. Gab es einmal Schwierigkeiten unter den Kiva-Bünden oder den Klanen, so wurden diese im Rat in den Kivas diskutiert und geklärt, und was dort unten beschlossen wurde, führten wir auch aus. Man kann sagen, daß wir eine wunderbare gesellschaftliche Organisation besaßen, die wirklich funktionierte.

Dann kam die Regierung an und setzte uns unter Druck, bedrohte uns, schoß mit Gewehren über unsere Köpfe hinweg und jagte uns durch ganz Oraibi. Ich war damals ein kleines Kind und gehörte zu denjenigen, die überallhin verfolgt wurden. Sie schickten eine Menge Hopi- und Navaho-Polizisten von Keam's Canyon,[10] um die Leute zu zwingen, ihre Kinder auf die Regierungsschule zu schicken. Wir fühlten uns von ihnen sehr bedroht, und aus diesem Grunde standen die Leute in Oraibi der Regierung und ihren Handlungen mit feindseligen Gefühlen gegenüber. Die ganze Angelegenheit mit der Spaltung in Oraibi wurde von der Regierung geschürt, indem sie die Leute zwang, sich auf die eine oder andere Seite zu stellen. Ich weiß, daß das Dorf auch vorher hin und wieder Schwierigkeiten gehabt hatte, aber sie wurden alle im Rat in den Kivas beigelegt. Diesesmal brach Oraibi wirklich auseinander, und es gab keinen Weg, es wieder so herzustellen, wie es gewesen war. Natürlich haben wir uns jetzt in etwa mit der Lebensweise der Weißen abgefunden, aber weil ich hier aufgewachsen bin und so viele Jahre hier gelebt habe, werde ich diese Dinge niemals vergessen.

Kein Außenstehender kann jemals alles erfahren, so wie es wirklich geschah, denn die meisten Leute, die daran beteiligt waren, sind verstorben, sie sind für immer fort. Aber ich habe lange Zeit den Kachina-Zeremonien beigewohnt. Wenn eine Zeremonie stattfindet, nehme ich fast jedes Jahr daran teil. Ich kenne alle Handlungen, weiß, wie sie aufgeführt werden und wofür sie da sind. Meine Eltern hatten sehr hohe Stellungen im zeremoniellen Leben, und sie haben mir vieles erzählt. So kommt es, daß ich einige Vorstellungen davon habe, wie es war, bevor die Weißen und die Missionare bei uns eingedrungen sind. Ich glaube, es gibt einiges über die Zerstörung unserer Altäre zu lesen, als das Dorf auseinanderbrach. Es sind ein paar Bücher und Artikel darüber erschienen. Alle heiligen Altäre und Geräte der Hauptkivas wurden ursprünglich vom Bogenklan hierhergebracht, als Awátovi zerstört worden war. Man könnte also sagen, daß der Bogenklan in Oraibi auf besondere Weise für sie verantwortlich war. Nach dem Bruch hat ein hoher Amtsträger dieses Klans mit Namen Johnson – sein indianischer Name war Tawáletstiwa – alles verbrannt. Er ist jetzt ein alter Mann. Er war zum Christentum übergetreten, und nach dem Bruch holte er alle Gegenstände aus den Kivas und verbrannte sie. Viele Leute waren sehr schockiert darüber. Es ist eine merkwürdige Sache, die ich jetzt erzähle, was danach passierte. Johnson ist der einzige, der vom Bogenklan noch übrig geblieben ist. Nachdem die Altäre verbrannt worden waren, hatte der Bogenklan eine ganze Reihe von Unglücksfällen. Seine Leute starben einer nach dem anderen hinweg, wurden wahnsinnig oder bekamen irgendwelche Anfallszustände. Johnson ist der einzige, der noch da ist.[11]

Oraibi hatte immer eine Lebensführung von hohem moralischem Niveau, bevor alles auseinanderbrach. Wir besaßen ein großes Wissen über die Traditionen, das andere Dörfer nicht hatten. Verglichen mit dem, was wir wußten, könnte man die anderen Dörfer als rückständig bezeichnen. Sie erwarteten in religiösen Dingen die Führerschaft von uns.

Homer Cooyama (Qöyáwaima)
Kiqötsmovi, Juli 1970

Der Niedergang der Rituale in Oraibi[12]

Das Auseinanderbrechen von Oraibi bereitete allen wichtigen Ritualen und Kiva-Bünden dort ein Ende. Die Leute von Hótevilla behaupten, daß sie die Rituale mitgenommen haben, aber sie ließen alle Kultgegenstände zurück, als sie fortgingen. Schließlich wurden alle Kultgegenstände (die noch in Oraibi waren) von einem Bogenklanmann namens Johnson zerstört, der zur Mennonitenkirche übergetreten war... Die Utensilien, die er verbrannte, müssen Kopien der Originale gewesen sein – das glauben jedenfalls die Leute von der Ersten Mesa, denn nach ihren Überlieferungen wurden die Altäre und die anderen heiligen Gegenstände aus Awátovi von einem Tabakklanmann nach Walpi gebracht. Egal, ob es nun Originale oder Kopien waren, in Oraibi wurden sie als das einzig Wahre anerkannt, und sie waren unabdingbar für die ordnungsgemäße Ausführung der Rituale.

Weder die Leute aus Oraibi noch die aus Hótevilla hatten also nun die heiligen Gegenstände. Aber es war nicht nur das Verbrennen der Altäre, das das Ende der Rituale in Oraibi besiegelte. Einige der nach Hótevilla gegangenen Leute waren Führer der Kiva-Bünde und hielten eine Menge Wissen und Geheimnisse in ihren Händen. Die Kontinuität war zerbrochen.

Nachdem die ›Feindseligen‹ den Ort verlassen hatten, war nach dem Verständnis des Häuptlings von Oraibi, Tawáquaptewa, das alte Leben für immer dahin. Er sagte: »Wir können nicht mehr nach diesen alten Weisen leben. Nun müssen wir uns an die Weisen des weißen Mannes halten. Unsere Rituale sind dahin, unser Klansystem ist dahin. Der Landbesitz der Klane ist aufgehoben. Wenn Leute Land für ihre Gärten brauchen, sollen sie Felder nehmen, die von keinem anderen benutzt werden.«[13] Tawáquaptewa war der letzte wirkliche Häuptling von Oraibi. Er wurde in seiner Éototo-Kachina-Kleidung begraben. Éototo soll den Feuer- oder Másaw-Klan repräsentieren. Den Häuptling in dieser Kleidung zu beerdigen, bedeutete das Ende der [religiösen] Geschichte und der Rituale von Oraibi sowie das Ende der Verwaltung der Klane über die Felder und Landstücke um das Dorf. Másaw hatte diese Ländereien vergeben, und daß der Häuptling auf diese Weise begraben wurde, bedeutete, daß das Geschenk rückgängig gemacht wurde und von nun an die Oraibier auf sich gestellt waren, ohne irgendwelche zeremoniellen Verbindungen zur Vergangenheit zu haben...

In Oraibi ist es zu Ende. Aber auch auf der Ersten Mesa sind die vier Bünde[14] jetzt fast verschwunden. Nur noch sehr wenige fassen den Entschluß, sich initiieren zu lassen. Es ist nicht mehr so wie früher.

Albert Yava (Nuvayoíyava), Wasserklan
Tewa, Juni 1977

Die Steintafel des Feuerklans[15]

Der Feuerklan von Oraibi, der nach Hótevilla gezogen ist, hat ein zerbrochenes Stück einer Steintafel, und sie warten darauf, daß die östlichen Menschen (Pahána) die andere Hälfte, die zu ihr paßt, zurückbringen. Der alte Mann, der schon lange tot ist, Yukíoma, er war der Führer des Feuerklans, als noch alle in Oraibi lebten; und als sie von den Oraibiern vertrieben wurden, nahm er die Steintafel mit sich fort. Wir hatten sie [die Leute vom Feuerklan, die fortgegangen waren] als Häftlinge in Keam's Canyon, weil sie ihre Kinder nicht zur Schule schickten. Der Superintendent [der Indianeragentur] wollte damals den alten Mann mit nach Washington nehmen, um genau herauszubekommen, was er damit meinte, daß er eine Steintafel in seinem Besitz habe und auf Menschen aus dem Osten warte, die die andere Hälfte bringen sollten. Dann, so behaupten sie, werde es Frieden geben oder friedliche Zeiten stünden bevor. Der alte Häuptling Yukíoma glaubte, daß es so geschehen wird...
Jetzt befindet sie [die Tafel] sich in den Händen eines Mannes namens James George [Pongyayoúma][16] in Hótevilla. Er kommt oft zum Ort Parker hinunter und arbeitet dort auf den Feldern. Als er mich einmal besuchte, erzählte er mir: »Weißt du noch, als mein alter Onkel nach Washington fuhr?« – »Ja«, sagte ich. »Du warst damals Dolmetscher.« – »Das war ich, zusammen mit meinem Halbbruder. Als sie diese Reise unternahmen, ging mein Halbbruder als Dolmetscher für deinen Onkel mit. Ich habe die Tafel gesehen, die Hälfte von ihr, als er sie nach Keam's Canyon brachte. Sie hatte eine Zeichnung darauf mit einem Körper, dem unteren Teil, aber der Kopf war ab. Und dann war da eine Linie am Rand entlang. Ich weiß nicht, was das bedeutete, aber die andere Hälfte, der Teil mit dem Kopf, war weg.« – »Das hast du gesehen?« fragte er. »Ja«, sagte ich. »Es gibt noch eine Steintafel, und zwar in Shongópovi«, sagte er. »Wie sieht sie aus?« – »Ich weiß nicht«, antwortete er, »aber wir gehen davon aus, daß die Leute in Shongópovi noch eine weitere Tafel haben.« Das war das erste Mal, daß ich davon gehört habe. Er sagte: »Ja, sie haben eine.«

Albert Yava (Nuvayoíyava), Wasserklan
Tewa

Wasser von der Regierung in Móenkopi[17]

Den Wassertank auf der anderen Seite der Straße gibt es noch nicht allzu lange. Wir [Traditionalisten] hatten dabei nichts zu sagen. Die Regierung und die ›Freundschaftlichen‹ haben das unter sich ausgemacht. Niemand hat uns gefragt. Die Häuser im oberen Dorf, die Wasser aus der Leitung bekommen, gehören den ›Freundschaftlichen‹. Mein Haus liegt am Rande des oberen Dorfes, aber unsere Leute wohnen zum größten Teil unten in Alt-Móencopi, weit unterhalb. Weil die ›Freundschaftlichen‹ mit der Regierung kooperieren, bekommen sie Wasser. Einer von ihnen kam einmal zu mir und sagte: »Wenn du einen Graben für die Leitungen ziehst, können wir dir Wasser ins Haus legen.« Ich fragte ihn: »Wer erläßt die Bestimmungen für diese Dinge? Ich habe in den Diskussionen in der Kiva nie etwas davon gehört. Ihr kommt her und sagt mir, ich solle dies und das tun, aber es ist nie im Rat diskutiert worden. So arbeitet ihr. Ihr haltet eure eigenen Treffen ab, und dann sagt ihr uns, was wir tun können und was nicht.« – »Nun, so läuft es nach der neuen Verfassung«,[18] antwortete er, »die Regierung muß mit irgendwem sprechen, und ihr sprecht nicht mit ihnen. Ihr habt ja gegen die Verfassung gestimmt.« – »Ja«, erwiderte ich, »denn wir hatten bereits eine traditionelle Regierung in Móenkopi, und ihr habt eine neue Regierung aufgestellt. Ihr habt euch von unseren Taditionen abgewandt, und jetzt tut ihr so, als ob ihr uns sagen könntet, daß wir dies oder jenes zu tun haben. Wir wollen euer Wasser nicht. Wir werden uns unser Wasser auf alte Weise holen.«
Wir tragen unser Wasser noch immer tief unten von der alten Quelle herauf. Es ist eine ganz schöne Entfernung von hier. Als wir in Alt-Móenkopi lebten, war es nicht so weit, aber von hier aus ist es eine

Móenkopi

lange Strecke. Manchmal können wir etwas Wasser im Pickup[19] heraufbringen, aber meistens müssen es die Frauen in Kübeln hochtragen. Es ist also noch schwerer als früher, Wasser zu bekommen. Und irgendwie brauchen wir heute mehr Wasser. Man braucht eine riesige Menge Wasser, um eine Waschmaschine zu füllen.

Obwohl wir nicht gutheißen, wie die ›Freundschaftlichen‹ Entscheidungen an sich reißen, sind wir gastfreundlich zu Leuten von der [US-]Regierung, wenn sie kommen, um mit uns zu sprechen. Wir versuchen, ihnen zu erklären, was an der ganzen Sache von Anfang an falsch ist. Wir sagen ihnen, daß die meisten Leute in Móenkopi niemals für die Verfassung nach dem Reorganization Act gestimmt haben, und daß die ganze Art und Weise, wie alles umorganisiert worden ist, nicht in unser System paßt. Wir erklären ihnen auch, daß wir immer unseren eigenen Häuptling und eigene Gepflogenheiten hatten, die für uns gut waren. Dann sagen sie uns:»Gut, ihr habt vielleicht nicht *für* die Reorganisation gestimmt, aber ihr habt auch nicht *dagegen* gestimmt.« Worauf wir ihnen entgegenhalten:»Warum hätten wir unsere Stimme abgeben sollen? Wir hatten hier unsere Regierung, und dann kommt jemand daher und sagt uns, daß wir über ein anderes System abstimmen sollen. Da kamen Leute von außerhalb und befahlen uns, über etwas abzustimmen, wonach wir gar nicht gefragt hatten und das nichts mit uns zu tun hatte. Deshalb haben wir unsere Stimme nicht abgegeben. Aber ein paar Leute stimmten mit ›Ja‹, und daher haben sie die Macht über Regierungsgelder und -projekte, und die Mehrheit von uns hat dazu nichts zu sagen. Also gehen wir unseren Weg, und sie können den ihren gehen, wenn sie sich nicht mehr an die alten Gebräuche halten wollen.« Ich kann dir sagen, wir sind auf diese ›Freundschaftlichen‹ nicht besonders gut zu sprechen. (Sie nennen sich selbst ›Fortschrittliche‹.)

Manche von den Regierungsleuten legen Wert darauf, zu uns Traditionalisten zu kommen und mit uns zu sprechen, obwohl sie mit der gewählten Gruppe[20] verhandeln sollten. So zum Beispiel Landwirtschaftsbeamte, die sich auf unseren Feldern umschauen und Vorschläge machen. Ich weiß noch, als ich auf einem unserer Felder drüben im Pasture Canyon arbeitete, kam einer herunter und besah sich die Sanddünen, die über die Felder trieben. Immer nach soundsovielen Jahren wird der Sand wieder in diese Richtung getrieben und überdeckt alles. Dann kann man nicht mehr anpflanzen, und das Feld ist verloren, bis der Sand vielleicht ein paar Jahre später wieder weggeweht wird und anderswohin treibt. Dieser Beamte schlug uns vor, an bestimmten Stellen Schneezäune aufzustellen, um den Treibsand aufzuhalten. Aber niemand hat irgend etwas in dieser Richtung unternommen. Sie vermuteten, die Weißen wollten uns nur Schneezäune verkaufen. Die Leute haben ihre Felder an verschiedenen Stellen, und wenn der Sand auf ein Feld vordringt, finden sie sich eben damit ab und betreiben ihren Ackerbau auf den anderen Feldern.

Die meisten Leute hören auf die Landwirtschaftsbeamten, aber wenn sie uns sagen wollen, wie wir Mais anzubauen haben, ist das schon wieder etwas anderes. Ein Beamter versuchte mich einmal davon zu überzeugen, diesen gezüchteten Mais mit den riesengroßen Kolben anzupflanzen. Er nahm so einen gezüchteten Kolben heraus und zeigte mir, daß er ungefähr sechsmal so viele Körner hatte wie ein Hopi-Kolben. Ich erklärte ihm, daß wir seit Beginn unserer Geschichte mit Mais experimentieren und wissen, welche Arten wachsen und welche nicht. Er sagte immer wieder: »Versuch es doch mal. Was hast du dabei zu verlieren?« Schließlich willigte ich dann ein, in einem Teil meines Feldes ein paar gezüchtete Samen einzusetzen. Gut, der Hopi-Mais wuchs, so wie immer, denn er hat tiefe Wurzeln. Der gezüchtete Mais wuchs etwa 30 bis 60 cm hoch, blieb eine Weile in dieser Höhe stehen und ging dann ein. Als der Beamte wiederkam, um zu sehen, was sein Mais machte, stand er nur da und schüttelte den Kopf. Es gab nicht einen einzigen Kolben, der groß genug war, um eine halbverhungerte Krähe zu füttern.

»Uwaikwiota« (Pseudonym), Schilfklan
Móenkopi, August 1968

Hippies in Shongópovi[21]

Ich bin nicht gegen alles, was neu ist. Wenn es etwas Neues gibt, das gut für uns ist, ohne unsere Traditionen zu zerstören, habe ich keine Einwände dagegen. Natürlich mag ich nicht die Art und Weise, wie diese Missionare hier heraufgekommen sind und uns die Türen eingerannt haben. So etwas schadet unseren traditionellen Lebensgewohnheiten. Daher sollten sie außerhalb des Dorfes bleiben. Sie möchten, daß wir unsere Hopi-Religion fallen lassen und ihre Religion übernehmen, also Mormonen, Mennoniten oder Adventisten des Siebten Tages werden. Dafür scheuen sie sich nicht, uns zu erzählen, wie rückständig wir seien, und daß wir in die Hölle kommen werden, wenn wir nicht unsere Religion aufgeben. Was sie uns sagen, ist nichts anderes, als daß wir aufhören sollen, Hopi zu sein, und jemand anderes werden sollen. Ich würde es gerne sehen, wenn man die Missionare daran hindern könnte, in die Dörfer zu kommen. Aber man sagt uns: »Nein, ihr könnt sie nicht davon abhalten, denn sie haben Redefreiheit. Nach der amerikanischen Verfassung könnt ihr nicht Leute am Reden hindern.« Also kommen und kommen sie, einer nach dem anderen. Man kann die Leute daran hindern, Kameras in die Dörfer zu bringen und Fotos von den Zeremonien zu machen, aber die Missionare kann man nicht fernhalten. Also bin ich gastfreundlich zu ihnen, wenn sie kommen, so wie Hopi sein sollten. Ich höre ihnen zu, sage aber nichts. Nur einmal habe ich doch einem dieser Missionare eine lange Rede gehalten und ihm gesagt, er sollte aufhören, Mormone zu sein und die Hopi-Religion annehmen. Danach habe ich ihn nie wieder gesehen.

Da war einmal diese Zeit, als die Hippies hier herüberkamen und das Dorf gewissermaßen besetzten, als ob es ihnen gehörte. Sie campierten einfach auf dem Dorfplatz und liefen umher, gingen in die Häuser der Leute und so etwas. Wir wollten sie nicht, aber sie weigerten sich zu gehen. Die Leute von Shongópovi mußten ihnen ausweichen, indem sie in ihre Häuser gingen und die Türen schlossen. Diese Hippies verletzten unsere Lebensweise. Sie streichelten und küßten sich in der Öffentlichkeit, als ob sie nichts anderes zu tun hätten und nirgendwo anders hingehen könnten. Ich bin dann hinausgegangen und habe mit einigen von ihnen gesprochen. »Warum seid ihr hier?« habe ich sie gefragt. »Warum benehmt ihr euch so? Ihr tut alles, was euch in den Kopf kommt. Wir mögen das nicht, es ist nicht unsere Art. Es ist unpassend.«

Sie sagten: »Was ist falsch an dem, was wir tun? Wir sind hier, weil wir auf eurer Seite sind. Ihr werdet vom Establishment unterdrückt, und wir sind gegen das Establishment.« Ich antwortete ihnen: »Nein, ihr seid nicht auf unserer Seite. Ihr benehmt euch nicht gut. Wenn ihr gerade etwas haben wollt, nehmt ihr es euch. Wenn ihr gerade etwas tun wollt, tut ihr es. Es gibt Regeln auf der Welt. Man kann nicht einfach irgend etwas sein, was man will.« – »Die Regeln sind falsch«, erwiderten sie. Ich sagte: »Glaubt ihr nicht, daß es irgendwo einen Großen Geist gibt, der uns erschaffen hat und uns beobachtet?« – »Nein, das glauben wir nicht«, antworteten sie. Ich fuhr fort: »Gut, also wer erschuf euch? Glaubt ihr, daß ihr euch selbst erschaffen habt?« Sie sagten nichts. Schließlich kam die Hopi-Polizei und hat sie hinausgeworfen.[22]

Diese Hippies waren ein ziemlich schlimmes Vorbild für unsere eigenen jungen Leute. Mir scheint, daß wir die Jugendlichen nicht mehr so leiten können wie früher. Wir versuchen es, aber sie sagen: »Ihr richtet euch nach den alten Weisen, aber so ist es heute nicht mehr.« Wir haben es ziemlich schwer, denn die jungen Leute werden in die Schulen weggeschickt, und man kann sie nicht leiten, wenn sie außerhalb des Dorfes sind. Eine ganze Reihe von Mädchen kommt schwanger zurück. Ich sage nicht, daß so etwas in den alten Zeiten nicht vorkam, aber als unsere Kinder im Dorf aufwuchsen und wir sie noch in die Kiva-Bruderschaften einführen konnten, hatten wir bessere Möglichkeiten, sie eine rechte Lebensweise zu lehren. Die Frauen konnten die Mädchen unterweisen und ihnen durch ihr eigenes Verhalten zeigen, was richtig ist. Die Jungen erhielten ihre Lehren von ihrem Vater und ihren [rituellen und Klan-]Onkeln, die ihren Unterhalt und ihre Anleitung übernahmen. Natürlich erhalten diejenigen, die weggehen, in der Schule eine Ausbildung, die sie hier nicht bekommen können. Vielleicht wird ihnen das in späteren Zeiten helfen. Ich hoffe es, denn ohne Zweifel verändert sich die Welt. Aber ich sehe es nicht gern, wie sie die alte Lebensart verlieren.

Manche der jungen Leute glauben, daß ich zu streng in allem sei. Sie nennen mich den alten Aufpasser, aber nicht direkt ins Gesicht. Wenn ich zum Beispiel einen Adler töte und die Daunenfedern ausrupfe – wir nennen sie Atemfedern –, dann finden manche Leute, daß ich altmodisch sei. Wir tun das gleich nach der Niman-Zeremonie. Die Daunen sind uns heilig; wir brauchen sie zu den Gebeten und Ritualen in der Kiva. Vielleicht ist das altmodisch. Viele Familien tun das nicht mehr. Aber für mich ist es ein Teil der alten Weise, die uns durch viele Schwierigkeiten geholfen hat.

Ich bin nicht gegen ›Fortschritt‹, aber ich muß wissen, was er bedeutet, und ich akzeptiere nicht alles, was der weiße Mann uns anbietet. Ich sehe mir die Dinge an und frage mich: »Ist das gut oder schlecht?«

Einiges, vieles ist gut, und ich sage mir: »Das kann uns nicht schaden, es kann uns helfen.« Ich akzeptiere es und versuche, es auf gute Weise zu nutzen. Ich baue mir ein neues Haus drüben auf der anderen Seite des Dorfes, an dem ich fast jeden Tag arbeite. Ich baue es nach alter Weise mit Steinplatten. Man legt eine Platte auf die andere und klemmt sie fest. Mir macht es Spaß, auf diese alte Weise zu bauen. Es ist, als ob ich etwas bewahre, das viele Leute vergessen. Aber für das Innere des Hauses habe ich jemanden, der mir eine Zimmerwand einbaut, und die baut er mit Zementsteinen. Das ist etwas, was ich als gut akzeptiert habe. Eines machte er weder auf die alte noch auf die neue Weise: Er hat vergessen, eine Tür in die Wand einzubauen, damit man von einem Raum in den anderen kommt. Das muß er noch in Ordnung bringen.

Eine Sache, die wir Hopi immer nötig gebraucht haben, ist Wasser. Wir mußten es immer tief unten von den Quellen holen. Das war hart für die Frauen, weil sie es in Krügen heraufbrachten, und es gab immer nur so viel, wie sie tragen konnten. Jetzt hat die Regierung auf den meisten Mesas Wassertanks aufgestellt. Das ist gut, aber andererseits wünsche ich mir oft, daß die jungen Leute verstünden, wie wir früher unser Wasser holen mußten, und es macht mir Sorgen, daß sie es als selbstverständlich ansehen, daß die Tanks hier sind. Hier und da sieht man manchmal auch Windräder, die Grundwasser heraufpumpen, und ich muß sagen, das ist gut. In meinem neuen Haus werde ich Glas in den Fenstern haben, und ich muß sagen, daß auch das gut ist. Alles, was unseren Kindern und Enkelkindern helfen wird, ein besseres Leben zu führen, ist gut. Ich meine nicht ein leichtes Leben. Nach unserer Überlieferung sollen die Menschen für alles arbeiten. Ich möchte aber nicht, daß unsere Kinder Härten durchstehen müssen, wenn sie aufwachsen, sondern daß sie auf das, was vor ihnen liegt, vorbereitet werden. Ich kann nicht in die Zukunft sehen oder wissen, womit sie fertig werden müssen. Aber wir können ihnen jetzt helfen, vorbereitet zu sein. Deshalb arbeite ich in der Gruppe »Rettet die Kinder«,[23] die vielen unserer Kinder zu einer Ausbildung verhilft. Wenn ich kann, arbeite ich auch mit der Stammesregierung, um die Verhältnisse auf der Reservation zu verbessern. Dennoch kann man sagen, daß ich mit einem Bein fest in der Vergangenheit stehe. Ich gehöre zum Bärenklan und zum Wúwuchim-Bund, und das sagt mir, wer ich bin.

Peter Nuvamsa, Sr., Bärenklan
Shongópovi, August 1969

Ein Besuch in Washington[24]

Manchmal hat man das Gefühl, die Weißen glauben alles, was man ihnen erzählt, besonders wenn man ihnen das erzählt, was sie gerne hören wollen. Von uns Indianern wollen sie Dinge hören, die uns als ziemlich unzivilisiert erscheinen lassen. Einmal hatte das Innenministerium einige von uns Hopi und Tewa zu einer Konferenz über indianische Angelegenheiten nach Washington eingeladen. Sie waren nicht besonders darauf aus, etwas von uns zu erfahren, sondern wollten nur, daß eine Gruppe von uns dort in indianischer Kleidung die Runde macht. Es gab ein großes Abendessen in einem Hotel, und wir Indianer wurden am Tisch unter die Weißen gemischt, so daß jeder einen Indianer in der Nähe hatte, den er ansprechen und dem er Fragen stellen konnte, wie: »Wie finden Sie eigentlich unser Land?«[25] Sie brachten eine Menge Sekt, und einige von uns hatten noch nie vorher Sekt getrunken und dachten, er sei wie Seven-up, so daß wir, noch bevor das Essen zu Ende war, ein paar tanzende Indianer im Speisezimmer hatten.

Nach dem Abendessen kam jemand zu mir und sagte, in einem der Hotelzimmer sei eine Radiostation eingerichtet worden. Ob ich nicht hinaufgehen und mich interviewen lassen wolle. Also ging ich hinauf, wie sie es wünschten. Dort saß ein Mann an einem Tisch, und er bat mich, Platz zu nehmen. Dann begann er, mir eine Menge Fragen über unsere Hopi- und Tewa-Bräuche zu stellen.

Er fing an: »Also, ich glaube, Ihr habt jetzt eine Menge Tänze da draußen in Arizona.«

»Da können Sie Recht haben«, sagte ich. »Sie tanzen viel da draußen.«

»Ich vermute, Ihr Volk tanzt, damit es regnet.«

»Tatsächlich? Davon habe ich noch nichts gehört.«

Er versuchte es noch einmal: »Was ich meine, ist, daß sie immer, wenn sie einen Kachina-Tanz abhalten, um Regen beten. Ist das nicht so?«

»Also, ich bin auf sehr vielen Kachina-Tänzen gewesen, aber die Hälfte von dem, was sie singen, verstehe ich nicht.«

»Sie wollen mich auf den Arm nehmen, nicht wahr?«

»Nein«, versicherte ich, »ich wußte nicht, daß sie um Regen beten. Aber bei Indianern weiß man nie so genau.«

Er sagte: »Also, ich habe eine Menge über den Bohnentanz und den

Schlangentanz gelesen, und nach allem, was ich zu dem Thema gelesen habe, versuchen sie immer, wenn sie diese Tänze abhalten, es regnen zu lassen.«

Ich sagte, so wie ich es sehe, machten sie nur eine Menge lustige Sachen mit Bohnen und Schlangen, und über das mit dem Regen könne ich nichts Genaues sagen.

Er sagte: »Nun gut, Sie sind doch ein richtiger Hopi, nicht wahr?«

Ich erwiderte: »Nein, ich bin ein Tewa, aber wenn Sie wollen, können Sie mich einen Tewa-Hopi nennen.«

»Gut, selbst wenn Sie statt nur ein Hopi, ein Tewa-Hopi sind, müssen Sie etwas über die Regentänze wissen. Ein paar von unseren Leuten sind draußen auf Ihren Mesas gewesen und haben diese Tänze gesehen, und sie sagten, weil die Hopi um Regen gebetet hätten, sei der Regen früher oder später eingetroffen, manchmal in der nächsten Nacht oder auch dann, wenn der Tanz noch im Gange war.«

»Ganz bestimmt«, versicherte ich, »ich bin überrascht, das zu hören. Sie meinen, daß sie um Regen tanzten, und dann kam der Regen? Vielleicht hätte es sowieso geregnet.«

Der Bursche wurde ziemlich ärgerlich. Er sagte: »Sehen Sie, Sie sind ein Indianer, und ich bin sicher, Sie wissen, daß man bei Ihnen Regentänze abhält.«

»Ja, wir Indianer halten immer irgendwelche Tänze ab. Wir tanzen gern, ganz klar.«

»Sie meinen, daß die Indianer das alles dort nicht glauben, über das Tanzen um Regen, und dann kommt der Regen?«

Ich entgegnete: »Ich kann Ihnen nicht sagen, ob ich das glaube oder nicht, weil ich all diese Artikel, über die Sie sprechen, nicht gelesen habe. Aber ich werde bestimmt darüber nachdenken. Es ist ziemlich interessant.«

»Mr. Healing, ich kann Ihnen eins sagen«, erwiderte er, »Sie sind der erste Hopi, mit dem ich je gesprochen habe, der mir nicht ausdrücklich bestätigte, daß sie den Regentanz abhalten, um Regen fallen zu lassen, und es dann regnet.«

»Gut«, beschied ich ihn, »ich freue mich über die Information, und wenn ich nach Hause zurückkomme, werde ich ihr nachgehen.«

Dewey Healing
Tewa, Juli 1977

TECHQUA IKACHI
—
LAND UND LEBEN AUS TRADITIONELLER SICHT

Die Zeitschrift Techqua Ikachi stellt gleich in zweifacher Hinsicht eine Besonderheit dar: Zum einen zeigt sie, wie sich ›traditionelle‹ Indianer erfolgreich moderner Medien bedienen können, zum anderen wird sie ganz auf Hopi-Weise hergestellt, d. h. alle Arbeit für sie wird freiwillig und unentgeltlich erbracht, auch die Bezahlung der Zeitung bleibt jedem Bezieher selbst überlassen.

Andere Zeitungen, die von ›fortschrittlichen‹ Hopi herausgegeben wurden, haben eine Weile existiert und sind dann wieder eingegangen, obwohl sie professionell hergestellt wurden. Techqua Ikachi dagegen ist seit 1975 in wechselnden Abständen, aber regelmäßig erschienen und weit über das Hopiland hinaus bekannt geworden. Für Europa wurde sogar ein eigener Vertrieb organisiert.

Techqua Ikachi repräsentiert die Ansichten spiritueller Führer aus Hótevilla wie David Monongye, Jack Pongyayesva, Paul Sewemanewa, Dan Evehenma, Amos Howesa und Lewis Naha. Als Redakteur und Herausgeber fungiert James Kootshongsie.

Die Zeitschrift berichtet nicht so sehr über aktuelle Ereignisse und historische Fakten. Diese werden oft als bekannt vorausgesetzt und sind daher von mir in zum Teil längeren Anmerkungen ergänzt worden. Ihr Wert liegt vielmehr darin, das tägliche Hopi-Leben aus traditioneller Sicht wahrzunehmen und zu beurteilen, wobei sich für den Außenstehenden oft überraschende Gesichtspunkte ergeben.

Techqua Ikachi stellt sich vor

»Dieser Rundbrief ist der erste seiner Art. Er ist eine regelmäßig erscheinende Publikation, die aus der Sicht der traditionellen Hopi spricht. Er wird für denkende Menschen gedruckt, besonders für jene, die sich um die Zukunft und das Schicksal der Hopi in der heutigen Welt Sorgen machen. Er ist auch als eine Bildungshilfe für die Jugend der Hopi und aller anderen eingeborenen Nationen gedacht.
Wir werden versuchen, verschiedene Dinge zurechtzurücken, die von Menschen, die gegen die Lebensweise der traditionellen Hopi eingestellt sind, gesagt und gedruckt wurden. Ferner wollen wir uns nach Kräften bemühen, die zeitlosen Lehren der Hopi näher zu bestimmen. Wir hoffen, daß dies zu größerer Einsicht in das Leben der Hopi führt und den Kindern von heute hilft, ihre Ältesten zu verstehen und nicht zu hassen. Wir werden versuchen nicht zu indoktrinieren, sondern lediglich die Lehren darzustellen, die es den Hopi ermöglichten, Jahrhunderte zu überleben, und ihre geistigen Kräfte zu voller Entfaltung zu bringen.
Es gibt viele Fragen, die geklärt werden müssen. Wir werden versuchen, zu zeigen, wie der Hopi denkt und wie er seine Probleme sieht. Für die meisten mag das seltsam klingen. Die Hopi zwingen niemanden, alles wörtlich zu nehmen. Alles hat seine Grenzen, und nur wenige Dinge lassen sich bis zum äußersten treiben. Aber man kann davon lernen.«

Ausgabe Nr. 1, August 1975

Warum lehnen traditionelle Dörfer moderne Annehmlichkeiten ab?

Immer wieder taucht die Frage auf, warum traditionelle Hopi es ablehnen, Einrichtungen der Pahána zu übernehmen. Dies haben jene, die in der Welt der Pahána leben, oder Menschen aus anderen Ländern vielleicht nie genau verstanden. Wir Hopi sind einfach eine Gruppe von Menschen mit ähnlichen Sprachen, die in Dörfern leben, welche

wirklich voneinander unabhängig sind. Durch den Zyklus ihrer Zeremonien, die nach dem Stand von Sonne und Mond stattfinden, tragen die Führer eines jeden Dorfes ihren Teil zum Lebensplan des Ganzen bei. Durch diesen Zyklus sind das ganze Land und alles Leben vollständig. Da wir vom Schöpfer mit einer Aufgabe in dieses Land gebracht wurden – so wie alle Völker rund um den Erdball – sind wir in der Lage, eine tiefe Beziehung mit unserer Umwelt einzugehen: mit der wasserlosen Wüste, den Felsen, Wäldern, Pflanzen, Tieren, Vögeln und den anderen Geschöpfen, die der moderne Mensch vergessen hat – sicherlich zu seinem großen Nachteil. Wenn wir es zulassen würden, daß man unsere Lebensweise mit Mitteln der Gewalt in die der modernen Gesellschaft umwandelt, um uns dadurch zu zwingen, eine fremde Führerschaft anzuerkennen, wie dies zur Zeit durch den sogenannten ›Hopi- Stammesrat‹ betrieben wird,[1] wären wir dem Untergang geweiht und inmitten eines unvertrauten Milieus verloren. Man würde uns zwingen, unser Land aufzuteilen und Steuern und Rechnungen zu bezahlen, wozu wir nicht in der Lage sind, wenn wir nicht unsere Lebensweise für Arbeitsplätze im Sinne der Weißen aufgeben. Zivilisation kann sehr vieles heißen. Für manche bedeutet sie eine Menge Apparätchen und Komfort. Menschen, die das Hopiland besuchen, sind sich darin einig, daß wir eine gute Lebensweise und einen großartigen [spirituellen] Besitz haben. Der wahre Wert unserer Kultur zeigt sich in unserer Fähigkeit, miteinander weitgehend in Frieden zu leben, fast keine oder überhaupt keine Kriege und Verbrechen zu kennen und ohne Gefängnisse und Gerichte oder »Recht und Ordnung« auszukommen, die alle zu Gefangenschaft, Verschlagenheit und Bestechlichkeit führen. Wir können leben, ohne Luft und Wasser zu verschmutzen oder die Umwelt auf andere Weise zu zerstören.
All dies würde heute noch gelten, gäbe es nicht den Eingriff fremder Interessen, »Recht und Ordnung« und die Betreiber des »Fortschritts«. Doch der wahre Weg der Hopi ist nicht eine Sache der Vergangenheit; der Kampf, ihn zu erhalten, dauert bis heute an. Wir hoffen, wir handeln nicht falsch, wenn wir uns selbst und unseren Kindern die guten Dinge, die uns angeboten werden, verweigern. Aber wir glauben, daß unsere Lebensweise für den Menschen besser ist. Geht sie erst einmal verloren, dann kann sie nicht mehr zurückgewonnen oder mit irgendeiner Summe Geld käuflich erworben werden.

Ausgabe Nr. 2, Oktober 1975

Kélmuya

Die Wintermonate sind sehr wichtig für die Hopi. Sie sind die Zeit, in der wir über die Geschichte der Menschheit, über den Sinn des Emporkommens in diese Welt und über die Unterweisungen der Wege, die wir beschreiten sollen, um unser Leben zu verlängern, beraten. Unter der Leitung von Sonne, Mond und Sternen werden Samen gesät und Zeremonien ausgeführt. Das ist im Kélmuya (November). Diese Ereignisse gab es schon, als der Pahána noch nicht da war. Wir gehen nun zurück bis in die Zeit, als noch alle Herzen und Gedanken eins waren.

Im Kélmuya, dem Anfang des Lebenszyklus, erfolgt auch die Initiation junger Männer in die Schule des Wissens.[2] Diese Handlung wird von vier Zeremonialbünden oder religiösen Gemeinschaften durchgeführt, dem Zweihorn-, dem Einhorn-, dem Sänger- und dem Wuchim-Bund. In diese Zeremonialbünde kann ein neues Mitglied von seinem Paten, der zu einem von ihnen gehört, eingeführt werden. Dieser Vorgang ist kompliziert und dauert viele Tage. Was im Innern der Kiva geschieht, bleibt den Augen der Öffentlichkeit verborgen. Es gibt nur eine öffentliche Vorführung, in der die Wuchim- und Zweihorn-Gesellschaften tanzend das Dorf umkreisen, um ihren Anspruch auf den ganzen Kontinent zu symbolisieren und ihre Pflichten für die Erdmutter, ihre Treue und Wahrhaftigkeit gegenüber den unsichtbaren Geistern und dem Schöpfer zu bekräftigen.

Innerhalb der Kiva werden weitere Rituale und Meditationen ausgeführt, um die Menschen mit Gesundheit und einem langen Leben zu segnen und um die Führung auf dem rechten Weg zu erbitten. Am frühen Morgen wird allen Leuten nahegelegt, den Maismehlweg nach Osten zu gehen, aber zuerst muß man auf dem oberen Dach der Kiva der Sängergesellschaft den Stock oder Krummstab des Alten in die Hand nehmen. Dies beendet den ersten Zyklus.

Ausgabe Nr. 10, Januar/Februar 1977

Kámuya

Dann treten wir in den Heiligen Monat Kámuya (Dezember) ein. Wir bewegen uns langsam und leise und müssen auch viele Dinge beachten und befolgen, damit der sich auf die erneute Geburt vorbereitende Schoß der Erdmutter durch nichts gestört oder behindert wird. Die Neue Geburt des ganzen Landes und allen Lebens muß natürlich und gesund verlaufen. Mißachtet der Mensch diese Gesetze, so glauben wir Hopi, dann wird er eines Tages Schaden erleiden. Dann werden unsere geistigen und körperlichen Kräfte die geordnete Natur beeinflussen und in eine zerstörende Kraft verwandeln. Um also die eigenen Kräfte zu beherrschen, verbringen die Hopi während dieses Monats eine ruhige Zeit, führen Rituale aus, rauchen und beten.

Ja, in diesem Monat gibt es Unterricht und Unterhaltung für die Kinder, Coyote-Erzählungen, Geistergeschichten und anderes. Besuchen wir einmal den Haushalt von Großvater und stellen uns vor, es sei so wie vor langer Zeit.

Der Ort des Geschehens ist die Feuerstelle. Der offene Herd wird zu dieser Zeit zum Heizen und Kochen verwendet. Wie gewöhnlich kamen die Nachbarskinder einfach dazu, um den Spaß mitzuerleben. Vor dem Feuer saßen sechs Kinder mit zerzausten Haaren und Gesichtern, eingewickelt in alte, wärmende Decken. Großvater saß glücklich da und war stolz, daß er noch lebte, um die Geschichten zu erzählen. Wieder einmal werden bis Monatsende weitere Kinder hinzukommen; die meisten von ihnen das erste Mal, aber andere werden nicht mehr dabeisein, denn sie sind herangewachsen und haben andere Dinge zu tun oder andere Geschichtenerzähler gefunden.

Die Kinder, die an der Feuerstelle sitzen und einen Korb mit geröstetem Mais und getrockneten Früchten vor sich stehen haben, hören Großvater eine Weile zu. Nach drei Geschichten wollen sie von ihm eine Geistergeschichte hören. »Das ist immer gut, denn Geistergeschichten mögen sie lieber als Coyote-Erzählungen«, denkt er für sich. »Ihr werdet Angst bekommen«, stellt er sie auf die Probe, »außerdem fällt mir jetzt gerade keine ein.« Dies ist jedoch eine Ausrede, die nie Erfolg hat. »Füllen wir zuerst die Körbe wieder auf. Es sieht so aus, als ob alles, was ihr darin hattet, schon verschwunden ist, bestimmt in euren kleinen Bäuchlein.« Während die Körbe aufgefüllt werden,

machen die Kinder Andeutungen oder Vorschläge, was sie hören wollen, bis sie sich schließlich auf eine Lieblingsgeschichte einigen.
»Erinnerst du dich an die Geschichte, Großvater, die von einem wirklich furchtbaren Geist, der ins Dorf kam und den niemand zu fangen wagte?« – »Aber schließlich haben ihn die Leute doch gefangen, nachdem sie es ein paarmal versucht hatten«, erinnert sich ein anderer. »Nein, so war das nicht«, wird er von einem dritten berichtigt, »der Geist wurde von einem ganz armen und bescheidenen Jungen mit einer Steppdecke gefangen, und die geschickten, starken und großtuerischen Jungen sind ängstlich davongerannt.« Großvater saß da und wagte es nicht, in ihre unschuldige Diskussion einzugreifen.
»Der Geist versuchte, ihnen Angst einzujagen, weil die Leute nicht auf ihre Häuptlinge hörten, jede Nacht tanzten und morgens nach Hause kamen. Und die Babies schrien, weil sie Hunger hatten«, fügt einer hinzu. »Erinnerst du dich, sie schlugen ihm den Kopf ab und begruben ihn in der Mitte des Dorfplatzes, wie er sie vor seinem Tode angewiesen hatte, und am vierten Tag kam dort, wo sie ihn begraben hatten, eine große Wasserschlange heraus, ließ die Erde erzittern und den Dorfplatz mit Wasser überfluten.«[3] Die Kinder diskutieren ohne Unterlaß weiter.
»Und alle Leute rannten um ihr Leben, außer einem blinden Mann und einem lahmen Mann, die sich irgendwie trafen und einander aus dem Dorf trugen.« – »So ging das nicht«, verbessert ein anderer. »Es war der blinde Mann, der den lahmen Mann den ganzen Weg trug. Der Lahme führte ihn, weil er sehen konnte. Und weißt du noch, dann hielten sie auf ihrem Weg an, um auszuruhen, und sie waren sehr hungrig. Da sahen sie einen Hirsch, den erlegten sie mit einem Pfeil. Der Blinde zielte mit Hilfe des Lahmen, der für den Blinden den Hirsch anvisierte.« Großvater nickt bestätigend.
»Und in dieser Nacht machten sie ein Feuer, ein großes, großes Feuer, und legten den Kopf zum Braten hinein. Aber ganz plötzlich kam ein großes, häßliches Ungeheuer, vor dem hatten sie Angst um ihr Leben. Aber das Ungeheuer tat gar nichts und schoß statt dessen dem bratenden Kopf in die Augen, und es gab einen fürchterlichen Knall. Das machte den beiden Männern so große Angst, daß der Lahme auf die Füße sprang und der Blinde schnell die Augen aufmachte. Darüber waren sie so glücklich, daß der Lahme die ganze Nacht umherlief, und der Blinde Mond und Sterne betrachtete, denn er sah sie zum ersten

Mal in seinem Leben. Stimmt das, Großvater?« Alle schauen, Zustimmung heischend, zu ihm auf. »Nun erzähl du uns die Geschichte!« – »Aber was soll ich euch noch erzählen? Ihr habt sie ja schon erzählt«, antwortet er mit einem Stirnrunzeln. Doch die Kinder bestehen darauf, daß er sie erzählt, denn wenn er es tut, ist es spannender.
Ohne weiteres Zureden läßt der Großvater jetzt das magische Wort »Alíksai!« ertönen. »Ohhh!« erklingen die kleinen Stimmen aufgeregt. Wie es sich für einen guten Geschichtenerzähler gehört, gibt er während der Erzählung dem Feuer im richtigen Augenblick einen Schlag, so daß auf der Wand hinter den Kindern die Schatten tanzender Geister aufflackern – ein dramatischer Spukeffekt –, als ob er die Kinder dazu herausfordern wolle, über ihre Schultern zu sehen. Schließlich lassen ein oder zwei schläfrige Stimmen ein Gähnen hören, »Ahhh!«, und die lange Geschichte ist zu Ende.

Ausgabe Nr. 10, Januar/Februar 1977

Die heiligste Jahreszeit

»Bum! Bum! Bum!« tönte irgendwo eine Trommel im Morgendunst. »Was ist das, Großvater?« fragten die aufgeregten Kinder, die sich um den alten Mann geschart hatten, um den Geschichten zu lauschen, die er jedes Jahr zur Zeit des Kyámuya (Dezember)[4] mit seiner ruhigen Stimme erzählte; bei den Hopi eine Tradition für Jung und Alt. Coyotegeschichten und Legenden aus der Vergangenheit werden Jahr für Jahr immer wieder erzählt. Einige der Geschichten sind Fabeln, von denen man lernen kann, und einige sind wahre Geschichte. Die meisten unserer Leser, die um unsere uralten Überlieferungen wissen, verstehen ihren Sinn.
»Geht hinaus, meine Kinder«, erwiderte der Großvater, »und schaut über unser Dorf nach Westen! Vielleicht ist der neue Mond erschienen.« Der alte Mann ist zufrieden, aber auch ein klein wenig traurig, daß der heilige Monat vorbei ist und er nun keine Geschichten mehr erzählen kann. Er wird die Kinder vermissen. Aber bevor er den Gedanken fallen läßt, betet er still um Kraft, daß er im nächsten Jahr noch da sein wird, um seine Geschichten denselben Kindern und vielleicht auch einigen neuen zu erzählen.

Er weiß, daß die Kinder sich nun anderen Dingen zuwenden und ruft sich die Zeit in Erinnerung, als er in ihrem Alter war und vor langer Zeit den Kyámuya erlebte. Es schien damals so ein kalter, langer und eintöniger Monat zu sein. Es gab nichts zu tun. Er hatte ihn auch als einen Monat der Furcht in Erinnerung. Die Sitten wurden sorgfältig beachtet. Vieles war nicht erlaubt, wie etwa Ballspielen, Laufen, lautes Sprechen und Singen, Trommelschlagen, Tanzen und auch das Graben in der Erde. Man mußte zu Sonnenuntergang daheim im Haus sein und seine Wangen mit Asche bestreichen, wenn man später in der Dunkelheit noch nach draußen ging; ein Schutz gegen böse Geister, die überall lauern, um ihren Fluch über einen zu bringen.
Warum all dieser Hokuspokus, mag sich mancher fragen. Für die moderne Welt ist es schwierig, ein solches Verhalten zu verstehen, aber in den uralten Traditionen auf der ganzen Welt hat diese Jahreszeit eine besondere Bedeutung. Sie ist die Zeit sorgfältiger Vorbereitung für die Neugeburt. Ein neues Leben wird vielleicht nicht auf normale Weise geboren, wenn die Mutter bei der Schwangerschaft gestört wird. Die Samen des kommenden Jahres werden in diesem Monat gesät. Unsere Mutter Erde muß frei von Störungen sein, um gesundes Leben hervorzubringen.
Aufgrund der Respektlosigkeit, die durch die neue, aufgezwungene Kultur gefördert wird, gibt es heute nur noch wenige Menschen in unseren Dörfern, die diesen stillen und heiligen Monat wahrhaftig achten. Das Erzählen von Geschichten ist durch vielerlei Dinge abgelöst worden, wie z. B. Radio, Fernsehen und Bücher. Wir gehen nicht mehr so sanft, unsere Bewegungen sind schnell, und der Lärm zerreißt einem die Ohren und erschüttert die Erde. Ballspiele, Autos, Flugzeuge; wir bleiben die ganze Nacht auf, während unsere Mutter Erde von den heutigen Erfindungen durchbohrt und zerkratzt wird.
Infolgedessen sind wir nicht mehr normal. Die Dinge sind aus dem Lot. Sieh dich um und zieh deine eigenen Schlüsse. Die Aussichten erscheinen düster. Doch wir haben die ganze Zeit gewußt, daß die Versuchungen der heutigen Welt sehr stark sein würden und daß es große Kraft kosten würde, die Welt im Gleichgewicht zu halten. Wenden wir uns nun wieder den Kindern zu.
»Ihr seht also den Mond!« bestätigt Großvater. »Wann kommen die Kachinas,[5] Großvater?« – »Welche werden kommen, Großvater?« fragt ein anderes Kind aufgeregt. »Nun«, antwortet er, kratzt sich am

Kopf und sieht in die wißbegierigen Gesichter, »das hängt von den religiösen Führern ab. Es wird nicht mehr lange dauern, und sie werden sich in der Kiva versammeln, mit ihrem Segen Gebetsfedern machen und Tabak rauchen. Die Kachinas werden schon kommen.« – »Aber wir hören schon, wie die Kachinas in der Kiva tanzen«, sagt das kleinste Kind. »Nun, was du da hörst, könnte ja auch etwas anderes sein«, erwidert der Großvater. »Hast du schon vergessen? Dieser Monat ist auch zum Tanzen für die Jungen und Mädchen, und sogar einer von euch könnte daran teilnehmen. Es könnten aber auch die Männer in der Kiva sein, die ihre Gesänge proben... oder die Kachinas, die tief unten in der Erde üben und Nahrung zubereiten, die sie euch als Freundschaftsgeschenk bringen, wenn sie kommen.«

Ja, Pámuya (Januar) ist die Zeit der Kachina-Zeremonien und geselligen Tänze. Die Kachinas werden von den religiösen Führern herbeigerufen. In großer Zahl werden sie von Sonnenuntergang bis in die Nacht in sechs Gruppen aus sechs Kivas erscheinen. Alle werden ihr Vergnügen haben, besonders die Kinder. Unsere Mutter Erde ist zu dieser Zeit besonders glücklich und friedfertig, geschützt vor schlechten Elementen; was in ihrem Schoße ruht, wird reichliche Fülle für alle Lebewesen hervorbringen.

Wieder ein Traum? Ja, dies war so, als unsere Herzen noch eins waren vor nicht allzulanger Zeit. Die Welt des Pahána zerstört, was einmal schön und gut war. Unsere Kinder werden durch die Bestrebungen der US-Regierung, durch ihr Schulsystem und ihren sogenannten »Hopi-Stammesrat« zu Tätigkeiten des Pahána verleitet. Die Kinder werden gezwungen, einen Großteil ihrer Zeit mit solchen Tätigkeiten in Schulen zu verbringen; dies ist für sie die einzige Möglichkeit, Freude an etwas zu haben. Es dauert nicht lange, und sie kennen nichts anderes mehr. Dann lassen sie sich leicht dazu ermuntern, an nächtlichen Ballspielen teilzunehmen, die einen hohen Preis von uns fordern, genauso wie Pahána-Tänze und andere Programme. Als Folge davon verlieren die meisten Kinder das Interesse an den Zeremonien, wenn sie alt genug sind, um an ihnen teilzunehmen. Sie werden durch diese fremde Welt unseren Händen entrissen und der Chance beraubt, in ihrem Verständnis für die heiligen Weisen aufzuwachsen, die uns seit Jahrhunderten Wohlstand und Frieden gebracht haben.

Wir wünschen nur, daß man uns die Freiheit läßt, unsere Traditionen fortzuführen. Darum beten wir in dieser heiligsten Jahreszeit.

In den ersten Jahren dieses Jahrhunderts machte es sich die US-Regierung zum erklärten Ziel, nur den Ältesten die Freiheit einzuräumen, den vollen Zeremonialzyklus durchzuführen. Die Kinder wurden mit Gewalt weggebracht, und diejenigen von den Ältesten, die protestierten, wurden ins Gefängnis geworfen. Dem wahren Zeremonialzyklus sollte es bestimmt sein, mit den Ältesten auszusterben. Dem flüchtigen Beobachter erscheinen die verschiedenen kulturellen Angebote der Paháná harmlos, und jene, die sie vorantreiben, denken, sie tun Gutes, aber in Wirklichkeit sind sie Teil der gewaltigen Anstrengungen, uns vom Weg des Großen Geistes abzubringen. Wir müssen der Tatsache ins Auge sehen, daß unsere lebenswichtige Bindung an Mutter Erde fast zerstört ist.

Die Welt verändert sich schnell, und die Menschheit ist in ernsten Schwierigkeiten. Was wir heute sehen, wurde seit langer Zeit vorhergesagt, und dies ist der Grund, warum die wahren Hopi niemals ihren Widerstand aufgegeben haben.

Wir wissen, auch unseren Kindern ist es möglich, von neuem zu erkennen, wie wichtig die Bewahrung der Hopi-Lebensweise ist. Die Schwierigkeiten in der Welt haben dies mit jedem verstrichenen Jahr deutlicher gezeigt. Unsere Achtung vor dem uralten Hopi-Weg, der uns Leben gegeben hat, ist nicht nur ein Traum von einer schönen Vergangenheit. Sie ist ein Traum von einer schönen Zukunft.

Ausgabe Nr. 4, Dezember 1975–Januar 1976

Pámuya

Kámuya (Dezember) ist vorbei, und Pámuya (Januar) ist da, ein Monat der Freude, der guten Gedanken und des Glücks, auf daß das kommende Jahr eine reichliche Menge an gesunder Nahrung für alle bringe. »Manchmal bewirkt die Erinnerung an die Vergangenheit Gute Medizin«, sagt man. So würden wir gern zu den Tagen zurückkehren, als all unser Kummer und Leid vergessen und vergeben waren, als Freundschaften und Verwandtschaften zur Einigkeit zwischen allen Dörfern führten.

Den Stammesrat gab es noch nicht. Jene, die jetzt Ratsmitglieder sind, waren noch nicht geboren oder noch unschuldigen Geistes und hingen mit schmutzigen Nasen und Hosen an ihren Müttern. Damals, als die Regierung aufhörte, Kinder in weitentlegene Schulen zu entführen, und einige Jahre später, als Häuptling Yukíoma[6] und seine Anhänger aus dem Gefängnis herauskamen, waren das Freudentage über die Wiedererlangung der Freiheit. Alle waren glücklich, denn sie dachten, dies sei das Ende der Unterdrückung.

Dies war Pámuya. In allen Kivas ertönten Trommeln zu den Melodien von Gesängen. Bei Einbruch der Dunkelheit war das Gerücht aufgekommen, daß zwei Kivas einen ganztägigen Tanz, vielleicht einen Büffeltanz planten. Die Mädchen, die das richtige Alter erreicht hatten, waren ganz aufgeregt; bestimmt würden sie daran teilnehmen. Aber sie mußten warten, bis die Nachtkachina-Tänzer fertig waren. Zu dieser Zeit sind fünf religiöse Bünde in den Zeremonien tätig, die Schlangen-, Flöten-, Márawu-, Lakón- und Owaqlt-Priester. Alle erfüllen getrennt ihre Pflichten, ihre Gebete um Gesundheit, Regen, Nahrung und anderes mehr.

Diese Nachttänze finden in den Kivas statt. Alle können kommen und sich an ihnen erfreuen und das von den Tänzern ausgegebene Essen genießen. Da sie getrennt aufgeführt werden, mit jeweils drei bis vier Tagen Abstand, dauern diese Tänze bis zum Ende des Monats.

Wenn also das Ende kommt, erklingen die Trommeln wieder und rufen Mädchen herein, die mit den von ihnen gewählten Jungen üben. Alle sind guter Dinge, bis der Tag festgelegt wird, an dem sie draußen auf dem Dorfplatz tanzen sollen. Es werden Sänger da sein, und zu ihrem Trommelschlag und Gesang werden sie tanzen. In jedem einzelnen Haus werden Speisen bereitet, und man lädt seine besten Freunde und Verwandte aus anderen Dörfern zu sich ein, um das Essen und gute Neuigkeiten miteinander zu teilen.

Wenn es vorbei ist, verabschieden sich alle mit Worten der Ermutigung für ein langes Leben und fortwährende Gesundheit. Freunde und Verwandte, die zu weiten Reisen aufbrechen, erhalten Nahrungsmittel. In jener Zeit, vor Jahren also, kamen die Leute mit Fuhrwerken, auf Pferden und Eseln und sogar zu Fuß herbei. Dies ist der Hopi-Weg, der uns am liebsten ist.

So endet Pámuya, die Kraft des Glücks und der Gesundheit.

Ausgabe Nr. 10, Januar/Februar 1977

Pámuya und Powámuya

In der letzten Ausgabe ließen wir Euch mit der Frage zurück, was mit unseren aufgeregten und neugierigen Kindern und den freundlichen Kachinas geschehen würde. Genau wie unser Großvater sagte, konnte man überall in den Kivas Trommeln vernehmen. Es ist sieben Monate her, seit unsere Freunde, die Kachinas, sich den Winter über in ihre unterirdischen Ruheplätze zurückgezogen haben. Nun verursachen vertraute Klänge bei Kindern und Erwachsenen gleichermaßen viel Aufregung. Dies ist auch ein Monat des Zusammenseins, die richtige Zeit nicht nur für Jungen und Mädchen, sondern auch für Erwachsene, zu tanzen und fröhlich zu sein. All dieses Leben und Treiben hat seine Bedeutung und seinen Sinn.
Früh an einem kalten Morgen kam Großvater aus der Kiva, wo er die meiste Zeit mit guten Gedanken rauchend und betend verbracht hatte, zum Frühstück nach Hause. »Auf, steht auf, meine Kinder!« rief er laut aus. »Heute wird unser Onkel Nási in der Kiva seine Pfeife rauchen. Ihr müßt ein gutes Herz haben, ihr müßt euch gut benehmen, Mutter und Vater achten und hilfsbereit sein, denn heute nacht kommen die Kachinas und tanzen in den Kivas. Sie bringen auch Geschenke für gute kleine Kinder.« Er sah in die großen Augen der Kinder und fügte hinzu: »Aber ganz bestimmt kommt auch Só'yoko und nimmt die schlechten Kinder mit.« Bevor er sich noch etwas anderes ausdenken konnte, um ihnen einen Schrecken einzujagen, bot ein Kind prompt an: »Ich schlage Holz und helfe Wasser tragen!« – »Ich auch, Großvater!« rief ein anderes. »Und ich helfe Mama den ganzen Tag kochen und fege den Boden!« Großvater sah auf sie herunter und erwiderte stolz: »Gut! Gut! Ich werde in der Kiva gute Worte für euch einlegen.« (Diese Methode wirkte besser als Schläge, jedenfalls solange, bis die Zeremonien entstellt wurden.)
So taten Onkel Nási und andere Angehörige seines Bundes wie immer ihre Pflicht, Jahr für Jahr. Sie machten besondere Gebetsstäbe und -federn und beteten über ihnen, indem sie rauchten, und segneten sie mit Maismehl. Diese Zeremonie soll den umfassenden Segen für alles Land und Leben, für Gesundheit und Frieden eines jeden, durch die unsichtbaren Geister erwirken. Dies gilt auch für den Regen, damit wir im kommenden Jahr reichlich Früchte haben werden.

Hotóto

Genau zur Dämmerung waren also die Kivas mit Kindern gefüllt. Auch viele andere Leute kamen, niemand wird mißachtet. Diese Vorführungen dienen zur Unterhaltung und erzeugen gute Gedanken. Sogar mit nur wenigen guten Herzen können unsere Gebete vollzogen und unsere Arbeit erfolgreich werden.

Aber trotz all der gemeinschaftlichen Tätigkeiten verlangt dieser Monat Bedachtsamkeit, besonders von Leuten in hohen Ämtern. Während dieser Zeit wird man leichter von unnatürlichen sexuellen Wünschen beeinflußt, so daß es wichtig ist, das Herz rein zu halten. (Mit Trauer sehen wir, daß dieser Rat heutzutage nicht befolgt wird. Dadurch ist viel Schaden angerichtet worden.)

Eines unserer kleinen Mädchen nahm einmal am Büffeltanz in der Kiva ihres Onkels teil. Es war das erste Mal für sie, und es machte ihr Spaß. Sie brauchte keine Angst zu haben, denn sie ist noch so rein, daß kaum etwas ihr Herz verletzen könnte.

Powámuya ist der Reinigungsmonat (Februar) mit vielen Handlungen und vielen besonderen Bedeutungen. Bei Eintritt in den neuen Mond wird ein heiliges Ritual aufgeführt, um alles Leben auf der Erde zu reinigen. Die schlechten Elemente, die sich in den letzten Monaten angesammelt haben, müssen weggewaschen werden, damit wir in der Natur aufgehen können. Wir müssen frei von Verunreinigungen sein,

um in farbenfroher Schönheit aus der Erdmutter hervorzugehen, zu lobpreisen und für sie und all ihre Kinder Harmonie zu erwirken.
Es ist auch ein Monat der Initiation für die Kinder, die älter geworden sind. Sie werden als Mitglieder in einen höheren Bund eingeführt, das zweite Stadium des Lebens, welches dem Geburtsritual folgt, mit dem sie auf die Welt kamen.[7] Diese Zeremonie gilt als sehr heilig. Jene, die sich respektvoll nach ihr richten, können durch ihre Funktionen und die Macht, die in ihr liegt, viel über die Lebensweise der Hopi lernen. Die Kinder erhalten bunte Geschenke mit jungen grünen Pflanzen, die die Einführung der ersten frischen Nahrung symbolisieren. Genau zu Sonnenaufgang kommen Kachinas aus allen Kivas, um Geschenke in die Häuser zu bringen. Kachina-Puppen, Rasseln und Flechtteller für die Mädchen, Bogen, Pfeile und Rasseln für die Jungen, sowie später am Tag vielleicht Bälle und Schläger, wenn die Kachinas kommen, um die Leute zu unterhalten. Jedes Spielzeug hat seine besondere Bedeutung.
In dieser Nacht wird es keinen Schlaf geben. Die Männer in der Kiva rauchen und beten für den Erfolg des kommenden Jahres. Nach Mitternacht beginnen Tänze, die bis zum Morgengrauen andauern. Sie symbolisieren den Übergang vom Alten zum Neuen oder von der Schöpfung zur Erfüllung des Lebens. Aber man würde viele Seiten benötigen, um die ganze Symbolik wiederzugeben. Wenden wir uns also wieder den Kindern zu.
Wie gewöhnlich kehrt Großvater frühmorgens zum Frühstück aus der Kiva zurück. Lächelnd sagt er zu den Kindern: »Steht auf! Steht auf! Geht nach draußen und schaut! Es muß schon Frühling sein, denn ich habe gerade einen tukotska (kleinen schwarzen Vogel) mit grünen Mokassins nach Osten laufen sehen, der rief aus, daß es Zeit zum Pflanzen ist!«
»Wo? Wohin?« Schnell sprangen sie auf und eilten zur Tür, sich den Schlaf aus den Augen reibend. »Ein Stück die Straße hinunter! Wenn ihr euch beeilt, könnt ihr ihn vielleicht einholen und an der nächsten Kiva vorbeilaufen sehen«, antwortete er schelmisch lächelnd, da er wußte, daß sie den Vogel mit den grünen Mokassins natürlich nie finden würden. Dies ist nur eine verschlüsselte Botschaft, um die neugierig forschenden Ohren der Kinder mit dem Hinweis zu erreichen, daß der Mensch sich jetzt auf den Frühling vorbereiten soll. Samen müssen nun in der Kiva zum Sprießen gebracht werden, und in

etwa 16 Tagen[8] steht die Hauptzeremonie bevor. Während die Kinder draußen schauen, berät der Großvater mit den Eltern die Möglichkeit einer Initiation. Er teilt ihnen mit, daß dieses Jahr kein reguläres Ritual stattfinden wird, aber möglicherweise wird es eine abgekürzte Form geben. Die Mutter deutet an, daß vielleicht die älteste Tochter, Mano, dabeisein sollte, denn sie sei in letzter Zeit neugierig geworden und habe Fragen gestellt, die ihr eigentlich nicht zustehen.
Inzwischen sind die Kinder wieder zur Tür hereingestürmt, fröstelnd und aufgeregt. »Großvater«, ruft der Kleinste, »wir haben ihn gesehen! Er flog weit weg die Schlucht hinunter!« – »Du kleiner unschuldiger Schwindler«, dachte der Großvater bei sich.
Nach dem Mittagessen kommt die Kachina-Mutter wieder heraus und geht mit ihrer immer größer werdenden Kinderschar von Kiva zu Kiva. Sie alle bringen Geschenke, Puppen, Pfeil und Bogen; einige haben Bälle und Schläger, die sie den kleinen Jungen geben.
Am Spätnachmittag kam Manos Patin, um sie auf die Initiation vorzubereiten. Die Kinder würden sich bald in einer bestimmten Kiva versammeln, und ihr Pate würde kommen, wenn es an der Zeit sei. Sie legten ihr ein schwarzes, handgewebtes Kleid an, einen roten, grünen und schwarzen Gürtel um die Taille und gaben ihr eine rote Mütze, aber keine Schuhe.
Mano fürchtete sich, aber die Patin machte ihr Mut und sagte ihr, daß sie keine Angst haben sollte, denn bei ihr werde es nicht so weh tun wie bei den Jungen, die nackt sein müßten.
Ihre kleinen Brüder machten Bemerkungen, die sie nicht so lustig fand, jetzt, da sie so ängstlich war. Sie fühlte sich erleichtert, als endlich ihr Pate zu ihr kam.
Stolz folgte sie ihm in die Kiva, in der die gleichaltrigen Kinder schon versammelt waren, um auf die Auspeitscher zu warten. Auch Besucher und Eltern warteten außerhalb der Kiva. »Mutter«, flüsterten zwei kleine Jungen, die sich unter die Decke ihrer Mutter drängten, »sie nähern sich jetzt der Kiva, wo unsere Schwester ist. Werden sie ihr sehr weh tun?« – »Sie hat ein Kleid an, es wird nicht sehr weh tun«, versicherte sie ihnen.
Die Kachinas brauchten einige Zeit, bis sie alle in der Kiva waren, denn es waren viele. Ganz plötzlich hörte man die Schreie und Rufe, zusammen mit den Stimmen und Lauten der Kachinas. Nach einer Weile hörten die Schreie auf, und die Kachinas kamen heraus, froh,

daß sie ihre Aufgabe erfüllt und neue Mitglieder in den Schoß der Gemeinschaft eingeführt hatten.
Die Kinder, die nicht initiiert sind, werden die Tänze heute abend nicht sehen dürfen. Die Neuaufgenommenen werden unter den wachsamen Augen ihrer Patinnen besondere Plätze in der Kiva einnehmen, und dann wird sich von Mitternacht bis zum Morgengrauen das mystische Drama vor ihren Augen abspielen.
Darauf kehren sie in die Häuser ihrer Patinnen zurück, wo ihnen das Haar gewaschen und jedem einzelnen eine Segnung und ein neuer Namen gegeben wird. So werden sie richtige Hopi.
Danach folgen Ballspiele, Spiele mit Pfeil und Bogen sowie Steinrennen mit Männern und Jungen aus jeder Kiva, nicht nur zum Wettbewerb, sondern um ihrer symbolischen Bedeutsamkeit willen. In unserer nächsten Ausgabe werden wir einige Spuren davon verfolgen.

Ausgabe Nr. 5, Februar/März 1976

Das Steinrennen

Laßt uns wieder einmal unsere Vergangenheit erkunden. Zu den Sportarten, die der Vergangenheit angehören, zählt das ›Steinrennen‹, wie es von Außenstehenden genannt worden ist. Für diejenigen, die damit nicht vertraut sind, wollen wir den ›Stein‹ kurz beschreiben. Er besteht aus Kiefernharz, das bei hoher Temperatur gekocht und mit Tierhaaren vermengt wird, welche ihn zusammenhalten. Nun wird zur Färbung dunkler Sand hinzugefügt, und darauf wird er zu einem Würfel von der ungefähren Größe eines Baseballs geformt. Wenn die Mischung abkühlt, wird sie hart wie Stein. Der Stein kann mit einer schaufelartigen Bewegung des Fußes über eine große Entfernung geschleudert werden.
Das ›Steinrennen‹ begann am vierten Tag nach der Bohnenzeremonie (Powámu). Alle kräftigen Männer und Jungen konnten teilnehmen, so daß jede Kiva vertreten war. Das Rennen wurde viermal wiederholt. Jeden Morgen lief ein Ältester von Kiva zu Kiva und rief aus, daß an jenem Tag ein Rennen stattfinde, und während er durch die Morgendämmerung lief, klapperten die alten Tierhufe um seine Taille. Er lief

vier volle Runden; die erste, damit man die Körperfarben bereitete, die zweite, damit man mit der Bemalung begann, die dritte, damit man sich ankleidete, und die vierte, damit man sich auf den Weg zum Start des Rennens machte. Die Angehörigen jeder Kiva waren unterschiedlich gekleidet. Das erste Rennen wurde in einem Kreis von etwa fünf Meilen ausgeführt, und jeden Tag vergrößerte sich dieser Kreis, bis am Ende 25 Meilen gelaufen wurden.

Das ›Steinrennen‹ hatte viele Bedeutungen. Die wichtigste war die Erinnerung an die Wanderungen der Hopiklane, durch die wir unseren Anspruch auf das Land erwarben. Die letzte und größte Runde symbolisierte den Anspruch auf den ganzen Kontinent für die eingeborenen Menschen und wilden Tiere.

Zu der Zeit, als die ›Steinrennen‹ stattfanden, waren die Hopi gute Läufer, und die verschiedenen Kivas traten gegeneinander an. Manchmal fanden die Rennen der Läufer für die Mütter des Klans und für die Mütter des Klans der Väter statt. Am Schluß kamen die Kachina-Läufer und forderten die Männer und Jungen des Dorfes heraus. Dieses Spiel machte allen Spaß, aber es hatte auch eine geheimnisvolle Bedeutung. Es war, als benutzten wir die gewöhnliche, alltägliche Sprache, um uns an die Geisterwelt zu wenden.

Ohne Zweifel werden sich viele unserer Leser fragen, warum es diese bedeutsame Zeremonie nicht mehr gibt. Wahrscheinlich ist sie von einem technischen Hilfsmittel der Pahána überrollt worden: dem Rad. Es ließ unsere Füße und Beine, und auch unsere Körper vom Transport auf Rädern abhängig werden. Einst waren wir es gewohnt, über weite Strecken zu gehen und zu laufen. Doch heute bewegen wir uns auf Rädern fort, um nahe und ferne Orte zu erreichen. – Wir hoffen, Dir hat dieser Blick in die Vergangenheit mit uns Spaß gemacht.

Ausgabe Nr. 20, Frühjahr 1982

Frühjahrszeremonien

Eines warmen, sonnigen Tages ruhten alle in Großvaters Haushalt nach dem Mittagessen aus; Großvater lag auf einem Schafsfell gegen die Mauer gelehnt, Vater saß an der Tür und besserte seine zerrissenen Mokassins aus, und Mutter säuberte mit Mano in Ruhe das Mittagsgeschirr. Die Kinder waren draußen beim Spielen. Dann und wann fielen ein paar Worte, aber hauptsächlich war jeder in seine eigenen Gedanken versunken. Großvater sah sich auf seinem Feld einen Windschutz errichten und dachte, daß er damit in ein paar Tagen fertig sein würde. Er träumte von großen Melonen und Mais, in der Hoffnung, daß sie rechtzeitig zur Níman-Kachina-Zeremonie im Sommer reif sein würden. »Wenn es nur regnet...«
Vater dachte an all die Dinge, die es noch in der Kiva zu tun gab, und wünschte sich, daß er und die Männer mit den Hochzeitskleidern und Schärpen fertig würden, die sie nun seit fast fünf Tagen webten.[9] Wenn seine Voraussage richtig war, sollte die Arbeit in zwei Tagen beendet sein. Zu dieser Zeit wird die Braut in ihr Haus zurückkehren. Danach wird er seine Felder begutachten, um zu sehen, ob vor der Pflanzzeit noch irgend etwas zu tun ist. »Es wird nicht mehr lange dauern, bis mein ältester Sohn jemanden zum Heiraten findet, wenn er nicht schon eine hat«, denkt er und schaudert bei der Vorstellung, daß er abends einmal hören wird, wie eine Mutter in der Tür ihre Tochter ankündigt.
Mutter dachte an vielerlei Dinge. Sie und eine Gruppe Frauen waren dabei, Körbe zu flechten; aber sie mußten das eine Weile aufschieben, als sie hörten, daß es noch eine andere Hochzeit geben würde. Sie mußte ihre Verwandten beim Maismahlen unterstützen, damit auch sie ihr helfen, wenn ihre älteste Tochter heiratet, was schon bald sein kann. Erwachsenwerden geht mächtig schnell! Sie dachte auch an ihre Jüngeren sowie ans Essen für heute abend und morgen früh. Ihr war klar, daß die Arbeit einer Frau niemals ein Ende nimmt.
Plötzlich gibt es draußen Aufruhr und großes Geschrei. Vater und Großvater sehen sich an und nicken wissend um das Geheimnis, das sie für sich behalten haben. »Großvater! Mutter!« schreien die Kinder und stürmen zur Tür herein. »Kachinas mit langen Yucca-Peitschen sind auf dem Weg ins Dorf!« ruft der Älteste. »Kommen sie, um uns

auszupeitschen?« fragt ein kleineres. »Nein, sie kommen als Freunde«, erwidert der Vater ruhig. »Sie haben euch als gute Jungen in Erinnerung und bringen euch Geschenke mit«, fügt Großvater hinzu. »Lauft schnell rüber zum Dorfplatz, damit man euch sehen kann.«

Ja, heute ist der Tag der Herausforderung, an dem sich zeigen wird, ob wir in Form sind und die Kraft haben, diese Kachinas in einem Rennen über 100 m oder mehr abzuhängen. Diejenigen, die sich ihrer läuferischen Fähigkeiten sicher sind, mögen sie herausfordern, denn die Kachinas sind in guter Verfassung und auf das Ereignis vorbereitet. In der ersten Runde dürfen sie ihre Peitschen gebrauchen, danach kann der Kachina-Vater sie ihnen wegnehmen. Von da an muß jeder Läufer seinen Herausforderer um die Taille fassen, wenn er ihn eingeholt hat. Die Kachinas kamen in verschiedenen Gestalten. Einige von ihnen werden besonders gefürchtet. So reißt dir einer die Kleider herunter, ein anderer schneidet dir die Haare ab, ein weiterer gibt dir Pfeffer und einer sogar Tierkot zu essen. Die Männer fürchten sich vor allem vor den Kókopilmanas oder »heißen Mädchen«. Wenn man von ihnen einmal gefangen und niedergeworfen worden ist, kommt man nur schwer wieder los, außer wenn dir die Tanten zu Hilfe kommen und sie von dir wegzerren. Trotzdem, den Frauen bringt es viel Aufregung und großen Spaß. Schnüre mit Mais und Tamales[10] (somíviki) werden am Startpunkt niedergelegt. Jeder Herausforderer erhält eine von ihnen als Belohnung, und die meisten bekommen die Kinder als Geschenke. Die Kinder verstecken sich halb unter den Decken ihrer Mütter, die ganze Zeit angstvoll hoffend, daß die Kókopilmanas sie nicht sehen und wie die älteren Jungen und Männer angreifen werden. »Mutter, wo ist unser großer Bruder? Er hätte hier sein sollen, um diese Preise zu erringen!« prahlte der Kleinere, »unser Bruder kann schneller laufen als alle anderen!« – »Er ist heute morgen weggegangen, um die Schafe zu hüten, und kommt erst später wieder zurück«, antwortete sie, um zu vertuschen, daß der ältere Bruder als Kachina an dem Rennen beteiligt ist. So nimmt ein weiteres Ereignis seinen Verlauf, auf daß der Geist des Lebens gestärkt und Segen für den kommenden Frühling bringen wird. Vor nicht langer Zeit war unser Leben von solchen Zeremonien erfüllt, aber heute sind schnelle Füße durch schnell drehende Räder ersetzt worden. Unser wundervolles Leben wird nur zurückkehren, wenn wir lernen, daß Räder gefährlich für unsere Gesundheit sind. *Ausgabe Nr. 6, April/Mai 1976*

Frühlings- und Sommeraktivitäten

Die drei Gestalten, die sich in einiger Entfernung bewegen, sind kaum zu erkennen. Das Land ist kahl, trocken und leer, als ob niemand hier überleben könnte. Nicht ein Fleckchen Feuchtigkeit ist auf der Oberfläche zu sehen. Jemand, der hier grüne Wiesen erwartet, würde enttäuscht sein. Dies ist Hopiland.
Auf dem großen Sandfeld sind drei Männer mit ihrer Arbeit beschäftigt, jeder mit einem Pflanzstock, einem Beutel mit Samen und mit Gedanken an die Nahrung für morgen und die Wintermonate. (Der vergangene Winter hat weniger Schnee als sonst gebracht, auf den die Hopi wegen der Frühjahrsfeuchtigkeit angewiesen sind.) Das Pflanzen hätte leichter sein können, doch Wind und heiße Sonne haben viel Feuchtigkeit weggetrocknet. So müssen die Männer recht tief in den Boden dringen, um die Samen in die feuchte Erde zu legen. Nach unserer traditionellen Lebensart hofft und betet jeder, daß es bald regnen wird, damit das Pflanzen schneller und leichter geht. Während er arbeitet, summt der Älteste leise dem Samen Ermutigung und Segen zu. Hin und wieder wirft er flüchtig einen Blick nach Westen, wo sich Regenwolken auftürmen.
In geringer Entfernung westlich von ihnen ist eine andere Gruppe geschäftig bei der Arbeit, und sie beeilen sich, fertig zu werden, bevor es regnet. »Hör mit deinen Regenliedern auf, Joe, bis wir mit diesem Job hier fertig sind!« schreit der Vorarbeiter im Spaß. Er muß sich anstrengen, den Bagger zu übertönen. Dies ist das Land, das der Vorsitzende des Hopi-Stammesrats für sein eigenes Vieh abgezäunt hat,[11] obwohl es sehr trocken ist; kaum jemand würde es als Weideland bezeichnen. Jedoch könnte sich Reichtum darunter befinden, wie in den Prophezeiungen geweissagt wurde, und so ist es ohne traditionelle Zustimmung zur Nutzung an eine Ölgesellschaft verpachtet worden.
Plötzlich ein Wolkenbruch – die Arbeiter flüchten unter ein Dach. Er dauert nur wenige Minuten, aber schon haben sich Pfützen gebildet. »Du hättest mich nicht stoppen sollen, Boß«, spottete Joe und fügte überheblich hinzu: »Trommelschläge und Füßestampfen sind nicht nötig, um Regen zu machen, damit ich trinken kann!«
Die Männer außerhalb des Zauns sind enttäuscht. Trotz der Mißbilligung der Traditionalisten und der Vorwürfe von ihnen selbst und den

Dammbauern wurde der Damm bewilligt und gebaut, weil der Hopi-Stammesratsvorsitzende darauf bestand. Der Damm stört unsere Gebete sehr. Vielleicht wird es das nächste Mal viel stärker regnen. Erdwälle wie dieser und andere im Hopiland werden einbrechen und eine Verschwendung von Zeit und Geld gewesen sein.
So naht langsam der Sommer, und die Männer kümmern sich um ihre Pflanzen wie um neugeborene Kinder. Wir werden allen Herausforderungen der Natur entgegentreten – Wind, Tieren und Insekten – und auch das Unkraut fernhalten, das sonst den Boden trockensaugt.
Jetzt ist die Zeit für die Kachina-Zeremonialtänze, für Regen und Segnungen, für das Glück der Menschen. Gewöhnlich nehmen auch Clowns daran teil, die nicht nur die Leute zum Lachen bringen, sondern auch ihr Verhalten nachahmen, so daß sie ihre Angewohnheiten ändern können. Dieses heilige Drama verstehen nicht viele.
Während der Tag sich seinem Ende zuneigt, erscheinen Krieger-Kachinas mit verschiedenen Merkmalen, die einzelne Menschenrassen darstellen, bei den Clowns, um zu überprüfen, ob es irgendwelche Verfehlungen gegeben hat. Kurz vor dem Ende der Zeremonie gibt der Clownhäuptling die Fehler zu und bittet darum, die Krieger möchten dies als Läuterung für seine Kinder akzeptieren. Dann kommen sie zurück, um die Clowns auszupeitschen und mit Wasser zu begießen.

Kaisále

Nun müssen die Clowns von ihren Sünden und Fehlern singen, tanzen und unter den wachsamen Augen der Krieger-Kachinas Narrenspiele mit gegenteiliger Bedeutung aufführen.[12] Eines Tages werden auch wir dies tun müssen, wie geweissagt, und der Läuterer wird entscheiden, was mit jenen zu tun ist, die zu Verrätern an unserem Glauben geworden sind. Wir könnten dann Schläge auf die Ohren erhalten oder sogar unser Recht auf das Land verlieren.

Ausgabe Nr. 7, Juni/Juli 1976

Die Niman-Zeremonie

Eines Mittsommermorgens waren alle im Haus beschäftigt. Mutter hatte píki-Brot gebacken, und Großvater und Vater waren zu ihrem Navaho-Freund gegangen, um Hammelfleisch einzuhandeln. An diesem Morgen machte Mutter ganz früh Feuer im Grubenofen, um für den nächsten Tag eine besondere Speise zu bereiten. Bei Sonnenaufgang kehrten beide Männer vom Feld zum Frühstück zurück, und während des Essens klagte Großvater über die Ratten und Kaninchen, die auf seinem Mais- und Melonenlandflecken alles auffraßen. Er hatte Zweifel, ob sie genug für eine Mahlzeit übrigbehalten würden. Aber es ist die Art der Hopi, die Natur zu achten und sich nicht überheblich an ihre Spitze zu setzen, sondern eher anzunehmen, was sie bereithält.
Vater und Großvater verbrachten die meiste Zeit des Tages und der Nacht bis zum nächsten Morgengrauen rauchend und betend in der Kiva. Früh, noch bevor die Sonne aufging, weckte Mutter die Kinder und erinnerte sie daran, gut zu sein, da sie die Kachinas habe kommen hören, während sie geschlafen hätten. Sie wusch ihnen das Haar mit Yucca-Wurzel. »Wir haben doch nicht geschrien oder Krach gemacht, nicht wahr, Mutter?« Das ließ sie daran denken, wie wenig sie das Waschen der Haare mochten. »Ihr habt euch sehr gut benommen, und ich bin sicher, daß die Kachinas euch an den sauberen Haaren erkennen werden, und wir wollen hoffen, daß sie für euch ein Geschenk gemacht haben.«
Kurz nach Sonnenaufgang betreten Kachinas den Dorfplatz, die Arme voller Spielzeug und Maiskolben in den verschiedensten Farben, ein wunderbarer Anblick. Kleine Jungen und Mädchen beäugen neugierig

die schönsten Sachen, und der jüngste ruft dem ältesten zu: »Ich wette, dies dort bekomme ich!« Der erwidert: »Und ich wette, du bekommst gar nichts, weil du in letzter Zeit ein schlechter Junge gewesen bist!« – »Aber gestern habe ich Mutter beim Wassertragen geholfen und mir die Haare gewaschen«, antwortet er mit Tränen in den Augen. Die Glücklichen unter ihnen erhalten nach dem Tanz Kachina-Puppen und Pfeile und Bogen als Geschenke.

Später zu Hause bewundern die Kinder und die Familie die Geschenke. Die älteste mana hat nichts bekommen. Vielleicht wird sie später noch ein Geschenk erhalten, aber dies wäre dann das letzte, denn sie wurde letzten Winter initiiert. »Mutter, diese Maiskolben hier sind für uns alle zu wenig«, beklagen sich die Kinder. »Vielleicht solltet ihr sie mit etwas Maismehl in den hinteren Raum nehmen und dort zu dem Mais beten, auf daß er sich vermehr. Geht dann hinaus und betet zum Vater Sonne. Kommt nicht herein, bevor ich es euch sage«, weist Mutter sie an. Und wie durch Magie reichen die paar Kolben für alle Verwandten, Gäste und Freunde aus, die sich wieder zu Ehren des Niman (Heimgangs) versammeln und alle Kachinas auf eine gute Reise schicken[13], bis sie im Mittwinter zurückkehren.

Am Ende des Tages werden diese mit Gebetsfedern gesegnet, in alle Richtungen, und es werden ihnen Botschaften mit nach Hause gegeben. Es wird ihnen aufgetragen, nicht zu lange zu warten, sondern in Form von Regen zurückzukommen, denn das Land und alle Lebewesen seien durstig. So gehen die Kachina-Zeremonien für diesen Sommer zu Ende. Einige Augenblicke sind wir traurig und still, so als ob wir unseren letzten geliebten Freund für immer verloren hätten. Aber wir wissen, daß sie zurückkehren werden.

Ausgabe Nr. 7, Juni/Juli 1976

Erntezeit

Wir kommen jetzt in die Erntezeit. Unsere Jungen und unsere Erwachsenen sehen sie wie jede andere Jahreszeit – doch sie hat eine wichtige Bedeutung. Sie verändert die Lebensform des ganzen Landes und allen Daseins. Wir Hopi betrachten uns selbst, so wie wir sind. Menge und Qualität dessen, was wir ernten, spiegeln unsere Lebensweise in den vergangenen Jahren wider. Ist die Ernte gut, so war die Kraft unseres Geistes stark und klar – durch Gebete in Harmonie mit Natur und Geistwelt. Das ist Ergebenheit und Zufriedenheit. Ist die Ernte gering, so hatte sich unsere Geisteskraft geschwächt, weil sie nicht klar war – die Gebete haben keine Verbindung geschaffen, um die Wünsche zu erfüllen. Dies ist Trauer und Schmerz.

Diese Jahreszeit bringt auch die Ernte eines unbekannten Geheimnisses. Nur Natur und Geistwelt wissen, was für ein Leben wir geerntet haben, was sie für uns im kommenden Jahr bereithalten, was die meisten von uns erleben werden.

Wenden wir uns nun einmal unserer Vergangenheit zu, noch bevor unsere Lebensweise gestört wurde. Unser Leben war glücklich, unsere Handlungen, Darbietungen und Zeremonialformen bildeten ein Ganzes. Laßt uns einen Blick auf einen uralten Brauch werfen.

Vor langer Zeit, als die Hopi zum ersten Mal Másaw, dem Großen Geist begegneten, baten sie um Erlaubnis, mit ihm in Alt-Oraibi leben zu dürfen. Másaw beobachtete oft vom Dach seines Hauses, was sich dort abspielte.

Vielleicht dachte er aus irgendeinem Grunde daran, die Menschen zur Erntezeit zusammenzubringen, um sie glücklich zu machen. Er versammelte die Führer und erklärte ihnen, was er vorhatte. Vom Hausdach ließ er verkünden, daß die Menschen vier Tage lang für ihn ernten sollten; die Frauen sollten das Essen bereiten, während Mädchen, Jungen und Männer gemeinsam seine Maisfelder abernten sollten.

Am vierten Tag versammelten sie sich und gingen zum Fuß der Mesa hinunter. Dort bildeten sie zwei Gruppen, je eine Viertelmeile von jeder Seite des Maisfeldes entfernt. Auf ein Zeichen rannten sie rufend und schreiend auf das Feld zu. Jungen und Mädchen arbeiteten Seite an Seite, zuerst scheu, dann begannen sie zu lachen und miteinander zu reden. Sie hatten viel Spaß dabei und nahmen diese Gelegenheit war, denn zu jener Zeit wurden die Mädchen geachtet, so daß man ein Mädchen nicht einfach zu jeder Zeit und überall ansprechen konnte.

Plötzlich sprang Másaw aus dem Maishaufen hervor und begann, die Männer umherzujagen. Alle lachten, schrien und fürchteten sich zugleich vor ihm, denn sein Gesicht war häßlich, blutig und trug den schauerlichen Ausdruck des Todes. Damit war die Ernte beendet, und alle kehrten nach Hause zurück.

Nach dem Essen betrat Másaw den Dorfplatz, wo sich Männer mit verschiedenen Kostümen bekleidet hatten, um ihn zu necken und herauszufordern. Schließlich schlug er eines seiner Opfer mit seiner Waffe, einem Trommelstock, zu Boden. Er handelte wie ein Clown und entkleidete seine Opfer, die sich tot stellten. Dann zog er sich das Kostüm desjenigen, den er zuvor entkleidet hatte, auf entgegengesetzte Weise an. In diesem Aufzug jagte Másaw hinter den Männern her, und alle lachten und waren guter Dinge. Am Ende töteten sie ihn mit einer heißen Fackel in den Mund. Dann wurde er an den Rand des Dorfes getragen und den Abgrund hinuntergeworfen. Aber er kam wieder ins Leben zurück, während sie johlten und schrien.

Das war zu der Zeit, als die Menschen noch offen und durch Worte mit den Geistwesen, Tieren und Vögeln in Verbindung traten. Auch die Menschen konnten miteinander reden und sich verstehen. Zu jener Zeit gab es keine ›Lasttiere‹.

Damals war Másaw ein Teil des Ritualkreises, bis er sich vor den Menschen verbarg. Später wurde er durch einen Menschen verkörpert. Schließlich, vor nicht allzulanger Zeit, gab man auch das auf. Kann dies vielleicht bedeuten, daß sich der Große Geist selbst zurückgezogen hat?

Ausgabe Nr. 9, November/Dezember 1976

Erntedankfest im Hopiland

»Thanksgiving Day[14] ist eines der Ereignisse, auf die ich mich besonders freue«, sagte ein Hopi-Ältester, »denn es ist der Tag, an dem die ganze Familie zusammenkommt. Wenn wir uns mit Truthahn, Kürbiskuchen und anderen Leckerbissen vollgestopft haben, sitzen wir gemütlich beisammen, denken über die Geschichte unserer Vorfahren nach und sprechen über andere wichtige Themen, die von Generation zu Generation weitergegeben werden sollten.

Vielleicht kommen noch andere Freunde und Verwandte, die wir sonst selten sehen, aus weit entfernten Orten und Großstädten vorbei und wünschen uns gute Gesundheit. Gewöhnlich tragen oder schleppen sie neuen Familienzuwachs mit herbei. Die Kinder sind aufsässig, aber trotzdem liebe und tätschele ich sie. Wenn es unter ihnen Krach gibt, ist es manchmal sinnlos, sie zähmen zu wollen, denn sie können meine

liebevollen Worte in Hopi nicht verstehen. Das fällt mir dann ein, und ich habe Mitleid mit ihnen, weil sie ihre ursprüngliche Sprache vor der Zeit verloren haben. Ich schelte die Mütter, sie sollten doch die Hopi-Sprache öfter benutzen, wenn die Kinder aufwachsen, damit wir uns miteinander verständigen können. Gut, sage ich mir, unsere Vorfahren hatten Recht – die Zeiten werden sich ändern.«
So feiern die Pahána Thanksgiving. Die Hopi halten auch Erntedank, aber nicht durch ein Fest mit Truthahn und Kürbiskuchen.
Wenden wir uns nun der Frage zu, wie die Tradition des Thanksgiving Day entstanden ist. Es scheint, daß niemand eine völlig richtige Antwort hat. Versionen, die wir in Büchern gelesen oder von Lehrern der Pahána erfahren haben, besagen, daß Indianer und Pilgerväter (eine Gruppe religiöser Weißer, die am Plymouth Rock landete) zusammen ein Fest feierten, um den Göttern für die Nahrung zu danken, die sie damals zu essen hatten. Einer anderen Version zufolge handelte es sich bei diesem Fest in Wirklichkeit um eine von den Indianern für die Pilger gegebene Abschiedsfeier, da diese wegen Not, Hunger, Krankheit und Tod in ihr eigenes Land zurückkehren wollten. Nach dem Fest wurde den Pilgern klar, daß die Indianer doch mehr Nahrungsmittel besaßen, als sie angenommen hatten, und so gingen sie nicht fort. Es gibt noch weitere Versionen, aber wir wollen nun unsere eigene anfügen.
Unsere Geschichte beruht auf einer Prophezeiung, die so lang ist, daß man viele Seiten bräuchte, um sie wiederzugeben. Wir wollen sie nun kurz umreißen, damit du dir selbst ein Urteil bilden kannst. Wie sich unsere Weisen erinnern, war das sogenannte ›Truthahnfest‹ nach der Landung der Pilgerväter auf diesem Kontinent die Erfüllung einer Prophezeiung, daß der Pahána kommen würde. In diesem Fall mußten die Indianer nach den Unterweisungen des Großen Geistes große Sorgfalt und Vorsicht walten lassen. Prüfungen mußten gestellt werden, um die Guten von den Schlechten auszulesen. Sind die Neuankömmlinge in geeigneter Verfassung, um von den Eingeborenen des Landes angenommen zu werden, so daß sie sich niederlassen können? Auf irgendeine Weise müssen die Pilger einige dieser Prüfungen bestanden haben. Vor allem waren sie nicht kriegerisch. Sie waren gesittet und tiefreligiös in ihren Ehrerbietungen gegenüber dem Großen Geist und dem Unsichtbaren. Ihr Glaube erschien dem der eingeborenen Religion eng verwandt. Die Eingeborenen wollten sie bereit-

willig aufnehmen, aber eines fehlte: sie baten nie um die Erlaubnis, auf dem Land siedeln zu dürfen.
So wurde den Pilgern nach vier Jahren, vielleicht auch nach vier Monaten oder vier Tagen, wie in der mystischen Zählweise üblich, der Befehl gegeben, wieder wegzuziehen.
Vielleicht trafen sie sich dann zu einer Beratung, beseitigten die Mißverständnisse und bekamen die Erlaubnis, sich auf Dauer niederzulassen; doch zuvor mußte ein Beschluß gefaßt und mit dem Blut beider Seiten besiegelt werden.
Gelübde wurden gesprochen, daß die Siedler die Naturgesetze des Landes befolgen wollten. Sie versprachen, auf keinerlei Weise die Lebensweise der Eingeborenen zu behindern und sich nicht über die Grenzen des erhaltenen Landes auszubreiten, um etwa Land zu nutzen, das ihnen nicht zustand. Es ist also richtig, daß sich die Pilger mit dem Fest für das Land bedankten, auf dem man ihnen zu siedeln erlaubt hatte. Teilweise mag die Feier auch der Dank für die Truthähne, den Mais und den Kürbis gewesen sein, die die Indianer gebracht hatten. Dies alles erklärt den Ursprung des Thanksgiving Day.
Natürlich haben wir keine schriftlichen Dokumente, um zu beweisen, daß es so war; aber es ist möglich, daß die Pahána Dokumente besitzen, welche jedoch zweifellos das Ereignis glorifizieren, um ihr falsches Handeln zu verdecken. Dies könnte der erste gebrochene Vertrag sein, so viel wissen wir.
Die meisten Indianerstämme feiern den Erntedanktag auf traditionelle Weise mit Tänzen und Festen, um so für gute Ernte zu danken. Die Hopi glauben, daß alles Leben auf der Erde in Zyklen verläuft; daher muß alles ruhen und sich für den nächsten Zyklus erneuern. Was immer er bringen mag, ob Gutes oder Schlechtes, beruht zum Teil auf dem Verhalten des Menschen.
Dieser Lebenszyklus ist auch als Zeremonialzyklus bekannt. Er bedeutet ein Enden und Beginnen, auch das Ende einer Zeit und ein neues Leben. Wenn dieser Jahreskreis endet, sagen wir den uns leitenden Geistern und der Mutter Erde Dank für ihre Fürsorge. Wir sagen Dank für Gesundheit und Nahrung sowie für die Vollendung des Kreises mit allem Leben, und wir beten und bitten, es möge im kommenden Jahreskreis alles genauso sein. Oft hören wir unsere Großmütter und Großväter sagen: »Dankeschön. Ich danke dir, Geist, der du mich

leitest, für deine Obhut, durch die es mir möglich war, diesen Kreis zu vollenden. Ich wünsche mir, auch im nächsten Jahr noch hier zu sein.« Diese Danksagung ist nicht nur für uns selbst gemeint, sondern sie schließt alles Leben mit ein. Wir alle müssen stark bleiben und beten, daß wir zusammen das Ende dieses Jahreskreises in Frieden und Gesundheit erreichen. Ein frohes Erntedankfest!

Ausgabe Nr. 22, Spätherbst 1982

Eine alte Geschichte, die heute noch wahr ist

Wenn wir uns einige Erinnerungen und Erfahrungen eines unserer Ältesten ins Gedächtnis zurückrufen, seine Gefühle und Ansichten von gestern und heute, so wird dies einige Tatsachen aufzeigen, die jeden Hopi von heute angehen und ein bezeichnendes Licht auf das werfen, was Pahána gesät hat, seitdem er die Vorherrschaft über die Hopi und andere Nationen beansprucht. So beginnt er:
In all den Jahren dachte ich oft an meine Jugendzeit zurück, als wir noch ein einziges Volk in unserem Mutterdorf Oraibi waren. Unsere Zeremonialordnung war noch intakt. Die rechtmäßigen Klanführer erfüllten schon seit vielen Jahren ihre Pflichten. Wie durch Magie kam der Regen, es gab frischen Mais und andere Feldfrüchte in großer Menge, und das Land war grün und nährte die Tiere. Ich nahm an, dieses einfache aber wunderbare Leben würde ständig so weitergehen. Die Ältesten erzählten Geschichten aus der Vergangenheit, und immer wieder wurden die Prophezeiungen über zukünftige Dinge wiederholt. Doch in diesem jungen Alter war mein eigener Geist noch nicht voll entwickelt. Ich war verwirrt über das mir bedeutungslos und eitel erscheinende Gerede, weil die Dinge, über die sie sprachen, noch nicht existierten. Doch als ich älter wurde, erlebte ich sie als traurige Tatsachen. Wenn ich meine Geschichte erzähle, bin ich sicher, daß irgend jemand mir vorwerfen wird, die Unwahrheit zu sagen, Träumen von einer Vergangenheit nachzuhängen, die nicht mehr gelebt werden kann, und an Prophezeiungen zu glauben, die sich nicht verwirklichen. Dennoch ist vieles von den vorausgesagten Dingen eingetroffen, und das jetzige Stadium ist immer noch ein Teil der Prophezeiungen. Da

die Dimensionen von Zeit und Raum je nach dem Verhalten von Mensch und Natur variieren,[15] gibt es bestimmte Anzeichen, die uns das Stadium, in dem wir uns befinden, bestätigen. Eine solche Prophezeiung besagt, daß man uns eines Tages unser Land entreißen wird, um es zu entwickeln. Und heute beginnen die Hausbauvorhaben. Manchen Leuten erscheint das gut, aber für wissende Menschen ist dies nur ein weiteres Beispiel dafür, wie das Gesetzessystem der Pahána unseren Landbesitz vermindert. Gemäß dem Gebot des Schöpfers dürfen wir nicht nachgeben, denn das würde unsere Lebensweise aufbrechen und die Hopi und andere Nationen ihrer Existenz berauben. Wir warten nämlich auf unseren weißen Bruder, der uns helfen soll, und er könnte kommen und sehen, daß wir die heiligen Gesetze und Unterweisungen aufgegeben haben und uns auspeitschen, ohne Gnade, oder aber die Naturkräfte würden uns vernichten, da wir uns als zu schwach erwiesen hätten, das zu verdienen, was der Schöpfer uns gegeben hat.

Wir wußten, daß eines Tages ein merkwürdiges Volk in unserer Mitte erscheinen und den Menschen nach seinem eigenen Bilde erschaffen würde. Mit seiner Sprache und seinem Wissen ausgestattet, würde unser eigenes Volk sein Instrument werden, und mit ihm würde es versuchen, über uns zu herrschen und all die Menschen nach seinem Bilde zu formen. Seine Schöpfung würde aus unseren eigenen Leuten bestehen. Da sie seine Werkzeuge seien, würde er sicherstellen, daß sie gute Arbeit leisten.[16]

Aber wenn wir stark und fest verwurzelt sind, können wir nicht verunstaltet werden; doch sie werden fallen, da sie entwurzelt sind. Deshalb müssen wir stark sein, um uns zu erhalten. Im Laufe der Zeit werden die Menschen um Macht kämpfen, um eigennützig zu herrschen. Aber das wird vergebens sein, denn jeder Anführer muß dem Land und allem Leben, das der Schöpfer darauf geschaffen hat, den gleichen Wert zugestehen. Jede Rasse wird eine andere Verfahrensweise haben, wenn ihre Führerschaft durch Fehler oder zerstörerische Handlungen versagt. Für die Hopi sind die Richtlinien der Führerschaft fest vorgegeben. Wir wissen, daß rechtmäßige Anführer und Menschen auf dem Weg verlorengehen und von ihren heiligen Pflichten ablassen werden, um schließlich die Zeremonien auf verkehrte Weise zu gebrauchen und um mit ihnen zu Einfluß oder Geld zu gelangen. Deshalb muß das wichtigste Amt solange ausgesetzt werden, bis wir unseren Weg wiederfinden und es auf rechte Weise achten.

Obwohl die Führerschaft auch ohne den Kíkmongwi ausgeübt werden kann – da die religiösen Anführer dieselbe Macht und Autorität haben, ihr Volk durch den feststehenden Lebenskreis zu führen, der ihnen und der ganzen Menschheit aufgegeben wurde –, wird man oft fragen: Wer wird aber Macht und Autorität weitertragen, wenn alle religiösen Anführer sterben?
Sie wird auf jegliche Person übergehen, die an den großen Gesetzen des Schöpfers festhält; eine starke und feste Person, die dem auf uns lastenden Druck der Zerstörung standhält und willens ist, zur Ehre des Großen Geistes zu sterben. Denn eine solche Person steht nicht für sich selbst, sondern für alle Menschen, alles Land und Leben. Die Diener des Zerstörers werden das Wort ›führerlos‹ als Waffe gebrauchen, um die Demütigen in die Knie zu zwingen. Trotzdem müssen wir standhaft bleiben.
Ich hatte das Glück, Zeuge und Teilnehmer von Versammlungen der großen Anführer zu sein, die vor der Teilung unseres Volkes durch die Einmischung der Pahána häufig in Oraibi stattfanden, um die Unterweisungen und Prophezeiungen zu bedenken. Zu jener Zeit gab es in jeder Versammlung ein einziges Thema, und wir alle sprachen in denselben Begriffen. Der Bärenklan, der Feuerklan und der Spinnenklan hatten die maßgebenden Sitze vor der Feuerstelle inne, und die gewöhnlichen Leute saßen hinter ihnen. Als Zeichen der Bruderschaft wurden Pfeifen geraucht und ausgetauscht und damit das gegenseitige Verständnis ausgedrückt. Die Rede des Bärenklanführers wurde vom Feuerklanführer aufgenommen und zu Ende geführt, und der Spinnenklan korrigierte die Fehler. Das konnte bis in die Nacht dauern. In diesem jungen Alter war mein Verständnis noch nicht voll ausgereift, und ich fragte mich, warum sie immer in der gleichen Weise redeten. Als ich älter wurde, begann ich, den Sinn zu verstehen. Während wir unserem Lebensplan folgen, mag sich unsere Lebensweise verändern und auch den entgegengesetzten Kräften mit ihren materialistischen Vorzügen anheimfallen. Doch wird es Widerstand von jenen geben, die an den großen Gesetzen festhalten.
Allseits geachtete Anführer werden aussterben. Menschen mit schlechten Absichten werden sich Führer heraussuchen, die in ihrem Sinne handeln. Menschen mit guten Absichten werden ebenfalls nach den richtigen Führern suchen, damit sie ihnen helfen, das zurückzubekommen, was von Anfang an rechtmäßig das Ihrige war.

Da sowohl der Bärenklan als auch der Feuerklan durch ihre Steintafeln Autorität besitzen, tauschten sie Gelübde aus, denen zufolge sie ihre Macht an die nächste Person [den nächsten Klan] in der Reihe abgeben würden, wenn sie irgendeinen Fehler begingen. Falls alle drei Traditionsträger fehlgehen sollten, müßte es irgendeine Person sein, die noch auf dem rechten Weg wandelte.

Mir ist nun klar geworden, daß dieser Grundsatz erneut befolgt werden muß, so wie es die Menschen seit Beginn der Zeit stets getan haben. Er ist die grundlegende Richtschnur für wahre Macht und Autorität. Wir können jetzt zurückblicken und unsere gefallenen Brüder sehen. In vielen Fällen werden wir um Macht kämpfen und uns dabei auf die ererbten Werte unseres Klans stützen; aber wenn einer einen Fehler macht, ist alles umsonst!

Soweit ich mich erinnern kann, wurde niemals ein Wort darüber verloren, die großen Gebote umzuwandeln. Sie zu vergessen oder zu verändern würde bedeuten, das Leben zu verlieren, das sie für die ganze Menschheit bewahren.

Ich spreche hier von dem Grundsatz, der in Oraibi befolgt wurde. Von dort kommen wir Leute in Hótevilla her. Wir haben mehrere Mesas, auf denen viele Dörfer liegen, die alle unabhängig voneinander regiert werden. Vielleicht haben sie einen eigenen Weg oder Plan, dem sie folgen und der sie erhält, wenn sie sich abwegigen oder zerstörerischen Einflüssen gegenübersehen.

Ja, ich erkenne vieles und bin mir der vielen Dinge bewußt, die geweissagt wurden. So hieß es, daß die Kleidung der Männer von den Frauen übernommen würde. Nun, auch die Röcke wurden über das Knie hochgezogen, wie vorhergesagt, und der geheiligte Körper des Weiblichen entweiht. Dies zeigte an, daß viele Dinge ihren ursprünglichen Wert verlieren würden. Der Mangel an Frieden in unserem eigenen geistigen Wesen könnte die Umwälzung herbeigeführt haben. Wenn ein Hopi dies nun sieht, ist seine Bemerkung einfach: Wir stehen jetzt am Anfang von etwas Besonderem.

Unser Charakter und unser Benehmen haben sich verändert. Die Achtung, die wir einst voreinander hegten, ist dahin. Wir haben vergessen, einander zu grüßen, dankbar zu sein und alles miteinander zu teilen. Wir sind habgierig geworden und treten im erbitterten Wettstreit gegeneinander an. Wir kümmern uns nicht um die Schwachen. Manche hier im Dorf berufen sich um ihres Vorteils willen auf

die Gesetze der Paháná, ohne Respekt vor den rechtmäßigen Führern zu haben. Mittel der Gewalt werden angewandt. Unsere zeremoniellen Tänze und Gesänge verlieren an spiritueller Kraft. Es gibt noch andere Zeichen; sie sind zu zahlreich, um sie alle zu erwähnen.
Ich brauche nicht weit zu schauen. Die Landschaft ist trocken. Es hat etwas geregnet, aber die Pflanzen und das Gras reagieren nicht darauf. Etwas stimmt nicht. Schauen wir doch in uns selbst hinein. Vielleicht haben wir noch Zeit, uns zu ändern; ganz gleich was geschieht, wir müssen es versuchen.
Zum Beispiel habe ich einem jungen Mann, der ernsthaft zu sein scheint und immer an den zeremoniellen Tänzen teilnimmt, eine Frage gestellt: »Warum singst und tanzt du eigentlich?« Er antwortete: »Weil ich ein Hopi bin und Spaß am Tanzen habe.« – »Weißt du, daß die Gesänge und Bewegungen Bedeutungen haben, und wir von ihnen erhoffen, daß sie unsere Gedanken mit den unsichtbaren Kräften verbinden, damit es regnet, unsere Pflanzen wachsen und wir reichlich zu essen haben?« Er sah mich mit einem Lächeln an und sagte: »Ja, ich weiß, ich habe aber kein Feld, auf dem ich pflanzen kann. Ich tanze zur Unterhaltung, damit Frauen und Mädchen an meinem Tanz Gefallen finden.« – »Gute Gedanken!« sagte ich ihm, »auch sie bringen sehr nasse Feuchtigkeit hervor, wenn man sanft mit ihnen umgeht.«

Ausgabe Nr. 3, November 1975

Yukíoma, der ›feindselige‹ Hopi

Dies ist die Geschichte von Yukíoma, den das Gefängnis Alcatraz[17] nicht zähmen konnte. Es geschieht in einer besonderen Absicht, daß wir hier seine Taten im Weißen Haus wiedergeben. Wir teilen diese Geschichte unseren Lesern in der ganzen Welt ebenso wie unseren heutigen Kindern mit, damit sie ihre eigenen Schlüsse daraus ziehen können. Yukíomas Kampf erwuchs aus seiner hartnäckigen Weigerung, die von den Menschen aus Washington, D.C. gemachten Gesetze über den Weg des Großen Geistes zu stellen. Jeder von uns muß abwägen, ob dieser Kampf in unserem Leben heutzutage noch Früchte trägt. Der Kampf gegen Yukíoma dauert auch lange nach seinem Tode an. So verbreiten die ›Marionetten-Hopi‹ von heute, die zugleich unsere Kinder zur Rebellion gegen uns aufhetzen, noch immer üble Nachreden gegen ihn. Einige behaupten, daß Yukíoma insgeheim das Schulsystem und andere Programme angenommen habe. Manche mißbrauchen sogar die Prophezeiung, daß eines Tages unsere Kinder mit kurzen Haaren unsere Augen und Zungen würden. Die ursprüngliche Prophezeiung sollte uns davor warnen, daß eines Tages unsere eigenen Kinder unsere *Feinde* werden könnten. Diese Bedeutung ist verdreht worden, um die Handlungen derer zu verschleiern, die genau das getan haben.

Immer noch gibt es in der jungen Generation viele mit einem wahren Hopi-Herzen, doch sie wurden durch den Einfluß der Regierung in eine schwierige Lage gebracht. Wir hoffen, daß die Geschichte von Yukíoma ihnen helfen wird, ihre Schritte zurückzuverfolgen.

Die traditionellen Hopi erhielten den Namen ›Feindselige‹, weil sie es ablehnten, sich einer fremden Macht zu beugen. Die Regierung der Vereinigten Staaten behauptete sogar, ihr Widerstand sei nur ein Zeichen von Dummheit, und ihr Führer Yukíoma sei wahnsinnig, da es der Regierung unmöglich war, das wahre Anliegen hinter dieser »Verrücktheit« zu erkennen.

Warum widerstanden die Hopi den – aus der Sicht der Regierung wohltätigen – Angeboten? Wie kam es dazu, daß die Hopi den Namen ›Feindselige‹ erhielten? Es gibt da die Geschichte von dem Anthropologen Frank H. Cushing, der 1883 die Hopi besuchte, um Material für das National Museum zu sammeln. Er wurde damals mit folgenden Worten abgewiesen: »Fremder, du könntest ebensogut versuchen, mit deinen Fingernägeln Feuerstein abzuschaben, wie mit deinen Lügenworten unsere Ohren zu durchbohren. Du wirst mit all deinen Brüdern bis zum Morgen hier abziehen, oder wir werden dich wegputzen wie Bettwanzen mit einer Mokassinsohle.«[18] Was könnte eine solche Antwort provoziert haben?

Als all die Jahre die Regierungsbeamten kamen und sich in unser Leben einmischten, nahmen die Reibereien zu. Nachdem die Agentur in Keam's Canyon errichtet worden war und den Hopi befohlen wurde, ihre Kinder dort in die Internatsschule zu schicken,[19] entstand eine tiefgreifende Spaltung unter den Hopi. Erst nachdem Häuptling Lololma und Häuptlinge anderer Dörfer eine Reise nach Washington unternommen hatten und durch Schmeicheleien dazu überredet wor-

den waren, mit der Regierung zusammenzuarbeiten, erkannte man das Ausmaß dieser Bedrohung. Aufgrund der Bedeutung seines Klans, des Feuerklans, des Hüters der heiligen Steintafeln, wurde Yukíoma zum Anführer derjenigen gewählt, die es ablehnten, den Weg des Großen Geistes zu verlassen.
Regierungsbeamte sahen ihn als einen Verrückten an, der eher einen Lendenschurz tragen als den Komfort des modernen Lebens annehmen würde. Er wurde sogar »ein filziger, vertrockneter, kleiner alter Schimpanse« genannt. Es hat wohl selten ein Verrückter, besonders ein verrückter Indianer, einen Besuchstermin beim Präsidenten der USA im Weißen Haus erhalten. Nun, Yukíoma erhielt seinen Termin am 27. März 1911 um 10 Uhr.
Was wurde damit beabsichtigt? Es ist klar, daß die Regierung weder die Prophezeiungen, nach denen er sein Leben ausrichtete, noch ihn selbst verstand. Doch aufgrund seiner Hartnäckigkeit und seiner Position als Anführer sahen sie in ihm eine Schlüsselfigur, die die Opposition gegen die erklärte Taktik der Regierung vereinte. Sie ließen den Anführer jeder eingeborenen Nation kommen, um ihnen die Stärke und den Ruhm der US-Zivilisation zu zeigen. Auch wenn diese Anführer nicht von dem Ruhm angezogen würden, so meinten sie, seien sie doch ganz bestimmt durch die militärische Macht zu beeindrucken. Ihnen war nicht klar, daß eine solche Taktik gegenüber einem wahren Führer erfolglos bleiben würde. Zu ihrem Ärger war Yukíoma nicht beeindruckt.
Und bis auf den heutigen Tag wird er lächerlich gemacht, nicht nur in Geschichtsbüchern, sondern auch in den Nachrichtenmedien der ›freundschaftlichen‹ Seite, die unter den Forderungen der Regierung katzbuckelt. Im letzten Jahr war Yukíoma mit anderen Führern Gegenstand von Zeitungsartikeln, die darauf abzielten, seine wahre Autorität herabzusetzen. Diese üble Nachrede dient der selben Absicht, mit der er damals nach Washington gebracht wurde, sie richtet sich gegen den Weg der Hopi, für den er einstand.
Nein, Yukíoma war nicht verrückt. Er glaubte ernsthaft und aus ganzem Herzen, daß die alte Lebensweise der Hopi die richtige sei, und auch Kerker und Leiden, Bestechung und Schmeichelei konnten seinen Standpunkt nicht erschüttern. Aber war die Regierung imstande, ihn zu verstehen?
Yukíomas Dolmetscher war Mock Sétima aus Polacca, begleitet von

Mr. Lawshe, dem Regierungsbeamten [der BIA-Agentur] in Keam's Canyon. Der Regierungskommissar Robert G. Valentine begleitete Yukíoma zum Weißen Haus. Während sie auf den Präsidenten warteten, wurde Yukíoma Regierungsdokumenten zufolge gesagt, Präsident Taft sei »ein großer, hochgewachsener Mann, so sanft wie groß, so stark wie sanft, und so weise wie stark.« Yukíoma wurde ermutigt, ihm von dem Problem der Hopi-Kinder zu berichten; der »große weiße Vater« werde dann entscheiden, was das beste sei. Doch Yukíoma war, als er schließlich Präsident Taft gegenüberstand, überhaupt nicht überrascht, denn die Erklärung des Regierungskommissars war ein vollkommen sinnloses Geplapper gewesen. Man wollte ihn offenbar mit der zahlenmäßigen und mechanischen Stärke und auch mit der Sanftheit des weißen Mannes beeindrucken. So hieß es damals, es sei »die sicherste Garantie, die treue Anhängerschaft von Wilden einer beliebigen Nation zu gewinnen, wenn man sie überzeugt, daß ihre Regierung die Macht hat, sie prompt zu bestrafen... Indem man die bestinformierten und einflußreichsten Häuptlinge in die Stadt Washington bringt, wo sie einen umfassenden Eindruck von unserer Einwohnerzahl und von unseren Ressourcen bekommen, werden sie selbst davon überzeugt werden und nach ihrer Rückkehr ihr Volk überzeugen, daß es fruchtlos ist, sich dem Willen der Regierung zu widersetzen.« Viele der Häuptlinge, die unter dieser Politik die Stadt besuchten, waren geschmeichelt und beeindruckt von dem, was der Weiße Mann sie hatte sehen lassen. Wenige von ihnen waren so »dumm« oder hartnäckig, nach einem Besuch beim »großen weißen Vater« tatsächlich einen Kampf zu wagen. Aber die Macht dieser Abgesandten über ihre Führer und ihr Volk verringerte sich gewöhnlich nach ihrer Rückkehr aus Washington.
Obwohl Yukíoma Hoffnungen gehabt haben mußte, war eine wirkliche Verständigung nicht möglich. Die erklärte Politik der Regierung machte deutlich, daß dies auch gar nicht ihre Absicht war. Und alles wurde noch schlimmer dadurch, daß die Sprache eine ernsthafte Barriere darstellte.
Yukíoma benutzte Worte, die wir als *Hoch-Hopi* bezeichnen, welches gesprochen wird, wenn die esoterischen Hopi-Lehren mitgeteilt werden.[20] Solche Worte haben tiefere Bedeutungen, die einem Hopi, der keine volle traditionelle Unterweisung erhalten hat, verborgen bleiben. Der Dolmetscher sprach Englisch, da er in den Schulen der Regierung

ausgebildet worden war; aber aufgrund eben dieser Tatsache war er unfähig, Yukíomas Worte völlig zu verstehen. Wie dumm muß da das Argument Mr. Valentines in Yukíomas Ohren geklungen haben, die Hopi könnten sich bei der Regierung Gehör verschaffen, wenn sie, wie zuvor der Dolmetscher, in die Schule gingen. Dieses Argument war falsch: denn erstens war der Dolmetscher unfähig, das hervorzuheben, worauf es Yukíoma ankam, und zweitens beachtete die Regierung seine Warnung ohnehin nicht. Der Schaden, den Yukíoma vorausgesehen hatte, ist bereits eingetreten und besteht noch heute.

Man behauptet, Yukíoma habe gesagt: »O großer weißer Vater...« Aber wir wissen, daß er nicht so angefangen haben würde, denn unser wahrer Vater, die Sonne, ist der Höchste. Ohne Zweifel begann Yukíoma in der bei uns üblichen Weise, indem er sagte: »Sind Sie der Häuptling oder Höchste Ihres Volkes?« Dann stellte er sich selbst als Häuptling und Repräsentanten seines Volkes vor. Yukíomas Hauptanliegen war es, daß sein Volk in Ruhe gelassen werden sollte, damit es nach eigenem Wunsche leben und frei umherziehen könne, ohne daß der weiße Mann immer da sein würde, um ihm zu sagen, was es tun oder lassen solle. Die Hopi müßten frei bleiben, um ihre Kinder zu lehren, wie man richtig anpflanzt, damit sie am Leben blieben, so wie in den Jahrhunderten zuvor. Er wollte, daß die Hopi auch weiter ihre Bedürfnisse auf ihre Weise befriedigen und in Lebensabschnitten aufwachsen könnten, um all die Zeremonien und Gebete zu lernen, mit deren Hilfe sie das heilige Gleichgewicht des Lebens erhalten konnten. Er wußte, die Schulen würden das zerstören und Spaltung und Uneinigkeit herbeiführen. Sie würden die Tradition unterbrechen, die Menschen würden die Anweisungen Másaws vergessen, und die Zerstörung würde weit über unser Dorf hinausgehen. Die ganze Erde würde aus dem Lot geraten.

Die Voraussagen Yukíomas betrafen nicht nur das Leben im Dorf, sondern das der Menschheit in der ganzen Welt. Das Protokoll der US-Regierung von der Unterredung mit Yukíoma dokumentiert seinen Versuch, die Prophezeiungen zu beschreiben, aber es klang alles sehr verwirrend, denn es kam von den Lippen des Dolmetschers Sétima, der selbst nicht genau wußte, worum es überhaupt ging. Dies war noch vor dem Ersten Weltkrieg, und unsere Unterweisungen [Prophezeiungen] zu diesem Ereignis wären selbst bei einer guten Übersetzung als bedeutungslos oder gar verrückt abgestempelt worden.

Der Präsident antwortete Yukíoma, er verstehe seine Wünsche und wolle, daß er und die anderen alten Männer auf alte Weise lebten. Er sagte auch, es sei für die Hopi gut, weiter in der Wüste Mais und Melonen zu ziehen, dort wo der weiße Mann hungern würde, aber er bestand darauf, daß die Kinder zur Schule gehen müßten. Er beschied Yukíoma, wenn er den Kindern nicht erlaubte, in ihre Klassenräume zurückzukehren, dann würden die Soldaten wiederkommen, und es würde Ärger geben. Yukíoma blieb immer noch hart. Er wußte, sein Volk wäre dem Untergang geweiht, wenn es diese neuen Wege akzeptierte.
Für den nächsten Tag setzte man ein weiteres Treffen an. Bei dieser Zusammenkunft versuchte der Regierungskommissar auf jede erdenkliche Weise, Yukíoma zum Nachgeben zu bewegen, aber es gelang ihm nicht, den »granitherzigen« Yukíoma zu überzeugen.
Yukíoma lehnte es ab, die geschriebene Zusammenfassung von dem, was der Präsident und der Regierungskommissar ihm gesagt hatten, entgegenzunehmen. Dieses Dokument wurde ihm von seiner Tochter, die eine ›Freundschaftliche‹ geworden war, mit der Post zugeschickt. Yukíoma weigerte sich sogar, es von ihr anzunehmen. Sie sandte das Dokument mit einem Schreiben zurück...
Yukíoma besaß mehr innere Größe als der Mann, dessen Hand er im Weißen Haus geschüttelt hatte. Er lebte unbeirrbar in seiner Überzeugung, und dies nicht allein für sich selbst, sondern für sein Volk und die Kinder seiner Kinder.
Ausgabe Nr. 4, Dezember 1975/Januar 1976

Wer kann uns sagen, wer wir sind?

Traditionellen Hopi ist wohl bekannt, daß die Verfassung des sogenannten Hopi-Stammesrates dazu dient, uns eine Ordnung aufzuerlegen, welche die wahre Bedeutung und Bestimmung der Hopi verletzt. Dieses Dokument, das uns 1936 von der US-Regierung aufgezwungen wurde,[21] versucht sogar die Hopi-Identität neu zu definieren, um damit ganz andere Ziele zu verfolgen.
In unserer Sprache hat der Name Hopi von Anfang an dieselbe Bedeutung behalten. Er benennt jene, die nach dem Plan von Másaw

leben und heute das Land für ihn in treuen Händen halten. Obwohl unsere Abstammungslinie sehr wichtig ist, bezieht sich das Wort auf unsere gesamte Lebensweise sowie auf die Begründung der Autorität unserer traditionellen Führer und unseren Anspruch auf das Land.
Artikel II der Verfassung gibt eine andersartige Definition. Hopi sind, laut Paragraph 1:

a) Alle Personen, deren Namen auf der Zählliste des Hopi-Stammes vom 1. Januar 1936 erscheinen; jedoch dürfen innerhalb eines Jahres von dem Zeitpunkt an, zu dem diese Verfassung in Kraft tritt, vom Hopi-Stammesrat mit Zustimmung des Innenministers [der USA] Korrekturen an der Liste vorgenommen werden.
b) Alle Kinder, die nach dem 1. Januar 1936 geboren sind und deren Vater und Mutter beide dem Hopi-Stamm angehören.
c) Alle Kinder, die nach dem 1. Januar 1936 geboren sind und deren Mutter Angehörige des Hopi-Stammes und deren Vater Angehöriger eines anderen Stammes ist.
d) Alle Personen, die gemäß Paragraph 2 in den Stamm aufgenommen wurden.

Laut Paragraph 2 können:
Nichtmitglieder mit einem Viertel oder mehr indianischem Blut, die mit einem Angehörigen des Hopi-Stammes verheiratet sind, und Erwachsene mit einem Viertel oder mehr indianischem Blut, deren Väter Angehörige des Hopi-Stammes sind, auf folgende Weise adoptiert werden:
Eine solche Person kann an den Kíkmongwi des Dorfes, dem sie angehören will, gemäß der in diesem Dorf festgelegten Verfahren einen Aufnahmeantrag stellen. Der Kíkmongwi kann sie aufnehmen und soll dies dem Stammesrat mitteilen. Der Rat kann dann den Namen jener Person durch Mehrheitsentscheid auf die Liste des Stammes setzen lassen. Bevor sie dort eingeschrieben wird, muß sie jedoch offiziell die Angehörigkeit zu jedem anderen Stamm aufgeben.

Im letzten Juli wurde dazu ein Diagramm in der Zeitung des ›freundschaftlichen‹ Dorfes Bákavi abgedruckt:

PLAN

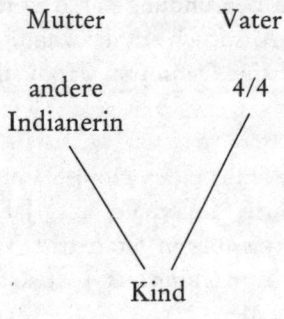

Kein Mitglied

Das Kind wird nicht als Mitglied des Hopi-Stammes betrachtet, kann aber adoptiert werden.

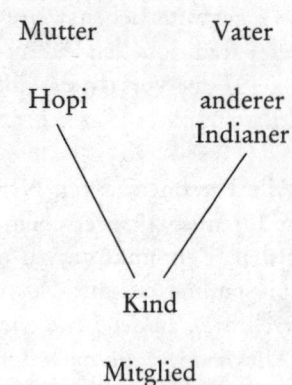

Mitglied

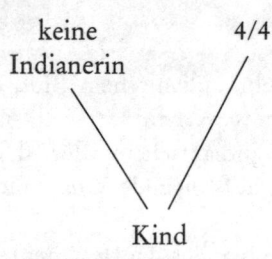

kein Mitglied

Das Kind wird nicht als Mitglied des Hopi-Stammes betrachtet, kann aber adoptiert werden, wenn es erwachsen ist.

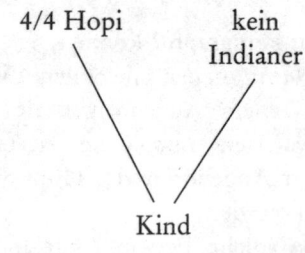

kein Mitglied

Das Kind wird nicht als Mitglied des Hopi-Stammes betrachtet. Es kann auch im Erwachsenenalter nicht adoptiert werden, es sei denn, es heiratet ein Mitglied des Hopi-Stammes.

Ist dies wirklich eine Definition von Hopi?[22] Wozu soll sie gut sein? Wir brauchen einen solchen Plan nicht, um als Wahre Hopi zu leben. Er ist nur für einige wenige gültig, die es lieber aufgeben, Hopi zu sein, und von Regierungsprogrammen leben, die die Teilung, Verpachtung und den Verkauf von Land beinhalten. Um solche ›Vergünstigungen‹ zu erhalten, müssen sie identifiziert werden. Doch alle Führer der Hopi haben geschworen, niemals das Land zu verkaufen oder zu zerteilen. Ein jeder, der dies tut, ist *kein Hopi mehr*.

Sind wir jetzt nur hartnäckig oder altmodisch, oder liegt etwa auch Weisheit in diesem Standpunkt? Die Wahrheit ist, wir Hopi haben es nicht nötig, unsere Selbstbestimmung an eine auswärtige Macht abzutreten, um zu gedeihen. Wir brauchen die Aufsicht über unser Land nicht unter die Gesetze anderer Länder zu stellen. Wir verstehen, was sich hinter dem System des ›easy money‹ verbirgt und wir wissen, wie gefährlich es ist.

Freuen wir uns also auf den Tag, an dem wir miteinander teilen können und nicht mehr aufgefordert werden, all das aufzugeben, wofür wir leben.

Ausgabe Nr. 8, August/September 1976

Warum gibt es einen Landdisput?

Der Kongreß der Vereinigten Staaten hat mehrere Versuche unternommen, ein Problem zu lösen, das von gewissen Interessenvertretern als »Landdisput« zwischen den Hopi und den Navaho bezeichnet wird. Sie tun dies fernab von den Menschen, denen ihre Entscheidungen gelten. Ihre Begriffe »Eigentum« und »Gerichtsbarkeit« sind unserer Lebensweise fremd.

Das öffentliche Gesetz 93-531 [der Navaho Hopi Land Settlement Act] ist ein jüngster Versuch, Verhandlungen zwischen den Stammesräten beider Nationen vorzuschlagen. Wenn diese Verhandlungen fehlschlagen – was fast sicher ist, da sie auf Konzepten beruhen, die beiden Seiten fremd sind –, wird die Angelegenheit der Entscheidungsgewalt des US-Innenministers unterstellt werden. Dieser beabsichtigt unter anderem, eine Grenze zu ziehen und Hopi und Navaho durch einen Zaun voneinander zu trennen.[23] Dem Establishment ist der sogenannte

›Hopi-Stamm‹[24] ganz offensichtlich ein Dorn im Auge, denn er behindert ihre Lösung des Landproblems. Schon früher gab es in ihrer Presse Versuche, Beweggründe und Handlungen der ›Traditionellen‹ verzerrt darzustellen. Dies geschieht auch bei der Einigkeitsbewegung der Hopi und Navaho, bei ihrem Kampf, Land der Hopi durch Gesetze der Weißen »wiederzugewinnen«. Sie fragen sich, weshalb die ›Traditionellen‹ Beziehungen zu den Navaho unterhalten wollen, die einst ihre Feinde waren. Sie behaupten auch, daß es so etwas wie einen wahren, für sein Volk denkenden Hopi-Anführer nicht geben könne. Sie sagen, es sei schade, daß die traditionellen Führer die Lösung des Landproblems selbst in die Hand nehmen und die Arbeit der Stammesratsregierungen der Navaho und Hopi ignorieren würden. »Seht«, sagt der Pahána-Rat, »ich bin der Oberste Häuptling der Hopi-Nation. Ihr müßt meinem Wort gehorchen. Ich schaffe Arbeitsplätze für euch, damit ihr viel Geld verdienen und euch Autos, Fernsehgeräte und all die schönen Dinge der Weißen leisten könnt. Gerichte und Gefängnisse werden für euer Recht sorgen.« Das klingt edel, doch über die Nachteile sprechen sie nicht.

Das ganze Problem hätte umgangen werden können, wenn sich die Stammesräte der Hopi und Navaho zusammengesetzt und beraten hätten, was die traditionellen Führer eigentlich wollen. Sie dürfen nicht mehr die ›Traditionellen‹ schlechtmachen und nach dem Land greifen. Sie sollten diejenigen, die auch weiterhin ihr ursprüngliches Leben führen wollen, unterstützen und nicht herabsetzen. Die meisten Hopi möchten ein einfaches Leben führen und ihr kulturelles Erbe bewahren. Dies ist der wichtigste Grund, den der Pahána-Rat nicht sieht. Vielleicht hat die US-Regierung vorausgesehen, daß, wenn die Führer der beiden Stammesräte an der Macht bleiben, der Kampf mit Blutvergießen enden wird.

Die Prophezeiungen der Hopi besagen, daß in einer Situation, wie sie heute anzutreffen ist, die Navaho den Hopi helfen können. Ebenfalls könnten die Pahána oder der Stamm der Paiute[25] helfen. Wir bezweifeln jedoch, daß die US-Regierung uns so ohne weiteres unsere Souveränität zugesteht. Wäre es möglich, so würden die ›Traditionellen‹ sowohl der Hopi als auch der Navaho die Trennung von jenen wünschen, die sich anpassen wollen. Auf diese Weise könnten beide Stämme ihre Identität bewahren und so eine sich selbst achtende Gemeinschaft ermöglichen.

Die Hopi haben hier gesiedelt, schon lange bevor die weiße Rasse auf diesen Kontinent kam. Ihre Führerschaft wurzelt tief in ihrer Kultur und Tradition und vor allem im ewigen Gebot des Schöpfers. Jede Rasse auf der Welt, auch der Pahána, beschritt zuerst diesen Pfad. Daher gründen die traditionellen Hopi ihre Autorität auch nicht auf Mehrheitsentscheidungen. Sie vertreten vielmehr den Standpunkt einer einheitlichen Tradition der Menschheit in der ganzen Welt. Selbst die Pahána-Hopi üben heute noch ihre Zeremonien aus, auch wenn sie ihre Tradition mit Füßen treten. Das Vertrauen in ihre neue Führerschaft (Mormonen und andere) ist doch wohl zu gering, um ihr ins Jenseits zu folgen. Das Ganze wirkt wie eine satirische Komödie! Ja, unser Erbe ist mächtig! Man kann nicht einfach per Gesetz Tradition und religiöse Geschichte eines Volkes abschaffen, die sich in Jahrhunderten entwickelt haben und jedem Lebensabschnitt ihrer Menschen zugrunde liegen.

Zum Beispiel kam eines Tages Emory Sekáquaptewa zu einer Gruppe von uns, nahe bei Hótevilla, und kündigte an, er und seine Frau würden die Lebensweise der Hopi aufgeben, denn sie könnten es nicht länger aushalten, nach deren Ordnung zu leben. Sie seien mit ihren Kindern zur Mormonenkirche übergetreten und würden nun wegziehen. Doch im Gegensatz zu dem, was er sagte, sah man Großmutter Sekáquaptewa bei der Zubereitung von píki-Brot und anderen Gerichten für eine traditionelle Hochzeit. Für die Tochter wurde ein traditionelles Hochzeitsgewand angefertigt. Am nächsten Tag sah man, wie Großmutter Sekáquaptewa den traditionellen Zeremonialtänzen zuschaute; und ihr Sohn Emory macht eine Menge Geld damit, weißen Leuten traditionelle Kultur und Sprache der Hopi zu lehren. Er wolle, so hörten wir, daß die Schulkinder Hopi sprechen und die traditionellen Wege erlernen.

Was bedeutet eigentlich Tradition? Wir sind zu dem Schluß gekommen, daß sie Kraft darstellt. Für die Hopi ist sie eine Barriere, die ihre Unabhängigkeit vor den zerstörerischen Handlungen der Pahána schützt. Der sogenannte Stammesrat hat nicht erkannt, wie wichtig dies ist, und sich auf einen Marsch für den Fortschritt begeben, auf dem er unser Land verpachtet, Geld verdient und Eindringlingen den Weg ebnet.

Die vielleicht kindlichste Handlung bestand darin, ihrem mormonischen Rechtsanwalt eine Million Dollar zu Weihnachten zu schenken.

Sie verspotten und erniedrigen die ›Traditionellen‹ als Primitive, die die Kleidung der Weißen nicht anziehen oder irgend etwas anderes von ihm verwenden dürfen und zu Lendenschurz und Eseln zurückkehren sollen. Wir sind traurig, wenn uns solche Worte entgegengehalten werden, denn es sind törichte Worte. Wenn sie erst einmal gegen die Wand gerannt sind, schlüpfen sie wieder unter den schützenden Umhang der Tradition zurück. Doch wir werden es ihnen nicht vergelten und sie unserer Tradition berauben.

Jetzt, wo der sogenannte ›Hopi-Stamm‹ das Landproblem in Angriff nimmt, merkt er, daß er ohne das Image des »echten« Hopi nicht über den Berg kommt. Also hüpfen die Hühner zum Schlafen wieder auf die häusliche Stange. In den Schulen erblühen jetzt überall Programme zur Hopi-Identität. Hopikinder werden ermutigt, ihre Sprache zu sprechen und traditionelle Tänze und Gebräuche zu erlernen, die für bestimmte Programme und Tätigkeiten ein »Muß« sind. Obwohl der Rat jetzt schwer auf Tradition macht, hat er nichts mit der ursprünglichen Hopi-Tradition zu tun. Tatsächlich verwässert er sie und führt so ihren Untergang herbei. Er ersetzt sie durch ein Gesetz zum Schutz toter Ruinen und restauriert Zeremonialkivas. Währenddessen sind sein Vorsitzender und seine Anwälte damit beschäftigt, Wege auszuknobeln, wie sie die Opposition ausspielen, damit sie die Menschen und Naturschätze ausbeuten können. Sind sie wirklich daran interessiert, die Zeremonien zu erhalten? Wir fragen uns das, denn sie sind Paháná-Christen. Für sie sind die Zeremonien, Kivas und Schreine Teufelswerk, das nur Heiden betreiben. Aber wenn man damit Geld verdienen kann, sind sie dabei.

Sie haben einige ›Traditionelle‹ geködert, die wir ›Paháná-Traditionelle‹ nennen. Manche von ihnen üben in der traditionellen Gesellschaft der Hopi Ämter aus und haben damit Einblick in das traditionelle Wissen. Dies nützt ihnen jedoch für das politische System der Paháná wenig. Einige können nicht lesen, aber es wird ihnen dennoch erlaubt, Sitze innezuhaben, Entscheidungen zu treffen und Gesetze zu verabschieden. Da der Rat wie ein Einparteiensystem arbeitet, lautet die Stimmabgabe oft »Ja« und selten »Nein«, je nachdem, wieviel Zuckerguß eine Vorlage hat. Der selbsternannte Repräsentant von Oraibi erhält durch das Dorf keine Unterstützung. Alle Mitglieder des Rates werden bezahlt. Die ›Paháná-Traditionellen‹ sind für das äußerliche Image von Wert, doch bekleiden sie in der traditionellen Ordnung nur niedere oder gar keine Ämter. Ihre Aufgabe gegenüber den wahren Hopi ist es, falsche Ratschläge zu geben und als Strohmänner zu dienen, während der Rat der übrigen Welt erzählt, sie seien die »eigentlichen« Hopi. Dies erklärt auch die geringe Achtung vor den wirklichen traditionellen Anführern.

Aber nach der Hopi-Tradition besitzt solch ein Hopi keine Autorität mehr. Bevor er in die Welt der Pahána ging, erbte er von seinen Großen Häuptlingsonkeln die ursprüngliche Weisheit und die Kenntnisse der Hopi, mit all den Unterweisungen darin, was in dem jetzigen Stadium zu vermeiden sei. Von ihm wird erwartet, daß er einen starken Charakter hat und strikt das Gebot und die Weisungen des Schöpfers befolgt. Geheime Schwüre verbinden sich mit seinem Amt und schützen Autorität und Macht, damit er sein Volk bis zu seinem Tode führt. Der Bruch dieser Schwüre bedeutet, ein Verräter an dem Großen Geist, seinen Unterweisungen und den ihm zugewandten Menschen zu werden.

Ein traditioneller Anführer der Hopi nimmt kein Geld für sein Amt. Seine Hingabe ist stärker und tiefer, denn die ursprünglichen Hopi kamen gemeinsam in dieses Land, und ihre Unterweisungen und Lehren sind bis auf den heutigen Tag dieselben geblieben. Er ist daher gewillt, dem ihm vorgezeichneten Weg zu folgen und die Prophezeiungen zu erfüllen, ganz gleich, welche Folgen das hat. Er weiß, die Hilfe wird kommen, so wie es der Schöpfer will. Kommt sie nicht von anderen Völkern oder durch die Kräfte der Natur, sind die Hopi auf dem falschen Weg. Soviel wissen wir.

Ausgabe Nr. 1, August 1975

Zwei Arten von Recht

Wir machen all unsere Pahána-Freunde, falls sie uns besuchen sollten, auf »Recht und Ordnung« bei den Hopi aufmerksam. Jede Person, die lange Haare, Bart und Perlenschmuck trägt oder auch sonst wie ein Hippie aussieht, kann schon wegen des geringsten Anlasses festgehalten werden. Sogar Leute mit kurzen Haaren können festgenommen werden, wenn sie sich zu lange in der Nähe der traditionellen Hopi aufhalten.

Die ›fortschrittliche‹ Regierung weiß, daß es für sie von Nachteil sein könnte, wenn mehr über sie bekannt wird. Sie fürchten, unsere von draußen kommenden Freunde könnten ihre Machtstellung gefährden. Es sind Gesetze verabschiedet worden, die tief gegen unsere Tradition verstoßen, wie z. B. das schändliche »Anti-Hippie-Gesetz«, das unseres Wissens noch immer in Kraft ist. Wir stellen es hier vor als ein Beispiel, wie der Marionettenrat auf vielfache Weise den Geist des Hopi-Lebens verletzt:

»Da der Hopi-Stammesrat informiert wurde, daß eine als ›Hippies‹ bekannte Gruppe aus Kalifornien wahrscheinlich in naher Zukunft die Hopi-Reservation besuchen wird, und da diese Gruppe für ihre radikalen Ansichten und Verhaltensweisen bekannt ist, welche mit der Hopi-Kultur unvereinbar sind,
sei es hiermit vom Hopi-Stammesrat beschlossen, daß diese Gruppe als unerwünscht erklärt wird und es allen Mitgliedern der ›Hippie‹-Gruppen nicht gestattet ist, die Reservation zu betreten.
Es sei weiterhin beschlossen, daß der Inspektor [des BIA] hiermit gebeten und autorisiert wird, Einzelpersonen oder Gruppen der ›Hippies‹ nach eigenem Ermessen mit den notwendigen Mitteln von der Reservation zu entfernen.
Beglaubigung: Ich versichere hiermit, daß die vorstehende Resolution am 1. Juni 1967 vom Hopi-Stammesrat mit 9 Ja-Stimmen und ohne Gegenstimme, bei Stimmenthaltung des Vorsitzenden, nach voller und freier Diskussion der Problematik rechtmäßig angenommen wurde. (Resolution Nr. H-9-67)
(gezeichnet) Logan Koopee, Hopi-Stammesrat.«

Häuptling Kachongva aus Hótevilla gab umgehend eine Antwort heraus, die auszugsweise folgt:

»Ihre Einstellung gegenüber Menschen ist verkehrt und verkommen. Menschen mit Gewalt aus meinem Dorf zu vertreiben, ist für uns Hopi ein Unrecht. Hiermit lehne ich... Resolution Nr. H-9-67 ab. Da diese Resolution ohne meine Zustimmung erlassen wurde, und da mir auch niemals eine der sie betreffenden Informationen bekannt gemacht worden ist, wird das Dorf Hótevilla ihr nicht unterliegen.
Ich habe nun jahrelang den Vertretern der [BIA-]Agentur immer wieder meine Gründe dargelegt, warum Hótevilla alle Ihre Programme ablehnt. Dies geschieht aus besonderen Gründen: Das Dorf Hótevilla wurde von Anfang an auf traditionelle Weise besiedelt und so wird es weiterhin geschehen. Alle Ihre Exekutivgewalt hat innerhalb des Dorfes zu unterbleiben, während der Zeremonien und zu allen Zeiten...«

Dies war die Art des Häuptlings, ihnen zu sagen:
»Ihr habt das höchste Gebot des Landes, den Großen Geist verletzt, indem Ihr die verbindende Kraft der Harmonie, mit der die Menschheit überlebte, mißachtet habt. Mein Dorf ist an ein solch unmenschliches Gesetz nicht gebunden. Jene, die guten Geistes hierherkommen, werden aufgenommen. Hören Sie auf, sich mit Hilfe Ihrer Polizei-

macht hier einzumischen. Der Hopi-Weg führte uns jahrhundertelang, bis auf den heutigen Tag. So schütze ich die Ehre des Großen Geistes, wie ich es geschworen habe.«[26]

Ausgabe Nr. 3, November 1975

Wohnungsbauprojekt bedroht Lebensweise der Hopi

Ältester überfallen – US-Regierung angerufen

Die Hopi-Dörfer sind religiöse Bauerngemeinschaften, jede hat ihre eigene unabhängige Führerschaft, die auf umsichtige Weise entsprechend den alten Traditionen eingesetzt ist.

Die US-Regierung hat es in ihrer ganzen Geschichte abgelehnt, diese Tatsache anzuerkennen. Seit dem ersten Kontakt der Regierung mit den Hopi-Dörfern sind Programme in völliger Ignoranz ihrer Bedeutung für das Leben der Hopi verabschiedet worden. Das hat im Laufe der Jahre zu ernsthaften Schwierigkeiten geführt. Das derzeitige Wohnungsbauprojekt der HUD [Housing and Urban Development; Wohnungsbaubehörde des Bureau of Indian Affairs (BIA)], das das Land von Hótevilla bedroht, ist keine Ausnahme.

Der kürzlich erfolgte Anschlag auf einen unserer Ältesten illustriert dies deutlich. Der Vorfall veranlaßte ein Treffen mehrerer traditioneller Anführer in unserem Dorf, die den folgenden Brief, unterzeichnet von dreien von ihnen, an den Innenminister richteten:

15. Februar 1976

»Sehr geehrter Herr,
wir erbitten Ihre sofortige Reaktion auf folgendes:
William Pahóngva, ein geachteter und gelehrter Hopi-Ältester von über 90 Jahren, wurde bewußtlos geschlagen, als er aus der Tür des Hauses von James Pongyayoúma in Hótevilla, einem Ort der Unabhängigen Hopi-Nation, gestoßen wurde.
Der Vorfall ereignete sich Freitagabend, am 13. Februar, etwa gegen 22.30 Uhr nach einem Treffen, bei dem traditionelle Anführer die wahre Rolle Pongyayoúmas in einem geplanten Wohnungsbauprojekt zu bestimmen suchten, das die Landrechte des Dorfes verletzen würde. Dies ist typisch für die Schwierigkeiten, die Ihre Programme immer wieder verursachen.
William identifizierte den Mann, der ihn schlug, als Charlie Sikyawúyuma. Das Treffen endete nach Zeugenaussagen mit Gewalt, als Charlie zusammen mit Percy Loma, einem Hopi-Mormonen, in einem Wutausbruch begann, die Besucher hinauszuwerfen.

Hótevilla wurde 1906 gegründet, um die Tradition der Hopi zu erhalten. Es ist bei den Hopi immer so gewesen, daß jemand, der in einer anderen Ordnung leben möchte, dies anderswo tun muß, ohne sich in das Dorfleben einzumischen.
Das Wohnungsbauprojekt würde erfordern, daß Dorfland an das Housing and Urban Development Project (HUD) der US-Regierung verpachtet wird. Die Unfähigkeit zu regelmäßigen Mietzahlungen hat bei manchen eingeborenen Völkern, die solche Vorhaben zugelassen haben, tatsächlich schon zum Verlust ursprünglicher Landrechte geführt, denn die Pachtverträge können später auf Banken oder andere Firmen übertragen werden, die dann höhere Zahlungen verlangen. Dies sind folgenschwere Zusammenhänge, doch sie werden denen, die die Vorteile in Anspruch nehmen wollen, nicht genau erklärt, so daß sie oft denken, sie erhielten kostenlos ein Haus.
Die traditionellen Führer wurden von Melbert Pongyayesvia auf die drohende Gefahr aufmerksam gemacht, der mehrere Arbeiter der Regierung in seinem Obstgarten antraf. Da in einer kürzlich erfolgten Bekanntmachung des Projekts durch den Stammesrat der Name James Pongyayoúma erschien, forderten ihn die Führer zu einem Treffen auf, um über seine Einstellung Klarheit zu gewinnen.
James war einst der Kíkmongwi von Hótevilla, bis er das Dorf für rund sieben Jahre verließ und seine Pflichten und Zeremonien vernachlässigte, was gemäß der Hopi-Tradition bedeutet, daß er seine Autorität verwirkte. Nach seiner Rückkehr war er nicht in der Lage, seinen ehemaligen traditionellen Gefährten gegenüberzutreten, da er sich auf einen moralisch eher minderwertigen Lebenswandel eingelassen hatte. Er brach sogar mit der Tradition, indem er zu einer anderen Kiva-Gesellschaft überwechselte, anstatt vor seine alte zu treten. Seitdem hat er seine einstigen Verpflichtungen verleugnet, um in der Welt der Weißen Reichtum zu suchen.
James und mehrere seiner Gefährten sind bekanntlich für die Installation von Wasser- und Stromleitungen in unserem Dorf eingetreten, gegen den Willen der Dorfbewohner und entgegen der Absicht, mit der das Dorf gegründet wurde.
Zu dem Treffen war auch Nathan Fred Sen. aufgefordert worden, der ›fortschrittliche‹ Gouverneur[27] von Bákavi, dem Dorf, das für die Einbringung des Wohnungsbauprojekts [im Stammesrat] verantwortlich ist. Fred gehört zu einer Gruppe, die die Anerkennung von James als Kíkmongwi zu erreichen sucht, um über den Hopi-Stammesrat [mit dem James zusammenarbeiten würde] Zugang zu Regierungsprojekten zu erhalten, was traditionelle Hopi ablehnen müssen.
Etwa fünfzehn Leute von uns warteten im Haus von David Monóngye, doch James, der es beständig abgelehnt hatte, sich mit den Führern des Dorfes zu treffen, kam nicht. Schließlich beschlossen wir, zu seinem Haus zu gehen. Dort trafen wir ihn mit einigen seiner Gefährten an; weitere kamen später hinzu.
Als er aufgefordert wurde, über das Erscheinen seines Namens auf dem Dokument Rechenschaft zu geben, erklärte er uns, er habe nichts davon gewußt. Er betonte mehrfach, kein Anführer zu sein und verneinte jede Verbindung mit einer Gruppe. Auch bestritt er, das Wohnungsbauprojekt zu billigen oder mit dem Hopi-Stammesrat in Verbindung zu stehen, einer Einrichtung, die immer der US-Regierung gedient hat.
Etwa um 22.30 Uhr forderte James die Besucher auf, zu gehen. Einige von uns sind schwerhörig und reagierten daher nicht sofort, obwohl niemand sich weigerte. Dann rief jemand, der Hauseigentümer wolle nun, daß alle gehen. Percy Loma und Charlie Sikyawúyuma begannen, die Leute sehr grob hinauszustoßen.
William Pahóngva erklärte, daß Charlie ihn am Kragen packte und begann, ihn rückwärts auf die Tür zuzuschieben. Er hielt sich an Charlies Hemd fest, um das Gleichgewicht zu halten. Dann stieß Charlie ihn aus dem Eingang, wodurch er zu Boden fiel und für kurze Zeit das Bewußtsein verlor. William konnte sich danach nur schwer bewegen.

Später schwollen seine Füße und Knie an, und er hatte zahlreiche Blutergüsse im Gesicht.
Dieser Vorfall läßt die Spaltung erkennen, die durch die unnötige und rücksichtslose Einführung solcher Projekte verursacht wird. Wir können selbst viel bessere Häuser aus Stein und Mörtel bauen, so wie wir das seit Jahrhunderten tun. Wir haben es nicht nötig, derartige Einmischungen auswärtiger Interessengruppen hinzunehmen, besonders dann nicht, wenn sie gegen unsere traditionelle Lebensweise gerichtet sind.
Als er seinerzeit die Position des Kíkmongwi übernahm, unterzog sich James Pongyayoúma genau der Aufgabe, bei deren Ausführung Yukíoma, der Gründer des Dorfes, so viel auf sich genommen hatte.
Vielleicht ist denjenigen, die hinter der HUD stehen, nicht klar, daß wir diesem hohen Ziel immer noch verpflichtet sind. Die alleinige Befugnis, den Kíkmongwi zu wählen, liegt immer noch beim Dorf, und die Wahl muß nach klar definierten Grundsätzen und Gebräuchen ausgeführt werden. James hat seine Autorität aus freien Stücken aufgegeben. Die Tatsache, daß der Stammesrat ihn als Repräsentanten ausgesucht hat, um seinem selbstsüchtigen Zweck zu dienen, ändert daran nichts. Die Verantwortung für das Dorf liegt noch immer bei den Dorfführern.
Wir Bewohner von Hótevilla wollen keine Häuser von der Regierung oder irgendwelche anderen Projekte, durch die die Kontrolle über unser Land immer mehr in die Hände auswärtiger Interessengruppen gerät.
Wir machen Sie hierauf aufmerksam, damit Sie und alle Verantwortlichen von den Schwierigkeiten wissen, die Ihre Projekte heraufbeschwören, und in der Lage sind, mit Umsicht und Bewußtheit zu handeln.
Für uns ist diese Angelegenheit sehr dringend. Wir bitten Sie, der schwerwiegenden Einmischung in unser Dorfleben ein Ende zu machen. Möge Ihr guter Wille sich in den Schritten zeigen, die Sie unternehmen.«

Die Antwort des Innenministers wird, sollte es eine geben, in der nächsten Ausgabe von Techqua Ikachi abgedruckt.[28]

Wird Angreifer des Ältesten Dorfrepräsentant?

Getreu ihrem alten Schema und in Verletzung der Verfassung des Stammesrats, unter der sie stehen, haben das Dorf Bákavi und das BIA Charlie Sikyawúyuma gestattet, Hótevilla bei einem Treffen zu repräsentieren, in dem es um die Verlegung des Abwassersystems in Bákavi ging. Dieses Treffen fand am 10. Februar statt, drei Tage bevor Charlie den 90jährigen William Pahóngva angriff. Die Begründung, warum er zum Vertreter Hótevilla gewählt wurde: Er sei dabei »behilflich«, Wasser nach Hótevilla zu bringen! Es ist leicht zu erkennen, wie Außenstehende versuchen, unsere Führer für uns zu wählen!

Fortschrittliche Zeitung gibt falschen Bericht

Leser der nicht-traditionellen Zeitung *Qua'toqti* werden dringend gebeten, die Tatsache zur Kenntnis zu nehmen, daß diese Zeitung es bisher unterlassen hat, irgend etwas über den Hintergrund des Hótevilla-Landproblems zu berichten und lediglich eine kurze Erklärung gebracht hat, die auf Charlie Sikyawúyumas Behauptung basiert, er sei das Opfer und nicht der Angreifer! Er ziehe es vor, nicht »mit Anklagen Druck zu machen«. Natürlich gibt es bei den Hopi keine Gerichte und Gefängnisse, und daher werden auch die beteiligten Führer nicht »mit Anklagen Druck machen«, aber wir begrüßen jede Anstrengung, die darauf zielt, den Vorfall fair zu untersuchen.

Bákavi benutzt Ex-Häuptling als Werkzeug für Landraub

Wir zitieren nun aus dem Rundbrief von Bákavi vom 6. Februar 1976, einem der Dokumente, die das Treffen in Pongyayoúmas Haus erforderlich machten:

> »Beim Treffen des Vorstands [des Dorfkomitees von Bákavi] am 21. Januar 1976 beschlossen die Mitglieder, die Landvermessung des Gebiets zum Zweck der Bebauung und Erschließung fortzusetzen. Der Gouverneur informierte die Mitglieder, daß der Rat James Pongyayoúma als Häuptling von Hótevilla anerkenne, und er es nicht sei, der gegen die Ansprüche Bákavis protestiere. Daher beschloß der Vorstand, mit dem Plan für dieses Gebiet fortzufahren. Nur wenn und sobald James Pongyayoúma protestiere, würden sich der Gouverneur und der Vorstand mit ihm treffen. Einige Mitglieder waren der Ansicht, daß das Dorf mit der Vermessung und mit anderen Plänen schon deshalb fortfahren solle, damit das juristische Problem zwischen Bákavi und Hótevilla gelöst werde.
> Das Gebiet wurde im September letzten Jahres als Wohnungsbau- und Erschließungsgebiet für Bákavi ausgewiesen, aber diesbezügliche Tätigkeiten sind seitdem von Anhängern David Monóngyes aus Hótevilla aufgehalten worden. Monóngye hat mehrmals um ein Treffen mit Autoritäten von Bákavi gebeten, jedoch hat Bákavi dies abgelehnt, solange die Antwort des [Stammes-]Rates darauf ausstand, wer der anerkannte Führer Hótevillas sei. Bákavi hält daran fest, daß, wenn es mit Hótevilla zusammentreffen muß, dies nur mit dem anerkannten Häuptling geschehen sollte.«

Wir möchten gern, daß unsere Leser den obigen Vorschlag sorgfältig im Licht von Geschichte und Tradition der Hopi bedenken. Wie unser Brief an den Innenminister darstellt, liegt die Befugnis, das Dorf zu regieren und den Kíkmongwi (Häuptling) zu wählen, bei jedem unabhängigen Dorf selbst. Hótevilla hat dieses Recht niemals an den Hopi-Stammesrat abgetreten, der eine erst vor kurzem eingerichtete auslän-

dische Institution ist, die unserer traditionellen Regierungsform grundsätzlich oppositionell gegenübersteht.
Als religiöse Gemeinschaft sind die Menschen Hótevillas einem heiligen Gelübde verpflichtet, den Weisungen des Großen Geistes zu folgen, welche uns seit Beginn der Zeit überliefert sind.

Ex-Häuptling Pongyayoúma bestreitet eigenen Einfluß

Die Tatsache, daß James Pongyayoúma, auch bekannt als James George, seine frühere Position als Kíkmongwi vor einigen Jahren aufgab, ist im Dorf allgemein bekannt. Er selbst hat bestritten, irgendwelchen Einfluß zu besitzen. Selbst wenn er nun Einfluß beanspruchen sollte, kann er dies nur, wenn er sich wieder mit seinem Volk vereint und sich aufs neue den Weisungen des Großen Geistes verpflichtet. Die gegenwärtigen Bemühungen, ihn als Kíkmongwi anzuerkennen, beruhen nicht auf seiner Verpflichtung auf die Bestimmung der Hopi und entspringen auch nicht der gegenwärtigen Führerschaft des Dorfes. Sie sind ganz klar ein Versuch einiger Einzelpersonen, die auf billige Häuser aus sind und sich um die Folgen für das Dorf als Ganzes nicht kümmern.

HUD-Programm mißbraucht

Sicherlich ist das Wohnungsbau- und Stadtentwicklungsprogramm (HUD) nicht mit der Absicht aufgestellt worden, Spaltung in unserem Dorf zu erzeugen und unsere Unabhängigkeit zu zerstören. Zumindest hoffen wir, daß dies so ist. Wenn ja, dann werden diejenigen, die für das Programm verantwortlich sind, nicht zulassen, daß es in dieser Weise benutzt wird.
Es ist wichtig, den geschichtlichen Hintergrund Bákavis zu verstehen. Hótevilla wurde inmitten eines großen Kampfes gegründet, in einem verzweifelten Versuch, dem Einfluß der Regierung zu entgehen. Die Inhaftierung vieler Männer, einschließlich der Führer, kam noch zu den Schwierigkeiten hinzu, die mehrere Jahre andauerten.
Bákavi wurde von einer Gruppe gegründet, die diesen Kampf aufgab und aufgrund ihrer Schwäche und Mißachtung der großen Gesetze wieder nach Oraibi zurückkehrte. Dies geschah am 27. Oktober 1909.

Ein Brief des Inspektors H. H. Miller in Keam's Canyon an den Regierungskommissar für Indianische Angelegenheiten, F. H. Abbott, datiert vom 30. Oktober 1909, bezieht sich auf dieses Ereignis:

»Am Abend des 27. Oktober besuchten Kuwánnumtiwa, Nasekwaptewa, Seqavma und Sematehauku aus dem Dorf Oraibi dieses Amt und berichteten, daß Häuptling Tawákwaptiwa den zurückgekehrten ›Feindseligen‹ verweigert hat, im Dorf zu bleiben und es ablehnte, Kuwánnumtiwa, dem Führer der zurückgekehrten ›Feindseligen‹, die Hand zu schütteln. Sie fragten an, ob wir ihnen mit Hilfsmaßnahmen über den Winter helfen könnten und versprachen, daß sie dort friedlich bis zum Frühjahr bleiben wollten oder bis sie beschlössen, woandershin zu ziehen.«

In Wirklichkeit war dies ein Vorschlag des Regierungsinspektors, dem sie widerstrebend zustimmten. Sie nahmen an, daß die Regierungsbeamten nach ihrer Rückkehr bereit sein würden, sie zu schützen. Im folgenden Jahr, 1910, gründeten sie das neue Dorf Bákavi, jedoch wurde ihnen nie Land zugeteilt, da sie sich nicht entscheiden konnten, zu welchem Ort sie ziehen wollten. Den Platz wählten sie unter anderem wegen der nahen Quellen und Wälder.

Zu dieser Zeit hatten die Bewohner von Hótevilla viele neue Felder um dieses Gebiet herum angelegt. Nachdem Kuwánnumtiwa und seine Anhänger ihr neues Dorf eingerichtet hatten, befahl er seinen Leuten, das Land von Hótevilla einfach zu übernehmen, um sein Volk ernähren zu können, denn er wußte, daß die Soldaten von der Agentur ihn unterstützen würden, sollte er auf Widerstand treffen. Hótevilla war hilflos, da unser Führer Yukíoma im Gefängnis saß.

Von dieser Zeit an bis zum heutigen Tag haben die Bákavier dasselbe Spiel gespielt. Noch immer versuchen sie, durch die Regierungsprogramme ihre Lage auf Kosten des traditionellen Dorfes Hótevilla zu verbessern.

Das große Schulgebäude mit seinem riesigen Wasser- und Kanalisationssystem ist nur ein Beispiel dafür. (Das Kanalisationssystem dürfte wahrscheinlich die Ursache für die Verschmutzung der natürlichen Quelle sein, von der wir unser Wasser holen.)

Sie waren in unserem Dorf willkommen, zogen jedoch lieber fort, weil die Regierung hier zu viel Druck ausübte. Dann benutzten sie die Regierung für ihre eigenen Interessen und wurden umgekehrt von der Regierung als Werkzeug gegen unsere traditionelle Lebensweise eingesetzt.

Wir betonen, daß keine dieser Schwierigkeiten wirklich notwendig ist.

Es sollte jedem klar sein, daß wir in diesen Dörfern nicht all die Jahrhunderte glücklich überlebt hätten, wären wir nicht fähig gewesen, unsere eigenen Häuser zu bauen und unsere Angelegenheiten selbst zu regeln.

Wir würden gerne glauben, daß all dies nur ein unschuldiges Versehen ist, doch es gibt große und komplizierte Pläne, unser Gebiet mit einem Großteil des Navaho-Landes und des ganzen Südwestens [der USA] zu industrialisieren. Diese Pläne werden ohne unser Wissen und unsere Zustimmung beschlossen, und wir hören von ihnen nur durch Zufall. Anscheinend wollen es die Oberplaner nicht wahrhaben, daß unsere Zivilisation überhaupt existiert. Wir meinen, daß sie Angst haben, den wahren Führern der Hopi gegenüberzutreten und ihnen wirklich zuzuhören. Das ist auch der Grund, weshalb sie den Hopi-Stammesrat aufgestellt haben und mit ihm ihre Programme durchdrücken. Das ist der Grund, weshalb sie sich der Polizei bedienen, um die Dinge zu erzwingen, gegen die wir aufgrund unserer heiligen Bestimmung Widerstand leisten müssen.

Solange wir noch leben, werden wir fortfahren, den Verantwortlichen und allen Interessierten die Wahrheit nahezubringen, in der Hoffnung, daß irgend jemand Schritte unternehmen wird, um diesen Fehler zu korrigieren.

Aufstieg und Fall des Feuerklans

Der sogenannte Hopi-Stammesrat hat beschlossen, James Pongyayoúma, auch James P. George, als Häuptling des Dorfes Hótevilla anzuerkennen. Dies ist nach unseren uralten Lehren unrechtmäßig. Wenn wir die Aktivitäten des Stammesrats in der Vergangenheit betrachten, dann erkennen wir darin nur einen weiteren Schritt, mit dem die letzte Hochburg der ursprünglichen Hopi-Regierung beseitigt werden soll. Der Rat und die hinter ihm stehenden Kräfte halten diesen Schritt für notwendig, weil ihre vergangenen Eroberungsversuche fehlgeschlagen sind und sie mit der Nichtbefolgung ihrer eigenen Verfassung Fehler begangen haben.

Artikel III, Paragraph 3 stellt fest: »Jedes Dorf soll für sich selbst entscheiden, wie es organisiert sein will. Solange, bis ein Dorf beschließt, sich auf andere Weise zu organisieren, soll es als unter der traditionellen Hopi-Organisation stehend betrachtet und der Kíkmongwi eines solchen Dorfes als sein Führer anerkannt werden«, obwohl es zuvor in Paragraph 1 heißt: »Der Stamm der Hopi ist eine Union sich selbst regierender Dörfer, die in der Arbeit für das allgemeine Wohlergehen aller ein gemeinsames Interesse teilen. Sie besteht aus den folgenden anerkannten Dörfern...« (Alle neun Dörfer einschließlich Hótevilla werden erwähnt.) Wir haben niemals erwogen, uns auf andere Weise zu organisieren. Wir sind ein unabhängiges Dorf, das den Gesetzen des Stammesrats nicht unterworfen ist, und wir haben in dieser Organisation keinen Vertreter. Da James Pongyayoúma sich im Sinne unseres uralten Regierungssystems selbst ausgeschlossen hat und schließlich persönlich bestritt, irgendwelche Autorität zu besitzen, verletzt der Rat seine eigene Verfassung, wenn er uns zwingt, ihn anzuerkennen.

Es trifft zu, daß der Feuerklan die rechtmäßigen Vertreter für die maßgeblichen Positionen in diesem Dorf stellt, aus deren Kreis der Kíkmongwi gewählt werden kann, denn es geschah unter seiner Führerschaft, daß dieses Dorf gegründet wurde, und er ist auch der Hüter der Heiligen Steintafel, was zu respektieren war. Aber die Leute des Feuerklans sind durch bestimmte Verpflichtungen an die Erfüllung ihrer Mission gebunden. Das bedeutet, sie müssen sich strikt an die Gesetze und die Weisungen des Großen Geistes halten. Sie dürfen nicht vom Weg abkommen, und sie könnten der bedeutendste Klan werden, denn auf dem Weg würden sie die Macht der Abgefallenen auf sich versammeln. Doch wenn sie schwach werden, bevor sie die Aufgabe erfüllt haben, wird ihre Autorität und Macht zerfallen, und man wird auf sie spucken. Die Macht würde dann dem nachfolgenden Klan übergeben, der noch die Gesetze des Großen Geistes befolgt.

Dies im Gedächtnis behaltend, wollen wir Pongyayoúma betrachten und mit seinem großen Onkel Yukíoma vergleichen. Er übernahm die Häuptlingswürde nach dessen Tod ohne das reguläre Ritual der Ordination. Niemand erhob dagegen Einwände, denn man glaubte, ihm vertrauen zu können, da er aus Yukíomas Linie stammte.

Doch schon wenige Jahre nach der Übernahme des Amtes stellte er sich insgeheim hinter das von der Agentur beschlossene Programm zur Verminderung der Viehbestände. Viele, die sich nicht daran beteiligten, wurden ins Gefängnis geworfen und ihre Herden von der Agentur konfisziert; doch Pongyayoúma entging dieser Maßnahme. In späteren Jahren wurde er das Opfer eines Ehebruchskandals, und es gab auch andere Anzeichen dafür, daß sein Ruf befleckt war. Dies veranlaßte ihn, auf eine Indianerreservation in New Mexico [Santo Domingo] ins Exil zu gehen, wo er sieben Jahre blieb. Aus verläßlichen Quellen haben wir erfahren, daß er dort wegen bestimmter Vergehen ausgewiesen wurde. Er kehrte als veränderter Mann zurück: als ein ›Fortschrittlicher‹, der den ›Marionettenrat‹ unterstützte, ein Abweichler, der den Ansichten der traditionellen Führer entgegentrat.[29] Wir wissen, daß dies für manche verleumderisch klingt, aber es ist die Wahrheit.

Ausgabe Nr. 5, Februar/März 1976

Mormonenkirche beantragt Landstück

Wayne Sekaquáptewa, der Bruder des Vorsitzenden des ›Marionettenrats‹ und Präsident der Kirche Jesu Christi der Heiligen der Letzten Tage in Oraibi, gab in der Zeitung *Qua'toqti* (vom 11. März 1976) bekannt, die auf der Zweiten und Dritten Mesa lebenden Kirchenmitglieder hätten den Hopi-Stammesrat am 5. Februar um die Verpachtung eines 5 Morgen großen Landstückes – etwa eine Meile nördlich von Alt-Oraibi gelegen – auf die Dauer von 99 Jahren ersucht.

Die Kirche beabsichtigt, dort eine Kapelle und andere Gebäude mit einer Küche, einem Unterrichtsraum und besonderen Einrichtungen zum Bereiten von Hopi-Mahlzeiten, wie etwa Backöfen oder ein Píki-Haus, zu errichten. Das verbleibende Land soll, wenn die Mitgliederzahl anwächst, mit weiteren Gebäuden versehen werden.

In unserer gesamten jüngeren Geschichte haben wir die Erfahrung gemacht, daß die Missionare der Paháná immer am Ausgangspunkt unserer Probleme zu finden sind. Die junge Generation würde ein größeres Verständnis und Vertrauen in die eigenen Lehren haben, und unsere Lebensweise würde nicht so stark auseinanderbrechen, wenn sich diese Missionare nicht so andauernd bemüht hätten, uns zu ihrem Glauben zu bekehren. Vielleicht wäre unsere Einstellung zur Mormonenkirche nicht so verbittert, wenn ihr Verhalten gegen den traditionell denkenden Hopi weniger unangemessen gewesen wäre.

Jeder Durchschnittsmensch kann leicht erkennen, daß es von ihnen falsch ist, hier ihre Tempel zu erbauen, ohne die rechten Leute zu konsultieren. Jenes Landstück mag zur Zeit nicht benutzt werden, aber

das Gebiet ist bereits für einen heiligen Zweck bestimmt. Es gibt viele Schreine dort, und einige sind bereits durch Straßenbau zerstört worden.
Wir sehen das mit Argwohn. Die Einrichtung dieser Indoktrinationsstätte und die Methoden, mit denen das Land erworben wird, könnten Teil eines Versuchs der Mormonenkirche sein, all unser Land an sich zu reißen. Es ist eine Tatsache, daß viele Schlüsselpositionen von Mormonen besetzt worden sind; ein Beispiel dafür sind die beiden aus Salt Lake City stammenden Anwälte des Stammesrates.
Es ist schon traurig, daß die Mormonen unsere rechtmäßigen Führer mißachten müssen, um das zu bekommen, was sie wollen. Natürlich verfolgen sie diesen Kurs, denn sie wissen, sie können das Land ohne Zweifel nur von Leuten ihres eigenen Schlages bekommen. Sie arbeiten mit jungen Hopi zusammen, die keine spirituelle oder irdische Grundlage erhalten haben und erst vor kurzem von Auswärtigen an die Macht gebracht worden sind.
Als sie von dem Antrag hörten, gingen Mina Lanza, Kíkmongwi von Oraibi, und Sewemanewa, ein religiöser Führer von Hótevilla, direkt ins Büro von Wayne Sekaquáptewa. Sie wußten, daß er einer Aufforderung, vor die traditionellen Führer zu treten, nicht folgen würde. Beide gaben ihm mit der Zunge Peitschenhiebe, aber es schien, als sprächen sie zu einem toten Klumpen.
»Hör mir jetzt einmal aufmerksam zu«, begann Mina, »ich bin geradewegs hierhergekommen, um dir genau in die Augen zu sehen und zu dir zu sprechen. Es muß dir an Respekt fehlen, daß du nicht zu uns kommst, um die ordnungsgemäße Genehmigung einzuholen, deine Kirche zwischen meinem Dorf und Hótevilla zu erbauen. Du weißt sehr gut, daß das Land nicht dem Stammesrat gehört. Wer gab es ihm? Mit welcher Autorität? Wir traditionellen Führer und Einwohner wünschen hier keine Kirche auf unserem Land. Bitte richte dich nach dem, was wir dir heute sagen. Dring nicht mit deiner Kirche auf unser Land vor.«
Sewemanewa fügte hinzu: »Wir sind eng verwandte Brüder. Ich habe mehrmals mit deinem Bruder Abbott (dem Stammesratsvorsitzenden) gesprochen. Seitdem ihr und eure ganze Familie hier das Sagen habt, macht ihr ständig das, was euch gefällt, egal ob es nun richtig oder falsch ist. Ihr zerrüttet und spaltet die ganze Hopi-Nation. Eines Tages werdet ihr mit euren treuen Anhängern in einer Sackgasse landen. Das

könnte unangenehm sein, deshalb empfehle ich euch beiden dringend, euch auf die Konsequenzen vorzubereiten. Wir wollen diese Kirche hier nicht, und wir meinen es damit ernst.«
Weitere Worte folgten, doch Wayne hielt ihnen nichts entgegen, sondern versprach, sie von dem Ergebnis seines Antrags zu unterrichten.

Ausgabe Nr. 6, April/Mai 1976

Der Ausverkauf unserer Erdmutter

Uns allen ist bewußt, daß sich sowohl hier als auch an anderen Orten bestimmte geheimnisvolle Veränderungen in der Gesellschaft ereignen, die uns veranlassen, die Grundlage unserer Existenz in Frage zu stellen. Manchen von uns sind die heiligen Bestimmungen und Pläne, die wir vom Schöpfer erhielten, bekannt, und sie erkennen, daß der Geist in allen von uns wohnt. Aber unglücklicherweise versuchen auch einige, großen Ambitionen nachgehend, andere zu beherrschen. Anstatt die in der heutigen Welt auftretenden Störungen zu beheben, beschäftigen sie sich mit Schuldzuweisungen und berauben so unseren Planeten weiter seiner spirituellen Energie. Diese Menschen weben selbstzerstörerische Kreise, die allem Land und Leben großen Schaden zufügen.
Es ist eine Tatsache, daß die Generation von heute nicht mehr dem vertraut, was unsere Vorväter gesagt haben. Sie haben vergessen, wie man Versuchungen meistert – ein Schlüssel für das bisherige Überleben der Menschheit. Und wenn es auch zutrifft, daß wir um neue Veränderungen nicht herumkommen, so können wir sie doch wenigstens weise gebrauchen, damit wir nicht jene wichtigen Dinge zerstören, die unsere Lebensweise aufrechterhalten. Jetzt ist der Zeitpunkt gekommen, an dem wir zu unserer wahren Bestimmung erwachen müssen. Wir dürfen nicht taub sein für die Schreie der Erdmutter, denn wenn wir unsere Lebensweise nicht bessern, werden unsere eigentlich förderlichen und heiligen Absichten vergebens sein.
Betrachten wir eine der vielen Veränderungen in unserer Gesellschaft, z. B. die langwierige und gefährliche Angelegenheit der 5-Millionen-Dollar-Zahlung für 1.5 Millionen Morgen Hopiland.[30] Diese Sache

beunruhigt uns innerhalb unseres traditionellen Kreises sehr. Sie ist auch für die meisten Beobachter in der Welt von großem Interesse, und daher danken wir unseren Freunden vom Institute for the Development of Indian Law in Washington dafür, daß sie die komplizierte Sprache der Land Claims Commission für uns analysiert und vereinfacht haben. Wir drucken diese Information zum Nutzen derjenigen, die sich im Unklaren sind, was mit unserem Land wirklich geschieht. Hoffentlich hilft diese vereinfachte Sprache den Menschen, die Gefahr, die in der Annahme dieser Erstattungsgeldregelung liegt, zu erkennen. In Abschnitt 70v des Gesetzes 25 der US-Verfassung wird festgestellt, daß »die Auszahlung und Annahme einer von der Indian Claims Commission zuerkannten Erstattungssumme ein völliger Ausschließungsgrund für jeden weiteren rechtlichen Schritt zur Wiedererlangung des Landes ist, auf das der Anspruch erhoben wurde.« Die Erstattung von 5 Millionen Dollar würde also einen völligen Ausgleich für das Hopiland bedeuten, und sie anzunehmen, würde dem weiteren Einbringen von irgendwelchen Ansprüchen auf das Land selbst ein Ende setzen.

Diese Situation bestätigt eine Lehre aus unserer Prophezeiung, die besagt, daß wir selbst die Wahl haben, was wir mit dem Land tun. Entsprechend wird jede Wahl, die wir treffen, ihren folgerichtigen Lohn bringen. Wir werden sehen, was geschehen wird. Wenn wir unsere Geschichte betrachten, so sehen wir, daß sich unsere Prophezeiungen tatsächlich erfüllt haben, und daß – erstaunlich genug – viele Ereignisse Jahrhunderte im voraus geweissagt wurden. Und sogar jetzt noch weigern sich manche von uns, die Realität dieses uralten Wissens anzuerkennen.

In unserer letzten Ausgabe haben wir einige Passagen aus der Hopi-Verfassung zitiert. Sie wurde von Oliver LaFarge geschrieben, der für die Indianer sowohl ein Unterdrücker als auch ein Beschützer war. Wir glauben, daß diese Zeugnisse Wirklichkeit werden, wenn wir unseren Kampf um das Weiterleben des Hopi-Weges verlieren. Was werden unsere Enkel später zu uns sagen, wenn sie herausfinden, daß wir sie verkauft haben? Wenn wir uns an Fakten sowohl aus der Hopi- als auch der US-Verfassung erinnern, dann gingen die USA davon aus, daß sie es mit einer Gruppe von 6 000 oder mehr Eingeborenen zu tun haben würden, die noch ihr Stammesleben und ihre Stammesorganisation bewahrt hätten [um sie als Indianer anzuerkennen]. Seit 1870

verhandeln die USA mit den Stämmen auf eine Weise, als ob sie
einzelne kleine Nationen mit begrenzter Souveränität wären, die
immer der Rechtsprechung des Bundes unterlägen. Wenn sich die
Regierung mit Indianern neu arrangieren will, macht sie einfach als
›Verträge‹ bezeichnete Versprechungen. Es ist eine traurige Wahrheit,
daß es keinen einzigen Stamm gibt, der nicht über einen Vertragsbruch
der US-Regierung zu klagen hätte. Die meisten Indianer sind aber
immer noch der Ansicht, daß die Stämme sich der Rechtsprechung des
Bundes nie unterworfen haben und daher noch ihre ursprüngliche
Souveränität besitzen.
Die Hopi haben sich lange Zeit allen Dienstleistungen des Bureau of
Indian Affairs – besonders seinen Erziehungsprogrammen – widersetzt
und sind so eine der ursprünglichsten und traditionellsten aller indianischen
Gruppen geblieben. In den letzten Jahren haben leider einige
unserer Leute den Kampf vernachlässigt und verhandeln jetzt öfter mit
der Bundesregierung. Seit 1946 werden Indianer nicht mehr als Schützlinge
der Regierung angesehen, und daher hatten die USA [seitdem]
nicht mehr und nicht weniger Autorität über sie als über alle anderen
Bürger. Wenn also ein Indianer von der Reservation wegzog, war er
derselben Behandlung wie alle anderen Bürger unterworfen. Um 1880
besaß der Stamm insgesamt fast 155 000 Morgen Land. Zu dieser Zeit
kamen wohlmeinende Leute, angeblich um die Indianer zu zivilisieren.
Sie hatten die Theorie, daß der Stammesbesitz [an Land] es erlauben
würde, bestimmte Parzellen [als Privatbesitz an Einzelpersonen] zu
vergeben, um den Stamm so zu stärken, aber in Wirklichkeit band
dieses aufgeteilte Land den Stamm nur an die Begrenzung einer Reservation.
Es handelte sich also um ein Vorgehen, den Indianern eine
Heimat mit einem Zaun darum zu geben. Da sie ja eine »sterbende
Rasse« seien, brauchte man sich nicht zu sorgen: Auch wenn jeder
sofort eine Parzelle erhielte, würde in der Zukunft mehr Land pro
Indianer da sein.[31]
Leider sahen einige skrupellose Leute große Chancen, diesen Parzellierungsplan
zu ihrem eigenen Vorteil zu nutzen, wobei die Indianer
erneut die Leidtragenden waren. Diese Leute wußten, daß, wenn alle
Indianer Parzellen erhielten, eine Menge Land übrig sein und zu
»Überschußland« erklärt werden würde. Dann könnten sie dieses
»Überschußland« sehr billig aufkaufen und es entweder selbst bewohnen
oder mit größerem Gewinn weiterverkaufen. Bot man nun einem

Indianer 3 000 Dollar für sein Land an, so war dies gewöhnlich mehr Geld, als er jemals in seinem Leben gesehen hatte, und es lag jenseits seiner Vorstellung, daß ihm dieses Geld einmal ausgehen könnte.

Nun kommt es zur Einführung der Besteuerung, ein Mittel, mit dem die Regierung den Stammesrat weiterhin beherrscht. Der erste Versuch des Stammesrats lief darauf hinaus, alle ansässigen Händler der Hopi und jene, deren Einkommen vom Verkauf ihrer Produkte abhängt, zu besteuern. Dieser Vorschlag wurde vom Volk zurückgewiesen. Jetzt übt der Rat großen Druck auf die hiesigen Hopi-Händler aus, und vielleicht schließen sich andere Dörfer dem Plan an. Aber Hótevilla wird fest auf dem Grundsatz beharren, daß dieser Schritt unsere Lebensweise gefährdet. Dieses Steuersystem ist etwas, von dem wir nichts wissen. Weder sind wir Angehörige dieses Systems noch haben wir irgendwelche Vertreter in seiner Organisation. Daher steht es außerhalb unserer Rechtsprechung, und wir glauben, es hat kein Recht, uns zu beherrschen. Trotzdem werden unsere Händler ständig belästigt und unter Druck gesetzt, die Steuer zu bezahlen. Ließen wir dies geschehen, so wäre es der Beginn unserer allmählichen Wanderung zum Steuertopf, in dem wir schließlich verschwinden würden. Also seid auf der Hut, Brüder und Schwestern!

Ausgabe Nr. 12, Januar/Februar 1978

Eindringende Elemente

Könnte dies das Symbol sein, von dem uns die Ältesten voraussagten, daß es eines Tages erscheinen werde? Es ist jetzt klar, daß die Worte unserer Ältesten wahr geworden sind. Wir wurden ermahnt, vorsichtig und wachsam zu sein, und uns wurde gesagt, daß wir auf unserem Weg einer weißen Rasse des »Mißverständnisses« begegnen würden, die uns mit Adlerklauen umklammern werde. Diese Rasse werde ihre Zeit

abwarten, bis der rechte Augenblick gekommen sei. Dann werde sie uns mit all unserem Land und unseren Bodenschätzen erdrücken und für immer beherrschen. Es werde kein Entrinnen geben.
Was sollen wir sagen? Leider haben einige von uns die Richtlinien für die Verteidigung vergessen, die unsere Ältesten uns überliefert haben. Unsere Handlungen sind so leichtsinnig und sorglos geworden, daß wir die Ordnung und den Lebensstil der Pahána angenommen haben. Die Leute, die mit den Vorhaben der HUD-Wohnungsbauunternehmung zu tun haben, sind jetzt aufgeschreckt, weil sie in Schwierigkeiten stecken. Viele Hindernisse haben sie jetzt zu überwinden. Sie laufen Gefahr, ihre Häuser und ihr Land zu verlieren, weil ihnen verschiedene im Vertrag stehende Regelungen nicht klargemacht worden waren, als sie einwilligten, sich ein Haus bauen zu lassen. Es gibt Vorbehalte, aufgrund derer sie ihre Häuser verlieren können, und die es reichen Auswärtigen ermöglichen, sie zu kaufen. Jetzt meinen sie, daß sie von den Förderern [des Wohnungsbauprojekts], die vom BIA, der Regierung und dem Stammesrat unterstützt wurden, betrogen worden sind. Sie fordern nun eine Erklärung von denjenigen, die dieses Problem geschaffen haben. Wir wünschen jenen Glück, die sich in den Klauen der Pahána haben fangen lassen. Vielleicht finden sie doch noch einen Weg, sich zu befreien...
Was heute geschieht, ist, wie geweissagt, der Verlust an Respekt gegenüber den Älteren und den Anführern durch eine kleine Gruppe hartgesottener ›Fortschrittlicher‹, die, weil sie nach traditionellen Werten nur eine begrenzte Bildung besitzen, keine offiziellen Stellungen in unserer Dorfgemeinschaft innehaben. Die Absicht der ›Fortschrittlichen‹ ist es, das Pahána-System von Ordnung und Lebensstil für unser Dorf anzuerkennen. Um dieses Ziel zu erreichen, haben sie ohne die Unterstützung der ordnungsgemäßen Führer das sogenannte »Hótevilla Dorfkomitee« gebildet. So haben sie sich selbst zu Führern ernannt. Dieses Vorgehen läßt das alte Problem [der Projekte] wieder neu entstehen, die zuvor in mehreren Versuchen gescheitert sind, nämlich die Strom-, Wasser- und Kanalisationsleitungen sowie die asphaltierten Straßen für das Dorf. Ein Wassertank ist bereits ohne unsere Zustimmung aufgestellt worden. Aufgrund seines Standortes fürchten wir, daß er unsere Quelle und die Brunnen austrocknen wird, deren Wasserstand schon jetzt zu niedrig ist...

Ausgabe Nr. 23, Januar/Februar 1983

Wahre Geschichten

Wir wünschten uns, wir könnten etwas schreiben, das euch zum Lachen bringt und glücklich macht. Es scheint, daß wir immerzu Gram auf eure Schultern legen, wenn wir die ganze Zeit vom Jüngsten Tag erzählen. Wir empfinden sehr demütig, daß es euch ermüden muß, nur von unseren Problemen zu hören. Anscheinend sind wir zu schwach, um irgend etwas zu tun. Doch die Bemühungen, mit denen ihr euch hinter uns stellt, sind stark. Sie sind wie ein Stock, auf den wir uns stützen können, um nicht zu fallen.

Es scheint, daß sich die Hopi immer spalten. In die ›traditionellen‹ Hopi und in die ›fortschrittlichen‹ Hopi. Das ist eine Krankheit, die nicht heilen will. Wir nennen das den Pahána-Bazillus, der mit Sicherheit tödlich ist und sich in allen Dörfern ausgebreitet hat. Wenn eine Familie sich entschließt, eine Annehmlichkeit der Pahána in ihrem Haus einzurichten, z. B. einen Wasser- oder Stromanschluß, schafft dies eine Spaltung zwischen demjenigen, der das will, und denen, die dagegen sind. Aus dieser Situation heraus wurden die Bezeichnungen ›Traditionelle‹ und ›Fortschrittliche‹ geboren. Die Spaltung geht immer tiefer, solange bis einer zu Fall kommt, gewöhnlich der ›traditionelle‹ Hopi. Im Augenblick hat nur in Hótevilla der ›traditionelle‹ Hopi die Oberhand, wie ihr sicherlich wißt.

Jetzt hat die Krankheit die ›Fortschrittlichen‹ infiziert. Es gibt jetzt eine Spaltung unter ihnen. In einem Dorf hatten die ›Fortschrittlichen‹ eine Auseinandersetzung mit ›fortschrittlichen‹ Lehrern über ein Problem in der Schule. Daraus entwickelte sich eine Spaltung zwischen ›fortschrittlichen‹ Hopi und ›fortschrittlichen‹ Lehrern. In diesem Fall verklagen nun die verärgerten Lehrer unruhestiftende ›fortschrittliche‹ Hopi. Also baten die ›fortschrittlichen‹ Hopi den ›fortschrittlichen‹ Hopi-Vorsitzenden um Unterstützung, aber dieser ging nicht darauf ein. So erwuchs eine Spaltung zwischen den ›fortschrittlichen‹ Hopi und dem ›fortschrittlichen‹ Vorsitzenden. In der Zwischenzeit hat der ›fortschrittliche‹ Hopi-Vorsitzende mit seinem langjährigen Feind, dem ›fortschrittlichen‹ Navaho-Vorsitzenden, Freundschaft geschlossen, um die Landfrage zu klären. Die ›fortschrittlichen‹ Hopi lehnen dies aber ab, und so wurde die Spaltung zwischen den ›fortschrittlichen‹ Hopi und dem ›fortschrittlichen‹ Vorsitzenden noch tiefer. Sie ist so schlimm geworden, daß die ›fortschrittlichen‹ Hopi eine Petition in Umlauf gesetzt haben, um den Vorsitzenden seines Amtes zu entheben. Als dies hier geschrieben wurde, gab es noch keine Lösung. Unterdessen lehnen wir traditionelle Hopi uns zurück und ruhen in Muße, denn unser Geist soll sich einmal von den beschwerlichen Problemen erholen, die jeden Tag wieder auftreten können. Genaugenommen ruhen wir nicht, denn im Hopiland scheint es im Moment eine Hochzeitswelle zu geben. Dann sind die Weber von Hótevilla jedes Mal damit beschäftigt, die Brautgewänder zu weben, die Hirschledermokassins herzustellen und was sonst noch alles dazugehört. Die Weber beklagen sich, sie seien müde und müßten auch ihre Felder bestellen. Deshalb haben sie den Wunsch, die jungen Leute möchten sich doch mit ihren Romanzen etwas zurückhalten.

Ausgabe Nr. 24, Spätsommer 1983

Ein kurzer Einblick in das Muster des Spiralkorbes

Dies ist ein Spiralkorb, der den Weg des Lebens symbolisiert. Er wird bu-da [póta] genannt, das bedeutet eine große Prüfung, die wir auf unserer Reise bestehen müssen.

Die Überlieferung der Hopi besagt, daß wir unsere Reise vom Zentrum oder am Anfang des Lebens begannen, als das Leben noch vollkommen war. Aber bald begannen wir uns Hindernissen gegenüberzusehen. Kleine Gruppen vom Ehrgeiz besessener Männer wollten in ihrer Lebensweise den ursprünglichen Weg verlassen. Zuerst waren die Gruppen noch klein, aber mit der Zeit wuchsen sie zu einer stattlichen Zahl an. Jene, die ihre ursprüngliche Lebensweise bewahren wollten, wurden weniger und weniger. Da die Menschheit durch den Streit um die neue Lebensweise den gemeinsamen Frieden verloren hatte, wurde sie vom Großen Geist, dem Großen Schöpfer, auf vielfache Weise bestraft. Während dieser Zeiten gab es immer eine kleine Gruppe, die überlebte und die ursprüngliche Lebensweise erhielt. Diese kleine Gruppe bilden jene, die sich an die Gebote des Schöpfers halten und den aus dem Kreis des Bösen führenden spirituellen Weg offenhalten. Unseres Wissens befinden wir uns noch nicht ganz außerhalb des Kreises.[32]

Die Menschen mit ehrgeizigem Verstand werden abnehmen, während die Menschen mit guten Herzen, die in Harmonie mit der Erde leben, zunehmen werden, bis die Erde schließlich vom Bösen befreit worden ist. Wenn die Hopi recht haben, wird dies vollbracht werden, und die Erde wird wieder blühen. Das spirituelle Tor ist offen; warum sich also nicht den Rechtschaffenen anschließen?

Ausgabe Nr. 21, Spätsommer 1982

Koyaanisqatsi

Diesmal wollen wir den Leuten antworten, die uns gebeten haben, unsere Meinungen, Ansichten und Interpretationen über den Film *Koyaanisqatsi* von Godfrey [Reggio] zu äußern. Wir hoffen, daß niemand daran Anstoß nimmt.

Laßt uns zunächst kurz das Wort »Koyaanisqatsi« bestimmen, es kann auf vielerlei Weise erklärt werden. Es bezeichnet einen Zauber oder eine Macht der Versuchung, welche einen Wandel von alten zu neuen Lebensweisen bewirkt. Sie verführt Menschen, mit allen Mitteln Macht und Reichtum zu erstreben. Sie verzaubert Menschen zu dem Glauben, eine Armee und Waffen könnten Frieden schaffen; sie führt Menschen zu Unmoral und Sex, der gegen die Naturgesetze verstößt, und läßt die Menschen glauben, es sei nichts dabei, die Erde und das Universum zu mißbrauchen. Ihr könnt das besser benennen, denn ihr lebt ja täglich damit.

Nach unserer Meinung ist es nicht jedem möglich, die Bedeutung [des Filmes] zu verstehen, da dies von dem Kenntnisstand des einzelnen Betrachters abhängig ist. Dem Film liegt die Hopi-Prophezeiung zugrunde, und daher mag das Verständnis für diejenigen schwer sein, die nicht mit ihr vertraut sind oder nur ein begrenztes Wissen von ihr haben. Dennoch ist der Film gut und anregend, denn er hat die Absicht, die Menschen sich ihrer heutigen Lebensweise bewußt und bedachtsam in ihrem Verhalten zu machen.

Unsere Ansichten: Wir sehen den Film aus einem spirituellen Blickwinkel. Er will dem Zuschauer durch den Mund unseres Großen Schöpfers von unserer Vergangenheit und von der heutigen Welt erzählen. Also spricht Er: »Meine lieben Kinder, Ich bin der Schöpfer und euer Vater. Neben mir sind meine Gehilfen; durch ihre Segnungen seid ihr, was ihr heute seid. Wir sind im Geiste immer unter euch und beobachten euch. Wir haben in euren Herzen großen Ehrgeiz erblickt. Wir erscheinen hier, um euch noch einmal zu warnen. Wir sehen, daß ihr von dem ursprünglichen Weg abschweift, den wir euch gegeben haben. In Gedanken und Taten treibt ihr allmählich in die Tollheit; ihr müßt zum ursprünglichen Weg zurückfinden.

Ihr seid weit in alle Teile des Landes gereist und habt die einzigartigen Gesichter der Landschaften erforscht. Ihr wart begeistert von der natürlichen Schönheit der Landschaft und habt sie mit Vergnügen betrachtet. Ihr wart von Ehrfurcht ergriffen angesichts der erhabenen Schönheit, in der sie vor euch lag. Ihr habt zum Schöpfer euren Dank geflüstert, so daß andere, die kommen, mit Freude und Glück an der malerischen Landschaft teilhaben können.

Traurigerweise, meine Kinder, habt ihr nichts verstanden. Diese einzigartigen Gestaltungen sind nicht zu eurem Vergnügen erschaffen worden, sondern aus bestimmten Gründen. Sie sind Mahnungen aus der Vergangenheit an die Irrtümer und Fehlhandlungen der früheren Menschen.[33] Sie sind Symbole der Strafen, die sie erhalten haben. Es liegt nun bei euch. Wenn ihr diese Botschaft erhalten habt und die Fehler, die ihr verschuldet habt, überprüft und beseitigt, werden wir euch Zeit geben, sonst nicht...«

Für manchen mögen die obigen Worte kindisch wirken und nur ein Körnchen Wahrheit enthalten, so daß es für sie unsinnig wäre, an sie zu glauben oder nicht. Genauso unsinnig wäre es aber, sie aus eurer Einstellung heraus zurückzuweisen, auch wenn sie euch unheimlich sind.

Ausgabe Nr. 24, Spätsommer 1983

Das Land aus Eis

Die meisten werden diese Geschichte als eine Legende oder als einen weiteren Mythos betrachten. Die Hopi wurden aber unterwiesen, dieses Wissen über die Macht, die das Land aus Eis birgt, nicht zu vergessen. Es handelt sich um eine uns seit Generationen überlieferte Prophezeiung, und die Hopi glauben noch immer, daß sie eine wahre historische Grundlage hat. Ohne Zweifel werden Kritiker über unsere Behauptungen die Stirn runzeln und sie nur als eine weitere Weltuntergangsprophezeiung der Hopi ansehen. Wir fassen unsere Geschichte zusammen, damit sie nicht übermäßig lang wird.
Als die ersten Menschen aus der Unterwelt in dieses Land emporkamen, begegneten ihnen Másaw, der Große Geist und Hüter des Landes, und seine Helfer. Er sah, daß sie sich alle glichen, und daher teilte er sie in Gruppen auf. Jeder Gruppe gab er einen Namen und eine eigene Sprache, und jede Gruppe erhielt eine Religion und die dazugehörigen Unterweisungen. Jede bekam eine besondere Pflanze als Nahrung sowie verschiedene Formen von Unterkünften. Darauf wurde jede Gruppe in Klane eingeteilt, damit sie sich gegenseitig achten und verschiedene Aufgaben übernehmen würden, die sie zum Wohle allen Lebens und des ganzen Landes ausführen sollten.
Aus den Hopi (denn diesen Namen erhielt diese Gruppe) wählte er vier Klane aus; den Mitgliedern des Bären-, Feuer-, Spinnen- und Schlangenklans trug er besondere Pflichten auf. Er gab ihnen magische Kräfte über die Wärme und zur Bändigung des kalten Klimas und sandte sie mit einer besonderen Aufgabe in das Land aus Eis. Dort sollten sie mit Hilfe der magischen Gesänge und Gebete, die er sie gelehrt hatte, das Eis schmelzen. Es wurde ihnen gesagt, daß das Eis wachse und sich irgendwann ausdehnen und nach Süden bewegen oder explodieren und schweres Unheil bringen werde, denn dies sei schon einmal geschehen. Sie begannen mit ihren Vorbereitungen, lagerten Nahrungsmittel ein, webten Schutzdecken und stellten andere Dinge her, die sie für die Reise zum Land aus Eis benötigten. Schließlich begaben sie sich auf die Reise nach Norden. Sie dauerte einige Jahre, da sie unterwegs pausieren mußten, um sich auszuruhen, Häuser zu bauen und Felder für ihre Nahrung herzurichten. Nach Jahren der Wanderung erreichten sie schließlich das Land aus Eis. Zuerst errichteten sie sich Unterkünfte,

denn es war sehr kalt. Dann begannen sie, ihre magischen Lieder zu singen, und rauchten und beteten. Der Bärenklan begann die Zeremonie, am nächsten Tag kam der Feuerklan, gefolgt vom Spinnenklan, und der Schlangenklan war der letzte. Jeden Tag nahm das Eis um einiges ab, bis am Ende ihrer Gesänge nur noch etwa 10 cm übrig waren. Sie hatten jedoch die Anweisung, die Zeremonie nicht zu wiederholen. Sie hatten ihr Bestes getan und mußten umkehren, um ihre Wanderungen fortzusetzen... Wir wurden gewarnt, daß das Eis wieder wachsen werde. Sollten die Klane, die die Macht haben, es zu beherrschen, verschwinden oder von den großen Gesetzen des Schöpfers abirren, wird es keine Möglichkeit geben, das Anwachsen des Eises aufzuhalten. Daher wird die Zeit kommen, wenn der Frühling spät und der Frost früh einsetzt; dies wird das Zeichen für die Wiederkehr der Eiszeit sein.

Die Theorie der Paháma über die Eis- und Solarzeit

Schenken wir nun unsere Aufmerksamkeit den Entdeckungen von Wissenschaftlern und Forschern über die solare Eiszeit. Die Frage stellt sich, wieviel Zeit noch bleibt, bevor jeder Versuch hoffnungslos sein wird, die schnell nahende Eiszeit aufzuhalten und die Zivilisation zu retten.

Sie tun jetzt ihr Bestes, um die Bevölkerung und die höchsten Führungspersönlichkeiten der Welt zu informieren, denn sie behaupten, daß es absolut erforderlich sei, Schritte zu unternehmen, um eine neue Gletscherperiode zu verhindern; andernfalls stünden uns ernste Konsequenzen bevor.

Die Theorie besagt, daß heranziehende Gletscher um 1995 schon weit vorgerückt sein werden. Der die Erde erwärmende ›Treibhauseffekt‹ wird dabei eine große Rolle spielen, da der Gehalt der Atmosphäre an Kohlendioxydgas stetig ansteigt. Dies bewirkt weltweite Klimaveränderungen, Dürreperioden, starke Winde und Stürme, was zu vermehrter Erosion und vulkanischer Aktivität führt, und dies wiederum hat ein Anwachsen des Eises an den Polen zur Folge. Das Verschwinden der Minerale in der Erde wird den Tod der Wälder und landwirtschaftlicher Nutzpflanzen verursachen. Wir glauben, daß diese Voraussage sehr besorgniserregend ist und schlagen daher vor, daß diejenigen, die sich um kommende Generationen sorgen, Hamaker-Weaver Publishers, Box 1961, Burlingame, California 94010, USA, um weitere Informationen anschreiben.

Die Meldung ist in der Tat erschreckend. Da unsere Prophezeiung eng mit der obigen Theorie zusammenhängt, lesen wir sie mit Interesse. Wir freuen uns auch darüber, daß unsere Prophezeiungen in den vergangenen Jahren viel Interesse und Aufmerksamkeit in der ganzen Welt gefunden haben. Ob dies nun stimmt oder nicht, wir glauben, daß eine neue Eiszeit im Entstehen ist. Wir glauben aber auch, daß dieses verheerende Ereignis abgewendet werden kann, wenn die Menschheit zu den ursprünglichen göttlichen Gesetzen des Schöpfers zurückfindet...

Ausgabe Nr. 27, Herbst 1984

Prophezeiungen

Ja, die Hopi gingen einen langen Weg, und es gelang ihnen, ein Hindernis nach dem anderen zu überwinden. Viele der uralten Prophezeiungen sind bereits eingetroffen. In der heutigen Zeit leben die Hopi in zwei Welten, in unserer traditionellen und in jener der Pahána. Wir stehen jetzt an dem Punkt, wo jeder von uns selbst entscheiden muß, welche Welt er wählt.

Unsere Vorfahren haben Recht gehabt, als sie voraussagten, daß bald Tänze und Musik, die nicht die unsrigen sind, die traditionellen Lehren und Erkenntnisse der Hopi übertönen würden. Unsere lange Tradition und unsere Gebräuche in bezug auf Kleidung, Haartracht und traditionelle Sportarten für Kinder und Erwachsene, vieles, was für die Hopi einzigartig ist, werden verschwinden. Die meisten unserer Zeremonien werden aufhören.

Um unser Dorf im Gleichgewicht zu bewahren, müssen wir unsere Gedanken auf einer spirituellen Ebene halten. Dies wird die wichtigste Grundlage für unser Dorf sein. Wir dürfen die Gebote und Unterweisungen des Großen Geistes, des Schöpfers, nicht aufgeben. Von Ihm haben wir unsere Lehren erhalten, und Ihm haben wir geschworen, danach zu leben.

Es wurde gesagt, wenn auch nur einer oder zwei standhaft blieben, so hätte dies Gutes für das ganze Land und alles Leben zur Folge. Wenn wir nun unter der wachsenden Unterdrückung der Pahána schwach werden und fallen, so wie wir es taten, als wir es zuließen, daß unser Land aufgeteilt, registriert und verkauft wurde, dann ist jede Möglichkeit, unsere Tradition und unser Land wiederzugewinnen, zunichte. Wenn all das, was unser, was Hopi ist, weggenommen wird, und unsere ganze Macht, die Geister des Himmels und der Erde zu erreichen, vergangen ist, dann werden wir tot sein. Wir mögen zum Schlag der Trommel mit unseren Füßen stampfen und unsere Gebete immer lauter singen, doch leider werden wir die Geister, die Schutzgeister und Hervorbringer von Regen und Nahrung nicht mehr erreichen. Dann werden wir wissen, daß wir unsere Identität, unsere spirituellen Kräfte und Werte verloren haben. Wir werden in unseren Dörfern durch belebte Straßen laufen, doch in Wahrheit werden wir tot sein.

Nun gelangen wir in die Zeit der Prüfung, doch nur der Schöpfer kann dies bestätigen. Die Stellung der Planeten ist uns von den Sternenbeobachtern mitgeteilt worden. Die Hopi haben dies vorausgesehen und darauf gewartet. Nach der den Sternen folgenden Zeremonialtradition werden eines Tages die Sterne in einer Reihe zusammenkommen, so wie es vor Tausenden von Jahren geschehen ist. Dies wird eine Zeit der Reinigung des Landes sein. Klimaveränderungen und zahlreiche Katastrophen können auftreten, wenn wir dieses Stadium durchlaufen. Was genau geschehen wird, vermag keiner zu sagen.

Obwohl die Stellung der Planeten eine genaue Zeit angibt, kann es der Überlieferung zufolge in unserem Leben, in dem unserer Kinder oder Kindeskinder geschehen. Aber die Zeit rückt heran, das geweissagte Verhalten beschreibt genau die Menschen von heute. Vielleicht ist es nun an der Zeit, zu bereuen und zu beten, damit unsere Erde nicht völlig verloren sein wird. Dieses Ereignis, so ist gesagt worden, würde entweder die Zerstörung oder ein erneutes Aufblühen der Erde zu ihrer ursprünglichen Gesundheit herbeiführen. Soviel wissen wir bestimmt.

Ausgabe Nr. 20, Frühjahr 1982

An Regierung – Umweltschützer – Menschenfreunde – und alle Menschen

Achtung! Bestimmte Arten von Lebewesen auf diesem Planeten stehen aufgrund der durch fremde Konzepte und moderne Technologie verursachten Umweltveränderungen vor der Ausrottung. Diese Arten sind mit der Menschheit verwandt, und doch hat es den Anschein, als seien Regierung, Umweltschützer und Ökologen[34] bei ihrer Rettung hilflos. Wir sprechen von den ersten Bewohnern, den Eingeborenen dieses Landes. Die Hopi sind eine Gruppe von ihnen...
Vor der Ankunft der Pahána wurde geweissagt, wir würden eines Tages, wenn wir Glück hätten, einer anderen friedlichen Menschenrasse begegnen. Sie würde uns respektvoll darum ersuchen, das Land nutzen zu dürfen, und sie wolle unsere Regeln über das Land fraglos akzeptieren. Aber wenn wir kein Glück hätten, würden wir den falschen Menschen begegnen. Wir würden auf viele Fallgruben stoßen, und wenn wir einmal in ihnen gefangen wären, würden wir für immer verdammt sein. In Erinnerung daran widerstanden zuerst alle Hopi-Dörfer dem äußeren Druck, ihre Lebensweise zu ändern. Als man jedoch die Gefängnisse als Druckmittel einsetzte, wurde ein Dorf nach dem anderen schwach und fiel. Oraibi selbst war davon bedroht, und Korruption breitete sich aus. Die wichtigsten Führer und Priester entschlossen sich, fortzugehen und neu anzufangen. Durch ihre Kenntnisse wußten sie, daß der heilige Kreis geschlossen werden würde, und wenn man einmal darin eingeschlossen sei, gäbe es kein Entkommen mehr. Sie wußten auch, daß es immer einen Pfad nach draußen geben würde, solange sich die bedeutenden Klanführer nicht am Schließen des Kreises beteiligten.[35] Der Kreis könnte sich dann immer für jene öffnen, die sich wieder den Menschen draußen anschließen wollten, welche noch im Besitz des ursprünglichen Glaubens und der Lebensweise der Hopi sind.
So zogen sie 1906 fort. Sie glaubten wahrhaft an die Worte des Großen Geistes, des Schöpfers, und trugen ihren heiligsten Besitz mit sich, die Steintafel – sie symbolisierte ihren Anspruch auf das Land und die Führerschaft. So wurde Hótevilla gegründet. Dort setzten sie die spirituelle Macht ein, um alles Leben, Land und auch die Himmelskörper im Gleichgewicht zu halten. Die heilige Pfeife wurde herumge-

reicht und ein Eid geschworen, die Bestimmung, aufgrund derer das Dorf gegründet wurde, aufrechtzuerhalten, und seine Bewohner vor Schaden zu schützen und zu verteidigen.
Wir wissen, daß dies für die Regierungen der Pahána und der ›fortschrittlichen‹ Hopi alles Hokuspokus und Melodrama ist. Die Verpflichtung durch den Eid ist nicht in Worten niedergeschrieben worden, aber sie ist ebenso gültig wie die geschriebene Verfassung der Pahána. Wir hoffen, einige von euch werden dem zustimmen. Wir und zweifellos auch die Regierung und der ›Marionettenstammesrat‹ wissen, daß [die Welt der] Hopi im Niedergang begriffen ist. Traurigerweise scheint das jene nicht zu kümmern.

Ausgabe Nr. 21, Spätsommer 1982

Gebet um Frieden

Großer Geist und alle Unsichtbaren, an diesem Tag beten wir und bitten euch um Führung, demütig bitten wir euch, uns und unseren Gefährten dabei zu helfen, zur friedlichen Lebensweise zurückzukehren, denn die Hinterlist in der Menschheit ist ungebändigt.
Helft uns allen, einander zu lieben und nicht zu hassen. Laßt uns ein Bild der Liebe und des Friedens sein.
Laßt uns in Schönheit leben, in den Farben des Regenbogens.
Wir achten unsere Mutter, den Planeten, mit liebender Sorge, denn von ihrer Brust erhalten wir unsere Nahrung.
Laßt uns nicht auf die Stimmen der Zweiherzigen hören, der Zerstörer des Geistes, der Hasser und selbsternannten Führer, deren Lust auf Macht und Reichtum uns in Verwirrung und Dunkelheit führen wird.
Laßt uns nur die Schönheit der Welt suchen, nicht die Gewalt und die Schlachtfelder.
Es ist unsere Pflicht, stets für die Harmonie zwischen Mensch und Erde zu beten, damit die Erde wieder erblühe.
Laßt uns unser Wahrzeichen der Liebe und des guten Willens für alles Land und Leben zeigen.
Wir beten für das Haus aus Glas, denn in ihm sind die Geister klar und rein wie das Eis und die Flüsse in den Bergen.

Wir beten für die großen Führer der Nationen im Haus von Mica, die auf ihre eigene stille Weise dabei helfen, die Welt im Gleichgewicht zu halten.

Wir beten zum Großen Geist, daß unsere Mutter Erde eines Tages gereinigt und wieder gesund und friedlich werde.

Laßt uns singen für die Stärke der Weisheit mit allen Nationen zum Wohle aller Menschen.

Unsere Hoffnung ist noch nicht verloren – eine Läuterung muß eintreten für die Gesundheit unserer Mutter Erde, um einen dauerhaften Frieden und das Glück wiederzugewinnen.

(Dieses Gebet wurde vor der UN-Vollversammlung und der UN-Völkerversammlung verlesen.)[36]

Ausgabe Nr. 25, Spätherbst 1983

ANHANG

Anmerkungen

I. Mythische Geschichte

1. Aus Harold Courlander (1982), S. 3–10. Ein Teil dieses Textes, vom Erzähler herausgegeben, erschien in Yava (1978). Es werden hier aber Einzelheiten wiedergegeben, die in dieser Veröffentlichung nicht enthalten sind. Vgl. auch Voth (1905), S. 11–15 und 16–21; Nequátewa (1976), S. 7–23, sowie Katchongva (1972), S. 9–12.
Eine ausführliche Beschreibung der drei vorherigen Welten findet sich bei Waters (1982), S. 19–37. In den folgenden Anmerkungen werden Waters, *Das Buch der Hopi* (dt. Ausgabe 1980) und Voth, *The Traditions of the Hopi* (1905) ohne Erscheinungsjahr angeführt.
2. Der Erzähler bezieht sich hier auf die Überlieferung des Bärenklans, nach der es der Feuerklan ablehnte, die Hopi bei ihren Wanderungen in der Vierten Welt zu führen. Der Bärenklan nahm die Verantwortung auf sich und erreichte als erster das Hopiland, in dem Másaw lebte, so daß ihm das Land um Shongópovi gegeben wurde. (H. C.)
Der Feuerklan gab sich seinen Namen nach der mächtigen Fackel, die Másaw trägt, wenn er die Erde jede Nacht an ihrem Rand umschreitet.
3. Die Vögel, die den Aufstieg in die Vierte Welt suchten, werden in anderen Überlieferungen unterschiedlich angegeben. Nequátewa (1976), S. 10–17, nennt Adler, Habicht, Schwalbe und Katzendrossel; Yukíoma (Voth, S. 16–18) Schwalbe, Kolibri, Habicht und Spottdrossel; und Katchongva (1972), S. 9, Habicht, Schwalbe und Katzendrossel. Yava selbst ist offenbar unsicher, welcher Vogel als Kundschafter in die Vierte Welt flog, da er zunächst von der Katzendrossel, später von der Spottdrossel spricht. (Siehe auch S. 261 f.)
Bei Nequátewa (1976, S. 125) werden einige der genannten Vögel wie folgt identifiziert: Schwalbe = Weißbrustsegler (Aeronautes saxatilis saxatilis), Habicht = Rundschwanzsperber (Accipiter Cooperi), Adler = Kanad. Steinadler [Goldadler] (Aquila chrysaetos canadensis), Spottdrossel = Westliche Spottdrossel (Mimus polyglottus leucopterus). Die Katzendrossel wird bei Nequátewa mit dem Amer. Raubwürger identifiziert, obwohl es sich um unterschiedliche Arten handelt: catbird = Katzendrossel (Dumetella carolinensis), white-rumped shrike = Amer. Raubwürger (Lanius ludovicanus excubitorides).
4. Für chipmunk existiert keine deutsche Bezeichnung. Bei dieser Art handelt es sich um den Kleinen Chipmunk (Tamias minimus).
5. Ebenso wie die Vögel werden auch die vier Pflanzen, die den Menschen beim Aufstieg in die Vierte Welt geholfen haben, unterschiedlich angegeben. Katchongva (1972, S. 10) nennt Fichte, Kiefer und Bambus, Nequátewa (1976, S. 18–21) Fichte, Tanne, Kiefer und Bambus. Bei Nequátewa (S. 126) finden sich folgende Angaben: Fichte (spruce) = Douglastanne (Pseudotsuga Douglasii), Tanne (fir pine) = Weißtanne (Abies amabilis), Kiefer (pine) = Gelbe Oregonkiefer (Abies grandis Lindl).
Eine Bambusart wächst in Südarizona; sie erreicht 4,5–6 m Höhe. Im Hopiland gedeiht Bambus nicht, wohl aber einige hohe Schilf- und Grasarten, die von den Hopi *pákavi* genannt werden. Die Anführung des Bambus kann mit einer Überlieferung zusammenhängen, nach der die Hopi in Schilfbooten über ein großes Gewässer in die Vierte Welt gelangt sind (vgl. Anm. 20)
6. Ein Hinweis auf die vier heiligen Enden oder Richtungen.
7. Andere Versionen des Aufstiegsmythos (siehe Anm. 1) schreiben die wohltätigen Handlungen des ›Bösen‹ der Alten Spinnenfrau oder menschlichen Medizinmännern zu. (H. C.)

Das Wort ›Böser‹ (evil one) ist eine offenbar aus dem amerikanischen Sprachgebrauch übernommene Bezeichnung für eine Gestalt, deren Taten und Fähigkeiten im Bereich dieser Sprache (Christentum) als böse angesehen werden. Es handelt sich hierbei um Luzifer, den ›Lichtbringer‹, der den Menschen nicht nur das äußere Licht der Gestirne schenkt, sondern auch das innere Licht des Wissens. Wie die Taten des ›Bösen‹ in der vorliegenden Erzählung zeigen, können sie für die Menschen von großem Nutzen sein.
8. Der Erzähler berichtet nicht, wie die Hirschleder in den Himmel gehoben wurden.
9. Das Anstimmen von Gebeten oder Gesängen ist ein notwendiger, ja vielleicht entscheidender Bestandteil jeder Handlung, die Schöpfungs- und Lebensprozesse in Gang setzt oder fördert.
10. Andere Berichte besagen, daß die Klane eigene Namen erst im Laufe ihrer Wanderungen annahmen und nicht schon am Ort des Aufstiegs. (H. C.)
11. Die Öffnung, durch die die Hopi aus der Unterwelt heraufgekommen sind. Der Wortbestandteil *sip* bezieht sich auf »etwas, das verfestigt worden ist«. Nach der Weltanschauung der Hopi haben alle Dinge und Ereignisse eine geistige oder potentielle Existenz, bevor sie manifest bzw. konkret werden (siehe Whorf 1963, S. 102–110). Das Sipápuni verkörpert also einen Ort, an dem Dinge oder Ereignisse aus ihrer ideellen bzw. potentiellen Existenz (in der Unterwelt) in die irdische ›Realität‹ treten. Es befindet sich auch in jeder Kiva: dort, wo die Hopi durch spirituelle Tätigkeit die Dinge ›erhoffen‹.
12. In anderen Überlieferungen ist es die Tochter.
13. So wie in vielen alten Sprachen (z. B. lat. spiritus) gibt es auch im Hopi ein einziges Wort (íksi) für Atem, Geist und Seele.
14. Die Hopi als ethnische Gruppe sowie auch die einzelnen Klane kennen Prophezeiungen über ihren Schicksalsweg und ihre endgültige Bestimmung. Diese Prophezeiungen sind in Symbolen überliefert, und nach dem Geschichtsverständnis der Hopi sind bestimmte Ereignisse stets von Belang, wenn sie im Zusammenhang dieser Symbolik deutbar sind. Sie stellen dann eine Erfüllung der Prophezeiung dar und zeigen, wie weit die Hopi auf ihrem Weg vorangeschritten sind.
Die Überlieferung der Hopi besagt, daß Gruppen, die noch zu Hopi-Klanen werden sollten, in verschiedene Richtungen auszogen. Nach Vollendung der Wanderungen, so lautet die Prophezeiung, würden sie wieder vereinigt sein. Andere Indianerstämme zerstreuten sich ebenfalls vom Sipápuni aus, mit Ausnahme bestimmter Gruppen, die eigene Schöpfungsgeschichten vertreten. Verschiedene Berichte aus Oraibi über den Aufstieg besagen, daß die Weißen einer dieser Stämme waren. Sie zogen, so sagt man, nach Süden ins heutige Mexiko, von wo auch während der Kolonialzeit die spanischen Eindringlinge kamen. (H. C.)
15. Aus Courlander, S. 97 f.
16. Das bei den Hopi traditionelle Waschen des Haares mit Yucca-Lauge, nicht die christliche Taufe. (H. C.) »Bei allen entscheidenden Anlässen im Leben wurde die Haarwäsche vorgenommen: wenn man den ersten Namen erhielt, wenn man heiratete, wenn man in eine Bruderschaft initiiert wurde usw. Schließlich kam die letzte Haarwäsche [beim Tode].« Albert Yava, siehe S. 115 f.
17. Das heißt, wenn eine Person die Rituale und Glaubensinhalte einer Kiva-Gesellschaft gelernt hat. Personen erhalten neue Namen nach der Initiation und zum Zeitpunkt des Begräbnisses. (H.C.) Siehe wiederum S. 115 f.
18. Ein Mennonitenmissionar. Siehe S. 279 f. (H. C.)
19. Der Dorfvorsteher oder Vater des Dorfes. Er muß aus demjenigen Klan gewählt werden, der das Dorf gegründet hat, da dieser Klan die Verantwortung für das Wohlergehen des Dorfes trägt. Dies gilt auch für den religiösen Bereich, weshalb der Kíkmongwi vor allem ein spiritueller Führer ist und keine exekutive Gewalt besitzt.

373

20. Courlander merkt hier folgendes an: »Die Meinung des Erzählers, daß die Geschichte des Aufstiegs ein Lückenbüßer für die Kinder war, ist ungewöhnlich. Sie ist als Teil der Erwachsenenüberlieferung allgemein akzeptiert, und es gibt in verschiedenen Ritualen auf sie bezogene Anspielungen und Dramatisierungen.« Eine andere Überlieferung besagt jedoch, daß die Hopi nicht aus der Unterwelt auf den amerikanischen Kontinent gelangt sind, sondern von einem Kontinent über das Wasser kamen, der unter einer großen Flut versunken war (siehe Blumrich [1979], und den Text auf S. 103 ff.). Offensichtlich ist die Überlieferung von der Unterwelt ihrem ganzen Konzept nach metaphorisch. Ferner dürften sich hinter den Überlieferungen, die Weißen mitgeteilt worden sind – also auch bei denen im vorliegenden Buch – weitere sowohl esoterische als auch historische Inhalte verbergen. Viele Indianer vergleichen die Weißen aufgrund ihrer spirituellen Unbedarftheit mit Menschen, die im Leben auf der Stufe von Kindern stehengeblieben sind, und sehen ihr gesamtes Verhalten als Resultat und Ausdruck dieses Mangels.
21. Aus Kachongva (1972), S. 12–14.
22. Siehe dazu Anm. IV, 37.
23. Der weiße Bruder (Pahána, »der übers Wasser kommt«) wurde zunächst in der weißen Rasse gesehen, daher ist Pahána heute das gebräuchliche Hopi-Wort für ›Weißer‹. Die Weißen haben aber ihre in den Prophezeiungen geweissagten Aufgaben nicht erfüllt, und so erwarten die Hopi – wie auch andere indianische Völker – noch immer die Ankunft ihres wahren Bruders, von dem es heißt, daß er mit einer roten Kappe und/oder einem roten Umhang bekleidet sein werde. Man geht davon aus, daß dieser Mann – oder die Nation, für die er steht – bereits existiert, aber von seiner Aufgabe nichts mehr weiß. Daher kommen Hopi nach Europa, um nach Möglichkeit die Erinnerung an ihn wachzurufen. Prophezeiungen, die sich auf die Rückkehr des Pahána beziehen, sind in Dömpke (1982), S. 150–156, zusammengestellt.
24. Diese Steintafeln werden noch heute vom Bären- und Feuerklan aufbewahrt. Ihre Bedeutung ist bei Waters, S. 44–47, erklärt. Zu ihrem Schicksal in neuerer Zeit siehe Waters, S. 309–312 sowie S. 290 in diesem Buch.
25. Kachongva, der 1972 im Alter von 111 Jahren starb, war ein Sohn Yukíomas, des Führers der ›Feindseligen‹ bei der Spaltung Oraibis im Jahre 1906. Bei dem Kampf um das Verbleiben im Dorf hatte er eine spirituelle Erweckung erlebt und war später, nachdem der Nachfolger Yukíomas Hótevilla hatte verlassen müssen, anerkannter traditioneller Führer des Dorfes. Die hier von Kachongva mitgeteilte Überlieferung wird durch einen eingeschobenen Text von Yukíoma abgerundet.
26. Aus Voth, S. 21–23. Es handelt sich um einen Ausschnitt aus einem umfangreicheren Text.
27. Nach anderen Überlieferungen handelt es sich vor allem um die Wasserklangruppe, die aus dem Maisklan hervorging. Palátkwapi war einst eine große, blühende Stadt weit im Süden des heutigen Hopilandes. Sie wurde durch eine Flut zerstört. Siehe Waters, S. 80–86, und Blumrich (1979), S. 47 ff.
28. Páhos sind hauptsächlich aus kleinen Stäben und Federn hergestellte Gegenstände, die geistigen Wesen geschenkt werden, um von ihnen Wohltaten – oft Feuchtigkeit – zu erbitten. Sie können verschiedene Größen und Formen haben und werden bei fast jeder rituellen Handlung benutzt. Eine ausführliche Beschreibung findet sich bei Waters auf S. 141–144.
29. Ein kleines Flüßchen etwa 80 km nordwestlich von Oraibi. (H. R. V.)
30. Die Namen beziehen sich auf Beobachtungen, die die jeweiligen Klane an dem Bärenkadaver machten. Insgesamt soll es sich um sieben Klane handeln, neben den angeführten noch um den Taschenratten- (múyi-) und den Ameisenklan (ánnyam). Diese Klane fühlen sich als Bärenklangruppe miteinander verwandt.

31. Dem Erzähler zufolge ist diese ›Inschrift‹ von Tubi (dem Hopi-Häuptling, der Tuba City gründete), seiner Frau Kachínmana und anderen, die es auf das Land abgesehen hatten, ausgelöscht worden (H. R. V.).
32. Aus Kachongva (1972), S. 14–18.
33. Die Krötenechse (machákwa, Phrynosoma coronatum) ist eine Schutzgottheit der Feuer-, Sonnen- und Stirnklane, die die Macht über die Hitze besitzen. Ihnen könnten daher entscheidende Aufgaben zufallen, wenn die heutige Vierte Welt durch Feuer zerstört werden sollte. (Nach Blumrich 1979, S. 70)
34. Ich konnte die genaue Bedeutung des Wortes nicht ergründen, aber es hat vermutlich mit dem Wort nátwanta, »Omen verstehen«, zu tun.
35. Die von Yukíoma und Kachongva wiedergegebene Schilderung von der Gründung Oraibis steht im Widerspruch zu einer anderen Überlieferung. Sie berichtet davon, daß sich ein Mann namens Machíto (der Bruder eines Häuptlings aus Shongópovi) als erster in Oraibi niederließ, nachdem er zuvor Shongópovi verlassen mußte. Siehe dazu Waters, S. 119–121.
Auch Überlieferungen aus Shongópovi und Walpi besagen, daß diese Dörfer gegründet wurden, nachdem die Bewohner an diesen Orten »einem Másaw« begegnet seien, der dort lebte.
36. Mit dem Schildsymbol ist das bekannte Hopi-Symbol gemeint. Um welchen Ort es sich dabei handelt, ist mir allerdings unbekannt.
37. Das Dorf Sikyátki wurde nach einem Streit zwischen dem Coyote- und dem Schwalbenklan aufgegeben. Siehe dazu Waters, S. 107–113.
38. Das Dorf Hótevilla entstand 1906, als die sogenannten ›feindseligen‹ Hopi aus Oraibi, die ihre Kinder nicht in Internatsschulen der Weißen schicken wollten, von den ›Freundschaftlichen‹, die mit der US-Regierung zusammenzuarbeiten versuchten, aus dem Dorf vertrieben wurden.
39. Aus Courlander, S. 144 f.
40. Im Jahre 1951 formulierten die wichtigsten traditionellen Führer Shongópovis – des Dorfes, das seit jeher die höchste Autorität in Landfragen besitzt – eine Erklärung an den Commissioner of Indian Affairs, in der sie die Grenzmarkierungen des Hopilandes wie folgt angeben: Sakwaivaiyu (Chevelon Cliffs, auf dem Apache Trail), Honapa (westlich von Sedona, Az.), Tusákchomo (Tesáktumo, Bill Williams Mt., südlich von Williams, Az.), Pótavetaka (Pt. Sublime, auf dem Supai Trail), nordwärts bis zur Mündung des Escalante River (Polúngohoya) in den Colorado, Tokónavi (Navaho Mt.), Kywéstima (Kawestima, östlich von Keet Seel und Betatakin), Neiyavuwalsh (Lolomai Pt.), Namitoka (Namitéika, Lupton Pt., am Eingang des Canyon), Tsimuntu'qui (Woodruff Mt., außerhalb von Woodruff, Az.). [Siehe dazu die Karte *Hopitutskwa* im Buch.]
Diese Orte werden – mit Ausnahme des Neiyavuwalsh – auch von Page und Page (1982, S. 217–223) bestätigt, die mit einigen Priestern aus Shongópovi eine Pilgerreise zu den acht Schreinen unternommen hatten. Daß Puhueyestewa anstelle von Honapa die San Francisco Peaks angibt, mag man darauf zurückführen, daß – den Pages zufolge – Honapa lange vergessen gewesen und erst vor kurzer Zeit wieder lokalisiert worden sei. Im übrigen fällt auf, daß sich die Schreine stark im Süden und Westen konzentrieren, während für den Osten und Nordosten keine Angaben gemacht werden.
41. Aus Courlander, S. 145.
42. Aus Courlander, S. 53 f.
43. Courlander gibt die Bedeutung von Laángnyam mit ›Flötenklan‹ an. Der Flötenklan heißt aber gewöhnlich Lényam oder Lányam, und ich halte es für unwahrscheinlich, daß laáng eine Dialektform von len bzw. lan sein sollte. Weiter unten im Text ist denn auch klar von einer Pflanze die Rede, die dem Klan den Namen gab. Leider konnte ich die Bedeutung von laáng nicht feststellen.

44. Das heißt, ihr fehlten Rituale oder ›Medizin‹, die Kraft für Tapferkeit verleihen konnten. Der Sonnenklan hatte die Kriegerbrüder nach Oraibi gebracht. (H. C.) Sie repräsentieren Kriegertum.
45. Aus Nequátewa (1976), S. 115–120. Vgl. die Versionen bei Courlander, S. 70–74, und Blumrich (1979), S. 70–73.
46. Beim ›Leitertanz‹ (Sáqtiihu) handelt es sich um eine Frühjahrszeremonie, die in verschiedenen Formen in ganz Mexiko verbreitet ist, bei den Hopi aber heute nicht mehr aufgeführt wird. Sie ist benannt nach Bäumen, an deren Aststümpfen bestimmte, enthaltsam lebende Teilnehmer der Zeremonie wie an einer Leiter emporklettern. Eine Beschreibung und eine andere Version gibt es bei Waters auf S. 203–208. Der Text bezieht sich auch auf ›Die Pilgerfahrt zum Fichtengrün‹ (Waters, S. 210–214) während der Niman-Kachina-Zeremonie.
47. Don C. Talayesva merkt in seiner Version der Überlieferung an (Courlander, S. 74), daß sich die aus Húkovi vertriebenen Hopi östlich von Riverside bei Redlands niederließen. Diese Gruppe werde von den Hopi noch heute Hukovisinom, Leute aus Húkovi, genannt. Einige ihrer Worte glichen denen der Hopi-Sprache.
48. Aus Voth, S. 241–244. Vgl. die Version Don C. Talayesvas bei Courlander, S. 74–78.
49. Zur Beschreibung des Spiels siehe Anm. IV, 4.
50. Zu den Yáyaponchatu siehe S. 125 und Anm. II, 36.
51. In der Version Talayesvas findet sich keine Bemerkung darüber, daß der Kíkmongwi von Pivánhonkapi denjenigen von Húkovi um Hilfe gebeten hat. Der vorhergehenden Überlieferung zufolge muß Húkovi zum Zeitpunkt der Zerstörung Pivánhonkapis schon verlassen gewesen sein.
52. Talayesva sagt, die Kachinas seien den Somaíkoli-Kachinas ähnlich gewesen. Wie auf S. 124 bemerkt, existierte eine Verbindung zwischen den Somaíkoli und der Yáyatu-Gesellschaft. Der Hóhe-Kachina ist ein beliebter Clown, der die anderen Kachinas imitiert und jede Ordnung stört, so auch den Ablauf der Zeremonien.
53. Nakwákwosi ist eine Gebetsfeder (Atemfeder). Es handelt sich um Daunen oder klein zugeschnittene Federn (nákwa), die Gebete und gute Gedanken zu den Geistern tragen. Werden sie an Gegenständen befestigt, so sollen sie diese mit auf sie bezogenen guten Wünschen ausstatten. Sie werden auch als Federbüschel am Kopf getragen (siehe S. 111).
54. Oskar White Bear verbindet (bei Blumrich 1979, S. 71–73) diesen Feuerzauber mit der Überlieferung von Húkovi. Danach kamen die Feuerfunken aus einem Loch in der Mitte der Platte, und während sie in dem Loch verschwanden, ereignete sich eine Explosion, die das Feuer auslöste.

White Bear gibt auch das oben angeführte Lied in einer umfangreicheren Fassung wieder und erklärt dessen Bedeutung:

Es ist beschlossen,	Es ist beschlossen,
daß dies geschieht,	daß dies geschieht,
es muß sein –	es muß sein –
Eure Häuser werden bedeckt sein	Hee-a, hee-a, hee-a (das Schluchzen der Kinder).
mit roten, wogenden Flammen.	Die Kinder werden getragen
Von Dorf zu Dorf werden fliehen	auf den Rücken ihrer Väter,
die Überlebenden aus dem Dorf,	die Zuflucht suchen
das zerstört wurde.	in anderen Dörfern,
	Aber sie werden sie nicht finden.

Dieses Lied wird im Zusammenhang mit der Húck'ovi-Legende gesungen, doch es ist als Voraussage und Warnung für die ganze Welt gemeint. Denn hier in unserer Gegend wurde nur dieses eine Dorf zerstört, und alle, die rechtzeitig fortgingen, wurden gerettet. Aber in dem Lied heißt es, daß die Überlebenden ins nächste Dorf gehen – und ins nächste – und ins nächste, um Zuflucht zu suchen, »aber sie werden sie nicht finden«, weil es überall brennt. Nirgends gibt es Hilfe, dies ist das Feuer, das unsere Vierte Welt zerstört. Es wird nicht durch einen Atomkrieg verursacht, sondern durch eine elektrische Waffe, die sie jetzt entwickeln oder bald erfinden werden. Man kann sie nicht zurückhalten, es zu tun. Ich weiß nicht, wie sie wirkt, aber es wird etwas ausgestrahlt werden wie Rundfunkwellen von einem Sender, es geht überallhin. (Blumrich, S. 72 f.)

55. Die mündliche Überlieferung der Hopi berichtet von zahlreichen Anlässen, bei denen ein Häuptling sein Dorf wegen Korruption zerstören ließ. Bei Voth (S. 256) heißt es dazu: »Viele Leute wurden auf diese Art getötet, weil ihre Häuptlinge ergrimmt waren und andere Häuptlinge oder Einwohner fremder Dörfer aufforderten, ihr Volk zu vernichten.« Die Überleben mußten dann an einen anderen Ort ziehen, um gemäß ihres ›Lebensplans‹ ein reineres Leben zu führen.

56. Páhos in Pfeilgestalt oder Pfeile mit páho-artiger Wirkung. Wie es wegeröffnende páhos gibt, so sind dies wegverschließende páhos.

57. Blauvogel (bluebird), eigentlich der Arktische Hüttensänger (Sialia arctica); Rotflügelspecht (red shaft woodpecker, Picus paniceus).

58. Aus Courlander, S. 92–94.

59. Das heißt die Führer der vier höchsten Klane: Bär, Papagei, Adler und Dachs.

60. So wie auch die Tewa des Pueblo Tswageh am Rio Grande von den Hopi gebeten wurden, Walpi zu schützen, und das Dorf Tewa errichteten.

61. Aus Courlander, S. 61–69.

62. Die Geschichte des Schilfklans von Walpi ist eine andere als die der Schilfklane in den weiter westlich gelegenen Dörfern. Manche Hopi sprechen vom Walpi-Schilfklan und vom Oraibi-Schilfklan als von verschiedenen Klanen mit demselben Namen. (H. C.)

63. Eine eingemauerte Quelle am Fuße der Zweiten Mesa unterhalb Mishóngnovis. (H. C.)

64. Das Ballspiel nahoýtatatsia ist eine Art Feldhockey. Eine Beschreibung des Spiels findet sich auf S. 182. Malotki (1978), S. 207, schreibt darüber: »Einst wurde es, jahreszeitlich bedingt, nach der bedeutenden Powámu-Zeremonie im Monat Powámuya (Januar bis Februar) gespielt; heute wird es nicht mehr ausgeübt. Als Erinnerung daran erhalten auf der Dritten Mesa die nichtinitiierten Kinder noch heute während des Bohnentanzes (Powámu) von den Kachinas den geraden oder leicht gebogenen Schläger zum Geschenk.« Siehe auch den Text »Das Steinrennen«, S. 315 f. Der Ball könnte, da er ständig von den Kriegerbrüdern in Drehung gehalten wird, die Erde symbolisieren.

65. Píki ist ein sehr dünnes, waffelartiges Brot aus verschiedenen Maissorten. Der Teig aus Maismehl, Wasser und Asche vom Salzbusch (súwvi) wird auf einen heißen Stein aufgetragen, so daß er sofort zu knusprigen Scheiben bäckt, die abgezogen und gerollt oder gefaltet auf einer flachen Schale gelagert werden. Einst das tägliche Brot der Hopi, wird es heutzutage vor allem zu besonderen Anlässen gebacken. (Nach Malotki 1978, S. 206)

66. Domestizierte Tiere spielen in indianischen Überlieferungen und Zeremonien meist keine Rolle, da sie nicht die spirituellen Qualitäten von Wildtieren besitzen, die Bestandteil der ursprünglichen Weltordnung sind. Insofern stellt der vorliegende Text eine große Ausnahme dar. Er weist auch darauf hin, daß die Hopi offenbar nicht – wie z. B. die Prärieindianer – an der Domestizierung des Wolfes zum Hund teilgenommen, sondern diesen erst als Haustier übernommen haben.

67. Das hier verwendete amerikanische Wort ›deer‹ bezeichnet die Angehörigen der Gattung *odocoileus* aus der Familie der Hirsche (cervidae), die sowohl von den amerikanischen Wapitihirschen (elk) als auch von unseren einheimischen Edel- oder Rothirschen (Gattung cervus) streng unterschieden wird. Da es im Deutschen keinen Begriff für deer

gibt, verwende ich im folgenden den Namen der übergeordneten Einheit ›Hirsch‹ (cervidae). Suwíngwa ist der black-tail deer (Schwarzwedel- oder Langohriger Hirsch, odocoileus macrotis).

68. Das Wort ›Onkel‹ wird allgemein benutzt, um einen älteren zeremoniellen Führer oder einen persönlichen Lehrer in der Kiva-Gesellschaft zu bezeichnen. (H. C.) In matrilinearen Gesellschaften wie der der Hopi hat gewöhnlich der Bruder der Mutter die Verantwortung für die Erziehung ihrer Kinder.

69. Das Waschen der Haare mit Yucca-Lauge ist ein Teil der üblichen Namensgebungszeremonie.

70. Der Erzähler dürfte hier alle Personen meinen.

71. Das bedeutet, der Schilfklan von Walpi hat seine Wanderungen beendet. (H. C.)

72. Der Hund, der in die Kiva zurückkehrte, ist also der Artgeist jener Hunderasse, die in Laméhva vertreten war, und die Geister dieser Art haben sich in Angehörigen des Schilfklans verkörpert.

73. Aus Courlander, S. 69f.

74. Eine umgangssprachliche Kurzform für die Kriegerbrüder Pöqánghoya und Palöngahoya. Zuweilen wird auch der Plural des ersten Namens für die beiden verwendet.

75. Ein hoher, verwitterter Felsen am Rande des Dorfplatzes von Walpi. Er hat auf der einen Seite eine Aushöhlung und wird als Schrein benutzt. (H. C.)

76. In Wirklichkeit gehörte der damalige Kíkmongwi von Walpi, Ned Nayatewa dem Hornklan an, hatte diese Position jedoch treuhänderisch für den Bären- und Schlangenklan inne (H. C.), da diese in Walpi ausgestorben sind.

77. Aus Courlander (1971), S. 264.

78. Zwischen Walpi und Tewa.

79. Siehe auch »Über das Dorf Tewa«, S. 95f.

80. Aus Voth, S. 77–81. Der Text beschreibt die Rolle der Kachinas.

81. Alíksai (auch Alíksa'i oder Halíksai) ist der Ausruf, mit dem ein Erzähler traditionellerweise seine Geschichte beginnt. »Seine genaue Etymologie ist nicht bekannt, aber die Interjektion *ali* ›gut‹, ›köstlich‹, ›vergnüglich‹ mag ein Teil von ihm sein. Was immer sein Ursprung ist, seine Äußerung hat in einer gewisser Weise magische Wirkung auf die Zuhörer.« (Malotki 1978, S. xiii.) Der Ausruf wird häufig mit einem »Oh« beantwortet.

82. Ahöli, Wächter des magischen Wasserkruges, ist der Kachina, der die Hopi in ihre heutige Gegend geführt hat. Er gilt als Verkörperung des Keimgottes, der für das Wachstum und die Vermehrung der Pflanzen verantwortlich ist. Er wird auch Ahülani genannt und hat die gleiche Funktion wie Ahöla auf der Zweiten Mesa, ist aber nicht mit Aholi, dem Begleiter des Éototo zu verwechseln, der nur auf der Dritten Mesa erscheint.

83. Múi'ingwa ist der Gott der Keimkraft und allen pflanzlichen Lebens; über Nayángap Wuti habe ich nichts in Erfahrung bringen können.

84. Der Wupákal entspricht dem Hemis-Kachina, der aus dem Hemis-(Jemez)-Pueblo eingeführt worden ist. Er spielt eine bedeutende Rolle bei der Heimkehr der Kachinas.

85. Éototo ist der Anführer oder ›Vater‹ aller Kachinas und daher die geistige Entsprechung des Kíkmongwis.

86. Mósilils sind kegelförmige Muscheln von 2 bis 5 cm Länge, die mittels dünner Hirschlederriemen an Stäbe gebunden werden, welche 15 bis 20 cm lang und an einem Ende gebogen sind. Diese Rasseln sind bei den Hopi hochgeschätzt und werden in verschiedenen Zeremonien verwendet, hauptsächlich aber in jenen der Flötenbruderschaften. Muscheln dieser Art gehören zu den in den Ruinen von Tusayan [alte, auf die Spanier zurückgehende Bezeichnung für das Hopiland] gefundenen Gegenständen. (H. R. V.)

87. Só'yoko ist ein menschenfressender Kachina, der in seinem furchterregenden Aufzug während der Powámu-Zeremonie in den Dörfern der Ersten und Zweiten Mesa

auftaucht und droht, die ungehorsamen Kinder aufzufressen oder zu bestrafen (siehe auch S. 311 und Waters, S. 196–198).
88. Aus Courlander (1971), S. 268.
89. Moesíptanga ist ein verlassenes Dorf am Jeddito Wash; Kawaíka ein ebenfalls verlassenes Dorf in der Nähe von Awátovi, dem zerstörten Dorf des Bogenklans auf der Antilopenmesa. Kawaíka ist das Hopi-Wort für Laguna, eines der westlichen Pueblos.
90. Die Überlieferungen und Zeremonien der Zweihorn- und der Wúwuchim-Gesellschaft gelten als die ältesten und bedeutendsten der Hopi-Religion; der Bogenklan hatte sie aus der Dritten Welt mitgebracht. Die Tatsache, daß sie in der Laguna-Sprache gehalten sind, spricht für die Behauptung der westlichen Pueblos Laguna, Ácoma und Zúni, daß nicht die Hopi, sondern sie es waren, die als erste aus der Dritten Welt in Amerika anlangten. Walpi und Oraibi streiten sich darüber, ob der Häuptling des Bogenklans bei der Zerstörung Awátovis (siehe Waters, S. 268–280) die Kultgegenstände der Zweihorn- und Wúwuchim-Gesellschaften nach Walpi oder nach Oraibi geschafft habe. Siehe hierzu auch S. 288f.
91. Aus Courlander (1971), S. 263f.

II. Spiritualität im Wandel von Leben und Tod

1. Aus Courlander, S. 98–100.
2. Es handelt sich hier um die persönliche Meinung des Erzählers. Zum Begriff des Bösen bei den Hopi siehe S. 36ff. der Einführung. Courlander merkt an dieser Stelle an, daß die Hopi Másaw häufig mit dem Wort ›evil‹ charakterisieren. »Albert Yava, der viele Texte zu diesem Buch beigesteuert hat, sagte über Másaw: ›Die Leute behaupten, daß er sowohl böse als auch gut ist. Es kommt ganz darauf an, wie du dich benimmst. Wenn du gut bist, segnet er dich mit guten Lebensgeistern, wenn du schlecht bist, vernichtet er dich.‹«
3. Der Erzähler meint sich selbst.
4. Aus Nequátewa (1976), S. 121–123. Zur Einführung schreibt die Herausgeberin Mary-Russell F. Colton:
»Im Herbst des Jahres 1898 hielt sich Dr. Fewkes, ein Archäologe der Smithsonian Institution, in Walpi auf. Der Direktor des Bureau of Ethnology hat in seinem Jahresbericht darüber folgendes notiert:
›Im November begab sich Dr. J. Walter Fewkes nach Arizona, mit der Absicht, seine Forschungen über die Winterzeremonien der Hopi-Indianer fortzusetzen. Doch bald nach seiner Ankunft brach eine Pockenepidemie aus, die so schlimm war, daß sie die Indianer vollkommen demoralisierte und sie davon abhielt, ihre Zeremonien wie geplant durchzuführen. Zugleich brachte sie Dr. Fewkes in schwere persönliche Gefahr, und deswegen war es notwendig, die Arbeit in dieser Saison aufzugeben.‹
Die Hopi in Walpi geben eine andere Erklärung für Dr. Fewkes' Abreise. Obwohl Dr. Fewkes die [folgende] Begebenheit niemals der Außenwelt mitteilte, berichten die Hopi, daß er sie am Tage nach dem merkwürdigen Ereignis den Priestern in der Kiva erzählt habe.«
5. Aus Courlander, S. 35–38.
6. Span. *moquear* »die Nase schneuzen« und *moquita* »Nasenschleim«. (H. C.)
7. Eigentlich »sterben«; das Wort für »tot« ist *mas*.
8. Siehe Anm. I, 20.
9. Eine Bezugnahme auf die Gottheit Másaw. (H. C.)

10. Der Einhorn- und der Zweihornbund sind die beiden höchsten religiösen Zeremonialbünde der Hopi, denen wesentliche Aufgaben in den großen Zeremonien des Jahreskreises obliegen. Der Zweihornbund ist der einzige, der den ursprünglichen Plan der Schöpfung kennt und das Wissen über die vorausgegangenen Welten besitzt. Der Einhornbund hat nur das Wissen über die Vierte Welt; seine vorwiegende Aufgabe ist es, das Böse auszumerzen (siehe auch Waters, S. 148–152). Edmund Nequátewa (1976, S. 126), ein Mitglied des Einhornbundes, erläutert die beiden Gesellschaften wie folgt: »Der Einhornbund ist die mächtigste von allen heiligen Gesellschaften oder Bruderschaften der Hopi, und man bringt ihm große Ehrfurcht entgegen, denn es ist die Aufgabe seiner Priester, sich um die Toten zu kümmern. Ihnen wird der Geist auf seiner Reise von unserer Welt nach Máski, der Unterwelt oder Geisterwelt der Hopi, anvertraut. Diese Priester dienen Múi'ingwa, dem Gott der Keimkraft und Eigner der Unterwelt, und Másaw, dem Gott der Erde und des Todes. Wenn sie sterben, können ihre Geister nicht in Gestalt weißer Wolken zurückkehren, um die Lebenden zu besuchen, wie es das Privileg der meisten Geister ist, sondern sie müssen für immer in der Unterwelt bleiben. Die Aufgabe des Zweihornbundes ist es, als Wächter in der Wúwuchim-Zeremonie zu dienen und jene zu beschützen, die in Schwierigkeiten geraten sind.«

11. Auszug aus Courlander, S. 100–105. Vgl. verschiedene Versionen dieser Überlieferung bei Voth, S. 109–114 und bei Yava (1978), S. 98 ff.

12. Aus Voth, S. 114–119.

13. Nach anderen Überlieferungen erhält der Junge die Medizin vom Sonnen-Kachina oder von einem bestimmten Geistwesen, dessen Hilfe er erfleht hatte.

14. Eine zu vielen Kachina-Trachten gehörige Unterleibsbekleidung.

15. Oʼva ist ein weißer Deckenumhang mit rotem Rand, der für eine Braut als Teil ihres Hochzeitsgewandes hergestellt wird. Er kann aber auch bei magischen Praktiken benutzt werden, um bestimmte Personen in andere Lebensphasen und -zustände zu befördern. Siehe auch die Erklärung auf S. 204 f.

16. Anderen Versionen der Geschichte zufolge handelt es sich um den Grand Canyon.

17. Wie später erklärt wird, handelt es sich um einen Einhorn-Priester (Kwánitaqa). Bei Courlander, S. 102, ist die Person »ein Krieger (qalétaqa), ein alter Mann, ein Priester«.

18. Weiteren Überlieferungen zufolge trifft der Jüngling nicht auf eine Totengeistfrau, sondern auf zwei Einhorn- oder einen Einhorn- und einen Zweihorn-Priester, die an einer Weggabelung stehen. Vgl. auch S. 105 f. dieses Buches und Courlander, S. 102. Dort gibt Ned Zeena folgende Schilderung:

»Dann kam der Junge an eine Gabelung, und dort standen ein Einhorn- und ein Zweihorn-Priester. Sie sahen, daß er nicht richtig tot war, und fragten ihn, was er wolle. Er sagte, er wolle nur sehen, wie es dort unten sei, damit er die Wahrheit erfahre. ›Nein, du kannst nicht hierherkommen, bevor du stirbst‹, erwiderten sie. Doch der Junge sagte: ›Wie ihr seht, ist dies nicht mein wirklicher Körper, sondern nur der Geist. Mein richtiger Körper ist oben in Oraibi.‹ – ›Wir sehen wohl, was geschehen ist‹, entgegneten sie, ›ein Medizinmann hat deinen Atem (íksi) von deinem lebenden Körper getrennt. Aber du bist noch nicht wirklich tot.‹ – ›Ich bin den ganzen Weg gekommen, um zu sehen, wie es hier ist‹, erklärte ihnen der Junge, ›ich möchte mich hier gern umsehen, dann gehe ich wieder.‹ Schließlich sagten sie: ›In Ordnung, wenn du wirklich wieder umkehrst. Komm hierherüber, und wir zeigen dir etwas.‹ Sie brachten ihn ein kleines Stück den rechten Weg hinunter und zeigten ihm eine tiefe Grube mit einem großen, brausenden Feuer darin. Das war ein Feuer! Es war wie ein Vulkan, sprühte Funken und Asche und hatte eine Art blauer Flamme. Also, sie sagten zu dem Jungen: ›Sieh dir das an. Dorthin gehen alle Bösen. Als du auf dem Weg hierher warst, hast du ein paar von ihnen gesehen. Diese Menschen haben versucht, schnell zu gehen, aber sie sind überhaupt nicht vorwärtsgekommen. Sie waren vier Jahre auf dem Weg. In ihrem Leben

haben sie ziemlich schlimme Dinge getan und jetzt werden sie bestraft... Wenn sie hier ankommen, entscheiden wir, ob ihnen vergeben werden kann. Aber wenn sie allzu böse waren, gibt es keine Entschuldigung, und wir werfen sie in die Grube.‹«
In seinem Bericht *Archeological Expedition to Arizona in 1895* beschreibt Jesse Walter Fewkes auf Seite 647 die Erlebnisse der Totengeister (›Atemkörper‹, wie er den Begriff übersetzt), wobei er den Aspekt der Reinigung bei der Feuerqual betont:
»Es gibt zwei Wege vom Grab zum Unten. Einer von ihnen ist ein gerader Weg, der mit dem Weg der Sonne in die Unterwelt in Verbindung steht. Dort zweigt ein Weg von diesem geraden Weg ab und führt an Feuern vorbei zu einem See oder Ozean. An der Gabelung sitzt Tokonaka, und wenn der Atemkörper an diese Stelle kommt, mustert ihn dieser Häuptling, und wenn er zufrieden ist, sagt er: ›Du bist sehr gut, geh weiter.‹ Dann wandert der Atemkörper auf dem geraden Weg zum äußersten Westen, zum früheren Sipapu, der Unterwelt, aus der er kam, der Heimat des Müiyinwu. Ein anderer Atemkörper kommt an die Gabelung, und der Häuptling sagt: ›Du bist schlecht‹, und führt ihn auf dem gekrümmten Weg zu der ersten Feuergrube, wo ein zweiter Häuptling Tokonaka sitzt, der den Atemkörper ins Feuer wirft. Nach einer Weile kommt er wieder gereinigt hervor, denn er war nicht durch und durch schlecht. Der Häuptling sagt: ›Jetzt bist du gut‹ und trägt ihn zum ersten Häuptling zurück, der den Atemkörper annimmt und auf die gerade Straße nach Westen schickt.
Wenn die Seele nach dem Hervorkommen aus dem ersten Feuer immer noch nicht oder nicht genügend gereinigt ist, um angenommen zu werden, wird sie zur zweiten Feuergrube gebracht und hineingeworfen. Sobald sie hier nach Meinung des Richters gründlich gereinigt ist, wird sie sofort in einen Gebetskäfer (hoho'yaüh) verwandelt. Alle Käfer, die wir jetzt in den Tälern oder zwischen den Mesas sehen, waren einmal schlechte Hopi. Wenn der Häuptling den Atemkörper nach dem zweiten Feuer immer noch schlecht findet, bringt er ihn zum dritten Feuer, und wenn danach nichts Böses mehr in ihm ist, wird er in eine Ameise verwandelt. Aber wenn diese drei Feuer ihn nicht gereinigt haben – das heißt, wenn der Häuptling immer noch Böses in dem Atemkörper findet –, dann bringt er ihn zu einem vierten Feuer und wirft ihn wiederum in die Flammen, wo er jämmerlich verzehrt wird, und das einzige, was von ihm übrigbleibt, ist Ruß am Rande der Grube.«
Die Erklärung, daß die ›Atemkörper‹ aus dem Feuer steigen, bezieht sich auf die bruchstückhafte Überlieferung, daß Másaw, die Gottheit des Todes, aus einer Feuergrube kroch, in der er übel verbrannt und entstellt worden war. (H. C.)
19. Anderen Überlieferungen zufolge bestand der Ort nur aus weißen Häusern oder glich dem Heimatdorf des Jünglings. In diesen Versionen wurde der Jüngling von den Totengeistern nicht wahrgenommen und es herrschte dort auch keine düstere, freudlose Atmosphäre.
20. Es gelang mir nicht, eine Beschreibung dieser Speise zu finden.
21. Ein típoni ist der Hauptfetisch eines Klans oder eines Bundes. Es stellt das Abbild der Klan- oder Schutzgottheit dar und enthält den Samen bzw. die geistige Lebenskraft aller Mitglieder. Ohne es sind sie zum Aussterben verurteilt. Voth schreibt in einer Fußnote auf S. 117 dazu: »Es besteht gewöhnlich aus einem Maiskolben, an den Federn verschiedener Vögel, Türkise, Muscheln u. a. angebunden sind und in die manchmal verschiedene Gegenstände eingesetzt werden, die von den Priestern heilig gehalten werden.« Siehe auch Waters, S. 149.
22. Aus Courlander, S. 105–106.
23. In dieser Richtung liegt auch der Grand Canyon, und in Oraibi sagt man, daß die Hopi von dort aufgestiegen seien, und daß ihre Totengeister vermutlich dorthin zurückkehren würden. Vgl. auch S. 107.
24. Aus Courlander, S. 106–107.

25. Nach Voth eine bei den Hopi wachsende, besondere Art (gossypium Hopi).
26. Aus Voth, S. 41–47. Die Überlieferung berichtet von der Schenkung der Yáya-Zeremonie durch einen Habicht. Um die Zeremonie in der Zukunft fortzuführen, bildeten ihre ersten Teilnehmer die Yáyatu-Gesellschaft. Vgl. eine andere Version bei Waters, S. 250–260. Der folgende Ausruf »Ishyaoi« hat dieselbe Bedeutung wie *alíksai*. Siehe dazu Anm. I, 81.
27. Der Platz nördlich der Feuerstelle wird von der Person eingenommen, die im Mittelpunkt des Geschehens steht. In vielen Überlieferungen gehen die Hauptakteure zu Beginn der Handlung nach Norden.
28. Píkami, wörtlich »vergrabenes píki«; ein aus feinem Maismehl, Wasser und Weizenkeimen gemischter, – manchmal auch gesüßter – verdickter Brei. Er wird in einen mit Maishülsen verschlossenen Krug gefüllt und über Nacht in eigens dafür unter der Erde eingegrabenen Öfen gebacken. (Nach Malotki 1978, S. 206)
29. Kaolin, mit dem einige Hopi ihre Häuser weißen.
30. Nöekwiwi ist ein Eintopfgericht aus Hammelfleisch, Maiskörnern und anderen Zutaten. (Nach Voth)
31. Aus Courlander, S. 135 f.
32. Yáya ist der Singular von Yáyatu. Wird auch als Kürzel verwendet.
33. Heute eine Zeremonie des Schilfklans in Walpi. (H. C.)
34. Aus Courlander, S. 136.
35. Aus Courlander, S. 137. Zu den Yáyaponchatu vgl. auch S. 71–75.
36. Manche Hopi in Dörfern der Zweiten und Dritten Mesa gingen davon aus, daß die Yáponcha (oder Yáyaponcha) mit den Yáya von der Ersten Mesa identisch waren. Doch während die Bewohner von Oraibi die Yáya-Gruppe als eine Geheimgesellschaft anerkannten, gab es auch eine Überlieferung, nach der die Yáyaponcha eine eigenständige Gruppe mit eigener Sprache und eigenem Dorf gewesen sind. Bei Voth, S. 123, sagte ein Erzähler: »Nördlich der jetzigen Pfirsichgärten (etwa eine Dreiviertelmeile entfernt im Norden von Oraibi) lebten die Yáyaponchatu. Das sind keine Hopi, sondern Wesen etwa wie die Totengeister. Sie haben weiße Gesichter und weiße Körper, zerzaustes Haar und tragen Röcke aus schwarzweißgestreiftem Tuch. Sie verstehen sich auf das Feuer und haben mehr als einmal die Zerstörung von Dörfern durch Feuer verursacht.« Es ist möglich, daß die Yáya-Gesellschaft der Ersten Mesa auf der Tradition der Yáyaponcha aufbaute.
Nach Bert Puhueyestewa, einem meiner Informanten aus Mishóngnovi, ist Yáponcha der Name eines Windgeistes oder -gottes, der auch mit Feuer identifiziert wird. Das bei Voth zitierte »zerzauste Haar« und das in diesem Text beschriebene »unordentliche« Haar sind anscheinend Erkennungszeichen des Windgeistes. (H. C.)
37. Aus Nequátewa (1976), S. 103 f.
38. Aus Voth, S. 30–35.
39. Sein Name soll Tiyo gewesen sein.
40. Káto'ya ist die Wächterschlange des Westens und der Nacht.
41. Sie besteht aus einzelnen am Bogen befestigten Adlerfedern und zeigt an, daß sich Bogenklanleute zu einer Zeremonie in der Kiva versammelt haben.
42. Der Antilopenbund führt zusammen mit dem Schlangenbund die Schlangenzeremonie durch.
43. Ein Ausdruck für seine besonderen spirituellen Qualitäten.
44. Die Frau war schwanger – »schnell wie Schlangen«. Der Mann wollte mit ihr schlafen, aber sie verbot es ihm. (H. R. V.)
45. Die Schlangenzeremonie wird bei Waters, S. 228–241, ausführlich beschrieben.
46. amer. Cottonwood (populus deltoides).
47. Aus Courlander, S. 108 f.

48. Niman tiihu ist der zeremonielle Abschied der Kachinas bei der Sommersonnenwende. Die Kachinas kommen nach der Wúwuchim-Zeremonie aus ihren Wolkenhäusern auf die Erde, um dem keimenden neuen Leben zu Wachstum und Fülle zu verhelfen. Wenn sie ihre Aufgabe erfüllt haben, kehrt mit ihnen auch das spirituell mächtigste Wesen des Tierreichs, der Adler, in die Geisterwelt zurück. Die Niman-Zeremonie wird bei Waters auf S. 208–218, die Opferung der Adler auf S. 218 ff. geschildert.
49. Knapp 90 km nördlich von Móenkopi und Tuba City gelegen.
50. Aus Courlander, S. 109–111.

III. Streiche und Heldentaten der Kriegerbrüder

1. Aus Voth, S. 86–88. Vgl. eine Version bei Malotki (1978), S. 1–21.
2. Die Quelle, in deren Nähe heute der gleichnamige Ort (Hótevilla) liegt.
3. Siehe dazu Anmerkung I, 64.
4. Ein vom Wohnhaus abgetrennter kleiner Raum oder ein Nebenhaus, das nur zum Maismahlen benutzt wird.
5. Aus Voth, S. 92–99. Der Text schildert den typischen Ablauf einer Hopi-Hochzeit. Anhand der Fehler Pöqánghoyas erfährt der Zuhörer auch, welche Verhaltensweisen gegen die Gebräuche der Hopi verstoßen.
6. Tsakáptamana beschreibt (bei Courlander, S. 218) diese Fallen folgendermaßen: »Man nimmt zwei Steinplatten, eine davon dient als Boden. Man ebnet den Untergrund und legt die ungefähr 35 qcm große Bodenplatte darauf. Die andere, schwerere, ist dann die obere Platte. Nun nimmt man einen etwa 15 cm langen Stock und bindet an sein oberes Ende eine Schnur. Die Schnur ist so um die 7 bis 10 cm lang, und an ihrem Ende befestigt man den Köder, zum Beispiel ein Stück Apfel oder Mohrrübe oder irgend etwas, das kleine Tiere mögen. Man stellt diesen Stock auf die Bodenplatte und lehnt die andere Platte schräg dagegen an. Riecht das Tier nun den Köder, dann kommt es herbei, beißt hinein, gibt der Schnur einen Ruck und die obere Platte fällt auf das Tier herunter. So erlegen sie kleine Tiere.«
7. Hurúsuki ist eine Spezialität der Hopi. Grob gemahlenes Maismehl wird mit kochendem Wasser unter ständigem Rühren zu einem Brei verarbeitet, der schließlich zu einer Art Pudding aufgeht und verdickt. (Nach Malotki 1978, S. 203)
8. Somíviki ist ein Brot aus fein gemahlenem blauen Mais. Das Mehl wird in Maishülsen gewickelt und gekocht. (Nach H. C.)
9. Aus Voth, S. 84 f.
10. Am Fuße eines Vorsprungs der Zweiten Mesa unterhalb des heutigen Shongópovi.
11. Gerätschaften zur Beeinflussung des Wetters und der Feuchtigkeit mittels schamanistischer Praktiken. Zum pá'uypi siehe S. 56 f.
12. Amer.: bullsnake (Pithuopis catenifer), eine größere harmlose Schlange.
13. Sótuknang ist die Gottheit des Weltalls. Siehe auch S. 22 der Einführung.
14. Aus Voth, S. 82 f.
15. Ein Entkommen war wohl deshalb unmöglich, weil die Pöqangs dem Ungeheuer in die Augen geschaut hatten, so daß es sie mit seinem Blick in Bann ziehen konnte. In der Só'yoko-Erzählung dagegen fand dieser Blickkontakt nicht statt. Vgl. auch S. 157.
16. Die Geschichte enthält eine Prophezeiung und eine Botschaft für die heutige Zeit. Als solche erlaubt sie zugleich einen Einblick in das Geschichtsverständnis und in das politische Bewußtsein der Hopi. Als im Herbst 83 eine von der *Gesellschaft für bedrohte Völker* eingeladene indianische Delegation eine Friedensreise durch Westdeutschland unternahm, warnte der Lakota-Medizinmann Wallace Black Elk verschiedene deutsche

Politiker vor einem großen Ungeheuer, das im Begriff sei, die ganze Welt zu verschlingen. Aber mit der Welt verschlinge es auch das Feuer, und daher werde es von innen heraus explodieren und in Stücke gerissen werden. Das Ungeheuer seien die multinationalen Konzerne, erklärte Black Elk, und das Feuer die Energiepotentiale der Erde. – Im Zusammenhang mit der Hopi-Überlieferung stellen sich dann Fragen wie: Wie ist das Herz des Ungeheuers beschaffen? Wer könnten heute die Pöqángs sein? Und welches ist die Kraft des Blauvogels, der ihre Pfeile lenkt?
17. Aus Voth, S. 99–102.
18. Das Antilopenmädchen taucht in den Hopi-Erzählungen als verführerisches junges Mädchen auf, das jungen Männern auflauert, sie in ihre Gewalt bringt und tötet. Zur Erklärung ihres Namens siehe die Geschichte »Der Junge und das Mädchen, die um ihr Leben Versteck spielen«, S. 216–222.
19. Zur Wirkung der Einatmung siehe Anm. VI, 6. Vgl. auch hier wieder den Blickkontakt als Voraussetzung zur Ausübung der Magie.
20. Um seine (spirituelle) Kraft unter Beweis zu stellen.
21. Offenbar gibt es keine Möglichkeit, die Aufforderung zu einem magischen Wettkampf abzuschlagen, da dies von vornherein eine Unterwerfung unter die Kräfte des Gegners bedeuten würde.
22. Schwarznatter: amer. racer snake (coluber constrictor). Tókchi'i ist die Wächterschlange des Ostens.
23. Aus Voth, S. 102–105.
24. Ein pŭhu (Straße oder Pfad) besteht aus einer oder mehreren kleinen Federn, gewöhnlich Adlerfedern, an deren stumpfem Ende eine einfache und eine gedrehte Schnur befestigt sind. Diese Federn werden neben Quellen, vor Schreinen und Altären, auf Wegen und neben Gräbern als Pfad für Wolken, Geister, Gottheiten usw. gelegt, von denen die Hopi wünschen, daß sie diesen Wegen folgen. (H. R. V.)

IV. Von Menschen, Tieren und Geistwesen

1. Aus Courlander, S. 151–156. Vgl. unterschiedliche Versionen der Geschichte in Voth, S. 159–167, Malotki (1982), S. 151 ff., und Courlander (1970), S. 50 ff.
2. »Endloser Raum«, die erste der vier bisherigen Welten.
3. Der Erzähler fügte diese Identifizierung später ein, nachdem er die ursprüngliche Erzählung beendet hatte. Der Name wird auch für den Alten Mann Nordwind selbst benutzt, und während manche Hopi die beiden für dieselbe Gestalt halten, behaupten andere, sie seien verschieden. (H. C.)
4. Das Spiel des Hásokata ist totólospi, das auf einer Art Schachbrett gespielt wird und bei den Hopi noch heute weit verbreitet ist. Während das Brett in alter Zeit aus einer Sandsteinplatte bestand, in die abwechselnd Linien und Punkte eingraviert waren, wird heute normalerweise ein Holzbrett benutzt. Totólospi ist im wesentlichen ein Glücks- oder Schicksalsspiel, das von zwei oder mehreren Teilnehmern gespielt wird, und in dem das Spielstück oder Tier (póko) je nach der Anzahl der mit dem Würfel geworfenen Punkte vorgezogen wird. Als Würfel werden die Hälften eines gespaltenen Schilfrohrstückes verwendet. Je nachdem, ob die beiden hohlen oder die gewölbten Seiten des Würfels oben liegen, zieht der Spieler fünf oder zehn Punkte vor. Zeigt ein Stück mit der konvexen, das andere mit der konkaven Seite nach oben, so verliert der Spieler seine Runde. Erreicht ein Spieler einen Punkt, der bereits besetzt ist, muß derjenige, der zuerst dort war, zur Mitte des Brettes zurückkehren und von neuem beginnen. (Malotki 1978, S. 208)

5. Es waren die Gemischten- oder Soyohim-Kachinas. (H. C.)
6. Es wird davon ausgegangen, daß die Kachinas den Regen verursacht haben. (H. C.)
7. Das soll heißen, daß Großmutter Spinne mit allen Kachinas verwandt ist. (H. C.)
8. In der Version der Geschichte bei Voth läßt Großmutter Spinne ihn an einem Spinnwebfaden hinunter. (H. C.)
9. Nach einer Erklärung, die ich in Móenkopi erhielt, bezieht sich *yoisōmala* auf den Klang des Donners, den die Kachinas verursachen, wenn sie mit dem Steinreifen laufen. Eine Person in Mishóngnovi verstand das Wort als »regenbringende Brise«. (H. C.) Das Wort enthält den Stamm *yoi* für »Regen«.
10. Aus Courlander, S. 156–179.
11. Er sollte nicht in die Kiva gehen, wo die unverheirateten Männer seines Klans oder Bundes schliefen.
12. Damit die anderen Dorfbewohner nicht bemerken, was vor sich geht. (H. C.)
13. Der Erzähler erklärte später, daß ein Hopi denselben Pfeil niemals zweimal verwendet. (H. C.)
14. Vor der Einführung von Schellen durch die Weißen wurden kleine Knöchelchen verwendet, die beim Laufen oder Tanzen aneinanderschlugen.
15. Nahóytatatsia, siehe Anm. I, 64.
16. Ein im Boden steckendes Messer ist bei vielen indianischen Völkern ein Zeichen dafür, daß der Verlierer oder die Verliererseite sterben muß. (H. C.)
17. Nachdem er mit seinem Versuch, den Jungen in dem Zauberkreis zu fangen, keinen Erfolg gehabt hatte.
18. Obwohl einigen Überlieferungen zufolge alle Rassen zur selben Zeit aus der Dritten Welt aufgestiegen sind, glaubt man im allgemeinen, daß die Bewohner des nordamerikanischen Südwestens den ersten Schwarzen zur Zeit des Eindringens der Spanier im frühen 16. Jahrhundert gesehen haben. Estevan, ein Neger (als »mohrenhaft« beschrieben), der an Cabeza de Vacas Erkundungszug nach Texas teilnahm, führte 1539 für Fray Marcos de Niza einen Spähtrupp ins Zuñi-Gebiet. Anfangs von den Zuñi akzeptiert, handelte es sich durch seine Unsitten und Arroganz ihre Feindseligkeit ein und wurde vor der Ankunft Fray Marcos' im Zuñi-Dorf Hawikuh getötet.
Nach der Überlieferung erschien Estevan auch im Hopiland. Albert Yava: »Die Zuñis haben ihn umgebracht. Er kam mit einem Trupp Spaniern ins Hopiland. Sie brachten ihn hier heraus. Er behauptete, eine Art Führer für sie zu sein, ein mexikanischer Indianer, aber er war ein Neger. Deshalb nannte man ihn den Schwarzen Mexikaner. So nannte man die Neger. Den Alten zufolge war er hier draußen. Dann ging er nach Zuñi zurück und begann die Frauen für sich zu beanspruchen. Woher er seinen Türkis bekam, weiß niemand, aber er beschaffte sich eine Menge Türkis und schenkte ihn seinen Freundinnen. Die Zuñis mochten das nicht, und so haben sie ihn umgebracht.«
Die Hopi sahen Schwarze in größerer Anzahl erst, als sich Anfang dieses Jahrhunderts einige Dörfer weigerten, ihre Kinder in die Regierungsschulen zu schicken. Schwarze Truppen drangen in Dörfer auf der Dritten Mesa ein, um Kinder im Schulalter zusammenzutreiben und sie nach Keam's Canyon zu bringen. (H. C.)
Wenn man davon ausgeht, daß auch diese Überlieferung – wie fast alle anderen – zumindest im Kern historische Ereignisse wiedergibt, so muß sie sehr alt sein und auf eine Zeit zurückgehen, deren Ethnographie und/oder Geographie uns bis jetzt unbekannt ist.
19. Aus Courlander, S. 186–192. Siehe auch die Version bei Hetmann (1985), S. 74–81.
20. Das heißt eine Jagd nach Art einer Coyotenjagd. (H. C.)
21. Der Onkel des Mädchens mütterlicherseits, zu dessen Klan es gehört. Der Bruder der Mutter hat bei den Hopi [anstelle des leiblichen Vaters] beträchtliche Autorität über die Kinder seiner Schwestern. (H. C.)

22. Sie hatte ihr Haar in zwei Wülsten aufgerollt getragen, nach Art unverheirateter Mädchen. (H. C.)
23. Wie auch schon im Falle des nach Laméhva zurückgeholten Hundes fühlt sich der Antilopenjunge zuallererst denjenigen verpflichtet, die seine geistige Heimat sind. Die körperliche Gestalt paßt sich dem an. Siehe auch die Geschichte auf S. 235 ff.
24. Aus Courlander, S. 192–199.
25. Es wird keine Erklärung gegeben, warum der Mann sich in ein Mädchen verwandelte. (H. C.)
26. Amer.: old-timer. Der Ausdruck bezeichnet allgemein Menschen früherer Generationen. (H. C.)
27. Gemeint ist wohl Kókyang Sowuti, Großmutter Spinne. (H. C.)
28. Obwohl die Medizinmänner in Polacca wohnten, führten sie wie alle anderen ihre Zeremonialhandlungen in den traditionell gegründeten Dörfern oben auf der Mesa durch.
29. Der Erzähler benutzt das Wort »Altvordere« (old-timers) sowohl für die Lehrer des Jungen als auch für die Zauberer. Er bringt damit zum Ausdruck, daß es sich in beiden Fällen um Ahnengeister handelt, die jeweils unterschiedliche Gestalt angenommen haben. Das Wort bezeichnet also nicht die äußere Form, sondern das geistige Wesen.
30. Diese und die folgende Vorführung sollen zum Repertoire der Yáya-Gesellschaft (siehe S. 116–125) gehört haben. (H. C.)
31. Aus Malotki (1978), S. 137–149. Vgl. eine Variante des Themas bei Voth, S. 65–71 und 120–122.
Der Hopi-Begriff *másmana* [Totengeistmädchen], der hier mit »Dämonenmädchen« übersetzt ist, bezieht sich sprachlich auf Másaw. Während so ein Bezug zum Tod entsteht, besitzt eine másmana aber nicht die guten Aspekte, die Másaw auch verkörpert. Sie war in ihrem ersten Leben eine Hexe, die bei ihrem Tun gestellt wurde. Deshalb ist sie mit bestimmten übernatürlichen Kräften ausgestattet, die es ihr ermöglichen, wieder ins Leben zurückzukehren. Sie lebt immer außerhalb der Gemeinschaft und erscheint Männern als sexuell lockende Verführerin. All ihre Absichten und Handlungen sind schlecht. (Malotki)
32. Das heißt die Grenze der Ländereien, die die Klane Oraibis in ihrem Besitz halten.
33. Ein Zeichen, daß sie vom Mädchen zur Frau werden wollte.
34. Tíkuywuti ist ein häßliches, furchterregendes und mächtiges Geistwesen in der Hopi-Mythologie. Ihr Name, »Frau mit halbgeborenem Kind«, entstand laut Überlieferung bei einer Wanderung, auf der sie von der umherziehenden Gruppe zurückgelassen wurde, weil sie gerade niederkam. Als jemand zu ihr zurückging, war sie nicht nur von einer Vielzahl neugeborener Jagdtiere umgeben, sondern auch dabei, noch ein weiteres zu gebären. Das Hopi-Verb *tíkuyta*, »ein Kind erscheint, steht heraus«, bezieht sich auf dieses Ereignis des Gebärens.
Tíkuywuti ist daher die Mutter und Besitzerin des ganzen Jagdwildes. Man sagt, daß sie in der Nacht Mais mahlt und mit Másaw verwandt sei. Männer haben Angst vor ihrer schreckenerregenden Erscheinung. Sie kann einen Mann ergreifen, würgen und ihm einen Alptraum schicken.
Jäger stellen Gebetsstäbe für sie her, und die Hopi glauben, wenn sie mit einem Mann schläft, wird er ein erfolgreicher Jäger werden, der immer sein Wild erlegt. (Malotki)
Die Gestalt der tíkuywuti überschneidet sich offenbar mit der des Dämonenmädchens. Darauf weist nicht nur Malotkis Bemerkung hin, daß sie – wie das Dämonenmädchen – mit Másaw verwandt sei, sondern auch die Geschichte auf S. 216–222, in der beide Gestalten miteinander verknüpft sind.
35. Zur Darstellung von sexuellen Handlungen in Hopi-Erzählungen schreibt Courlander (1982, S. xi): »Ausdrücklichkeit in bezug auf Sexuelles, wie sie in manchen Geschich-

ten auftaucht, scheint keine besonderen humoristischen oder prickelnden Absichten zu verfolgen. Sie ist gewöhnlich nicht mehr und nicht weniger als eine offene Wiedergabe der Ereignisse, bei der alle Einzelheiten gewissenhaft festgehalten sind. Das Bewußtsein von der Empfindlichkeit der Weißen gegenüber sexuellen und Ausscheidungsvorgängen kann einen Erzähler veranlassen, Passagen auszulassen, die ein Hopi auf jeden Fall als normal ansehen würde.« Vgl. Anm. 38.
36. Aus Voth, S. 126–131. Vgl. eine Version bei Malotki (1978), S. 70–91.
37. Waters (S. 258) schreibt dazu: »Alle powáqa sind natürlich sogenannte ›Zwieherzer‹, da sie ein eigenes menschliches und ein Tierherz besitzen. Sie gewinnen neue Mitglieder, indem sie andere verhexen oder schlafende Kinder rauben. Mit diesen fliegen sie in den Neumondnächten nach Pálangwu, dem Ort des Roten Felsens, wo die erste Yáya-Zeremonie in alter Zeit aufgeführt worden ist. Dieser Ortsname stammt selbstverständlich von dem Wort *pangwú* her für das Bighornschaf, den Anführer des Tierreichs. Hier treffen sich in einer großen Kiva innerhalb des Felsens powáqa aus der ganzen Welt. Neue Mitglieder werden durch eine Zeremonie, die dem ursprünglichen Yáya ähnelt, in den bösen Orden aufgenommen. Sie springen durch einen Reifen und werden dabei in ein Tier verwandelt.«
38. Man sagte ihr auch, weil sie sich andauernd geweigert habe, einen der jungen Männer des Dorfes zu heiraten, würden alle anwesenden Männer zur Strafe jetzt mit ihr schlafen. (H. V.)
Die Version Malotkis enthält an dieser Stelle eine humorvolle Beschreibung, wie die sexuellen Annäherungsversuche des alten Mannes dort ebenfalls durch eine Fliege gestört wurden:
»Als der alte Mann sich fertig machte, um sie zu besteigen, ließen [die Kriegerbrüder] etwas in der Kiva frei... Darauf bemerkten die Leute in der Kiva, daß eine Fliege gekommen war, und sagten: ›Warte einen Augenblick, es sieht so aus, als ob etwas hereingekommen ist.‹ Sie schlugen nach ihr und töteten sie, und der alte Mann ging zu dem Mädchen zurück. Er stieg wieder auf sie und rief: ›Jetzt laßt mich ihr Jungfernhäutchen durchstoßen!‹ Er war gerade soweit, in sie einzudringen, als [Großmutter Spinne] ein weiteres Tier freiließ. Im selben Augenblick, als der Häuptling zustieß, schnappte irgend etwas das Mädchen unter ihm weg, und der arme Zauberer stieß sein Glied in den Boden.« (Malotki 1978, S. 85)
39. Wörtlich eines »Adlers jenseits des Himmels«.
40. Aus Voth (1905), S. 136–141. Vgl. eine Version bei Malotki (1978), S. 50–79.
41. Ich habe in den Überlieferungen der Hopi noch weitere Zeugnisse dafür gefunden, die auf die Wahrscheinlichkeit hindeuten, daß unter den Ahnen der Hopi Menschenopfer vorkamen. (H. R. V.) Siehe dazu bei Waters S. 154, 171 und 287.
Nach Blumrich (1979) sollen die alten mittelamerikanischen Kulturen, so etwa die Azteken, die für ihre Menschenopfer bekannt sind, auf der Wanderung nach Norden abgespaltene Hopiklane gewesen sein.
42. Aus Voth, S. 105–109.
43. Ein magisches Rad (Zauberrad).
44. Qööqöqlöm ist ein Jägerkachina, der während der Soyál- und Powámu-Zeremonie Pflanzen, Früchte und Geschenke für die Kinder in die Häuser bringt.
45. Rüsselfrucht (Martynia proboscidea, Miller). Eine großblättrige Pflanze von kürbisartig niederliegendem Wuchs und rosafarbenen, weißlichen oder gelben Blüten. Die reifen Früchte sind an der Spitze verlängert und eingekrümmt.
46. Vgl. Anm. 7.
47. Vgl. auch Anm. VI, 6.
48. Aus Voth, S. 143–146.
49. Aus Voth, S. 146–149.

50. Aus Voth, S. 173–175.
51. Aus Voth, S. 156f.
52. Der Wortlaut des folgenden Teils der Erzählung erweckt den Eindruck, daß er – möglicherweise als Zusammenfassung verschiedener Informationen – von Voth selbst formuliert worden ist.
53. Aus Voth, S. 157–159.
54. Die Wolken- oder Richtungshäuptlinge wohnen in den vier Wolkenhäusern oder heiligen Bergen im Nordwesten, Südwesten, Südosten und Nordosten. Diesen Richtungen sind die Zeremonialfarben gelb, blau, rot und weiß zugeordnet, dem Zenith schwarz und dem Nadir alle Farben bzw. grau.
55. Panáiyoikyasi besitzt neben seiner wohltätigen Macht auch eine große zerstörerische Kraft. Siehe dazu bei Waters S. 71–80.

V. Geschichten vom Coyoten

1. Aus Courlander, S. 225.
2. Coyote steht hier für den irrationalen, genialischen Aspekt der Schöpfung. Einer, der ohne lange zu überlegen, einfach etwas macht, sorgt auch für Lebendigkeit und Schönheit in der Welt.
3. Aus Courlander, S. 239f. Varianten des Themas mit anderen Tieren finden sich bei Voth auf S. 176–180 und S. 222–223.
4. Obwohl diese Erzählung pure Komik ist, scheint sie eine schwache Widerspiegelung des Aufstiegsmythos zu enthalten, in dem Großmutter Spinne, oder die Medizinmänner unter Führung eines Zauberers, die Sonne an den Himmel heben. (H. C.)
5. Aus Courlander, S. 225–227. Vgl. andere Versionen der Geschichte bei Voth, S. 199–201 und Courlander, S. 232–234.
6. Vermutlich handelt es sich um eine persiflierende Beschreibung einer tatsächlichen Zeremonie, vielleicht eines Yáya-Ritus.
7. Aus Courlander, S. 228f. Weitere Versionen der Geschichte finden sich bei Voth auf S. 182–184, S. 195f. und S. 211.
8. Aus Courlander, S. 229–231. Varianten der Geschichte finden sich bei Voth auf S. 196f., S. 201f. und S. 210.
9. Es ist nicht klar, ob die Vögel tatsächlich etwas auf ihrem Rücken trugen oder ob ihr Aussehen dies dem Coyoten nur so erscheinen ließ.
10. Aus Courlander, S. 231f. Diese Geschichte wurde nicht mit Tonband aufgenommen, sondern kurz nach dem Erzählen aus dem Gedächtnis niedergeschrieben. (H. C.) Eine Variante findet sich bei Voth auf S. 212f.
11. Aus Voth, S. 193f. Varianten des Themas finden sich bei Voth auf S. 195f., S. 198f. und S. 211.
12. Aus Voth, S. 207–209.
13. Der Hopi-Name für die Havasupai-Indianer.
14. Aus Voth, S. 198. Vgl. eine Variante bei Voth auf S. 198f.
15. Aus Voth, S. 215f.
16. Durch ihre Tänze wirken die Kachinas in verantwortlicher Weise für das Wohlergehen alles Lebendigen.
17. Eine Anspielung darauf, daß die Coyoten manchmal in den Abfällen an den Rändern der Dörfer herumstöbern.

VI. Tiere im Hopiland

1. Aus Courlander, S. 236f.
2. Siehe auch Anm. I, 3.
3. Aus Courlander, S. 238f.
4. Sosótakwia (sosótukwpi) ist ein einstmals bei den Hopi außerordentlich beliebtes Ratespiel, wird aber heute nicht mehr gespielt. Malotki (1978, S. 207f.) beschreibt es wie folgt: »Sosótukwpi wird gewöhnlich in der Kiva gespielt. Die beiden Parteien sind normalerweise Alters- oder Geschlechtsgruppen, wobei die Anzahl der Teilnehmer nicht begrenzt ist. Im Mittelpunkt des Spiels stehen vier hölzerne Trinkschalen, die aus Balsampappelholz (söhövi [cottonwood]) geschnitzt sind. Während die Seite, die raten muß, ihre Köpfe bedeckt, versteckt die andere einen kleinen Gegenstand unter einer der Trinkschalen. Dann beginnt sie mit ihren Liedern, begleitet vom Schlag einer Trommel, und einer der Ratenden stößt die Trinkschale um, unter der er den versteckten Gegenstand vermutet. Ein ausgeklügeltes Punktesystem verzeichnet die Anzahl der Versuche, die benötigt werden, um den Gegenstand aufzudecken. Wenn das ratende Team beim ersten Versuch Erfolg hat, muß die andere Seite die Trinkschalen aufgeben, und das Spiel beginnt mit vertauschten Rollen von neuem.
Alte Hopi erinnern sich, daß das Spiel oftmals die ganze Nacht hindurchging und erst am frühen Morgen zu Ende war. Fewkes berichtet, daß es im Jahre 1900 während des Monats Pámuya (etwa im Januar) fast ohne Unterbrechung gespielt wurde, sowohl innerhalb als auch außerhalb der Kivas.«
5. Aus Voth, S. 216–217.
6. Die Hopi behaupten, daß sie wiederholt das Ausüben eines solchen Zaubers auf Mäuse, kleine Kaninchen usw. durch Wühlnattern beobachtet haben. Einer erzählte mir, daß er eine ganze Weile zugeschaut habe, wie eine Schlange eine große Maus verzauberte. Beim Ein- und Ausatmen gab die Schlange einen lauten, zischenden Ton von sich. Die Maus wurde zur Schlange hingezogen, offenbar gegen ihren Willen, und stand unter großem Schrecken, wenn die Schlange einatmete, lief aber zu einem Felsen, wenn sie ausatmete. Als die Schlange ihr Opfer schließlich dicht an sich herangezogen hatte, wand sie sich so um die Maus herum, daß von ihr nichts mehr zu sehen war.
Andere haben denselben Vorgang zwischen einer Schlange und einem Kaninchen beobachtet. Die Hopi sagen, daß sie manchmal Mitleid mit dem Opfer haben und mit einem Stock oder einem anderen Gegenstand die Zauberlinie durchtrennen, worauf das Opfer sofort frei ist und entkommen kann. (H. R. V.)
7. Aus Voth, S. 217–220.
8. Amer. sidewinder, dt. auch Gehörnte Klapperschlange (Crotalus cerastes).
9. Der Überlieferung zufolge zogen die Flöten-, Schlangen-, Sonnen- und Feuerklan unter Führung eines máhu in Gestalt des Buckligen Flötenspielers (Kokópilau) nach Norden zu der mit Eis verschlossenen Hintertür des Kontinents, um sie mit vereinten Kräften aufzuschmelzen (siehe Waters, S. 50–53). Heutige Hopi sind davon überzeugt, daß die gleichen Kräfte ihnen bei den möglicherweise bald bevorstehenden plötzlichen Klimaveränderungen helfen können (siehe S. 364f.).
10. Aus Voth, S. 224–227. Auf S. 228 heißt es bei Voth dazu: »Vor langer Zeit waren der Dachs und die kleinen grauen Mäuse (tusán homichi) Hopi, aber sie waren schlecht und wurden daher zu diesen beiden Tieren. Beide waren Ärzte. Der Dachs heilte die Leute hauptsächlich mit Kräutern, aus denen er u. a. Absude und Lösungen herstellte. Die Mäuse bewirkten ihre Heilungen durch Singen, Rasseln und Reiben, durch Körpermassage, Kratzen der Haut und andere Zaubermittel.«
11. Bei Kennard und Yava (1944) mit »Feldmaus« übersetzt, daher wohl die pennsylvanische Feld- oder Wiesenmaus (microtus pennsylvanicus).

12. Aus Voth, S. 229 f. Vgl. eine Version bei Courlander auf S. 234–236.
13. Eine Beifußart (Artemisia filifolia Torrey).
14. Ein Fettholzgewächs (Sarcobatus vermiculatus Torrey), amer.: greasewood.
15. Aus Voth, S. 234.
16. Aus Voth, S. 238 f.
17. Leider gibt Voth keine genauere Angabe des Käfers. Bei anderen Texten finden sich der Hinweis, daß es sich um »gewisse schwarze Käfer« handelt, sowie zwei unterschiedliche lateinische Namen: *Physaria Newberryi* und *Krynitzkia fulvocanescens Gray*. A. Stephen führt in seinem Hopi-Wörterbuch den Käfer chökáhoya (»mud praying one«) an und bestimmt ihn als *Asida rimata Lee*.
18. Aus Voth, S. 239.
19. Der Hú-Kachina ist derjenige, der die Kinder bei ihrer Initiation in die Kachina-Gesellschaft auspeitscht (siehe Waters, S. 186–190 und im vorliegenden Band S. 311–315).
Die Angwúsnasomtaqa hält die Yuccablatt-Ruten für ihre »Söhne«, die Hú-Kachinas bereit. (Nach Haberland 1981)
20. Die Kókoyemsi treten in mehreren Zeremonien der Hopi als Clowns auf, die Handlungen der Priester nachahmen und ironisieren. Bei der Kachina-Initiation beten sie für das gute Heranwachsen der Kinder. Zur Rolle der Clowns bei den Hopi siehe auch Anm. 12 zu Techqua Ikachi.

VII. Unter der Herrschaft der Pahána

1. Aus Courlander, S. 124–126.
2. Es war Qöyáwaima, der Voth viele Überlieferungen erzählte. Einige von ihnen wurden in den vorliegenden Band aufgenommen. Ein differenziertes Urteil über Voth, zusammen mit dem von ihm selbst verfaßten Lebenslauf und einem Foto von ihm und Qöyáwaima, gibt Harry C. James (1974) in seinem Buch auf S. 146–158.
3. Eine falsche Erinnerung. Tatsächlich war es das Field Columbian Museum. (H. C.)
4. Nach Gehör buchstabiert. (H. C.)
5. Eine Bemerkung von George A. Dorsey zur Einführung in Voths *Traditions of the Hopi* (S. iii) sagt, daß die Texte dieser Sammlung »in der Landessprache und ohne Übersetzer gesammelt wurden«. (H. C.)
6. Aus Courlander (1972), S. 274.
7. Aus Courlander, S. 141–144, entnommen aus Yava (1978).
8. Aus Courlander, S. xvi–xvii. Er schreibt: Der Landbesitz und das Bewirtschaftungssystem der Hopi sind von zahlreichen Forschern untersucht und beschrieben worden. Die vermutlich beste zusammenfassende Darstellung gibt eine Petition, die die Hopi im Jahre 1894 an Washington gerichtet haben, und in der sie unter anderem gegen die Versuche der Regierung protestierten, den Landbesitz der Klane neu aufzuteilen.
Dieses Dokument, heute im Besitz der Sammlung des Nationalarchivs, trägt das Datum vom 27. und 28. März 1894 und ist an die »Häuptlinge in Washington« adressiert. Es wurde von 123 Klan- und Dorfführern unterzeichnet und drückt nicht nur ihre Besorgnis über den Versuch der Regierung aus, den Klanen das Land neu zuzuteilen, sondern es beklagt auch das Fehlen eindeutiger Grenzlinien gegenüber den sich rasch ausbreitenden Navaho. Man nimmt allgemein an, daß die Petition von Thomas Keam formuliert wurde, einem Händler, nach dem Keam's Canyon benannt wurde.
9. Aus Courlander, S. 129–132.
10. Der US-Regierung freundlich gegenüberstehende Hopi und Navaho, die von der in

Keam's Canyon eingerichteten Agentur des *Bureau of Indian Affairs* (BIA) als Polizisten für die Reservation angeheuert wurden. Dies gehört zu der Teile-und-herrsche-Politik der USA gegenüber den Indianern.
11. Inzwischen verstorben. (H. C.)
12. Aus Courlander, S. 128 f., und Courlander (1972), S. 274.
13. Das wird von traditionellen Hopi bestritten. Diese Auffassung bildet einen Hauptstreitpunkt bei den Auseinandersetzungen mit den sogenannten ›fortschrittlichen‹, ehemals ›freundschaftlichen‹ Hopi. Siehe dazu S. 349 ff. und S. 353 ff.
14. Der Zweihorn-, Einhorn-, Sänger- und Wúchim-Bund.
15. Aus Courlander (1972), S. 273 f. Zur Bedeutung der Steintafeln siehe auch Waters, S. 44–47, sowie in diesem Band S. 53–56.
16. Pongyayoúma ist ein Neffe Yukíomas, der zunächst dessen Nachfolge als Dorfhäuptling von Hótevilla antrat, nach persönlichen Verfehlungen aber das Dorf für sieben Jahre verließ und als ›Fortschrittlicher‹ zurückkehrte. Sein Anspruch auf die Führerschaft Hótevillas wird von den ›Traditionellen‹ bestritten (siehe S. 351 ff.).
17. Aus Courlander, S. 132–134.
18. Gemeint ist die den Hopi von den USA auferlegte Verfassung nach dem *Indian Reorganization Act* von 1934, der für die Bevölkerung jeder Reservation oder jedes Stammes eine nach Prinzipien westlicher parlamentarischer Demokratien gebildete Regierung, den sogenannten ›Stammesrat‹ vorsah. Diese Form der Demokratie wird bis heute von der Mehrheit der Hopi und vielen anderen Stämmen abgelehnt, da sie nicht den uralten indianischen Stammesformen entspricht.
19. Amer.: Kleinbus mit Ladefläche.
20. Das heißt, mit dem Stammesrat.
21. Aus Courlander, S. 137–141.
22. Die »Hippie-Invasion«, wie sie von vielen Hopi genannt wird, ereignete sich 1967. Verschiedenen Informanten zufolge kamen die Hippies auf Einladung traditioneller Hopi aus Hótevilla, die damals anscheinend Verbindungen zu verschiedenen Protestbewegungen suchten. Gemäß einer Prophezeiung sollten Menschen, deren Name fast wie »Hopi« klingt, die ersten wirklichen weißen Freunde der Hopi sein.
Das Bestreben traditioneller Hopi, außerhalb der Reservation Unterstützung zu finden, ist vom Stammesrat seit jeher bekämpft worden, und auch der Einsatz der ›Stammespolizei‹ (siehe Anm. 10) ist unter diesem Gesichtspunkt zu sehen. Die fundamental gegensätzlichen Auffassungen ›traditioneller‹ und ›fortschrittlicher‹ Hopi zu dieser Frage werden in dem Text »Zwei Arten von Recht«, S. 343 ff. deutlich.
23. Eine der vielen weißen, meist kirchlichen Hilfsorganisationen, die auf die Erziehung von Hopi- und anderen indianischen Kindern Einfluß zu nehmen versuchen, und nach außen hin – oft schon durch ihren Namen – den Anschein erwecken wollen, daß die Hopi nicht selbst in der Lage seien, für ihre Kinder zu sorgen. Eine besonders fatale Rolle spielt hier die Mormonenkirche mit ihren Patenschaftsorganisationen *Placement Program* und *Futures for Children,* die sogar in Deutschland einen Tochterverein mit dem Namen *Zukunft für Kinder* unterhält.
24. Aus Courlander, S. 146 f., von ihm nach handschriftlichen Notizen niedergeschrieben.
25. Die Pointe liegt im Wort »unser«, da die weißen Amerikaner zu vergessen scheinen, daß »ihr« Land nach indianischer Auffassung immer noch Indianerland ist, das sie widerrechtlich in Besitz genommen haben. Interessanterweise wird diese Geschichte von einem ›Fortschrittlichen‹ erzählt, der früher sogar Stammesratsvorsitzender war und aus dem Hopiland weggezogen ist, also einen weißen Lebensstil angenommen hat. Auch zwischen dem Stammesrat und der Bundesregierung gibt es z. T. große Interessensunterschiede.

Techqua Ikachi – Land und Leben aus traditioneller Sicht

1. Gemeint ist die vom Hopi-Stammesrat mit allen Mitteln vorangetriebene Einführung von Strom-, Wasser- und Kanalisationsanschlüssen in den einzelnen Hopi-Dörfern. Sie ist Gegenstand ständiger Auseinandersetzungen zwischen ›traditionellen‹ und ›fortschrittlichen‹ Hopi. Vgl. S. 291 ff. und S. 345 ff. sowie Clemmer (in Dömpke 1982), S. 71 ff.
2. *Kele* bedeutet Sperber, aber auch ›flügge werdender Vogel‹ und im übertragenen Sinne ›(durch spirituelle Initiation) erwachsen werdender Mensch‹. Diese höhere Initiation wird während der Wúwuchim-Zeremonie vorgenommen (siehe Waters, S. 147–163).
3. Es handelt sich hier um die Überlieferung von der Zerstörung der Stadt Palátkwapi (vgl. Waters, S. 84–86 und Courlander, S. 21–26).
4. Die Hopi besitzen einen Mondkalender mit 13 Monaten. Kyámuya beginnt mit dem Neumond vor der Wintersonnenwende.
5. Die Kachinas kommen zur Soyál-Zeremonie, die bei der Wintersonnenwende stattfindet, aus der Geisterwelt auf die Erde zurück, um dort das keimende Leben des neuen Jahres zur Blüte zu bringen. Eine ausführliche Beschreibung findet sich bei Waters auf S. 164–175.
6. Der Führer der traditionellen, der US-Regierung ablehnend gegenüberstehenden Gruppe von Oraibi während der Zeit der Spaltung des Dorfes, die später zur Gründung von Hótevilla führte. Siehe dazu Waters, S. 300–323, sowie den Text »Yukíoma, der ›feindselige‹ Hopi«, S. 331–336.
7. Jedes Hopi-Kind muß im Alter zwischen sechs und acht Jahren in den Powámu- oder Kachinabund eingeführt werden. Dies geschieht während der Powámu-Zeremonie. Siehe dazu auch Waters, S. 184–193.
8. Nach dem Neumond, an dem der Powámuya (Reinigungsmonat) beginnt.
9. Bei den Hopi ist das Weben Sache der Männer.
10. Tamales ist ein mexikanisches Gericht aus Mais, Hackfleisch und Gewürzen, das auf das indianische somíviki zurückgeht.
11. Der damalige Vorsitzende des Hopi-Stammesrates, Abbot Sekaquáptewa, ein Mormone, ist einer der wenigen großen Viehzüchter unter den Hopi. Um sich für diesen Zweck Weideland zu sichern, hat er in dem Landdisput mit den Navaho eine besonders unnachgiebige Haltung eingenommen (siehe König 1982).
12. Die Clowns wollen mit ihren Späßen bei den Teilnehmern und Zuschauern ein befreiendes Lachen hervorrufen. Es soll diese innerlich öffnen und sowohl für die Wirkung der Zeremonie als auch für die Einsicht in ihr eigenes (Fehl)verhalten empfänglich machen, das ihnen von den Clowns vorgeführt wird. Eine wesentliche Rolle spielen dabei die Gegenteilhandlungen, d. h. die Clowns tun genau das Gegenteil von dem, was eigentlich geboten oder zu erwarten wäre, oder sie tun es auf eine umgekehrte oder sonst eine widersinnige Art. Diese Gegenteilhandlungen können auch eine mächtige Medizin zur Krankenheilung sein, sie sind bei vielen indianischen Völkern verbreitet. Eine hervorragende Zusammenfassung gibt Tedlock (1978) auf S. 109–121.
13. Eine ausführliche Beschreibung dieser Zeremonie findet sich bei Waters auf S. 208–220.
14. Der höchste amerikanische Feiertag, am vierten Donnerstag im November.
15. Eine interessante Bemerkung, die sich in Übereinstimmung mit neuesten Erkenntnissen sowohl der Bewußtseinspsychologie als auch der modernen Physik befindet (siehe z. B. Duhm 1979, S. 79 ff.).
16. Eine Anspielung auf die ›fortschrittlichen‹ Hopi und den Stammesrat.

17. Die berüchtigte ehemalige Gefängnisinsel in der Bucht von San Francisco, die 1969 von indianischen Aktivisten besetzt wurde. Yukíoma wurde 1894 für ungefähr ein Jahr nach Alcatraz deportiert.
18. Cushing gelang es später, im Pueblo Zuñi aufgenommen und sogar in die dortige Bogengesellschaft, den höchsten Zeremonialbund der Zuñi, initiiert zu werden.
19. Die Agentur wurde offenbar 1870 eingerichtet; 1874 wurden Agenturgebäude erstellt und 1875 eine Missionsschule eröffnet. (Nach Hartmann 1978, S. 103.)
20. Wie bei vielen indianischen Völkern gibt es auch bei den Hopi eine nur dem Kreis der Eingeweihten bekannte Zeremonialsprache mit esoterischer Bedeutung.
21. Vgl. den Text »Wasser von der Regierung in Móenkopi«, S. 291 ff. Trotz der Zahlenspiele des Historikers W. Washburn, der keine Gelegenheit ausläßt, um gegen die traditionelle Indianerbewegung zu Felde zu ziehen, kann kein Zweifel daran bestehen, daß der gesamte Vorgang, der zur Bildung des Stammesrates führte, von der übergroßen Mehrheit der Hopi abgelehnt wurde (s. Clemmer in Dömpke 1982, S. 71–74 sowie den minutiösen Bericht des *Indian Law Resource Center* 1979, S. 24–54).
22. Die Bestimmung der Stammeszugehörigkeit nach dem Blutsanteil, wie sie infolge des *Indian Reorganization Act* eingeführt wurde, ist ein Beispiel für den genuinen Rassismus in der US-Indianerpolitik. Diese Bestimmung wird von vielen Indianern als besonders demütigend empfunden. Traditionell wurde die Stammeszugehörigkeit nach der Verwandtschaft entschieden, so daß auch Indianer anderer Stämme oder Weiße, die eingeheiratet hatten oder adoptiert worden waren, als volle Stammesmitglieder anerkannt wurden. Lediglich die Einnahme politischer und zeremonieller Führungspositionen blieb ihnen verständlicherweise versagt.
23. Auch nach der Einrichtung der Hopi-Reservation im Jahre 1882 war ein Großteil des Gebietes von eindringenden Navaho besiedelt worden, so daß auf Betreiben des Hopi-Stammesrates die Reservation 1962 von einem US-Bezirksgericht in einen ausschließlich den Hopi vorbehaltenen Bezirk (Distrikt 6) und in ein Gebiet zur gemeinsamen Nutzung (Joint Use Area) aufgeteilt wurde. Unzufrieden mit dieser Lösung, entwarf der Anwalt des Stammesrates ein Gesetz, das die Aufteilung des Joint Use Area vorsah, und das 1974 als *Navaho-Hopi Land Settlement Act* (Public Law 93–531) vom Kongreß verabschiedet wurde. Dieses Gesetz sah vor, daß das US-Innenministerium die Aufteilung des Gebietes übernehmen sollte, wenn die Verhandlungen zwischen den beiden Stammesräten scheitern würden. Dies ist inzwischen geschehen – seit 1979 wurde ein Zaun gezogen. Die etwa 9000 im Gebiet des Big Mountain lebenden Navaho befinden sich plötzlich auf der ›falschen‹ Seite und werden nun von ihrem Land vertrieben. Die traditionellen Hopi und Navaho haben sich gemeinsam diesem Prozeß widersetzt, da sie erstens die Gerichtsbarkeit der USA über ihr Land (siehe Anm. 30) nicht anerkennen und da zweitens offenkundig wurde, daß es gar nicht um indianische Interessen ging. Mormonische Stammesratsvorsitzende und Anwälte der Hopi, die zugleich Anteile an einem in mormonischer Hand befindlichen Energieunternehmen besaßen, brachten mit Hilfe eines mormonischen Abgeordneten das Public Law 93-531 in den Kongreß ein, und der damalige Innenminister, der dann das Land aufteilen ließ, war selbst ein Mormone. Die mormonischen Energieunternehmen dürften auch den Hauptnutzen aus der Landaufteilung ziehen, da sie erwarten können, von dem mormonischen Stammesrat Pachtverträge zur Ausbeutung der Energiereserven (Kohle, Öl, Uran) zu erhalten, sobald die 9000 Navaho vertrieben worden sind.
24. Die offizielle, von den ›Fortschrittlichen‹ gebrauchte Bezeichnung. Nach traditioneller Auffassung bilden die Hopi keinen Stamm, sondern eine aus vollkommen autonomen Dörfern bestehende Kulturnation.
25. Ein nördlich an das Hopiland angrenzender, ihnen ehemals feindlich gesonnener Stamm.

26. Obwohl auch die traditionellen Hopi von den Hippies enttäuscht wurden (siehe S. 293–296), nahmen sie doch ihnen gegenüber eine duldsame Haltung ein und blieben ihrem Prinzip der Gastfreundschaft treu.
27. Nach der IRA-Verfassung von 1936 werden die Dörfer, die nicht traditionell organisiert sind, also keinen Kíkmongwi haben, von einem Gouverneur repräsentiert, der einem gewählten Dorfkomitee vorsteht.
28. Eine Antwort blieb offenbar aus.
29. Siehe auch Waters, S. 325–327.
30. Die Hopi haben nie einen Vertrag mit den USA geschlossen und sind von ihnen nie militärisch besiegt worden. Außerdem sind ihre Landrechte von den USA im Vertrag von Guadeloupe Hidalgo 1848 anerkannt worden. Dieser Vertrag beendete den amerikanisch-mexikanischen Krieg und zwang Mexiko, all seine Gebiete nördlich des Rio Grande an die USA abzutreten. Die USA gestanden ihrerseits zu, daß die Souveränität und die Landrechte der in diesem Gebiet lebenden Indianer davon nicht berührt werden sollten. Obwohl die USA also keinen völkerrechtlich gültigen Vorgang nachweisen können, durch den sie das Hopiland erworben hätten, gehen sie dennoch davon aus, daß die Hopi ihr Land verloren haben. Nachdem 1946 die *Indian Claims Commission* gebildet worden war, um indianische Landansprüche mit Entschädigungszahlungen abzugelten, reichte auf Drängen seines mormonischen Anwaltes auch der Hopi-Stammesrat eine Entschädigungsklage (Docket 196) ein, und den Hopi wurden 5 Mill. Dollar für ihr ›verlorenes‹ Land zugesprochen. Aufgrund des Widerstandes der traditionellen Hopi ist die Summe aber noch nicht ausbezahlt worden und der Gerichtsspruch daher noch nicht rechtsgültig. Vgl. wiederum den Bericht des *Indian Law Resource Center* (1979), S. 78 ff.
31. Der *Dawes Act* von 1890 – auch als *General Allotment Act* bekannt – sah vor, das Gemeineigentum der Stämme an den Reservationsländern aufzuheben und statt dessen jedem Stammesmitglied privaten Landbesitz zur Verfügung zu stellen; die übrigbleibenden Teile der Reservationen sollten für weiße Siedler geöffnet werden. Diese Politik, die z. B. in Oklahoma zur Auflösung der Reservationen führte, wurde bei den Hopi aufgrund ihres heftigen Widerstandes aufgegeben. Siehe auch Waters, S. 304–309 und den Text »Landnutzung bei den Hopi«, S. 284 f.
32. Vgl. den Reifen oder magischen Kreis, in dem Zauberer den Geist ihrer Opfer einfangen.
33. Den Überlieferungen der Hopi zufolge sind schon mehrmals technisch hochentwickelte Zivilisationen auf der Erde nach ihrer Abweichung vom ursprünglichen Lebensweg durch Naturkatastrophen ausgelöscht worden, die die heutigen ›Naturdenkmäler‹ entstehen ließen.
34. Indianer und Umweltschützer sind in den USA bereits öfters in Konflikt geraten, so z. B., wenn durch Umweltschutzmaßnahmen Ländereien, auf die die Indianer Anspruch erheben, unter Naturschutz gestellt und/oder für den Tourismus erschlossen werden sollen. Beides hat zur Folge, daß den Indianern das Land für ihre (religiösen) Zwecke verlorengeht.
35. Siehe Anm. 32.
36. Dies geschah am 23. Oktober 1983 während der UN-Abrüstungswoche in New York. Nachdem sich die Hopi von der US-Regierung keine Gerechtigkeit mehr erhoffen, wenden sie sich seit 1977 verstärkt an die internationale Öffentlichkeit, um auf ihre Notlage aufmerksam zu machen, aber auch, um die Menschheit zu bewegen, wieder eine spirituelle Lebensweise anzunehmen. Zur Zeit (Dezember 1984) machen traditionelle Hopi den vierten und letzten Versuch, einen ihrer spirituellen Führer (vermutlich den Kíkmongwi von Shongópovi) persönlich vor der UN-Vollversammlung erscheinen und eine nicht vorformulierte spirituelle Botschaft in der Hopi-Sprache vortragen zu lassen.

Eine kleine Hopi-Ikonographie

Eine Zeichnung, die den Aufstieg des Lebens aus der Unterwelt in die Obere Welt ausdrückt. Nach dem Glauben der Hopi hat alles Leben, auch das der Menschen, seinen Ursprung in einer Welt unterhalb derjenigen, in der wir heute leben.

Diese Verzierung einer Töpferei stellt ein komplexes symbolisches Muster dar. Man erkennt eine stilisierte Schlange, die eine Botschaft oder Gebete in die Geisterwelt trägt. Schlangen sind traditionell Boten bei bestimmten Ritualen.

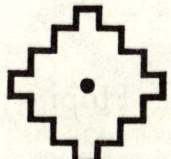
Das Haus der Spinnenfrau, in dem sie mit ihren beiden Enkeln, den Kriegerbrüdern, lebt. Die Fläche innerhalb der Stufenlinie stellt die Erde dar, das Haus befindet sich in der Mitte.

Der Maismädchen-Kachina, gezeichnet von einem Hopi-Schuljungen. Die terrassenförmigen Symbole an der Kopfbedeckung stellen Regenwolken dar. Der untere Streifen wird aus Maiskolben und Mahlsteinen gebildet.

Coyote bekommt immer als erster alles mit, und durch sein Heulen teilt er es seinen Artgenossen und den anderen Tieren, aber auch den Menschen mit.

Symbolische Darstellung des Adlers. Die Flügel sind in Form von Wolken gezeichnet, von denen Regen herabfällt. Auf der Brust trägt er das Lebenssymbol, und darunter eine Spirale, die das kreisende Universum darstellt. Die Darstellung findet sich nur als Verzierung auf Keramiken.

Die gefiederte oder gehörnte (Wasser)schlange, bei den Azteken Symbol des weißen Gottes Quetzalcoatl, dessen Rückkehr die Azteken ebenso erwarteten wie die Hopi die des Pahána. Sie wird bei den Hopi nur auf Keramik verwendet.

Das Symbol des alles Land und Leben (techqua ikachi) umschließenden Erdkreises mit den vier Weltgegenden und den heiligen Bergen oder Wolkenhäusern, die auch für die vier Menschenrassen stehen.

Zur Schreibweise und Aussprache des Hopi

Für das Hopi hat sich eine allgemein verbindliche Schreibweise noch nicht durchgesetzt, obwohl in dieser Richtung Arbeit geleistet worden ist (z. B. Kalectaca 1978). Die Schreibweise der diesem Buch hauptsächlich zugrundeliegenden Quellen konnte nicht übernommen werden, da die Umschrift Voths in sich widersprüchlich ist, und die Courlanders sich an amerikanischen Lautregeln orientiert. Es bot sich daher an, auf die Umschrift zurückzugreifen, die in dem grundlegenden Werk über die Hopi-Kultur, dem *Buch der Hopi*, verwendet worden ist, zumal dieses auch in deutscher Sprache vorliegt. Leider ist aber auch dort die Umschrift nicht immer einheitlich, und ich habe stets, wenn Einheitlichkeit hergestellt werden mußte, der neuen, von Kalectaca vorgeschlagenen und auch von Malotki verwendeten Umschrift den Vorzug gegeben. Auf die dort übliche Hervorhebung von Lautlängen durch Verdoppelung der Vokale habe ich dagegen verzichtet und statt dessen Betonungszeichen aufgenommen, die mir weitaus wichtiger schienen und im übrigen zumeist mit den langen Vokalen übereinstimmen.

In der von mir verwendeten Umschrift werden sämtliche Buchstaben wie im Deutschen ausgesprochen, mit folgenden Ausnahmen:
ch   wie »tsch«
h   wird leicht angerauht ausgesprochen
q   ist der deutsche k-Laut, aber ohne dessen nachfolgenden Hauch
s   ist immer scharf (stimmlos)
sh   wie »sch«
w   wie im Englischen, z. B. in »way«
y   wie das deutsche j
'   bezeichnet einen neuen Sprechansatz.

Selbstverständlich gibt es im Hopi Dialektformen, und Oraibi streitet mit Walpi darum, in welchem der beiden Dörfer die reinste Form des Hopi gesprochen wird. Auf der Dritten Mesa erscheint die Sprache etwas verwaschener als im übrigen Hopi-Gebiet. So werden die drei Verschlußlaute p, t, k oft weicher ausgesprochen und tendieren zu b, d und g (z. B. bahanna statt Pahána, Gogyeng Sowuti statt Kókyang Sowuti); außerdem taucht dort öfter sh anstelle von s auf. Diese Varianten konnten nicht berücksichtigt werden – zugunsten der Einheitlichkeit, die allein Vergleiche ermöglicht. Lediglich Namen lebender Personen wurden in solchen Fällen unverändert gelassen.

Verzeichnis der wichtigsten Hopi-Wörter

I. Glauben

Spirituelle Bezeichnungen

áhl: *Horn*
átkya: *Unterwelt*
chóchmingwuu: *vollkommener weißer Maiskolben, ›Maismutter‹*
chóngo: *Pfeife*
chuchúsona: *Schlangenleute (Schlangenbund)*
Hásokata: *Hüter des Nordwinds*
hóhu: *Blitzpfeil*
(i)kachi: *Leben*
íksi: *Atem, Geist, Seele*
Kachina: *Geist einer Naturkraft oder eines Ahnen*
Kókyang Wuti (Kókyang Sowuti): *Spinnenfrau (Großmutter Spinne)*
kúivato: *Ritual zur Begrüßung der Sonne*
Kwátokuu: *Adler jenseits des Himmels*
kwávoki: *Adlerflügelfeder*
Lakón: *Zeremonie und Bund der Frauen*
Márawu: *Beinzier (Frauenzeremonie u. -bund)*
Másaw (Másauwu): *Tür verschlossen (Totengeist)*
masílalentu: *Grauflötenleute*
máski: *Haus (Land) der Toten*
möchápu: *Zur Ausführung einer Absicht gehalten (Geburtstuch)*
Múi'ingwa: *Geist der Keimkraft und des pflanzlichen Werdens*
náchi: *Standarte*
nákwa: *Daune, Feder(büschel)*
nakwákwosi: *Gebetsfeder*
natŏngpi: *Stab des Ahöli-Kachinas*
Niman tiihu: *Heimgangszeremonie*
óva (ówa): *Hochzeitsdecke, Geburtsdecke*
Owaqlt: *Ranken mit Melonen (eine Frauenzeremonie, ›Korbtanz‹)*
páho: *Gebetsstab*
páhoki: *Paho-Haus (Schrein)*
palŏngawti: *ein Echo ertönte*
Panáiyoikyasi: *Regengottheit des Südens*
pá'uypi: *Gefäß zum Hervorbringen von Wasser*
píphü: *kleine Adlerfeder*
pöqáng: *Person mit großer Macht*
Pongóvi: *Kreis(-kiva)*
posi-wiwaimkum: *weise Männer*
Powámu: *Reinigung(szeremonie), ›Bohnentanz‹*
powáqa (Pl. popwáktu): *Zauberer, Zauberin*
pŭhu: *Straße, Pfad (für einen Geist)*
sáktiihu: *Leitertanz*
sakwálalentu: *Blauflöten(leute)*
Shíta: *ein menschenfressendes Ungeheuer*
Sipápuni: *Nabel, Weg von (der Unterwelt)*
Sótuknang: *Gottheit des Weltalls*
Soyál: *das ganze Jahr (Zeremonie zur Wintersonnenwende)*
Taíowa: *Schöpfer*
taláwaiyi: *Ritualstab*
Tátakoam: *Sängergesellschaft*
tíkuywuti: *Frau mit halbgeborenem Kind, Hüterin des Jagdwildes*
típoni: *Klan- oder Bundesfetisch*
Tövúkokoyanikam: *Feuerspringer in der Yaya-Zeremonie*
Tókonaka: *Richter in der Unterwelt*
Tókpela: *Endloser Raum (die Erste Welt)*
Totókya: *Tag vor der Zeremonie*
túihi: *Rock eines Kachinas*
Wíkolapi: *Falten(-kiva)*
Wúchim: *offenbar werdendes Keimen (Ritualbund)*
Wúkomásaw: *Großer Totengeist*
wútaqa: *alter Mann*
Wúwuchim: *Erflehen der Keimung (erste Zeremonie des Jahreskreises)*
yáwaata: *Lied*
Yáya: *eine nicht mehr praktizierte Zeremonie*
yoisömala: *Gewitterregenrad*

Kachinas

Ahöla: *Anführer auf der Ersten und Zweiten Mesa während der Powámu-Zeremonie.*
Ahöli (Ahülani): *Soyalkachina der Ersten Mesa*
Angwúsnasomtaqa: *Krähenfedern um den Hals stehend (Krähenmutter)*
Éototo: *Anführer der Kachinas*
Heh'eh'eh: *ein weiblicher Kriegerkachina*
Hotóto: *Krieger-Kachina, der am Morgen des Bohnentanzes die Geschenke verteilt.*
Hú: *Geißler*
Kaisále: *Bunter Clown, der mit seinen schamlosen Possen die Hopi neckt.*
Kókopilau: *Buckliger Flötenspieler*
Kókopilmana: *heißes Mädchen*
Kokóyemsi: *Schlammköpfe (Clowns)*
Qöoqöqlöm: *Jäger, der Geschenke bringt*
Sakwap Mana: *Mädchen Blauer Maiskolben*
Söhönsomtaqa: *Mann mit angebundenem Rohr*
Só'yoko: *menschenfressender Unhold*
Wupákal: *Großhorn (Hemis)*

II. Soziales Leben

Adjektive

-hoya: *-lein, -chen (Verkleinerungsform)*
ká: *un-, nicht- (Negationssilbe)*
lóloma: *gut, schön*
más: *tot*
núkpana: *gefährlich*
wúko (in Zusammensetzungen wú-): *groß, alt*

Ausrufe

alíksai (auch: halíksai): *wohlan! (zu Beginn einer Erzählung)*
áskwali: *danke (von einer Frau gesprochen)*
ishyaoí: *wie alíksai*
kiávakovi: *es kommt jemand!*
kwákwai: *danke (von einem Mann gesprochen)*
namtŏkiwma: *herum(drehend)!*
okíwa: *oh weh!*
shíta: *ich fresse dich!*

Behausungen

Kachínki: *Kachina-Haus*
kihu: *Haus*
kísi: *Schutz- oder Schattendach*
Kiva: *Werde-Haus (Zeremonialkammer)*
tatáchki: *Feldhütte*
tupacha: *provisorisches Haus*

Bekleidung

atú'u: *Umhang*
kokómvitkuna: *schwarzer Rock*
pitköna: *Männerrock*

Dörfer

Akókavi: *Schöpflöffelort (Ácoma)*
Ákomi: *Felsenhöhe (Ácoma)*
Apónivi: *Wo der Wind die Schlucht hinabbläst*
Awátovi: *Bogenhöhe*
Bákavi (Páqavi): *Bambusort*
Hano: *von anopi, »östliche Leute«*
Hótevilla (Hótvela, Hótvalva): *Quelle des Rückenaufscheuerns*
Húkovi: *Windhöhe*
Kawaíka: *Laguna*
Kawéstima: *Kalter Ort (Dorfruine im Nordwesten)*
Kiqŏtsmovi: *Ort des Ruinenhügels*
Kwŏngóv'ovi: *Runder Felsen auf der Höhe*
Laméhua: *ein früheres an der gleichnamigen Quelle gelegenes Dorf.*
Mishóngnovi: *Höhe des Schwarzen Mannes*
Móenkopi: *Ort, an dem Wasser fließt*
Moesíptanga: *ein verlassenes Dorf am Jeddito Wash*

Oraibi: *Höhe des Orai-Felsens*
Palátkwapi: *Rote Stadt (versunkene Stadt im Süden)*
Payúpki: *Haus der Bewohner eines östlichen Pueblo*
Pivánhonkapi: *Wieselort*
Polacca: *Name eines Tewa, der am Fuße der Ersten Mesa den ersten Laden einrichtete.*
Qöchaptevela (Qöchapteka): *Aschenhügelquelle*
Shipaúlovi: *Mückenort*
Shongópovi: *Schilfquellenort*
Sichómovi: *Blumenhöhe*
Sikyátki: *Gelbes Haus*
Sio: *Zwiebel (Zuni)*
Sowítöyöka: *Eselhasenkap*
Túwi'i: *Terasse (Santo Domingo)*
Walpi: *Spaltenort*
Wupátki: *Großes Wasserhaus*

Klane

Ánnyam: *Ameisenklan*
Awátnyam: *Bogenklan*
Chósnyam: *Blauvogelklan*
Chú'nyam: *Schlangenklan*
Hónnyam: *Bärenklan*
Ísnyam: *Coyoteklan*
Kókopnyam: *Feuerklan*
Kókyangnyam: *Spinnenklan*
Lánnyam (Lenyam): *Flötenklan*
Masílanyam: *Grauflötenklan*
Múyinyam: *Taschenrattenklan*
Nuvángnyam: *Schneeklan*
Pákapnyam: *Schilfklan*
Pátkinyam: *Wasser- oder Quellenklan*
Piqösnyam (Pikyásnyam): *Lederriemenklan*
Pívannyam: *Tabakklan*
Pönanyam: *Kaktusklan*
Tápnyam: *Waldkaninchenklan*
Tawányam: *Sonnenklan*
Wikursnyam: *Fetthöhlenklan*

Örtlichkeiten

Achámali: *Wo zwei Felsen übereinanderstehen*
Changáiöteyika: *Sieben-Häuser-Kap*
Chu'ákpi: *(Klapper)schlangenort*
Hohóyapi: *Gebetskäferort*
Honánsika: *Dachsschlucht*
Kaiótaqvi (Qaötaqvi): *Ort des aufrechten Maiskolbens (Maisfelsen)*
Kalatipka: *Sperberfangplatz*
Máspösövi: *Totenschlucht*
Múnya'ovi: *Stachelschweinhöhe*
Namiteika (Namitoka): *Lupton Point*
Patángvostoika: *Kürbissamenkap*
Pöqángwawarchpi: *Ort, an dem die Pöqángs leben*
Puwóvetaka: *Hund jagte sie davon*
Söhötoika: *Balsampappelklippe*

Personennamen

Chorwukíqlö: *Bündel langer Blauvogel-Flügelfedern*
Chúka: *Lehm*
Déveh: *Fettholz*
Honwaíma: *Gehender Bär*
Keláhoya: *Kleiner (Rot)habicht*
Kílaoka: *Einer, der ein Haus baut*
Kyarómana: *Papageienmädchen*
Lomáhongva: *Schöne Wolken tauchen auf*
Númkena: *Am Feuer wärmen*
Nuvámsa: *Schneeflocken*
Nuvayoíyava: *Dick fallender Schnee*
Qöchá'awatsmana: *Mädchen Weißer Maiskolben*
Qöchhóngva (Kachongva): *Weiße Wolken tauchen auf*
Qöyáwaima (Cooyama): *weist auf etwas Unbestimmtes beim Gehen hin*
Sekaquáptewa (Sikyaquáptewa): *Gelbe Pinyonblüte*
Sikáhpiki: *Gelbe Farbe*
Sikyákokuh: *Gelber Fuß od. Gelbe Füße*
Tawáletstiwa: *Aufgehende Sonne*
Tawáquaptewa: *Sonne am Himmel*
Tsakáptamana: *Mädchen, das Keramik herstellt*
Uwaíkwiota: *Einer, der Steine trägt*
Wíkvaya: *Bringender*
Wöpa: *Langer*
Yukíoma: *Beinahe bepflanzt*

Soziale Bezeichnungen

Chákmongwi: *Rufhäuptling (Dorfausrufer)*
Kíkmongwi: *Dorfhäuptling*
kwach: *Freund*
nyam: *Klan*
mana: *Mädchen*
möönangwuu: *Schwiegersohn*
qalétaqa: *Wächter des Volkes (Krieger)*
Qaletáqmongwi: *Kriegshäuptling*
táqa: *Mann*
tumsi: *Klanschwester*
tuwalahqa: *Späher*
wúti: *Frau*

Speisen

hurúsuki (hurúshuki): *Maismehlpudding*
kwíptosi: *Mehl aus weißem Mais, eingeweicht und geröstet*
múpi: *píki-Rolle*
nõekwiwi: *Hammeleintopf*
píkami: *»vergrabenes píki«, verdickter Brei*
píkash: *frisch gerösteter grüner Maiskolben*
píki: *fladenartiges Maisbrot*
qáö: *Maiskolben*
qõmi: *Brot aus geröstetem Süßmais*
somíviki: *Brot aus blauem Mais*
tósi: *Süsmaismehl*

Spiele

nahoýtatatsia: *eine Art Feldhockey*
nátuwonpikya: *Geschicklichkeitsspiel*
tatsi: *Ball*
sosótakwia (sosótukwpi): *Ratespiel*
totólospi: *Glücksspiel, Spiel des Hásokata*
túkwnanawöhpi: *eine Art Damespiel*

Völker

Castilla: *Spanier, Mexikaner*
Kóhonino: *Havasupai*
Pahána: *»der übers Wasser kommt«, Weißer*
Paiutsai: *Paiute*
Tásavuh: *Navaho*
Útsai: *Ute*
Útsaamu: *Apache*

Werkzeuge

kóisi: *Erdofen*
máta: *unterer Mahlstein*
matáki: *oberer Mahlstein*
nálöngmurupku: *gedrehtes Garn*
núta: *Strohdecke der Kivaöffnung*
piqõsha: *(Leder)riemen*
póta: *Schale*
tonípi: *Steinkeule*
ushímni: *Decke*
wíka: *Grabstock, hölzerne Hacke*
wikuru: *Krug*

Zeitbegriffe

Kámuya (Kyamuya): *Heiliger Mond (November/Dezember)*
Kélmuya: *Sperbermond (Oktober/November)*
Pámuya: *Wassermond (Dezember/Januar)*
Powámuya: *Reinigungsmond (Januar/Februar)*
qöyángwunuptu: *weiße Morgendämmerung*
sik(y)ángwunuptu: *gelbe Morgendämmerung*
talávai: *Morgen*
tóki(la): *Nacht*

III. Natur

Berge

Chosóvi: *Blauvogelhöhe*
Howakapchomo: *Duftpflanzenhügel*
Neiyavuwalsh: *Loloma Point*
Nuvákweotaqa: *Sich erhebender Schneegürtel (Mogollon Rim)*
Nuvátuky'ovi: *Schneekappenberg (San Francisco Peaks)*
Pótavetaka: *Point Sublime*
Sakwaivaiyu: *Chevelon Cliffs*
Suchápteq'vi: *Berg in New Mexico, wo sich die Kiva der Hunde(geister) befindet*

Tesáktumo (Tusákchomo): *Grashügel (Big Williams Mt.)*
Tokónavi: *Schwarzer od. Hartfelsenberg (Navaho Mt.)*
Wupáchomo: *Großer Hügel*

Farben

mási: *grau*
palángpu: *rot*
qõmavi (kónavi): *schwarz*
qõtsa (qõcha): *weiß*
sákwa: *türkis*
sakwapu: *blau*
sikyángpu: *orange*
táskyavi: *gelb*
sikyápiki: *gelbe Farbe*
súta: *rote Farbe*
tóho (tóko): *schwarze Farbe*

Flüsse

Hopkóyipavaiyu: *San Juan River*
Páyupa: *Little Colorado River*
Pisísvaiyu: *Colorado River*
Polúngohoya: *(Mündung des) Escalante River*
Wukóvaiyu: *Großer Fluß (Rio Grande)*

Pflanzen

ákawu: *Sonnenblume*
kaway(vatnga)o: *Wassermelone*
lõoqo: *Kiefer*
móhu: *Yucca(wurzel)*
pákavi: *Schilf, Bambus*
patánga: *Kürbis*
pawíchoki: *Salzbusch*
píva: *Tabak*
põsövi: *Baumwolle*
qõa: *Mais*
salávi: *Fichte*
söhövi: *Balsampappel*
táve: *Fettholz*
tawákchi: *Süßmais*
tomóala: *Rüsselpflanze*

Quellen

Hótvalva (Hótvela): *Quelle des Rückenaufscheuerns*
Ísmovala (Íshmovala): *Coyotenquelle*
Kachínvala: *Kachinaquelle*
Lánva (Lánangva): *Flötenquelle*
Nauyva: *Verborgene Quelle*
Shívuka: *Tröpfelquelle*
Taláova: *Dämmerungsquelle*
Tawáva: *Sonnenquelle*

Tiere

áhu: *eine Wurmart*
angwúsi: *Krähe*
ásya: *Wanderdrossel*
chóso: *Blauvogel (Arktischer Hüttensänger)*
chú'a: *Schlange (»der von der Erde«)*
hõwi (hé'awi): *Taube*
homichi: *Maus*
honáni: *Dachs*
hónaw: *Bär*
hóya (hoho'yaüh): *Gebetskäfer*
ísaw: *Coyote*
kála (kele): *Sperber (auch Initiand)*
kapiri: *Ziege*
káto'ya: *Schwarze Klapperschlange*
kísha: *Habicht*
koko: *Kanincheneule*
koyõngo: *Truthahn*
kúna: *Chipmunk*
kwáhu: *Adler*
kyáro: *Papagei*
lõlökang: *Wühlnatter*
máchak: *Krötenechse*
máhu: *Heuschrecke*
mástotovi: *Aasfliege*
móchni: *Katzendrossel*
móngwau: *Eule*
mósilili: *eine Muschelart*
múyi: *Taschenratte*
pákwa: *Frosch (»Wasseradler«)*
palákwahu: *Rotadler*
pálölökang: *Wasserschlange*
pavówkaya: *Schwalbe (Weißbrustsegler)*
póko: *Hund (»Tier, das Dinge für einen tut«)*
sikyáchu'a: *Gelbe Klapperschlange*
suwíngwa: *Hirsch*

táho: *Schwarznatter*
tóhoa: *Berglöwe, Puma*
tökchi: *mythischer Raubvogel*
tötöl: *Grashüpfer*
tókchi'i: *Wächterschlange des Ostens*
tokóchi: *Wildkatze*
tóvo: *Kaninchen*
túchvo: *Zaunkönig*
tumámahu: *Weißerde- oder Kaolinheuschrecke*
tusán homichi: *Feldmaus*
tuwáchu'a: *Gehörnte Klapperschlange*
wisóko: *Bussard*
wurínyawuu: *Rotflügelspecht*
yálpa (yahpa): *Spottdrossel*

Verschiedenes

chochókpi: *Vorgebirge, Steilfelsen*
húkangwu: *Sturm*
hurúingwa: *eine harte weiße Perle*
múyao: *Mond*
sáchni: *eine rötliche Perle*
síhu: *Blume*
táwa: *Sonne*
tukyamsi: *violette Blumen*
tumákuyi: *Kaolin (weiße Porzellanerde)*
tu'qui: *Berg*
túwa: *Sand*
úyi: *Obstgarten, (Mais)feld*
yeláha: *Graphit, Eisenglanz*

Bibliographie

In dieser Auswahl habe ich mich neben den Referenzen aus dem Text auf solche Titel beschränkt, die entweder von Hopi selbst geschrieben wurden oder Selbstzeugnisse von Hopi enthalten. Im übrigen wird der interessierte Leser auf die hervorragende Bibliographie von David Laird verwiesen, die weit mehr als zweitausend Titel aufführt.

Bahnimptewa, Cliff: Dancing Kachinas. A Hopi Artist's Documentary. Phoenix, Ariz. 1971.
Balentine, Bernice: Stories from Hopi Land. Master's Thesis, Arizona State College, Flagstaff, Ariz. 1956.
Banyacya Sr., Thomas: »Friedenserklärung der Hopi.« In: *pogrom. Zeitschrift für bedrohte Völker* 89/90 (1982), Göttingen.
Blumrich, J. F.: Kásskara und die sieben Welten. Düsseldorf und Wien 1979.
Buschenreiter, Alexander: Unser Ende ist euer Untergang. Düsseldorf und Wien 1983.
Colton, Harold S. und Nequátewa, Edmund: »The Ladder Dance. Two Traditions of an Extinct Hopi Ceremonial«. In: *Museum of Northern Arizona Notes* II (1932), S. 5–12.
Courlander, Harold: People of the Short Blue Corn. New York, N.Y. 1970.
–, The Fourth World of the Hopis. Greenwich, Conn. 1971.
–, (Hg.): Hopi Voices. Albuquerque, N.Mex. 1982.

Cushing, Frank H.: »Origin Myth from Oraibi«. In: *Journal of American Folklore* XXXVI (1923), S. 163–170.
Davis, Lawrence: »Three Hopi Tales«. In: *Arizona Friends of Folklore* II/2 (1972), S. 23–31.
Dömpke, Stephan (Hg.): Tod unter dem Kurzen Regenbogen. München 1982.
Duhm, Dieter: Synthese der Wissenschaft. Heidelberg 1979.
Fewkes, Jesse Walter: »Archeological Expedition to Arizona in 1895«. In: *Seventeenth Annual Report of the Bureau of American Ethnology*, S. 519–742. Washington, D.C. 1898.
–, »Designs on prehistoric Hopi Pottery. In: *Thirty-third Annual Report of the Bureau of American Ethnology*, S. 207–284. Washington, D.C. 1919.
–, »Tusayan Migration Traditions.« In: *Nineteenth Annual Report of the Bureau of American Ethnology*, pt. 2, S. 573–633. Washington, D.C. 1900.
Haberland, Wolfgang u. a.: Kachina-Figuren der Pueblo-Indianer Nordamerikas aus der Studiensammlung Horst Antes. Hg. vom Badischen Landesmuseum, Karlsruhe 1981.
Hartmann, Horst: Kachina-Figuren der Hopi-Indianer. Veröffentlichungen des Museums für Völkerkunde, Neue Folge 36, Berlin 1978.
Hetmann, Frederick: Der Tanz der Gefiederten Schlange. Frankfurt/M. 1985.
Indian Law Resource Center (Hg.): Report to the Hopi Kíkmongwis. Manuskript 1979, 1101 Vermont Ave. N.W., Washington, D.C. 20 005 USA.
James, Harry C.: Haliksai! A Book of Hopi Legends of the Grand Canyon Country. El Centro, Calif. 1940.
–, Pages from Hopi History. Tucson, Ariz. 1974.
Kabotie, Fred: Hopi Indian Artist. Flagstaff, Ariz. 1977.
–, Designs from the Ancient Mimbreños with a Hopi Interpretation. Flagstaff, Ariz. 1982.
Kalectaca, Milo: Lessons in Hopi. Tucson, Ariz. 1978.
Katchongva, Dan: Hopi. Eine indianische Botschaft. Löhrbach 1972.
Kavena, Juanita: Hopi Cookery. Tucson, Ariz. 1980.
Kennard, Edward und Yava, Albert: Field Mouse Goes to War (Tusan Homichi Tuwvöta). Washington, D.C. 1944.

König, René: »Kampf um Raum. Über einige Hintergründe des Konflikts zwischen Navajos und Hopis«. In: *Kölner Zeitschrift für Soziologie und Sozialpsychiatrie* XXXIV (1982).

Laird, David: Hopi Bibliography. Tucson, Ariz. 1977.

Lockett, Hattie G.: The Unwritten Literature of the Hopi. University of Arizona Bulletin IV/4. Social Science Bulletin No. 2, Tucson, Ariz. 1933.

Malotki, Ekkehart: Hopitutuwutsi (Hopi Tales). Tucson, Ariz. 1983.

Masayesva, Victor und Younger, Erin: Hopi Photographers/Hopi Images. Tucson, Ariz. 1983.

Means, Florence C.: Verlorene Zeit. Würzburg 1973.

Moqui [Hopi] Petition »To the Washington Chiefs«. Datiert vom 27. und 28. März 1894. Dokument in den National Archives, Washington, D.C., record no. 14830.

Namingha, Dan: Dan Namingha. Ten Together 1973–1983. Exhibit Nov. 17–Dec. 11, 1983. Scottsdale, Ariz. 1983.

Nequátewa, Edmund: »Mexican Raid on Oraibi«. In: *Plateau* XVI/3 (1944).

–, Truth of a Hopi. Stories Relating to the Origin, Myths, and Clan Histories of the Hopi. Museum of Northern Arizona Bulletin 8, Flagstaff, Ariz. 1936.

–, »Chaveyo – The First Kachina«. In: *Plateau* XX/4 (1948), S. 60–62.

–, »The Destruction of Elden Pueblo. A Hopi Story.« In: *Plateau* XXVIII/2 (1955), S. 37–44.

O'Kane, Walter C.: Sun in the Sky. Norman, Okla. 1950.

Page, Jake und Page, Susanne: Hopi. New York, N.Y. 1982.

Qoyáwaima, Polingasi: No Turning Back. Albuquerque, N.Mex. 1964.

Sekaquaptewa, Emory: »Preserving the Good Things of Hopi Life.« In: *Spicer u. Thompson (Hg.)*: Plural Society in the Southwest (1972), S. 239–260.

Sekaquaptewa, Helen: Me and Mine. As Told to Louise Udall. Tucson, Ariz. 1969.

Stephen, Alexander M.: »Hopi Tales.« In: *Journal of American Folklore* XLII (1929), S. 1–72.

–, Hopi Journal, pt. 1/2. New York, N.Y. 1936.

Talayesva, Don C.: Sonnenhäuptling Sitzende Rispe. Kassel 1964. Neuaufgelegt unter dem Titel »Die Sonne der Hopi«. München 1985.

Techqua Ikachi. Land and Life from the Traditional Viewpoint, P.O. Box 767, Hótevilla, Ariz. 86 030 USA.

Tedlock, Barbara: »Der Weg des Clowns«. In: *Tedlock, Demis und Tedlock, Barbara (Hg.)*: Über den Rand des tiefen Canyons. Düsseldorf und Köln 1978, S. 109–121.

Voth, H. R.: The Traditions of the Hopi. Field Columbian Museum, no. 96, Anthropological Series VIll, Chicago, Ill. 1905.

–, »Four Hopi Tales«. In: *Brief Hopi Miscellaneous Papers. Field Columbian Museum*, no. 157, Anthropological Series XI/2, Chicago, Ill. 1912, S. 138–143.

Wallis, Wilson D.: »Folk Tales from Shumopovi, Second Mesa«. In: *Journal of American Folklore*, IL (1936), S. 1–68.

Waters, Frank: Das Buch der Hopi. Düsseldorf und Köln 1982.

Whorf, Benjamin L.: »Ein indianisches Modell des Universums«. In: B. L. W.: *Sprache, Denken, Wirklichkeit*. Reinbek 1963, S. 102–109.

Wright, Beverly: »Navaho and Hopi Tales«. In: *Arizona Friends of Folklore* III/3 (1973), S. 23–38.

Yava, Albert: Big Falling Snow. A Tewa-Hopi Indian's Life and Times and the History and Traditions of his People. New York, N.Y. 1978.

Quellenverzeichnis der Abbildungen

Die Abbildungen im Buch wurden folgenden Titeln entnommen:

S. 43, 97, 171, 241, 299 aus: Le Roy H. Appleton, American Indian Design & Decoration. (Dover Publications) New York, N.Y. 1971.

S. 139, 165, 277 aus: Caren Caraway, Southwest Indian Designs. (Stemmer House) Owings Mills, Maryland 1983.

S. 2, 50, 137, 163, 259 und die Schmuckleisten aus: Jesse Walter Fewkes, Designs on prehistoric Hopi Pottery. In: Thirty-third Annual Report of the Bureau of American Ethnology, S. 207–284. (Washington Government Printing Office) Washington, D.C. 1919.

S. 75 aus: Ekkehart Malotki, Hopitutuwutsi. (University of Arizona Press) Tucson, Arizona 1983.

S. 107, 243, 370 aus: H.P. Mera, Pueblo Designs. (Dover Publications) New York, N.Y. 1970.

S. 61, 77, 88, 291, 395–396 aus: Walter C. O'Kane, Sun in the Sky. (University of Oklahoma Press) Norman, Oklahoma 1950.

S. 10, 16, 25, 87, 147 aus: J.W. Powell, The Hopi Villages. (Filter Press) Palmer Lake, Colorado 1972.

S. 29, 135, 261 aus: Dorothy Smith Sides, Decorative Art of the Southwestern Indians. (Dover Publications) New York, N.Y. 1961.

S. 63, 67, 91, 111, 129 aus: Alexander M. Stephen, Hopi Journal, pt. 1. (Columbia University Press) New York, N.Y. 1936.

S. 21, 93, 211, 312, 320 aus: Barton Wright, Kachinas – a Hopi artist's documentary. Original paintings by Cliff Bahnimptewa. (Northland Press) Flagstaff, Arizona 1973.

Unser herzlicher Dank gilt neben den genannten Verlagen besonders der Stadtbibliothek Mainz und Herrn Hölter von der Montezuma-Galerie, Köln.

Karl H. Schlesier · Die Wölfe des Himmels
(Nanéhov meohotoxc). Welterfahrung der Cheyenne (Tsistsistas). Mit Bildern von Dick West (Wahpahnahyah). Mit 8 Kunstdrucktafeln und 15 Abb. im Text. 260 Seiten. Geb.
„Die gediegene Beschreibung der Geschichte, der religiösen Bräuche und schamanistischen Praktiken der Cheyenne sowie die Darstellung des Massaum, der traditionellen Erdschenkungszeremonie. Es ist das religiöse Weltbild einer Kultur, die auf der Vorstellung einer Seelenverbundenheit von Mensch und belebter Natur beruht." *Sender Freies Berlin*

Royal B. Hassrick · Das Buch der Sioux
Mit 51 Abb. im Text und 23 Fotos
„Ich bin ein Fuchs / Ich werde sterben müssen / Wenn es etwas Schwieriges gibt / Wenn es etwas Gefährliches gibt / Ich werde es tun" (Lied des Bundes der Präriefüchse). Der Lebenskosmos eines großen Indianervolkes.

Ein Kosmos im Regenwald
Mythen und Visionen der Lakandonen-Indianer. Hrsg. K'ayum Ma'ax und Christian Rätsch. DG 48. 320 Seiten mit 25 Abb.
„Zeugnisse eines von Vernichtung bedrohten Indianervolkes im Regenwald Mexikos, erzählt von Chan K'in Ma'ax, dem 98jährigen spirituellen Führer der Lakandonen" (Sphinx-Magazin).

Über den Rand des tiefen Canyon
Lehren indianischer Schamanen. Hrsg. Dennis und Barbara Tedlock. DG 17. 240 Seiten mit 12 Abb.
Religiöse Erfahrungen der Indianer: der Peyote-Weg, die Salz-Pilgerschaft der Papagos, die Weltsicht der Teton-Sioux, die Ojibwa-Mythologie.

Basil Johnston · Und Manitu erschuf die Welt
Mythen und Visionen der Ojibwa. DG 24. 224 Seiten mit 8 Abb.
„Die wunderbare Ordnung der Natur, in der der Mensch seinen Platz einnimmt, übt auf den zivilisationsgeschädigten Weißen eine starke Faszination aus" *(Basler Zeitung).*

Popol Vuh · Das Buch des Rates
Mythos und Geschichte der Maya. Aus dem Quiché übertragen und erläutert von Wolfgang Cordan. DG 18. 232 Seiten mit 16 Abb.
Wichtigste frühindianische Quelle der Maya-Kultur: ihre Schöpfungsgeschichte, ihre geheimnisvolle Wanderung.

Eugen Diederichs Verlag

Frank Waters

Das Buch der Hopi

Nach den Berichten der Stammesältesten aufgezeichnet von Kacha Hónaw (Weißer Bär). 4. Aufl. Mit 63 Zeichnungen im Text, 16 Bildtafeln und 2 Karten. 380 Seiten. Geb.

»Frank Waters hat drei Jahre lang in Arizona bei den Hopi gelebt und sich von dreißig alten Männern und Frauen des Stamms über die Mythen, Legenden, Mysterienspiele und Geschichte der Hopi erzählen lassen. Weder früher noch später wäre das möglich gewesen – früher nicht wegen der Verschlossenheit der Hopi, die sie nur wegen ihrer akuten Bedrohung aufgegeben haben, später nicht, weil dann die alten Überlieferer der Tradition tot waren. Das esoterische Zeremonialsystem, das in diesem Buch dargestellt wird, läßt sich nicht in dürren Worten nacherzählen – schon sprachlich ist das unmöglich, denn manche unserer Begriffe kennen die Hopi gar nicht, zum Beispiel den Begriff der Zeit. Daran wird schon deutlich, daß ihre Kultur nicht erklärbar ist. Um sie zu verstehen, muß man ihre Spiele, Tänze, Legendenbilder und Feste betrachten wie Anschauungsmaterial. Daß dieses Volk zum Beispiel kein Paradies kennt, keine Erbsünde, daß sie Krieg und Gewalt ablehnen – Hopi heißt Frieden –, daß sie Besitzansprüche auf Land und Luft und Wasser gar nicht begreifen, sind nur ein paar wenige Erkenntnisse, die sich nach unserer Denkweise daraus ableiten lassen. Neun Welten gibt es für die Hopi, drei sind durchlebt, die gegenwärtige ist die vierte, die fünfte bricht an – und was auf der Erde wächst und am Himmel zu sehen ist, beweist ihnen die Richtigkeit der alten Prophezeiungen.«

Süddeutscher Rundfunk

Eugen Diederichs Verlag

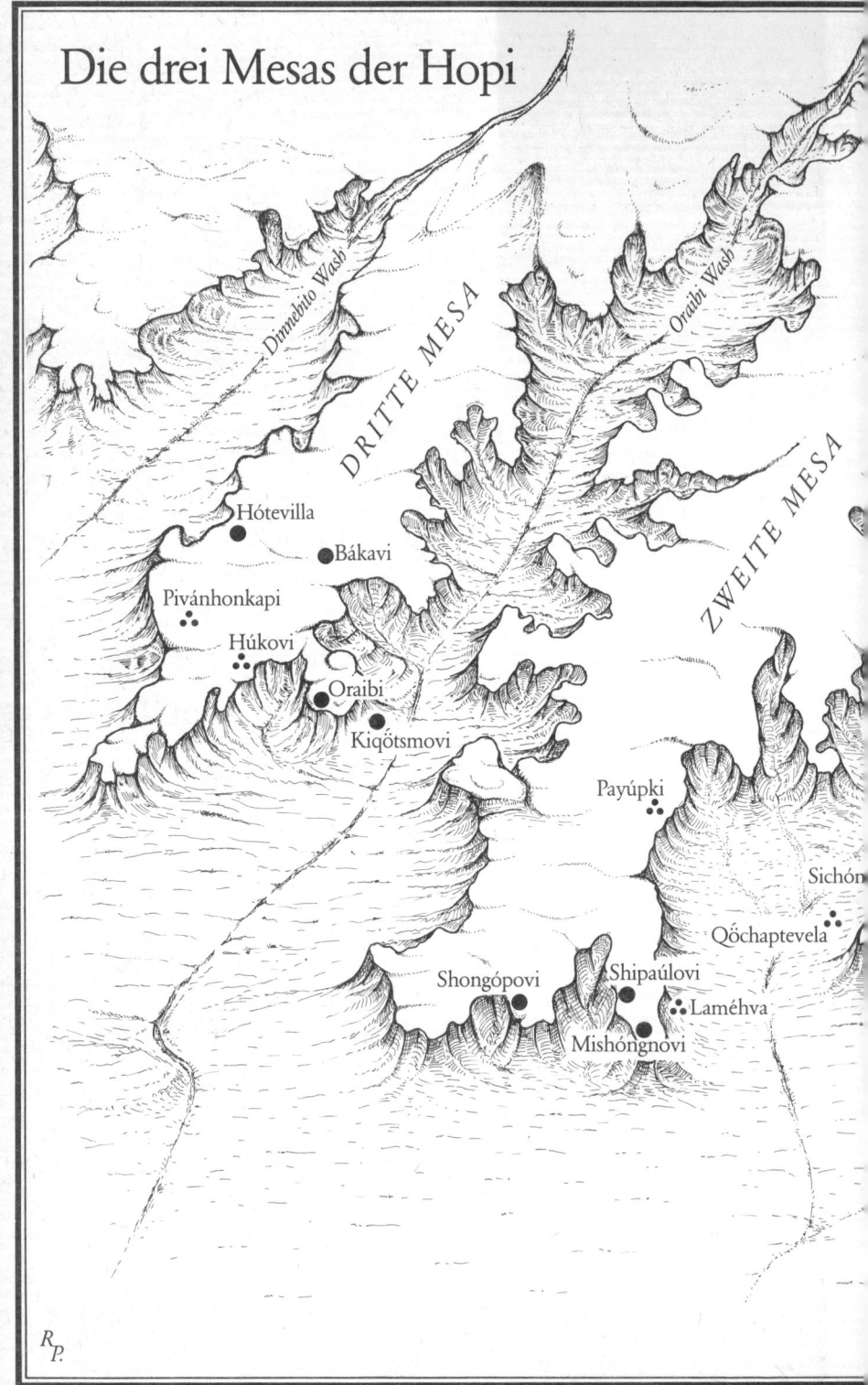